近世日本建築の意匠

——庭園・建築・都市計画、茶道にみる西欧文化——

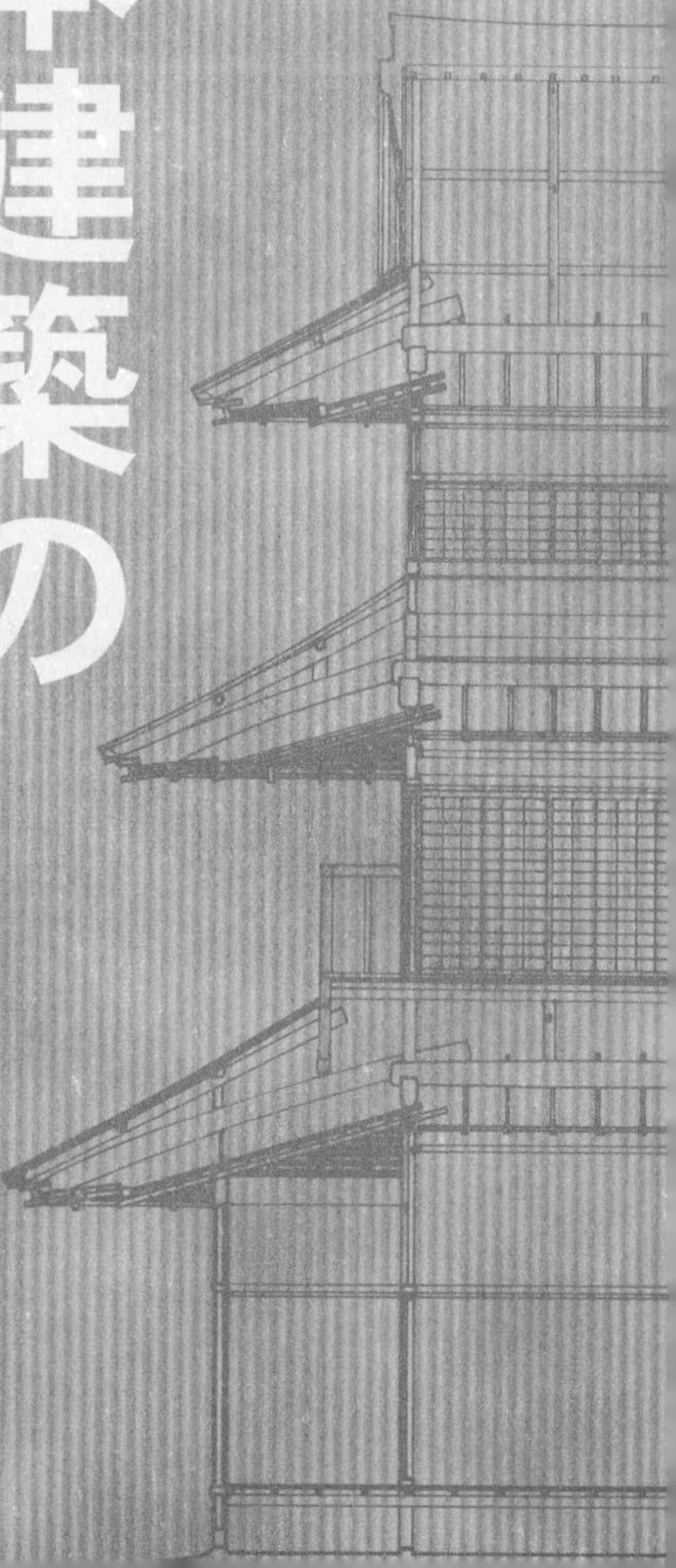

宮元健次著

雄山閣

近世日本建築の意匠 ──庭園・建築・都市計画、茶道にみる西欧文化── ／目次

はじめに

一五四九年、ザビエルによって日本にはじめてキリスト教が伝えられてから、一六一二年のキリスト教禁令までの約六〇年間、布教や貿易を通じて、日本は西欧との初の国際交流を体験した。

その際、布教の拠点として一五五〇年、山口に最初の教会が建設されてから、一六一二年に京都の教会が破壊されるまで、全国に約二百箇所を越える教会建築が建てられた。

これらの教会のうちのいくつかには、コレジオ（大学）やセミナリヨ（キリスト教学校）と呼ばれる教育施設が付属しており、同時期ヨーロッパの最新文化が、日本人に伝授されたことは余り知られていない。

また、長崎や江戸、堺等の国際貿易港を通じて、スペイン、ポルトガル、イギリス、オランダから数多くの西欧事情を伝える出版物や西欧技術、ヨーロッパ製品が日本へもたらされたことはよく知られる。

さらに、イエズス会の布教の規定として、茶道を重視し、当時の日本の権力者も茶道を重じたため、茶ノ湯を通じて西欧文化が日本へもたらされたふしがある。

これらの西欧との文化交流の結果、日本の庭園や建築に、同時代ヨーロッパの文化が影響したものとみられる。著者はこれらの西欧の影響を受けた日本庭園、建築を日本庭園史・建築史の新たなカテゴリーとして位置づけたいと考える。

日本の異文化導入、吸収の歴史をみると、まず六世紀末の仏教様式、十二世紀末の禅宗様式、そして本書で扱うキリスト教文化、さらに十九世紀末の近代様式という四つの導入・吸収、熟成の歴史があったと考えられる。

それらの異文化導入期に建てられた建築についての歴史的評価については、仏教様式、禅宗様式は、すでに我が国固有の建築様式として分類確立され、また近代における西欧と日本の折衷様式も、近年になって「疑洋風」としてほぼ確立した感がある。

しかし、近世におけるキリスト教伝来にともなう西欧文化の影響について、なかでもその時期に造られた建築や庭園は、未だにその様式は分類・確立していないといえるのではないだろうか。

本書で扱ったものだけでも、この時代に西欧の影響を受けたと思われる建造物は、城郭、庭園建築、茶道建築と多岐にわたっており、今後も新たな研究によって多くの事例が報告されていくことが予想される。

そこで、著者は、これらの近世における西欧文化の影響を受けた建造物と、この時期にキリスト教宣教師によって建設された教会堂建築を合わせて、「近世疑洋風建築」と位置づけて、新たなカテゴリーと考えたい。それはいわば「キリシタン建築」とでも命名すべき新しい視点である。

こうした新様式確立のための新たな視点をもち、日本がはじめて遭遇した西欧との文化交流の歴史について、建築を通じて改めて考えていただければ幸いである。

著者

第一章　寛永期日本庭園にみられる同時代西欧庭園の影響

はじめに

従来、数多くの先学ら(一)によって、寛永期日本宮廷庭園(二)の意匠に、それまでの日本の自然風景式庭園においてはほとんど実践されたことのなかった西欧的整形式庭園の手法(三)が用いられていることが指摘されてきた。しかし、それらの意匠がこの期になぜ突如、大量に用いられたのか、それらの由緒について明らかにされたことは、これまでにほとんどなかったといえよう(四)。

そこで、本章では従来指摘されてきた寛永期日本宮廷庭園にみられる西欧的手法を整理し新たな指摘を加えた上で、さらにそれらの由緒について、当時の日本において布教活動を行なったキリスト教宣教師によってもたらされた西欧文化の影響である可

(一)　森蘊『桂離宮』一九五六年　創元社　九三～一〇四頁。
森蘊『小堀遠州の作事』一九六六年　奈良国立文化財研究所学報第十八冊、一四四～一四五頁。

柳亮『続黄金分割』一九八七年　美術出版　九五～一〇七頁。

田中正大『日本の庭園』一九六七年　鹿島出版会　二五三～二七〇頁。

宮元健次『桂離宮隠された三つの謎』一九九三年　彰国社　九二～一四〇頁。

宮元健次『近世日本建築にひそむ西欧手法の謎「キリシタン建築」論序説』一九九六年　彰国社　一二四～一七二頁。

能性の有無について考察してみたい。

1. 寛永度宮廷庭園にみられる西欧手法

① 寛永度仙洞御所

まず寛永度仙洞御所については、一六二六（寛永三）年九月の将軍家光の上洛に際して、二条城行幸があった後、大徳寺紫衣事件などから後水尾天皇の機嫌を損じ、一六二七（寛永四）年頃、譲位の内旨を側近に漏らされたため[四]、同年一一月、幕府作事奉行小堀遠州が任ぜられて、天皇（のち上皇、法皇となる）の隠居所として造営されることになった[五]。

これは、一六二五（寛永二）年頃、二条城二の丸に同じ遠州の作事によって造営された行幸御殿群のうち、行幸御殿、御次之間、中宮御殿、四脚門、御唐門等を間にはさみ、その他の大部分を新築したもので、一六三〇（寛永七）年一〇月二一日安鎮、一一月一四日地鎮、一二月一〇日竣工した[五]。

その後、一六六〇（万治三）年の火災で破損し、寛文度仙洞御所の際に大がかりな改造が施されたが[六]、寛永度造営の状態については、一部を除いて当時の様相を描いた『寛永度仙洞御所・女院御所指図』（宮内庁書陵部蔵）によって、ある程度推定できる。（図1参照[七]）。

この指図を観察すると、御所の南東寄りに、垂角に屈曲を繰返した二本の平行線

（二）本書では寛永度内裏、寛永度仙洞・女院御所、明正院御所、桂離宮、修学院離宮、東福門院御所等の寛永期に造営された皇室関係の庭園を総称して「寛永期日本宮廷庭園」と呼ぶことにする。

（三）本書では、花壇、噴水、透視画法、見透し線、黄金分割、幾何学形態等を指す。

（四）『修学院離宮物語』宮元健次　一九九四年　彰国社　三一～四四頁。

（五）「日本近世住宅史の研究」『日本近世住宅の殿舎平面と配置に関する研究』平井聖　一九六一年　謄写版印刷。

（六）平井聖「近世における仙洞御所の沿革」『日本建築学会計画系論文報告集』六十一号。

（七）描写内容及び資料的信頼性の高さについては、森蘊「小堀遠州の作事」一九六六年『奈良国立文化財研究所学報』第十八冊　二七～二八頁、六七頁～七〇頁で詳細に分析されており、それらに従った。

が認められるが、これについては『禁中御花壇并盆山水道指図』（宮内庁書陵部蔵）[八]に同様の描写があることから、これが花壇をあらわしていることが明らかになる。[九]

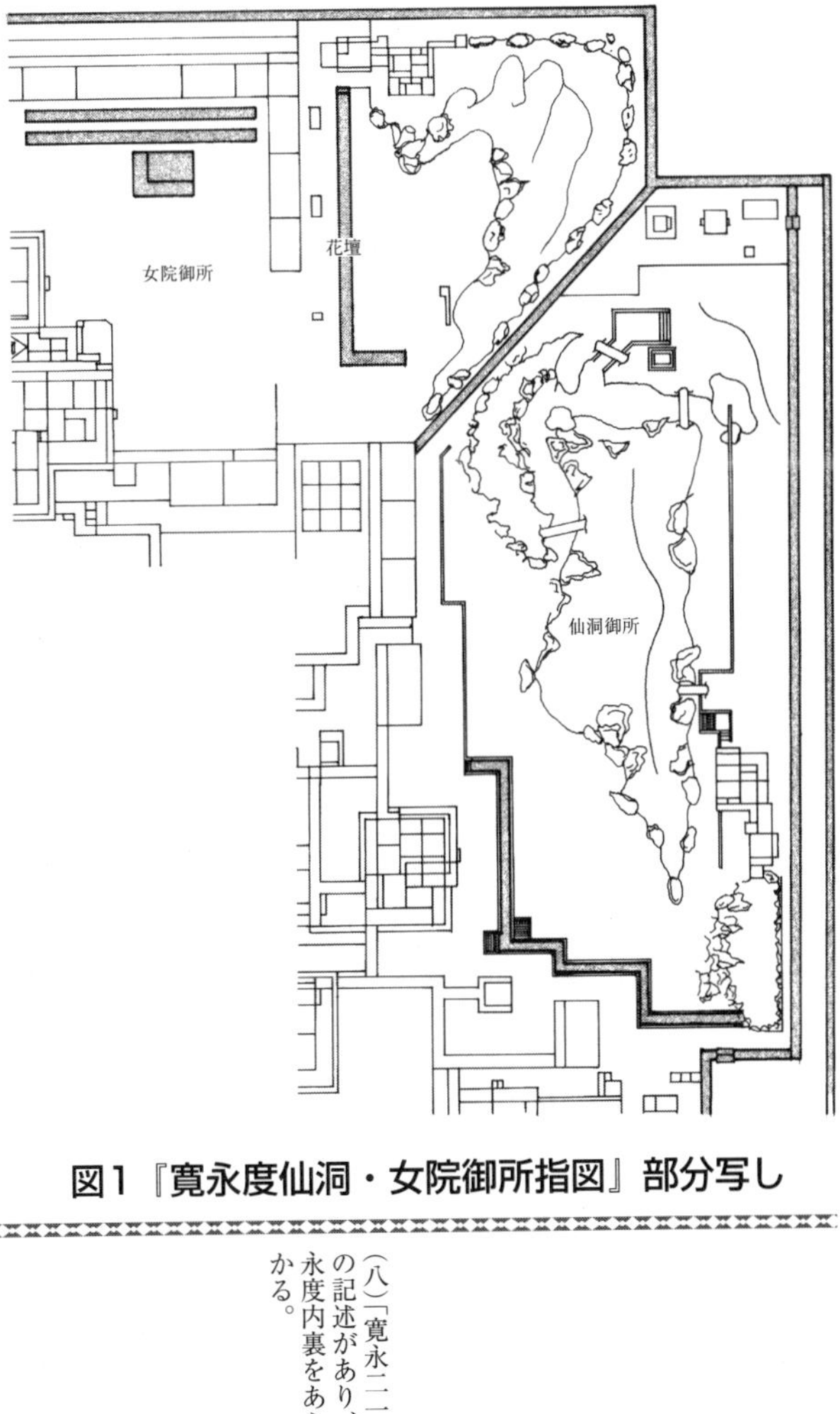

図1『寛永度仙洞・女院御所指図』部分写し

また『隔蓂記』（宮内庁書陵部蔵）一六四六（正保三）年一月二三日の条によれば、その花壇にはロウマ桜、南蛮菊等の、それまで日本の庭には植えられなかったヨーロッパの植物が植栽されていたことが記録されている。[九]

確かに、それまで日本において花園、花壇というものが全くなかったわけではな

(八)「寛永二一年一一月西八月出来」の記述があり、明正天皇のための寛永度内裏をあらわしていることがわかる。

(九)『桂離宮隠された三つの謎』宮元健次　一九九三年　彰国社　一三三頁。

く、最古のものとしては、奈良時代の遺構として、奈良市三条大路にある平城京三条二坊の曲水路岸の水際に二箇所、木箱状の水草植栽の施設が発掘されている。（一〇）

また、中世においても、一乗谷朝倉邸館遺跡にて、三辺を切石、一辺を玉石で囲んだものが発見されているという。（一〇）

しかし、これらは寛永度仙洞御所にみられる花壇に比較すれば、ごく小規模である上、わずかの事例が確認されているに過ぎない。さらに、『隔蓂記』寛永二一（一六四四）年七月二一日の条には、次のような記述がある。

直に仙洞に赴く。御使有り。今朝早々仙洞御所より今日御振舞有り。（中略）堂御所にて御振舞也。近頃常御所にて水舟海石をけづる。竜口を以て水一尺ばかり涌出す。水御竹縁に巻き上ぐる也。

此の水各々見せらるべきの御振舞也。

すなわち、竜口から一尺ばかり水を巻き上げたというのであり、一種の噴水があったことが明らかになる。（一一）もっとも、竜口から水を落すことは、古くより中国等で普通に行なわれてきたことである。しかし、ここで留意したいのは、真上に噴出しているという点にある。

古来、中国や日本において、水は高所から低所へ流れ落ちるのが自然の摂理であることから、その写しとして庭園には遺水の流れや滝で水の動きが表現されてきた。高

（一〇）『庭園』森蘊　一九八八年　東京堂出版　一三八頁。

（一一）『近世日本建築にひそむ西欧手法の謎「キリシタン建築」論序説』宮元健次　一九九六年　彰国社　一三八頁。

低差が比較的大きく、水を豊富に有する日本において滝がつくられるのは当然であり、日本庭園のひとつの象徴ともなっているのである。

中世以降の日本における作庭の模範となった『作庭記』[一二]にも「生得の山水を思はへて」とあるように、日本庭園はまず自然に従うことを根本理念としてきたといえる。しかし、噴水は、この自然の法則にあえて逆行し、下から上へ噴出するのである。

この他にも『隔蓂記』天保三（一六四六）年八月二三日の条には、仙洞御所の庭園内の展望台より「遠目金」を用いて庭を眺めたり、世界地図屏風があったという当時としては斬新な西欧文化についての記録が数多く認められる。[九]

さらに付記しておかなければならないのは、隣りの女院御所との敷地境界線の角度と能舞台の橋掛りの角度が共に四十五度である点であり、これも従来の自然風景式日本庭園には決してみられなかった整形式の手法であるといえよう。[一三]

いうまでもなく、日本庭園は古来「自然風景式」と呼ばれる形式を持ち、前述の『作庭記』にもあったように、自然の樹木や池あるいは河川をできる限り模してきたのである。それに対し、同時代のヨーロッパにおけるルネサンス・バロック期の庭園は、後述するように自然を人工的に加工する「整形式」と呼ばれる形式を持っていた。[一四]

そのような視点からみれば、寛永度仙洞御所にみられる花壇や噴水等の造形は、明らかに整形式庭園の手法であり、それまでの日本庭園には決してみられなかった

（一二）「前栽秘抄」金沢市谷村家蔵。
（一三）（一一）と同著　一九〇頁。
（一四）（一一）と同著、一二四〜一三三頁。

西欧的な意匠であるといえよう。

② 寛永度内裏

寛永度内裏は、先に述べた寛永度仙洞御所より早く、明正天皇の皇居として一六二三（元和九）年に、同じく小堀遠州を奉行として造営された。[五]

この庭園も現存しないが、前述の『禁中御花壇并盆山水道指図』（宮内庁書陵部蔵）によってその様相をある程度、推察することができる[一五]（図2参照）。

この指図を観察すると、寛永度仙洞御所と同様、その庭園に大面積の花壇が認められ、おそらくこれが花壇を本格的に用いた日本最初の例であると思われる[一六]。すなわち、黒戸御所の南に大規模な花壇が二列、また小規模な花壇が十二個所に分かれて三列、さらに御見ノ間の南にも大規模な花壇が五列あり、その中で大きいものは、幅半間、長さ十間、また小さいものでは幅半間、長さ四間であり、いずれも東西方向に配されている。

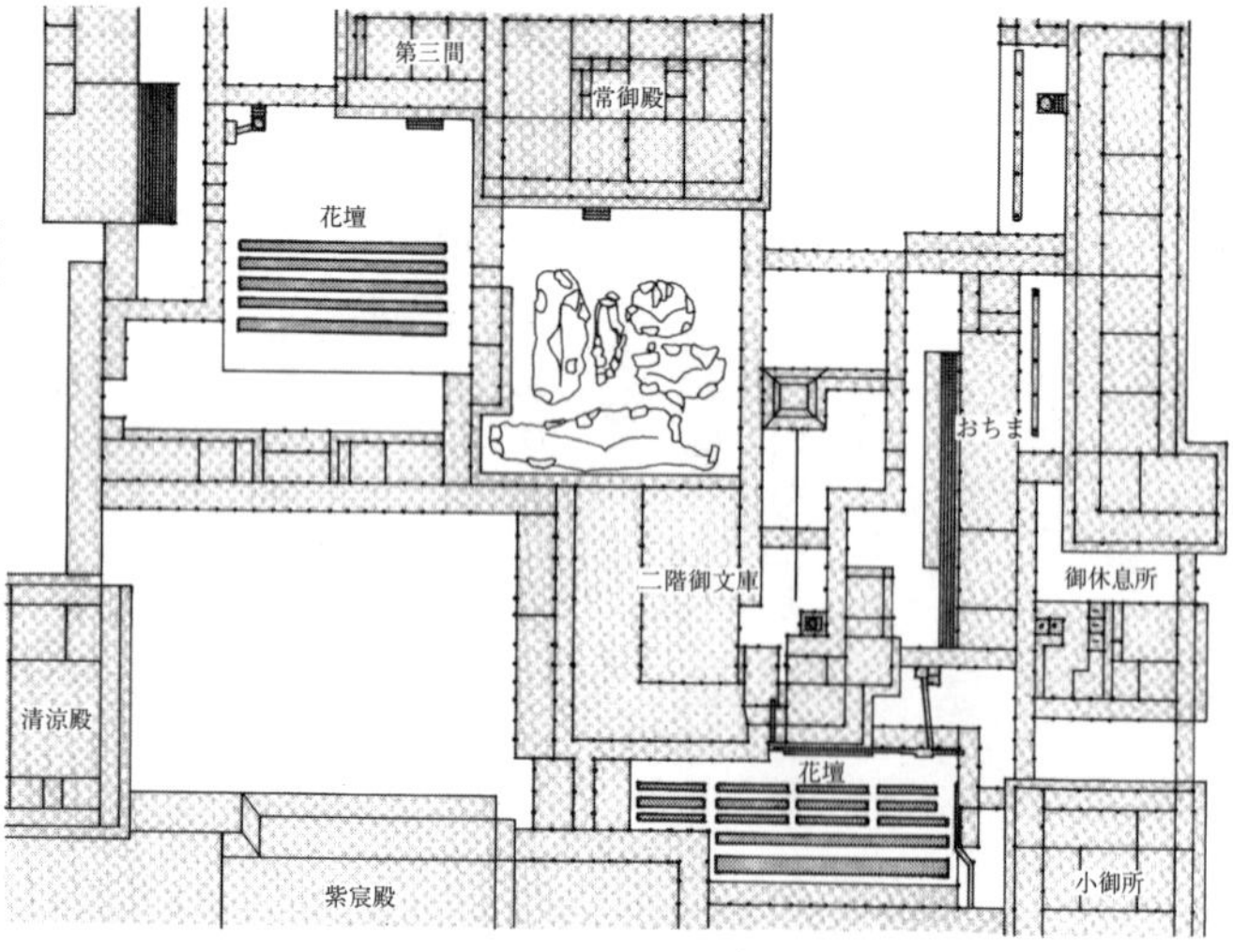

図2『禁中御花壇并盆山水道指図』部分写し

（一五）描写内容及び資料的信頼性の高さについては、「小堀遠州の作事」森蘊　一九六六年『奈良国立文化財研究所学報』第十八冊二六～二七頁・一四四～一四五頁で詳細に分析されており、それらに従った。

（一六）（一一）と同著　一三九～一四〇頁。

現在の京都御所の御常御殿前に短冊型の切石で囲まれた花壇があり、その造営年代は不明であるが、もし江戸期からあったとすれば、寛永度内裏との関連性を指摘することが可能であろう。その他、仙洞御所と同様、能舞台の橋掛りに四十五度という整形式特有の角度が用いられている点も付記しておきたい。

③　女院御所

後水尾天皇の妃和子（のちに東福門院を名のる）の隠居所として、寛永度仙洞御所と共に同じく小堀遠州の造営によって一六二六（寛永三）年に造営されたのが、女院（東福門院）御所である。(六) この御所も寛永度仙洞御所同様、改造されているが、前述の『寛永度仙洞御所・女院御所指図』（宮内庁書陵部蔵）をもとに当初の状態を推察することができる(七)（図1参照）。

この指図を観察すると、まず池に中島がないことが指摘できる。この中島がないということは、従来の日本庭園では考えられないことであり、(一七) 前掲の『作庭記』の中でも中島を設けなければならないことが説かれているにもかかわらず、ここでは中島がひとつもなく、このような例は他に全く見られない。(一八)

また、寛永度仙洞御所では、前掲の指図をみると書院の東側に庭園があり、建物には庭に面して縁が廻され、建築が庭園に対応しているが、女院御所の場合は、指図によれば、直接庭に面しているのは二階建ての蔵であり、南北に長く石垣と平行して建てられている。すなわち、庭園に御所を対応させるというよりも、むしろ蔵

(一七)『日本の庭園』田中正大　一九六七年　鹿島出版会　二五七～二五八頁。

(一八)（一一）と同著一四〇～一四一頁。

によって意識的に隔絶させているようにみられる(一七)。

しかも、塀と蔵の間が約十間だけ空いており、この透き間が唯一建物と庭を視覚的に結びつけていることになる(一八)。この透き間から庭園を眺望できる建物は常御殿と内々御対面所であるとみられるが、常御殿の東側関口部が庭向きであることから、おそらく常御殿から庭園を眺めたことが推察される(一八)。この位置より庭園を眺望すると、左右それぞれ蔵と塀の透き間に、ちょうど窓枠を通して見るような効果が予想されるが、このようなしくみは後述するように同時代の西欧庭園で流行した見透し線（VISTA）の手法と一致している(一七)。

この他、蔵の南側には寛永度仙洞御所や寛永度内裏と同様、花壇が認められるが、これは内々御対面所から二階建ての蔵を背景にして眺められる位置に造営されていることもここで指摘しておきたい(一八)。

以上から、女院御所の庭園についても見透し線（VISTA）や花壇といった整形式庭園の手法が用いられ、従来の日本庭園の自然風景式とは異なる西欧手法が用いられていたことが明らかとなる(一八)。

④ 明正院御所（新院御所）

明正天皇は、前述の寛永度内裏に一年間住んだ後退位し、一六四三（寛永二〇）年、小堀遠州が奉行をつとめた明正院御所へ移住している。この御所も現存しないが、『新院（明正院）御所指図』（宮内庁書陵部蔵）によって、その様相を推察することが

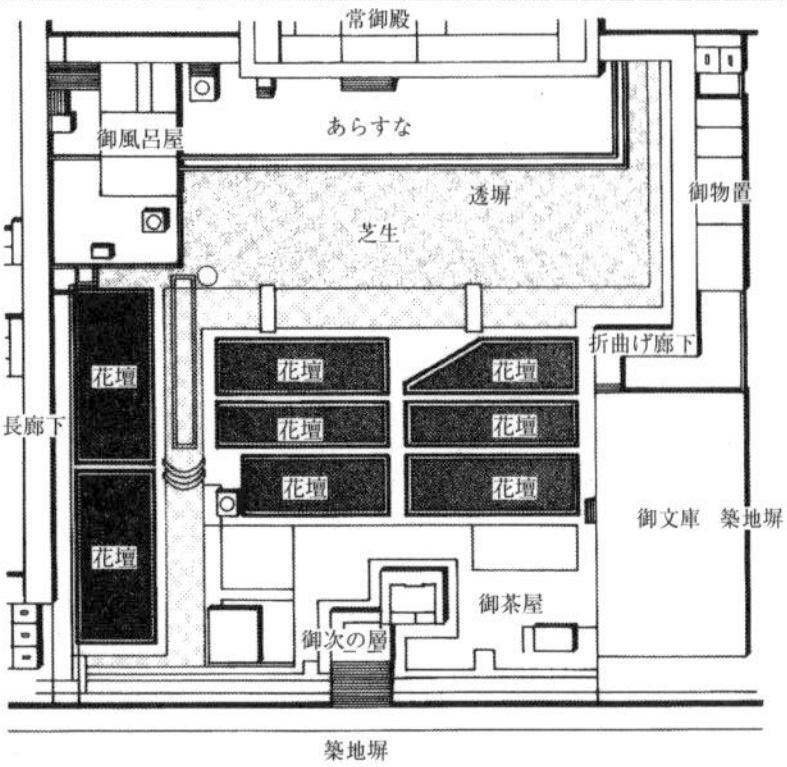

図3　『新院(明正院)御所』部分写し

できる(一九)（図3参照）。

ここで特に取り上げたいのは、常御殿の前庭であり、ここまでに掲げてきた例と同様、花壇を認めることができる。しかしこれまでの事例と大きく異なるのは、日本伝統の自然風景式庭園の一角ではなく、常御殿の前庭のほぼ全体を花壇が占めていることであろう(二〇)。

しかも、常御殿の東角の柱と、御茶屋の西角の柱を結んだ南北線を軸線として、常御殿前面に正方形の芝生の広場を設けている点に注目したい(一九)。この芝生というのも、日本の伝統的自然風景式庭園には決して見られなかった西欧的整形式庭園固有の手法であるといってよいだろう(二〇)。例えば、『フロイス覚書』によると、「われわれの中庭の芝生は人が坐るために大切なものとされる。日本では広場の芝草はことごとく、わざと引き抜かれる」(二一)とあることからもわかる通り、日本庭園には古来、芝生を植える習慣はなく、芝は雑草として除去されてきたものといえよう。また、それをさらに正方形という幾何学形態に整形しているのであり、従来の自然風景式とは一線を画した造形であるとまずいってよいだろう。

一方、鍵形に屈折している溝渠に常御殿東の階隠中央から見て、左右対称に加工橋を架構しており、また庭園の軸線を中心として、同様に左右対称の三箇所ずつの

(一九)　描写内容及び資料的信頼性の高さについては、森蘊「小堀遠州の作事」一九六六年『奈良国立文化財研究所学報』第十八冊　二九～三〇頁、一四五頁で詳細に分析されており、それらに従った。

(二〇)　(一一)と同著　一四一～一四三頁。

(二一)　ルイス・フロイス『フロイス覚書』「ヨーロッパ文化と日本文化」岡田章雄訳注、岩波書店　一九九一年所収。

合計六面の花壇が設けられていることがわかる。これらの左右対称による配置というのも、従来の自然風景式日本庭園には前例がなく、西欧整形式庭園の特徴であるといえよう。

さらに、六面の花壇のひとつが、東の石橋からの道路を軸線に結ぶため、東西軸と三十度の角度の斜線で欠き取られている上、学問所と能舞台の橋掛りの角度は四十五度となっているが[二一]、これらの角度も従来の日本庭園において用いられることのなかった整形式庭園特有の手法であるといえよう[二〇]。

その他、南寄り溝渠西にも二面の花壇が指摘できることも付け加えておきたい[二〇]。

以上のように正方形や三十度、四十五度といった斜線、または左右対称といった幾何学形態、さらに芝生や大量の花壇等、明正院御所の常御殿前庭は、従来の自然風景式庭園には全く見られなかった西欧整形式庭園の手法を数多く指摘できるといえよう。

⑤　東福門院御所

後水尾天皇の妃・東福門院和子は、現在の仁和寺に別業があったが、その「東福門院の旧址に相し」て、一六三四（寛永一一）年、仁和寺の復興工事が完成したとみられる[二二]。

このときの仁和寺門跡は、後水尾天皇の兄覚深法親王であり、その後が後水尾天皇の皇子・性承法親王であった[二三]。この性承法親王が亡くなった後、東福門院の猶子・霊

（二二）堀口捨巳『茶室研究』一九八七年　鹿島出版会、七一〇〜七二四頁。

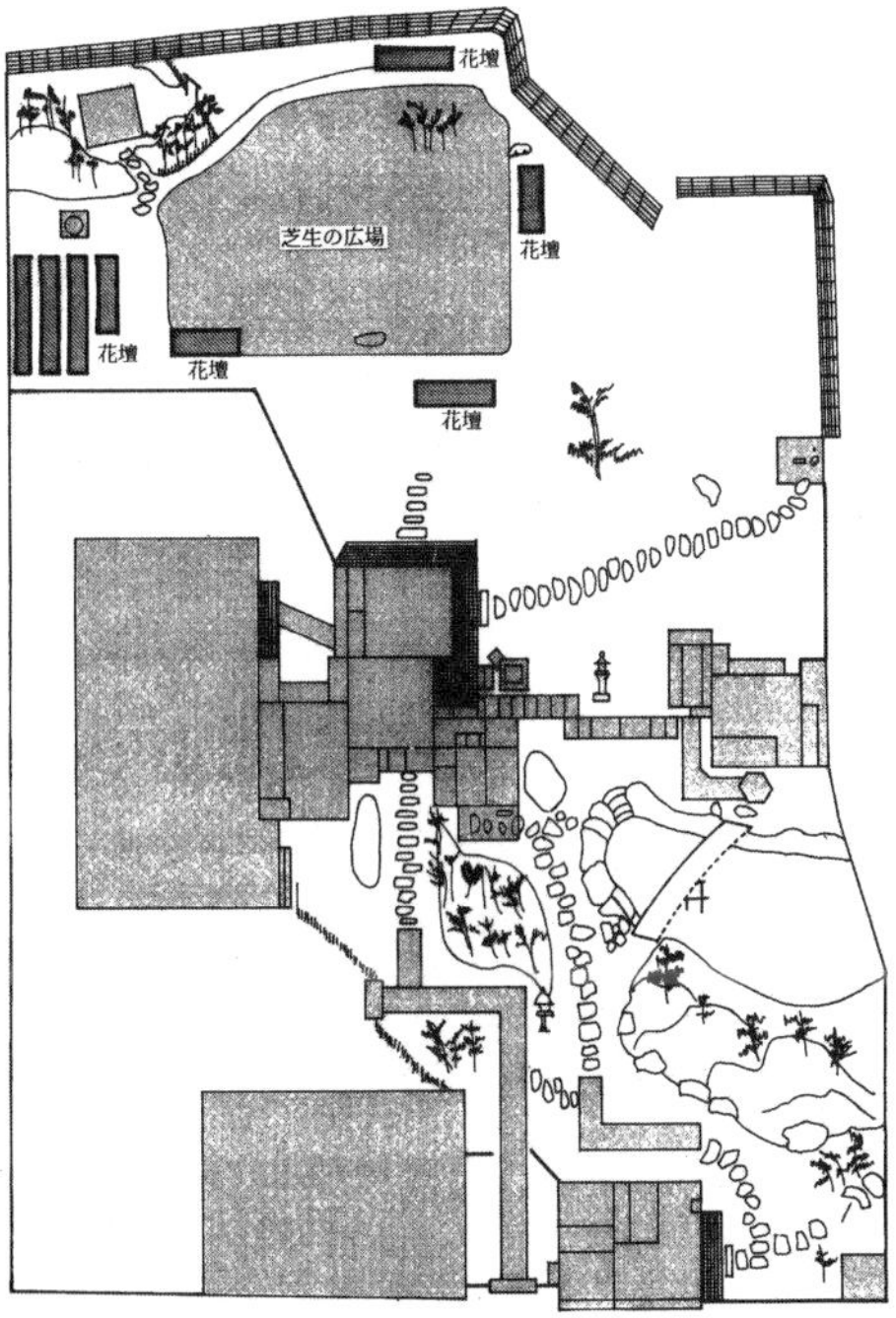

図4　『御室門前何似宅庭廻り絵図』部分写し

元天皇の皇子・寛隆法親王が門跡であったが、一六八三（延宝一一）年、尾形光琳に寛隆法親王はこの別業を譲っている(一二)。この別業の庭園の絵図が『御室門前何似宅庭廻り絵図』（中根金作氏蔵）として伝わっており、堀口捨巳氏がその著書『茶室研究』(一三)の中で詳細に分析している（図4参照）。

堀口氏は、その中でほとんど意識していないが、この絵図を観察すると、屋敷の東側のほぼ全域を占めるかたちで前述の明正院御所にもみられた正方形の芝生の広場が指摘できる。また、その北側に幅半間の花壇が東西方向に四列配され、さらに芝生の東西南北にも各一列ずつ花壇が配されていることが指摘できよう。

この正方形の芝生や花壇が寛永一一（一六三四）年の復興工事の際に造営されたのか、光琳自身の後世の造営になるものかについては一考を要すると思われるが、これらの意匠が従来の日本庭園にはほとんど用いられたことのなかった西欧整形式庭園の手法と一致していることは、前述の宮廷庭園の例で詳述した。よって、この別業についても、当時の宮廷庭園の影響を受けた復興工事の状態が温存された可能性を認めることができよう。

⑥ 同時代の西欧庭園

以上にみてきたように、寛永期日本宮廷庭園の多くにそれまでの日本庭園にはほとんど用いられることのなかった整形式庭園の手法が集中的に用いられていたことが指摘できる。そして、くしくも同時代のヨーロッパはルネサンス・バロックの芸術文化の最盛期であり、花壇、噴水、幾何学形態を駆使した整形式庭園の造営が貴族の間で大流行していることに注目したい(二三)。

その歴史を概略すれば、一五〇〇年代前半にまずイタリアのブラマンテが最初の整形式庭園であるベルヴェデッレ庭園を計画し、これは斜面に階段状に造られるいわゆるイタリア式庭園であり、第一露壇に芝生の広場、第二露段には花壇と舞台、第三露段には一：二の辺率の長方形の花壇と中央を丸くくりぬいた噴水、そしてそれを眺める別荘建築があったという(二四)（図5参照）。

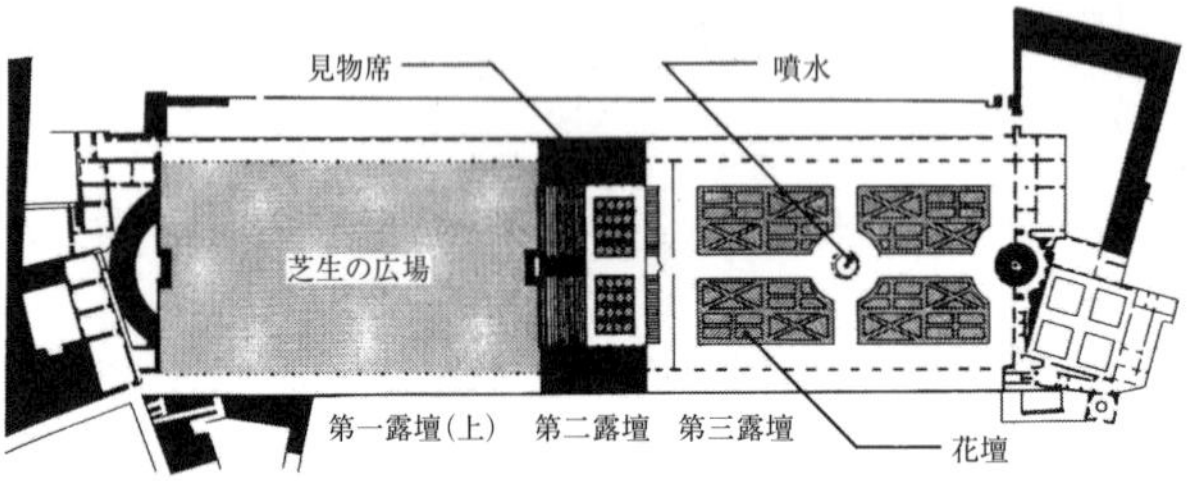

図5　ベルヴェデッレ庭園（ブラマンテ計画案）

(二三)（一一）と同著　一二四〜一三三頁。

(二四) 針ケ谷鐘吉『西洋造園史――ファラオの庭から戸外室まで――』一九五六年　彰国社、一〇一〜一八〇頁。

この計画案は、その後のイタリア庭園に強く影響を与え、それまでの自然風景式にかわって、正方形、円等の幾何学形態、噴水や花壇が主流となり、一五〇〇年代後半から一六〇〇年代にかけてピークを迎えていたという[二四]（表1参照）。これらの手法は、前述の寛永期日本宮廷庭園にあらわれた特徴と極めて類似しているといえよう。

このような、イタリアを中心にしておこった整形式庭園の流行は、さらにフランスへと拡大し、貴族の間で整形式による庭園が数多く造られた[二四]（表2参照）。この流行はやがてオーストリア、ドイツ、オランダ、デンマーク、スペイン、ポルトガルとヨーロッパ全土へ拡大し、ついには中国にまで波及することになる[二四]。

その一例が、北京郊外に遺跡が現存する円明園離宮であり、イエズス会宣教師に命じて西洋様式建築を建設、噴水のある整形式庭園を造らせたという[二五]（図6参照）。

この庭園は一八六〇年に英仏連合軍によって廃墟と化したが、宣教師アッテレの書簡や、当時北京で描かれたというパリ国立図書館所蔵の銅板画によって、この円明園が明らかに整形式庭園の手法であったことが確認できるという[二五]。つまり、ヨーロッパ全土で流行していた整形式庭園の手法は、イエズス会宣教師を通じて、ついには日本の隣国・中国にまで伝来していたことになる。しかも同年代の日本においてもイエズス会宣教師によるキリスト教布教の最盛期をむかえており[二六]、その際中国の事例と同様に宣教師を通じて整形式庭園の手法が日本にもたらされていたとしても決して不自然ではないといえよう[一三]。

以上の事例から考察すれば、まず一六二三（元和九）年の寛永度内裏とそれ以後に

（二五）矢沢利彦『西洋人の見た中国皇帝』一九九二年　東方書店　一五四～一五五頁。

（二六）（一一）と同著　一九～四〇頁。

表1　イタリア整形式庭園の例（二四）

（年代）	（名称）	（設計者）
1520	ビコベロ荘	ベルッツィ
1525	テ宮	ロマノ
1527	チェルザ荘	ベルッツィ
1530	ドーリア宮	モントルゾリ
1540	カステロ荘	トゥリボロ
1540	ランセロティ荘	ヴォルテラ
1547	ファルネーゼ荘	ヴィニョラ
1548	ファルコニエリ荘	ボロミニ
1549	エステ荘	リゴリオ
1549	ポポリ荘	トゥリボロ
1550	バルマラナ荘	パラディオ
1552	ロトンダ荘	パラディオ
1555	パパ・ジュリオ荘	ヴィニョラ
1560	ランテ荘	ヴィニョラ
1560	バティカノ荘	リゴリオ
1560	メジチ荘	リッピ
1560	スカッスィ荘	アレッズィ
1560	ロザッツォ荘	〃
1560	スピノラ荘	〃
1560	フランソニ荘	〃
1563	ポデスタ宮	ベルガマスコ
1565	グロバロ荘	アレッズィ
1565	シコニア荘	モッツオニ
1566	エモ荘	パラディオ
1566	カテナ荘	カロ
1567	モンドラゴネ荘	ヴィニョラ
1568	エステ荘	ペレグリノ
1568	バルバロ荘	パラディオ
1570	コルナロ荘	〃
1570	プラトリ荘	ボンタレンティ
1572	カッポニ荘	不明
1575	ベルラィア荘	ボンタレンティ
1575	ボムビッキ荘	サンティ・ディ・テイト
1575	ラスポニ荘	アッマナティ
1580	ジュスティ園	不明
1581	マッティ荘	ドッカ
1590	ベルナルディニ荘	不明
1590	カムピ荘	不明
1598	アンドヴランディニ荘	デラ・ポルタ
1600	トリジアニ荘	不明
1602	ボルケーセ荘	フォンタナとデラ・ポルタ
1610	ガムベラィア荘	ガムベレリ
1616	デラ・レジナ荘	ヴィトツィ
1618	ボルゲーゼ荘	ライナルディとサヴィノ
1622	ポッジョ・イムペリアレ荘	パリジ
1623	トロニア荘	マデルナ
1625	パパル・バレース荘	〃
1637	コルシ・サヴィアティ荘	シルヴァニ
1645	テ・マルリア荘	不明
1650	バムフィリ・ドーリア荘	アルガルディ
1650	ジョヴィオ荘	不明
1650	コロンナ荘	コロンナ
1650	クッザノ荘	不明
1652	コロディ荘	ディオダティ
1654	イゾラ・ベラ荘	フォンタナ
1669	ド・ナ・ダレ・ローゼ荘	バルバリツォ
1670	レアレ荘	不明
1680	チュティナレ荘	フォンタナ
1680	コルシニ荘	フェリ
1690	ゴリ荘	不明
1690	セルガルディ荘	不明
1697	ラ・ピエトラ荘	不明

表2　フランス整形式庭園の列（二四）

（年代）	（名称）	（設計者）
1524	シュノンソー館	メルコグリアノ
1526	ジャンポール館	ディ・コルトナ
1528	フォンテーンブロー館	セルリオ
1550	アネー館	ロルム
1565	ヴェルヌーイ館	ヴロッス
1572	シャルルルヴァル館	ドゥ・セルソ
不明	チュイルリー館	バリシとクロードモ・レ
不明	サン・セルマンアンレー館	フランチニ
1615	リュクサンプール館	ブロッス
1624	ヴェルサイユ宮	ボイソーとブロッス
1627	ルイユ館	ル・マーシェ
1629	リシュリュー宮	ル・マーシェ
1651	ヴォー・ルー・ヴィコント庭園	
1660	サンクルー庭園	
1661	ベルサイユ宮殿	
1662	チェイルリー庭園	
不明	リュクサンブール庭園	
不明	フォンテーヌブロー庭園	
不明	サンジェルマン・アンレー荘	
1663	シャンティーイ庭園	
1673	ソー庭園	
1679	マルリー庭園	
1683	ラムグイエ庭園	
	ムードン庭園	
	クラーニー庭園	
	ダムピエール庭	

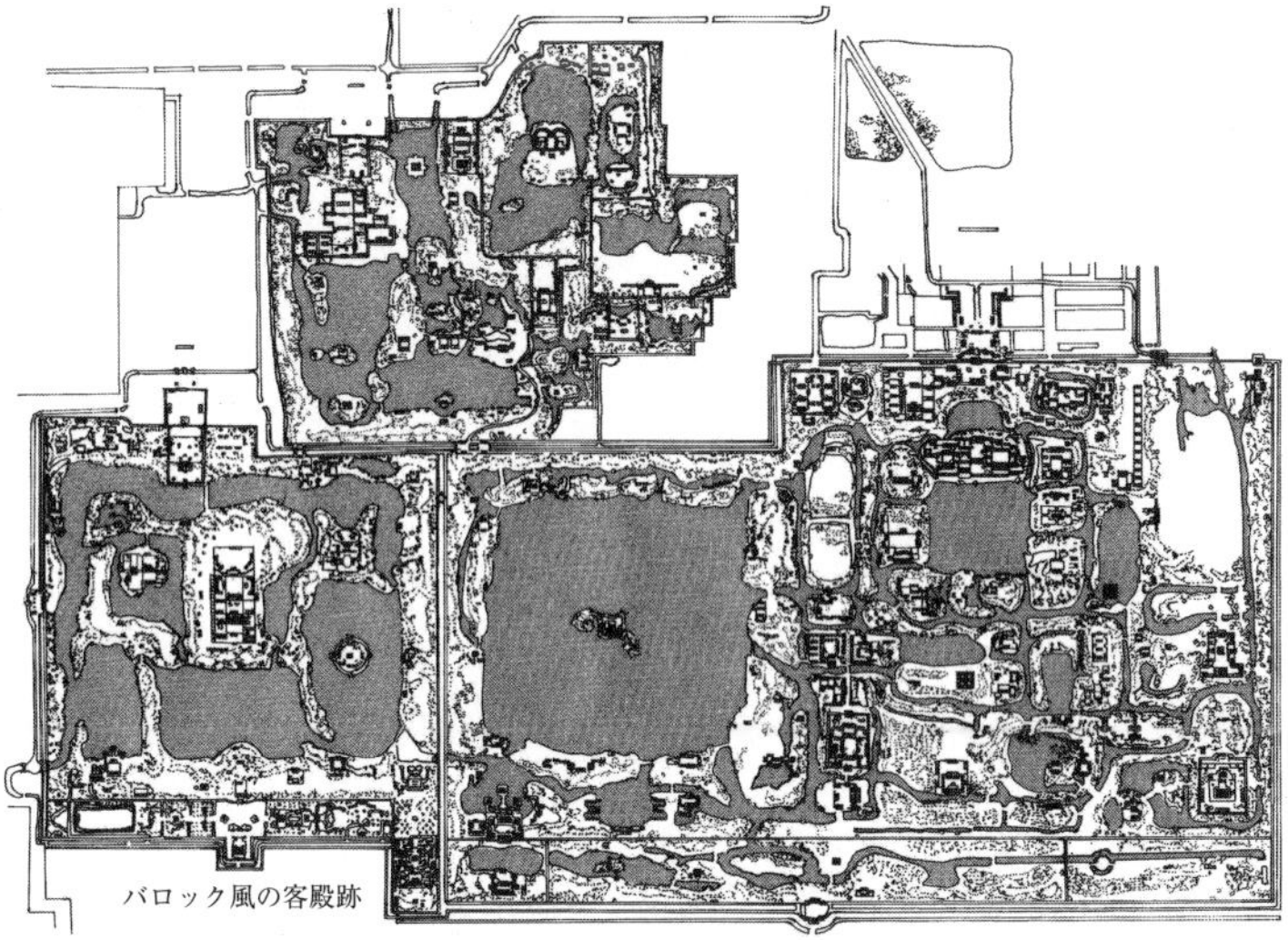

図6　円明園現状平面実測図（著者作図）

造営された数多くの宮廷庭園の意匠に、従来の自然風景式主体の日本庭園にはほとんど用いられたことのなかった整形式庭園の手法が、この時期に突然、大量に用いられることになったことが明らかであろう。次に、それらの日本宮廷庭園にあらわれた手法は、同時代ヨーロッパにて発祥し、大流行した整形式庭園の手法に極めて類似していることを指摘できよう。

　それでは、次節にて、寛永期日本宮廷庭園に顕著にあらわれている整形式庭園の手法の由緒について考えてみたい。

2. キリスト教宣教師と宮廷関係者

① 西欧文化導入の可能性

一五四九（天文一七）年、ザビエルによって、日本にはじめてキリスト教が伝えられてから鎖国までの約百年間、数多くのキリスト教宣教師が度重なる迫害にあいつつも、活動を行なったことはいうまでもない[二六]。その際、布教の拠点として全国に約二百ヵ所にも及ぶ教会建築が建てられた[二七]。この時期に、布教や貿易によってヨーロッパから日本にもたらされたものは、教会堂やキリスト教だけではなく、ありとあらゆる知識が短期間のうちに集中して日本に輸入されたのである[二八]。

　例えば、坪内逍遥によれば[二九]、ギリシャ伝説『ユリシス』が幸若舞の代表作、「百合若大臣」に影響したといい、さらにそれが『言継卿記』天文二〇（一五五一）年正月

（二七）（一一）と同著　五〇〜一七一頁。

（二八）内藤昌『復元安土城——信長の理想と黄金の天主——』一九九四年　講談社　二六七頁に従った。

（二九）坪内逍遥『早稲田文学』明治三九年一月号。『中央史壇』大正一一年七月号。

五日の条に記録された千秋万歳禁裏上演種目「ゆり若少」や「百合若説経」として天皇の御所で上演されていることに驚かざるをえない[三〇]。また、一五五七（弘治三）年には西欧の外科手術がはやくも宣教師ルイス・ダルメイダにより備後府内で開かれた病院で紹介されている[三一]。

一方、岡田章雄氏によれば、宣教師たちのキリスト教会では、復活祭・誕生際・聖母昇天祭には祭儀と共に宗教劇が行なわれたといい、一五六九（永禄一二）年の復活祭の際、京都の教会では、「キョーゲンと称する定例の踊りをなし、音楽、美味その他此の如き饗宴に必要なる物は悉く備りたり」と記録されているという[三二]。また、一五七七（天正五）年、三箇での復活祭では、「この国に行はるゝ音楽及び舞踏」を演じたともいわれる[三三]。林屋辰三郎氏は、この他いくつかの事例から、これらの演劇の内容が西欧の説話を能の様式によって劇化したものであることを指摘している[三四]。この他、「歌舞伎草紙絵巻」（徳川美術館蔵）を見ると、舞台に立つ歌舞伎役者が胸にロザリオをつけていることから、歌舞伎への影響を示唆しているように思われる。

さらに、岡田章雄氏[三二]や、岡本良知氏[三五]によれば、教会堂で用いる聖書や祭具の製作が既に日本人によって行なわれており、特に大和国沢城内の教会のキリスト復活の画像は、ここを訪問した宣教師ルイス・ダルメイダによれば「我が画の如く巧妙なり」と報告されているという。これについて、吉村元雄氏も、「ジョルジ（結城弥平治）未だ岡山（摂津東成郡）と称する彼の町に会堂を造らざりし

（三〇）荒木良雄『安土桃山時代文学史』角川書店　一九六九年。

（三一）一五五七年府内発コスモ・デ・トルレス書簡。海老沢有道「近代科学の源流――南蛮流外科秘伝書」『日本歴史』四十三号　一九五一年　所収。

（三二）岡田章雄『南蛮宗俗考』一九四二年　地人書館。

（三三）一五七七年七月二八日　都発　ジョアン・フランシスコ　書簡。

（三四）林屋辰三郎「歌舞伎と十字架――切支丹能のことなど」『古典文化の創造』東京大学出版会　一九六四年　所収。

（三五）岡本良知『吉利支丹洋書史序説』一九五三年　昭森社。

時、葬儀の為め甚だ好き絹の旗八又は十を作らしめ、彼地方全体に於て最も善き画工に命じて之に受難の絵を描かしめ、又朱漆を塗りたる棺車及び十字架其他一切の道具を作らしめたり」

という記録から、一五六〇年から一五七〇年にはすでに日本人による祭具が製作されはじめていたと推察されている。[三六]

それでは、庭園についての西欧文化導入の可能性について次項にて考察してみよう。

② 宣教師と皇族

当時の天皇やその周辺の皇族は、二、三の例外を除いてそのほとんどがキリシタンと敵対していたという。[三七] それは日本が元来「神国」であり、神とは天皇の祖先天照大神を指すため、キリスト教を侵略宗教とみなしていたからであるという。[三八]

この場合の二、三の例外について、ヨハネ・ラウレス氏によれば、[三九]

「後陽成天皇の義父近衛前久は、一人の日本人いるまんの説いたところに深い満足を示し、きりしたん宗門にたいし、深い見解を抱くにいたったのである。ぱあでれたちは、彼が教会への道を見出し、多数のほかのものが心を動かすであろうとの希望に満悦した」

(三六) 坂本満・吉村元雄『南蛮美術』小学館 一九七四年。

(三七) 村井早苗『幕藩制成立とキリシタン禁制』文献出版 一三六頁 一九八七年。

(三八) (三七) と同著 一二九～一四九頁。

(三九) ヨハネ・ラウレス著 松田毅一訳『皇族ときりしたん布教』一九四七年 中央出版社。

といわれる。また、天正一八（一五九〇）年一〇月一二日付のフロイスの書簡には、

「都には、内裏（後陽成天皇）の子、伯爵（Conte）はその全家族とともに洗礼を受けた」と記されている。（四〇）

後陽成天皇には七人の男子があったが、この記録中の洗礼者とは誰であるかについては不明である。しかし、ここで注目したいのは、二男にあたり、後に天皇を継承した後水尾天皇とその周辺についてである。一六一三（慶長一八）年付の宣教師の報告には、次のように記述されている。

「京都のキリスト教会に後水尾天皇の妃と母、そして後陽成天皇の妃がキリスト教の説教を聞くために訪れた。この三人は限りなくキリスト教を好み、公家がキリスト教を侵略宗教とみなされなければ、キリスト教に入信したであろう。ただし、この三人は皆、家臣が入信することは許した」

この記述中の後水尾天皇は、自ら修学院離宮の造営に着手した人物である。（四一）また、この記述に関して、他の報告には次のようにも記述されている。（四〇）

「京都のキリスト教会に天体の公転を示す機械があり、後陽成天皇がキリスト教宣

（四〇）レオン・パジェス著　吉田小五郎訳『日本切支丹宗門史』一九三八年　岩波書店。

（四一）宮元健次『修学院離宮物語』一九九四年　彰国社の中で詳しく述べた。

教師の諸機具に興味を持ち、ヨーロッパの技術を宮廷付工人に教えるように望まれた」

これは、天皇の命令により、ヨーロッパの技術が日本にもたらされることになったという記録である。さらに、一六〇六（慶長一一）年のロドリゲス・ジランの報告書には次のようにある。(四二)

「後陽成天皇とキリシタンの結びつきは、キリシタン大名の娘を妻にした天皇の弟、八条宮智仁親王からである」

八条宮智仁親王とは、後水尾天皇同様、自ら桂離宮を造営した人物として知られる。(四三)

以上、これらの内容をまとめれば、皇族関係の庭園や建築を造る宮廷付工人にキリスト教宣教師を通じて、ヨーロッパの技術が伝えられており、それに当時の日本を代表する二大庭園の造営者が関わっていたということになる。

前述の宮廷庭園が、この時期突如として従来の自然風景式を捨て、西欧的な整形式の手法を大幅に導入したと考えるよりもむしろ、決定的資料には欠ける嫌いがあるが、これらすべての庭園が西欧好みの後水尾天皇に関係していることからも、西欧整形式庭園の手法が応用されたものと考えるべきであろう。

以上、考察した結果をまとめれば、おおよそ次のようになろう。

(四二) ロドリゲス・ジラン「長崎日本年報記」一六〇六年三月一〇日の条、海老沢有道『南蛮学統の研究――近代日本文化の系譜』所収。

(四三) (九) の著書にて詳しく述べた。

1. 寛永期日本宮廷庭園の多くに花壇、噴水、幾何学形態など、従来の日本庭園にはほとんど用いられず、主に同時代西欧庭園に用いられた整形式庭園の手法が指摘できる。

2. 一六一三（慶長一八）年にキリスト教宣教師から宮廷付工人に西欧技術が伝えられていたことがわかり、寛永期日本宮廷庭園に顕著な整形式庭園の手法はその実践である可能性が高い。

なお、後陽成天皇の命によって宣教師から西欧技術を伝えられた宮廷付工人とは、具体的には誰を指しているのかについては、一人というよりは複数のさまざまな分野の工人がいたと推察できるが、ここで注目したいのは、前述の西欧整形式の手法が用いられていると思われる宮廷庭園、すなわち寛永度内裏、寛永度仙洞御所、女院御所、明正院御所を造営した奉行は、すべて小堀遠州であったという点である。(四四)また、当時、宮廷付工人という場合、その分野を建築・庭園に限れば、作事奉行、小堀遠州を指しているといってよい。

遠州は前述の整形式庭園の造営を手がける以前、一六〇六（慶長一一）年には慶長度仙洞御所、一六一三（慶長一八）年には慶長度内裏の造営の奉行を担当しているが、(四五)それらの指図である『後陽成院御所指図』並びに『慶長度内裏指図』（共に宮内庁書陵部蔵）によれば、共に従来の自然風景式の庭園であったことがわかり、整形式の手法はほとんどみられない。しかし、一六一三（慶長一八）年の宮廷付工人に宣教師から西欧技術が伝えられた記録以後の一六二三（元和九）年の寛永度内裏とそれ以降の遠

（四四）（四一）の著書一七二頁。

（四五）森蘊「小堀遠州の作事」奈良国立文化財研究所学報十八冊　二一四～二一六頁　一九六六年。

州作品には前述のように整形式の手法が顕著にあらわれるのである。よって、西欧技術を伝えられた宮廷付工人の中の少なくとも一人が小堀遠州であった可能性が高いとみられるが、この問題については別章にて詳しく考察する。

第二章　桂離宮にみられる同時代西欧文化の影響

はじめに

前章(一)において、数多くの寛永期日本宮廷庭園に、従来の日本庭園にはほとんど用いられず、主に同時代の西欧庭園に用いられた整形式庭園の手法を指摘し、また一六一三（慶長一八）年にキリスト教宣教師から宮廷付工人に西欧技術が伝えられていたとみられることから、その実践である可能性を示唆した。

同じく、寛永期宮廷庭園のひとつである桂離宮の庭園及び建築の意匠にみられる西欧的手法については、先学らによってすでに数多く指摘されている(二)。しかし、その由緒についてはこれまでほとんど明らかにされたことはなかったといえよう。

そこで、従来指摘されてきた桂離宮にみられる西欧的手法を整理し、新たな指摘を

（一）「寛永期日本宮廷庭園にみられる同時代西欧庭園の影響について―近世日本建築の意匠における西欧手法の研究その一―」初出　宮元健次『国際文化研究』創刊号（龍谷大学国際文化学会）一九九七年所収　六九頁。

（二）『桂離宮』森蘊　一九五六年創元社　九三～一〇四頁、『続黄金分割』柳亮　一九八七年　美術出版社　九五～一〇七頁、「桂離宮隠された三つの謎」宮元健次　一九九二年　彰国社　九二～一四〇頁、『近世日本建築にひそむ西欧手法の謎「キリシタン建築」論序説』宮元健次　一九九六年　彰国社　一四五～一六八頁等。

加えた上で、さらにその由緒について主にキリシタンと桂離宮の造営者の関わりから考察してみたい。

1．遠近法の手法の指摘

① 遠近法の歴史

桂離宮における透視画法の手法について触れる前に、まず西欧ルネサンス期からバロック期にかけて誕生、発達したといわれる遠近法[三]について、主にその権威、桐敷眞次郎氏の考察[四]をもとに概要をまとめておきたい。

おそらく遠近法の発祥とみられる一四四〇年以後のイタリア・ルネサンスの芸術家たちに用いられたラテン語のペルスペクディヴァエ（Perspectiovae）の意味は、アルス（ars）つまりアート（art）であった[四]。しかし、その後、接頭辞ペル（per）とスピケーレ（Spicare）＝「見る」から転化した語幹スペクト（Spect）と接尾辞イヴァエ（ivae）の結合とし、「はっきりと見る」という意味で用いられたものという[四]。すなわち、中世的な空間概念を破って、人間の眼を主体とした表現を得ようとする意識がここに明快に示されたのである。

確かに中世においても十二世紀のカンタベリ大会堂や、十四世紀のオルビエート大会堂（共に図面のみ残存）のように部分的に立体的効果を示そうとしたものはあったが、いずれも幾何学的には不正確であり、効果の程も疑わしく、むしろこれらは

（三）日本において、パースペクティブ、パース、透視的遠近法、遠近法等様々な呼称があるが、本書では横山正『透視画法の眼ルネサンス・イタリアと日本の空間』相模書房　一九七七年の呼称に従う。

（四）「透視画法—その誕生と死と復活」『建築史研究』桐敷眞次郎　一九五二年一〇月号　彰国社。

徐々に進化しつつあった美術の立体化運動の反映とみなすべきであろう（四）。

本格的な遠近法の研究は、ブルネルレスキによって始められたといわれ、彼は教会の外観をガラス板を透して写しとるという実験によって、その基礎となる理論を発見したという（四）。そして、その理論を実作品として示したのが画家マサッチオが一四二五年にサンタ・マリア・ノヴェルラ教会正面に描いた壁画「三位一体」であり、正確な透視画としては最古のものである（四）。その後、画家アルベルディがその著書『絵画論』でさらに透視画法を追及し、十五世紀の画家に大きな影響を与えたとみられる（四）。

マサッチオ以降、ベルリーニやマンテーニャ等に共通するモチーフは、その遠近法効果を強調するためのボールト屋根であったが、一四七〇年、アルベルディはそれまで平面上の試みであったその手法を、サン・アンドレア教会の身廊に初めて三次元空間として実現させ、奥行を深く見せることに成功している（四）。

この作品は建築界に影響を与え、一四七七年にはブラマンテがサンタ・マリア・ヌオヴォの身廊にサン・アンドレアによく似た正面を付加し、また一四七九年にはサン・サティーロ教会内陣にさらに遠近法を発展させた空間を造った。すなわち、深さ二メートルほどの浮彫であるにもかかわらず、実際には十メートル以上に見える縦長ボールトの内陣である。

その後、これらの遠近法の方法は数多く著わされ、ピエロ・デルラ・フランチェスカの『絵画の遠近法について』（五）、デューラーの『測量論』（六）、ル・ヴィアトールの

『遠近法について』[七]、『遠近法の二法則』[八]、セルリオの『建築書』[九]、モンテの『遠近法』等が十五世紀末より十七世紀にかけて出版されてヨーロッパ全土で流行したという[四]。そして、これらの遠近法の応用の頂点を示すといわれるバチカン宮殿連絡路が一六六五年にベルニーニによって設計されるまで、十六、十七世紀の数多くの建築や庭園、あるいは、広場や都市の設計に応用されたとみられる[四]。

　そしてこのような遠近法の手法は、以下に示すように桂離宮にも数多く指摘できるのである。

表1　森蘊著『桂離宮』における遠近法についての指摘

指摘箇所	内　容	指摘ページ
書院群中門	アイポイントとしての方柱手水鉢に、向って縁側より3.5°傾き、縁側が斜めに見える	97
中門前くの字型4つ飛石	石の大きさ等差数列、間隔が等比数列となる	97、93
中門前真の飛石	御輿寄を斜一文字に走る真の飛石が瓦塀と鋭角をなす	97
中書院一の間	袋棚の下板の傾斜面	98
新御殿一の間	畳縁の幅が異なる	97

②　桂離宮にみられる遠近法の手法

　森蘊氏はその著書『桂離宮』[一〇]の中で、桂離宮の透視画法の手法について指摘している[一〇]。（表1参照）。

　この他にも、桂離宮には数多くの遠近法の手法を指摘することができる。例えば紅葉の馬場を御幸道方向から望むと、先細りとなっているため、遠近感が強調されてみえる[一一]。また、御幸門から表門を見ると、同様に先細りとなっており、これも遠近法の手法といえよう[一一]。さらに、外腰掛前の延段も外腰掛とは平行でなくずれて配されているため、延段端の灯籠をアイポイントして延段上を進むと、同様の効果

（五）Piero da Francesca, De prospectiva-Pingeudi, ed. G. N. Fasola, Firenze, 1942.

（六）W. M. Conway 編 Literary Remains of Albrecht Durer, Combridge, 1889.

（七）Le Viator : De Artificaiali Perspectiva, Tool, Petrus Jacobi, 1505 ;

（八）Le Due Regole della Prospettiva Pratica di M. Iacomo Barozzi da Vignolaconi Comentavii de R. P. M, Ignczio Danti… In Roma per Froucesch Zanetti MDLXXXIII ;

（九）The Eutire Works on Architecure and Perspective, London, BookII, E. G. Holt, PP.

（一〇）『桂離宮』森蘊　一九五六年　創元社　九三～一〇四頁。『桂離宮』森蘊　一九五六年　東都文化出版でも同様の指摘がある。

を見い出すことができる。（一一）

確かに、日本においてもそれまでに遠近法的発想が全くなかったわけではない。既に室町時代には、作庭家の善阿弥が蔭涼軒主益之集箴の方丈、睡隠軒に作庭した際、その小山の庭園が大変よく遠近の景を表現することができたと『蔭涼軒日録』（一二）に次のように記されている。

前夕往二干睡隠一。見二築小丘山一。善阿所レ築。其遠近峯磵尤為二奇絶一也。対レ之不レ飽。忽然而忘二帰路一也。（文正元年三月一六日の条）

また、同じ室町時代の大仙院の枯山水にしても、東北部の角に二尺五寸、一尺六寸の石を置き、二段に滝の落ちている姿をアイポイントとして設け、その左手に中景として七尺二寸、五尺二寸の巨石を立てて、遠近法的な奥行を表現している。（一三）

しかし、これらの作庭態度は、古来より日本において実践されてきた。『作庭記』（一四）における「生得の山水を思はへて」という自然をまねるという根本理念とほとんど変わることがない。このような「自然風景式」と呼ぶべき庭園に対して、桂離宮における遠近法の手法は、明らかに西欧整形式庭園の手法であるということができよう。

（一一）『桂離宮隠された三つの謎』宮元健次　一九九二年　彰国社　九六〜九七頁。

（一二）宮内庁書陵部蔵。

（一三）『枯山水』重森三玲　一九六五年　河原書店　九六頁。

（一四）金沢谷村氏蔵。江戸時代には作庭記、前栽秘抄、園池秘抄とさまざまに呼ばれたが、作庭記が一番通用したようで、『群書類従』でもこの名をとっており本書もそれに従った。

2. 見通し線の手法の指摘

① 見通し線の歴史

桂離宮にみられる見透し線の手法に触れる前に、まず遠近法同様、西欧ルネサンス期からバロック期にかけて誕生、発達したといわれる見通し線[一五]について、桐敷氏の考察[四]をもとに概要を簡単にまとめておきたい。

前述の遠近法の発展過程において、もうひとつ風景を建築構成の中へ意識的に取り入れようとする動きがあった。例えばミケランジェロはフォルネーゼ邸において屋外へ建物に対応する風景構成を計画しようとしたし、またパラディオは一五六〇年頃、トリッシーノ邸の計画において、完全に対称形の中核部に敷地の両側を抱懐する長大なコロネードを加え、ヨーロッパ建築史上「初めて家の主軸を自然へと延長した」という[四]。また、一五九〇年代にルンギはローマのボルケーゼ邸において、不整形の敷地を巧みに処理し、表玄関から正しい長方形の中庭を経て裏玄関を通り、対称形の庭園とチベル河を望む見事な見通し線を計画している[四]。

これらの見通し線の手法は、ルネサンス・バロック期に流行した西欧整形式庭園の定石として用いられ、フランスに輸入されてからル・ノートルによって完成されたという[一六]。

また、これらの見通し線は、外部だけではなく建物の内部にも用いられるようにな

(一五) VISTAのことを指す。

(一六) 『西洋造園史—ファラオの庭から戸外室まで—』針ケ谷鐘吉　一九五六年　彰国社にくわしい。

り、一六二六年にはマデルナがサン・ピエトロ寺院の身廊に前述のボールト屋根を架構している。[四] これは、前設計者ミケランジェロの手法を変更して、ギリシャ十字をラテン十字に変えたもので、ミケランジェロがその大ドームに注いだバロックの吹き抜け空間が、身廊へと延長されたものともいえる。この身廊は、約二百メートルもあって、入り口から内陣まで、超大な見通し線を造ることに成功したのである。一五八六年にフォンタナによって建てられたサン・ピエトロ広場のオベリスクもアポイントとして正確にこの寺院の主軸である東西軸の延長上にあることがわかる。[四]

表2　森蘊著『桂離宮』[一〇]における見通し線についての指摘

指摘ヶ所	内　容	指摘ページ
御幸道	土橋が一直線の舗道道と斜めになるようにかけられている為に一層深く見える	98
中門前土橋	土橋を渡り、中門にかかろうとする位置	98
住吉の松、亀の尾	先端に小松のある月波楼北側の蒲鉾形の岬	98
中書院二の間からの景観	南前庭を見た場合	99
古書院の二の間明障子窓からの景観	その直前にひろがる池庭が正方形の枠を通して見える	99
古書院鑓の間からの景観	築山方向を見た場合	99
古書院囲炉裏の間からの景観	築山方向を見た場合	99

その後、一六六五年に起工されたベルニーニ設計の大コロネードは、このオベリスクとマデルナの寺院前面とミケランジェロのドームを基本とし、パルラディオの手法をさらに発展させた広大な見通し線を生み出している。[四] 寺院前面の両翼から伸びた直線は、広場に向ってわずかにすぼめられ、彼方のチベル河畔ピア広場で消点を結ぶという透視画法が用いられており、これは正面のバルコンに立って広場の群集を望む法主のための大見通し線なのである。[四]

この他、ボルロミーニのサン・カルロ・

アルレ・クァトロ・フォンターネ（一六三三年起工）や、サン・イーヴォ（一六四二年起工）、マデルナのバルベリーニ邸（一六二八年完成）も同様に見透し線を追求した作品である。(四)

② 桂離宮にみられる見通し線の手法

森蘊氏は前述の透視画法の指摘同様、桂離宮の見通し線の手法についても指摘している(一〇)（表2参照）。

これらの見通し線の手法についても、透視画法と共に、従来の日本庭園建築ではほとんど用いられることのなかった西欧手法といえよう。(一七)

3. 黄金分割の手法の指摘

柳亮氏は著書『続黄金分割』の中で、桂離宮にみられる黄金分割について指摘している(一八)（表3参照）。

この黄金分割は、よく知られる通り西欧ではエジプトのピラミッドやギリシャ神殿等、建造物のプロポーションを決定する方法として古くから用いられてきた。(一九)また、前述の透視画法や見透し線同様、十七世紀ヨーロッパのルネサンス・バロック期に復興し、絵画、彫刻、建築、庭園等に広く用いられた。(一九)

日本建築に黄金分割が用いられた例としては、法隆寺の敷地形状等に指摘されてい

(一七)（一一）と同著　九八～一〇一頁。

(一八)『続黄金分割』柳亮　美術出版　一九八七年　九七～一〇七頁。

(一九)『近世日本建築にひそむ西洋手法の謎「キリシタン建築」論序説』宮元健次　彰国社　一九九六年　一五三～一五四頁。

表3　柳亮著『続黄金分割』(一八)における桂離宮についての黄金分割の指摘

指摘ヶ所	内　容	指摘ページ
御輿寄前庭形状	御輿寄前庭平面形状が、1：¢の長方形	97、99（図）
御輿寄前庭真の飛石形状	石畳全体形が7個の黄金短形短辺を繋いだ形	98
御輿寄前庭真の飛石配置	真の飛石の中心線の始点を中門袖垣、終点を石段真下に置き、前後に延長させて測ると中心線の全長に対する石畳の長さの比が1：¢	99
御輿寄前庭方柱切石配置	方柱切石と縁側、渡り廊下で囲まれた空間の平面形状が1：¢の長方形	101
書院群の桂棚	古書院、中書院、新御殿の東立面において、それぞれの幅と妻までの高さの比が1：¢ 新御殿、古書院の南立面においても同様に幅と高さの比1：¢	104 105（図）
書院群の立面	各部が複雑な1：¢の比による構成	104 105（図）
書院群の水仙の針隠	各部が複雑な1：¢の比による構成	107 106（図）
書院群全体の配置形状	書院群全体の平面形状が、南北方向の黄金短形と関係	107（図）

(一七)るがこれはシルクロードを通じてもたらされたギリシャ文化の影響ともいわれ、その後は約千年もの間、日本ではほとんど用いられたことがなく、小堀遠州等の作品の時代、すなわち桂離宮の造営時期になって再び用いられるようになったという(一七)。つまり、遠近法や見通し線と同じく、それまでの日本庭園建築にはほとんど見られなかった西欧的手法といえよう(一九)。

4. その他の西欧的意匠の指摘

① 色彩及び明るい建築意匠

森蘊氏は著書『桂離宮』(二〇)の中で、桂離宮の色彩についてもそれまでには日本建築には用いられなかった西欧的意匠として指摘し、また、それまでに見られなかった明るい建築意匠として事例を揚げている(表4参照)。

表4　森蘊著『桂離宮』(一〇)における西欧的意匠の指摘

指摘ヶ所	内　容	指摘ページ
書院群の配置、形状、色彩	採光、通風、景観及び白色壁、淡黄橙色壁等	95、96
月波楼の配置、形状、色彩	化粧屋根裏の黄橙色	96
松琴亭の配置、形状、色彩	一の間床の市松模様、薄黄茶色の舞良戸、西外側面の橙色	96
庭園の配置、形状、色彩	書院の広庭、落葉広葉樹の列植、芝、苔、水面等	96

これらの意匠は、確かに従来の日本庭園建築には用いられたことがほとんどなかったといえよう。(二〇)

② ソテツの植栽

桂離宮の外腰掛前に見られるソテツは、幕末頃に編された『桂御別業之記』(二一)によれば、キリシタン大名の家系として著名な薩摩の島津家より進上されたものという。島津家久は、一九一八(元和三)年の四月と五月に二度桂離宮の造営者、八条宮家を訪問していることが『桂光院殿御書類』や『興意法親王御消息』(共に宮内庁書陵部蔵)に記録され、八条宮家と島津家の親交の深さがしのばれる。

ソテツが日本において植栽として用いられた初見について、一五七七(天正五)年にキリスト教宣教師が京都に建立した教会建築があげられ、一五八七(天正一五)年の伴天連(バテレン)追放令によって破壊されたとみられるが、(二二)さいわいその姿をほぼ正確に描いたものに「扇面南蛮図」(二三)があり、庭にソテツが描かれていることが確認できる。すなわち、ソテツを日本庭園に用いる契機はキリスト教宣教師にあったとみ

(二〇)(一一)と同著　九二～九四頁。

(二一)宮内庁書陵部蔵。

(二二)(一九)と同著　一〇二頁。

(二三)神戸市立博物館蔵。資料的信頼性、描写内容については(一九)と同著一〇二頁で詳述した。

てよく、ソテツの植栽も西欧手法とみなしてよいだろう。

　ソテツが教会に用いられた後、資料上に二番目にあらわれる事例は、一五八七（天正一五）年に豊臣秀吉が建立した聚楽第を描いた「聚楽第図」(二四)にみられ、これも、前述のキリスト教宣教師を通じたポルトガル貿易の輸入品であろう。

　そして三番目は醍醐寺の庭園についての記録と思われる。すなわち『義演准后日記』(二〇)によれば、一六一七（元和三）年の醍醐寺の造営においてソテツを植えたという。また、その前年一六一六（元和二）年の造営では、常御所と台所の間に花壇を造ったという。(二五)花壇は従来の日本庭園ではほとんど用いられなかった西欧手法のひとつであることは指摘した。以上の造営の担当者は小堀遠州であり、(二六)西欧手法が用いられた寛永期宮廷庭園のほとんどを担当したのも遠州であることから、(二六)上記の醍醐寺の西欧手法はそれらの前例であるといえよう。

　また、その際遠州の配下として働いた庭師は賢庭であったが、(二五)賢庭という名は禁裏あるいは仙洞御所などの宮廷庭園の造営での優れた働きによって、宮廷付工人に西欧技術を教えるよう宣教師に命じ、また自らも教会に出向いたと言われる後陽成天皇から賜った名前であるという。(二七)つまり、この賢庭にも遠州同様、西欧技術として西欧整形式庭園の手法が伝えられていた可能性を示唆しているように思われる。

　森蘊氏(二七)や久恒秀治氏(二八)は、この賢庭はおそらく桂離宮の庭園工事にも参画したと推測されているが、もしそれが確認できれば、ソテツだけではなく、遠近法・見通し線、黄金分割などの前述の桂離宮の西欧的手法も賢庭によるものと見ることもでき

（二四）『聚楽第図』（上）六曲一隻　三井文庫蔵。

（二五）『義演准后日記』宮内庁書陵部蔵。

（二六）『小堀家譜』佐治重賢氏蔵。

（二七）「小堀遠州の作事」『奈良国立文化財研究学報』第十八冊　森蘊　一九九六年　一九〇～一九二頁。

（二八）『桂御所』久恒秀治　一九六二年　新潮社　一三一～一三三頁、一四八～一四九頁。

る。

なお、ソテツは桂離宮に用いられた頃から遠州設計の庭園にしばしば用いられ、二条城二の丸御殿、寛永度仙洞御所にも植えられていたといい、(二九) 遠州を通じて日本庭園に拡大した西欧手法のひとつであったともいえよう。

③ ビロードの腰張り

桂離宮の笑意軒・中の間の南窓下の腰張りは、平行四辺形の金地の上に、黒とエンジの市松模様のコブラン織りのビロードを張ったもので、このような幾何学的意匠は日本では他に全く例がない上に、コブラン織りのビロードはポルトガル、スペイン原産の輸入品である。

フロイスの『日本史』によれば、一五六二(永禄五)年の大村純忠の入信の記念に、(三〇) ポルトガル船のカピタンはビロードの枕や帽子を贈ったという。また、一五八二(天正一〇)年の本能寺の変の際、掠奪を避けて安土の教会から宣教師が持ち出した物の中にもビロードの装飾があったといわれる。一方、一五九一(天正一九)年に豊臣秀吉を訪れたイエズス会の四人の少年使節は、いずれもローマ教皇から賜った金モールの縁飾りのある黒ビロードの長衣に身を包んでいたといい、ビロードは当時キリスト教布教と密接な関係にあったことが納得できよう。

正保二(一六四五)年四月九日に、桂離宮の造営者のひとり八条宮二代智忠親王は、将軍家光に対面しているが、(三一) この際同席の九条光房と道晃法親王は天鵞絨(ビロード)

(二九)(二八)と同著　三八〇頁。

(三〇)『日本史』ルイス・フロイス・松田毅一・川崎桃太訳　一九七八年　中央公論社。

(三一)『鹿苑日録』正保二年四月九日の条　宮内庁所陵部蔵。

十巻を献上しており、桂離宮に用いられた時期、公家の間で将軍に献上される程に珍重されていたものとみられる。

但し、幾何学的なデザインについては、当初から伝わるものではなく、八条宮第七代家仁親王が手を加えられたものという。

『家仁親王御記』（宮内庁書陵部蔵）延享四（一七四七）年四月一二日の条によれば、

「昔からここにあったビロードは虫喰いで破損していた。虫喰いの部分を取り捨て、中に横筋の金紙を貼り付けさせた。出来上がってみると実に見事である」（筆者現代語訳）

と記され、当初は窓の下の腰壁全面にビロードが貼られていたことがわかる。しかし、虫喰いで破損していたのでその部分を切り取り、金紙と組み合わせてみたというのである。しかし、ビロードそのものは前述のように輸入品であり、西欧手法のひとつとみられよう。

④ 配置計画

桂離宮の配置計画について観察すると、従来の日本庭園と一線を画している点をいくつか指摘することができる。

まず、梅の馬場、紅葉の馬場、中心御殿古書院の軸線を東へ延長すると、ちょうど敷地境界線上の一点に集中することから(三一)（図1参照）これらの線が桂離宮の配置計画のもととなる縄張りであるとみられるが、注目したいのは梅の馬場・紅葉の馬場、の軸線によってできる角度が、四十五度（二分の一直角）となっている点である(三二)。

古来日本庭園の縄張りは、自然風景に順応させるために、例えば地形の起伏や環境条件への対応によって決定されてきたとみなされている(三三)。現に桂離宮の庭園の池はもともと桂川の蛇行河川を利用したものとみられ、自然の地形に順応したものであった。しかし桂離宮の縄張りに関しては、幾何学的な四十五度という角度を意識的に用いていることがわかる。このような四十五度という角度を用いた縄張りの例を日本庭園史全体の中から見い出すならば、宮廷付工人に伝わった西欧手法の実践と思われる寛永度仙洞御所と女院御所の敷地境界線が唯一の例といえよう。

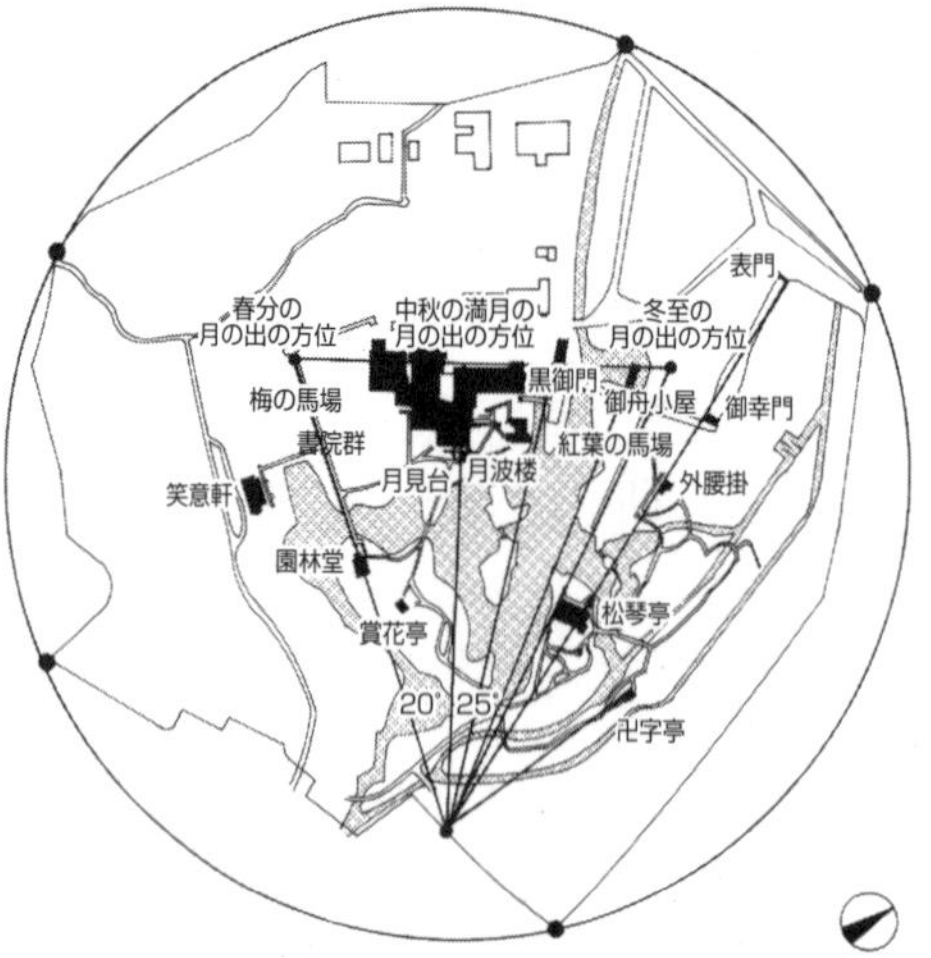

図１．桂離宮の配置計画に見られる整形式庭園の手法の指摘（宮内庁実測図をもとに著者作図）

一方、前述の古書院の軸線と梅の馬場・紅葉の馬場の軸線によってつくられる角度も、それぞれ二十度と二十五度と明らかに計画的に決定された角度となっている。また、古書院に付属する月見台を

(三二)（一九）と同著　一五九〜一六〇頁。

中心として円を描くと、敷地境界線がほぼこの円に内接していることがわかる。すなわち、この月見台が、敷地の中心に計画的に決定されたことを、あるいは敷地境界線が人工的に決定されたことを物語っていると思われる。

桂の地は、中国の「月桂」の故事から命名されたとみられること(三三)からもわかるように、古来より観月の名所として知られ、月見台も桂離宮が創建されたと考えられる一六一五(元和元)年の中秋の月の出の方位に向けて計画されたとみられ(三四)、月見台は桂離宮の中心的場所ともいえるものであろう。

さらに梅の馬場、古書院の軸線の集中する敷地境界線上の一点を、桂離宮内の数多くの要素、すなわち黒御門南辺、園林堂中心軸、松琴亭西辺、表門北辺、御舟小屋中心軸、外腰掛中心軸、卍字亭西辺等の延長線が通過する(三五)(図1参照)。すなわち桂離宮の配置計画は、極めて整形式に決定されているといえよう。

このような手法は、前述の遠近法、見通し線、黄金分割等と共に従来の日本庭園にはほとんど用いられたことのない西欧整形式庭園の手法といえよう(三二)。

⑤　方柱切石の手水鉢

前述の森蘊氏が透視画法の手法として指摘した(三六)御輿寄前庭の中門の正面にアイポイントとして立った方柱切石の手水鉢を観察すると、自然石にはありえない極めて整形式な造形を指摘することができよう。

同様の手水鉢をさがせば、『茶譜』(三七)に

(三三)(二八)と同著　一四頁。

(三四)(一一)と同著　六七～六八頁。

(三五)(一一)と同著　六八～六九頁、七七頁。

(三六)(二)と同著　九七頁。

(三七)『茶譜』国立国会図書館蔵。

「古田織部流数寄屋ノ前、手水鉢櫃石ナリ」とあって、この櫃石というのは、「櫃ノ手水鉢ト云ハ古、石ノ箱ヲ仕テ地ニ埋テ有シ。田舎ナドニ有リト言フ。之ヲ堀リ出シ手水鉢ニ用ユ。箱ノゴトク切カキアリ之ヲ櫃ト言フナリ。ヒツトハ伝ハズ」とあり、図が添えられており、桂離宮のものとほぼ同様の手水鉢であることが確認できる。

『茶譜』[三七]によると、西欧意匠を好んで用いた[三八]古田織部の好みであることがわかり、この特異な人工的造形もまた西欧的な手法であると思える。この他、類似の意匠が西欧好み[三八]の後水尾上皇の造営した修学院離宮下御茶屋・寿月観の御輿寄付近にも認められる[三九]こともこの際、参考となろう。

⑥　木瓜型（十字型）の意匠について

桂離宮には、古田織部好みあるいは小堀遠州好みといわれる木瓜型の意匠が数多くみられる。木瓜型は一見して十字型の意匠であり、古田織部作「コップ型向付[四〇]」等にも用いられ、キリスト教の十字の図像を思わせるものである。偶然の類似ととることも否定できないが、「織部コップ型向付」に関していえば、明らかに西欧のゴブレットを模して造られたといわざるをえないし[四一]、また同様に織部作「織部高脚向付[四二]」についても西洋の酒杯を模したものといわれる[四一]。さらに「小代十字紋象嵌俵型鉢[四三]」や、古

（三八）『日本の庭園』田中正大　一九六七年　鹿島出版会　二五五頁。

（三九）『修学院離宮物語』宮元健次　一九九四年彰国社　一二四頁。

（四〇）「織部コップ型向付」サントリー美術館蔵。

（四一）『茶道と十字架』増淵宗一　一九九六年　角川書店　一一〇頁。

（四二）『織部高脚向付』荒川達蔵。

浄味作の「十字釜」(四四)をみると、明らかに十字を意識していることがわかり、(四五)当時キリスト教を信仰するか否かはともかくとして、十字型の南蛮紋様が茶道美術に取り入れられていたことは否定できないであろう。(四五)

桂離宮にみられる木瓜（十字）型の意匠としては、中書院一の間と一の間の欄間、新御殿二の間の木瓜型刳貫、新御殿桂棚（裏桂棚）及び御衣紋の間の戸棚の飾り引手、新御殿後手水の間の蜘蛛手形の水桶台、園林堂の窓や手水鉢等があげられ、注目したいのは、園林堂正面右側の手水鉢が十字型にくりぬかれているが、当時のキリスト教会にも類似したものが置かれていた点である。(四六)養源院にも遠州好みの「十文字の手水鉢」という類似の手水鉢があるが、隅入をさらに極端に行なったもので、もはや完全な十字型となっている。

また、園林堂についても純然たる仏寺様式ではなく、勾欄と廻り縁等に神社の型式がみられる上、ここにも木瓜型の吹抜き窓が指摘できる。平面形状も教会建築に類似した正面が狭く奥に長く、神社とも寺院とも教会堂ともつかない特殊な意匠となっている。十字型であるといってすべてキリスト教に結びつけることは危険であるが、それでもなお一考を要すると思われ、一応私見としておきたい。

⑦　織部灯籠

桂離宮の庭園には二十四本の庭灯籠があるが、その中の七本が「織部型」と呼ばれる形式で、(四七)竿が十字型である上、キリストあるいは宣教師ともいわれる人像の彫

(四三)『小代十字紋象嵌俵型鉢』神戸市立美術館蔵。
(四四)『十字釜』古浄味作　大阪府南蛮文化館蔵。
(四五)（四一）と同著　一七八～一七九頁。
(四六)（一九）と同著　五〇～六八頁。
(四七)『桂離宮の庭燈籠』丹羽鼎三　一九五八年　彰国社　一九〇頁。

込みが施されている。そのため、キリスト教禁令が発布された後も、密かに信仰を続けたいわゆる「隠れキリシタン」の遺物であるともいわれるが、今だ定説をもつに至っていない。(四八)

この織部灯籠について『長闇堂記』(四九)には次のように記されている。

「一、昔は四畳半椽上りにして、六畳、四畳、土間屋根の下有、手水夫にすはり、ぬけ石の石船すゑ、又は木をもほり、桶をもすゑしなり。織部殿の時、大石の五十人、百人して持石鉢となれり、長鉢は南都橋本町の川橋ぎぼし有けるを、中坊源吾殿へ某申受て持しを遠州殿とり給ひて、長二尺八寸にきり、六地蔵の路地にすゑ給ひしを後大徳院様へ(台)上りて、江戸へ下りしなり。又石燈籠の柱に佛のありし石、京終町天神の車よけに掘込ありしを、某もらひおきし、是も遠州御取りありてすゑ給ひ、後大徳院様へ上りしなり。それより其世に佛ほりつけはやりしなり」

すなわち、長闇堂が掘り出し、暖めていた灯籠の竿石に小堀遠州が目を付け、これを自宅の立手水鉢に転用し、その後徳川将軍秀忠に献上したというのである。しかも、この竿石には仏像があるといい、その立っていた場所が公共の神社の辻であった事、手水鉢に転用できる地輪のない生込み灯籠であった点から考えて、織部灯籠であったことが容易に想像できる。

これまでの定説では、織部灯籠は西欧好みの古田織部の考案であるといわれてきた(三七)

(四八)(一九)と同著　一五六頁。
(四九)佐藤虎雄「長闇堂」『茶道全集』巻の五　所収　創元社　一九五〇年。

が、この『長闇堂記』の記述によれば、数多くの庭園の意匠に西欧手法を導入したとみられる小堀遠州の考案であることになり、定説は否定されるべきであろう。しかし、どちらであったとしても、織部灯籠は西欧文化に近い人物の考案であることがわかり、灯籠の意匠への関連は否定できないといえよう。

以上、桂離宮には数多くの西欧的手法が指摘できるといえよう。

5. 造営者とキリシタンの関係

① 宣教師との交渉

次に、これまでに挙げてきた桂離宮の西欧的手法の由緒について考えてみたいと思う。

桂離宮は、八条宮初代智仁親王と二代智忠親王によって造営されたことは明らかである。(五〇) 村井早苗氏によれば、(五一) 当時の天皇及び周辺の公家は二、三の例外を除いてキリシタンに敵対していたといい、その二、三の例外とは、後陽成天皇や後水尾天皇、そして八条宮を指し、キリシタンに好意的であったという。

『日本切支丹宗門史』(レオン・パジェス著、一六一三年の条)には次のようにある。

「京都では、御自ら二つの尼院の長にあらせられた内裏(後水尾天皇)の御叔母君は、説教を聴くためにお出ましあり、又その御母君と御妹君、即ち前の内裏(御水

(五〇)『桂離宮の庭燈籠』丹羽鼎三　一九五八年　彰国社　一九〇頁。
(五一)『幕藩制成立とキリシタン禁制』村井早苗　一九八七年　文献出版　一三六頁。

尾天皇）の御后をお誘ひ遊ばれた。この御三方は限りなく天主の教を御珍重あらせられ、若しかかる高貴な方々にお定まりの例の御障害がなかったら、何れも洗礼をお望みになったことであろう。然し御三方はみな、お側の役人のキリシタンになることを許し給うた」（五二）

つまり、入信することは出来ないがキリシタンに好意的であり、家臣が入信することは認めたというのである。この場合の「高貴な方々にお定まりの例の御障害」とは、村井氏によれば、日本が神国としてその中心に天皇の祖先神として天照大神が存在し、キリシタンを侵略宗門とみなしていることだという。（五三）

『日本切支丹宗門史』（一六〇五年の条）によると京都のキリスト教会に天体の公転を示す機械があり、後陽成天皇もバテレン（宣教師）の諸機具に興味を持ち、西欧技術を宮廷工人に教えるよう所望されたという。（五四）さらに、『長崎日本年報記』（ロドリゲス・ジラン著、一六〇六年三月一〇日の条）によれば、「後陽成天皇とキリシタンとの交渉は、キリシタン大名京極高知の女を妃とした皇弟、八条宮智仁親王からである」という。（五五）

以上から、智仁親王は入信こそしていなかったかもしれないが、キリスト教宣教師と交渉があったことがわかる。また智仁親王を縁として宮廷付工人に西欧技術が伝えられたとみられることから、桂離宮の造営に携わった工人も西欧技術を学んでいたとみられよう。

（五二）『日本切支丹宗門史』上巻　レオン・パジェス著、吉田小五郎訳　一九三八年　岩波書店　一六八頁。

（五三）（五一）と同著　一二九〜一四九頁。

（五四）（五二）と同著　三〇二頁。

（五五）『長崎日本年報記』ロドリゲス・ジラン　一六〇六年三月一〇日の条　海老沢有道「南蛮学統の研究―近代日本文化の系譜―」五七頁。

② 八条宮家とキリシタン関係者の交渉

智仁親王の妃は、丹後大名京極高知の娘常子であるが、(五六) 京極高知は有名なキリシタン大名である上、その兄高次やその母もキリシタンであったという。(五七) 一方、智仁親王を継いで桂離宮を造営した智忠親王の妃は、加賀大名前田利常の娘富姫であるが、(五六) 利常の父利家は、かの有名なキリシタン大名・高山右近を客将としてかくまったほどのキリシタン保護者である上、(五八) 利常の弟・利長や兄高次もキリシタンであったという。

このように考えてくると、桂離宮の造営者である智仁と智忠の両親王は、ともにキリシタンの家系と婚姻関係にあったのであり、二人がキリシタンであったかどうかはともかく、極めてキリシタンと深い関係にあったといわざるをえない。(五九)

次に智仁親王の交際関係についても考えてみたい。まず智仁親王の和歌の師である細川幽斎であるが、親王は、幽斎より「古今伝授」(六〇) をうけるほどに両者には深い関わりがあった。

八条宮家の桂離宮以外の別荘の一つである開田の茶屋には、親王が古今伝授を受けた学問所が移建されているが、この山荘の隣の長岡神社は、幽斎を祀ったものである。(六一) また、桂離宮の中にある仏堂・園林堂の中にも、先祖の位牌と共に幽斎の画像が祀られているといわれ、(六二) 二人の交友の深さがしのばれよう。

ところが、この細川幽斎の子忠興はキリシタンの保護者であり、忠興の妻は有名

(五六)『桂宮系譜』宮内庁書陵部蔵。

(五七)(五五)に高知が一五九五～一五九六年に受洗とあり、また『宗門史』一六〇一年に「一度信仰が冷めたが、再び熱心になった」ともある。一方、『イエズス会士書簡集』一六〇六年の条には「兄高次と共に母マリアの信仰を賞賛」、『宗門史』一六〇七年に「高次と共にキリシタン表明」などとある。以上、近藤　平『京極家とキリシタン信仰』国会図書館蔵、一九八六年による。なお、(一一)の拙著で詳しく考察した。

(五八) 岡田章雄『キリシタン大名』一九五二年　教育社、その他。

(五九)(一一)と同著　一一七～一一八頁。

(六〇)『細川家記』宮内庁書陵部蔵。

(六一)『近世の数寄空間—洛中の屋敷、洛外の茶屋』西和夫　中央公論美術出版　一九八八年。

(六二)(二八)と同著　二九三頁。

なキリシタン・ガラシャであった(六二)。忠興の弟興元もキリシタンであり、興元はガラシャの二男興秋を養子にしているが、この興秋もキリシタンであった。その他ガラシャの長女お長、二女多羅もキリシタンであったという(六三)。ガラシャに入信をすすめたという曲直瀬玄朔は、キリシタンである上、細川家出入りの医師であるとともに、智仁親王の実兄、後陽成天皇の典医でもあったとみられる(六三)。このように智仁親王の師幽斎もキリシタンと極めて近い立場にあったことになる(六四)。

また、智仁親王の実子であり、二代目智忠親王の弟にあたる曼殊院良尚法親王は、キリスト教に大いに興味を持ち、入信する際に使用する洗礼道具を仏教の儀式の際に応用したという(六五)。この良尚法親王の造営になる曼殊院書院は、桂離宮と極めて共通した意匠を持つことに注目したい。

その他の智仁親王の交際関係を知る資料として、宮内庁書陵部蔵の『桂光院殿宮武家往来書状写』(六六)の親王宛ての手紙の差し出し人名がある。

表5『桂光院殿宮武家往来書状写』の差し出し人とキリシタン関係者

松平家久	
松平政宗	キリシタン保護者
細川幽斎	キリシタン保護者
寺沢広高	キリシタン保護者
伊勢真知	
細川忠興	キリシタン保護者
藤堂高虎	
蜂須賀至鎮	キリシタン
有馬豊氏	キリシタン
小堀遠州	キリシタン保護者
京極高広	キリシタン
黒田長政	キリシタン
松平少輔	
備前宰相	
毛利秀元	
山名豊国	
松平忠英	キリシタン保護者
板倉重昌	
毛利秀就	
中川久盛	キリシタン
京極忠高	キリシタン保護者
酒井忠世	

表6『御数寄たて』にみる交際関係とキリシタン関係者

藤堂高虎	
松平政宗	キリシタン保護者
本多忠政	
本多康重	
浅野長晟	
加藤忠広	
松平秀就	
毛利忠雄	キリシタン保護者
京極高広	キリシタン
松平家久	キリシタン保護者
細田忠興	キリシタン保護者
森美忠政	
寺沢広高	キリシタン保護者

(六三)ヨハネス・ラウレス「細川家のキリシタン」『キリシタン研究』所収　吉川弘文館　一九七〇年。

(六四)(一一)と同著　一一八〜一一九頁。

(六五)『桂離宮』森蘊　創元社、一九六八年。

『桂光院殿宮武家往来書状写』宮内庁書陵部蔵。差出人がキリシタン関係者であるかどうかについては、(一二)と同著一二〇頁で詳細に考察した。

(六六)『御数寄たて』宮内庁書陵部蔵。(二八)の著書にて詳細な考察があり、それに従った。

このリストを見ると、次に掲げるように二十二人の差出し人のうち、少なくとも十二人はキリシタンか、キリシタン保護者であったことが判明する。（表5参照）

以上のように、智仁親王の手紙の交際からも、親王とキリシタンの結びつきの深さが窺えるのである。

この他、八条宮の茶道を通した交際関係がわかる資料として、『御数寄たて』[六六]があり、この文書は年代を欠いているが、京極高広が采女と称していた時代のものであり、また丹後守となる一六二五（寛永二）年以前、藤堂高虎の御相伴として近衛様とあるから、近衛信尋が関白となる一六二三（元和九）年以前となり、従って細川忠興が越中守を称していた一六二一（元和七）年以前、これらを大名たちがそろって上洛した時期から考えて一六一九（元和五）年の茶会予定表と考えてよかろう。[六六]

このリストについても同様に調査してみると、十三人中じつに六人がキリシタンかキリシタン保護者であることがわかる。[六七]

以上見てきたように、八条宮の周辺は、キリシタン関係者が数多く存在するのであり、桂離宮の造営者・智仁・智忠両親王も極めてキリシタンに近い立場にあったことがわかるのである。

③　キリシタン本郷織部

『涼源院殿御記』[六八]寛永一一（一六三四）年一一月一三日の条には次のように記されている。

（六七）（一九）と同著　一六五～一六六頁にて考察した。

（六八）『涼源院殿御記』日野資勝　寛永一一年一一月一三日の条　宮内庁書陵部蔵。

「（上略）今日八條殿織部被二喚出一ダイウスノ事被レ尋處二息イクハ籠者申候上ハ無二面目一仕合候間、織部切腹も可レ仕處御無念之由候てワキニ居申者ノ脇指をウバイ取、腹ヲ切可レ申と仕　處ヲワキ居申候六丁町ノ町代トヤラン則モギ取織部ハ高手ヲシバリ門ノ番所へ先ヲシコメ申候也。其後防州被申候ハイトクト別ニ籠者可申由候也。女房籠や候入可申由也。ダイウスノ坊主をも仕候者コロビ候て目アカシ仕て取ラへ申候由候也。乞食之中ニ四人入候て居申候をトラへ申由也。男一人者籠者女三人ハ乞食ニアヅケ番ヲ可仕由被二申付一候由也」

すなわち、八條宮智忠親王の側近本郷織部が、キリシタンとして捕縛され、処刑されたという。織部は智忠親王と共に仙洞御所にも同行しており、親王の片腕的存在であったと思われる。

キリスト教は、慶長一七（一六一五）年三月、家康時代はじめての禁令が出され、寛永五（一六二八）年五月、キリスト教宣教師は火刑、これを隠匿した男子は死刑、女子は婢となして家財を没収する法度が出され、寛永七（一六三〇）年七月以降、キリスト教徒の改めが毎年の行事となり、寛永一〇（一六三三）年二月、海外への密航者は死刑、密告者には銀一〇〇枚の賞金が出されることになっていた。

織部は子息に励まされ、促される最後まで切腹を避けていた事は、彼が自殺を忌避する正真正銘のキリシタンであったことを証するものであろう。

二代目智忠親王だけではなく、初代智仁親王についても、同様に織部を重用していたことが次の記録からわかる。

『時慶卿記』[六九]寛永六（一六二九）年三月一二日の条に「八條殿見舞申候。癇腫自二昨日一痛腫ト、又肱冷由被レ仰、又於二江戸一御簾中公事理運ニ相濟と織部物語ヲ聞。牡丹拝見。」

とある。この中の「織部の物語」というのは、次に示す『桂光院殿宮武家往来書状写』[七〇]の中の藤堂高虎の書状に関する内容ではないかと思われる。

為二八條宮様
御意一御状忝拝
見仕候。生島宮内殿、
本郷織部殿萬事
申請候聞、可レ然様ニ
御取成奉レ頼候。
委曲右兩人より
可レ然仰上候。恐々
謹言

眼病故以二印判一申上候。

（六九）『時慶卿記』宮内庁書陵部蔵。

（七〇）宮内庁書陵部蔵。

藤堂和泉守高判

壬二月十六日

中嶋主殿左殿

閏年は、元和四年、六年、九年、寛永三年、六年が考えられ、高虎は、元和六（一六二〇）年、大阪城の修築を命じられた時以外の閏年の二月は、いずれも江戸にあった。

閏年の二月は、この寛永六（一六二九）年だけで、八条宮家の公事に関して宮家の宮内織部の両諸大夫が江戸に派遣され、高虎の配慮に依り、何かの事件が解決したといい、その物語を時慶卿が織部から聞いたものと思われ、織部が八条宮家に重用されていたことがうかがえよう。

『桂宮日記』(七一)の享保一〇（一七二五）年一一月二日の条には次のように記されている。

「村上佐膳清集去年以来被㆓雇置㆒之處、曾祖母高野依㆓老衰㆒為㆓憐愍㆒可㆑被㆑加㆓御家禮㆒哉之由門院御所望有㆑之、雖㆑然女房奉㆓仕之㆒族被㆓召置㆒儀停止之格式也。併従㆓出生之時㆒参入者以㆓別儀㆒今日以㆓古勤仕之名跡㆒被㆓召抱㆒近習侍改號㆓本郷㆒改名㆓織部㆒、慶長元和寛永之比本郷織部政次奉公之功多、其子伊織㆑仕任以来絶、仍被㆑定㆓此名跡。」

(七一) 宮内庁書陵部蔵。

すなわち、キリシタン織部の死の九十一年後、慶長、元和、寛永の頃に織部が八条宮家に奉公の功多しとして、村上左膳源清集を本郷織部と改名させ、近習侍としてその名跡を再興させたというのである。

当時、罪人の名跡を再興させた例はこの他に全く例がない。しかも、皇族からキリシタンとして処刑者が出るという失態となった織部の名跡をたてたことになり、極めて異例の人事といわざるをえない。ここに八条宮家とキリシタン織部の関係の深さを指摘できよう。

以上、桂離宮の造営者八条宮智仁親王及び智忠親王とキリシタンの関係について考察してきたが、両者はキリシタンに極めて近い立場にあったことが明らかになったと思われる。

以上、考察した結果をまとめれば、おおよそ左記のようになろう。

一．桂離宮には従来の日本庭園建築において、ほとんど用いられなかった主に同時代西欧の庭園、建築に用いられた整形式庭園の手法や西欧意匠が数多く指摘できる。

二．桂離宮の造営者八条宮智仁、智忠親王は、キリシタンに極めて近い立場にあり、宮廷付工人に西欧技術が伝わる発端も智仁親王であることから、桂離宮の造営に携わった工人にも西欧技術が伝えられていた可能性が極めて高い。

上記二点を拙論「寛永期宮廷庭園にみられる同時代西欧庭園の影響について――近世日本建築の意匠における西欧手法の研究その一(二)――」における考察結果と比較

してみよう。すなわち、寛永期日本宮廷庭園にみられる西欧整形式庭園の手法が一六一三（慶長一八）年にキリスト教宣教師から宮廷付工人に伝えられた西欧技術の実践である可能性が極めて高いことと考え合わせれば、一六一五（元和元）年から一六六二（慶安二）年にかけての三回の造営によって完成された桂離宮にみられる西欧的手法についても、この時期に突如あらわれたと考えるよりもむしろ、寛永期宮廷庭園の多くと同様に宮廷付工人に伝えられた西欧技術の実践と考えるべきであろう。なお、西欧整形式庭園の手法のみられる宮廷庭園のほとんどは後水尾上皇に関わっており、桂離宮についても新御殿、御幸道、御幸門等、多くの部分が、一六六三（慶安三）年の後水尾院御幸の際に増築されたとみられ、(七二) 西欧好みの後水尾上皇にあわせて西欧手法を取り入れたとも言えなくはないが、この点については今後の課題としておこう。

(七二) 桂離宮は一六一五（元和元）年頃から一六六二（慶安二）年にかけて三回の造営をへて完成された。斎藤英俊『名宝日本の美術二十一 桂離宮』小学館 一九八二年の説に従った。

第三章　遠州作品にみられる同時代西欧庭園の影響

はじめに

第一章(一)において、数多くの寛永期日本宮廷庭園に同時代の西欧庭園特有の西欧手法が用いられていることを指摘し、(二)また慶長一八（一六一三）年にキリスト教宣教師から宮廷付工人に西欧技術が伝えられていたとみられることから、(二)それらの手法がその実践であることを明らかにした。(二)さらに、西欧手法のみられる宮廷庭園の担当者がすべて幕府作事奉行・小堀遠州であることから、(二)西欧技術を伝えられた宮廷付工人のうち少なくとも一人は、遠州である可能性が高いことを示唆した。(二)

遠州作庭の寛永期宮廷庭園以外の庭園にみられる西欧手法については、先学らによ(四)っていくつか指摘されているが、それらの由緒について明らかにされたことは、これ

（一）「寛永期日本宮廷庭園にみられる同時代西欧庭園の影響について―近世日本建築の意匠における西欧手法の研究その一―」宮元健次、国際文化研究編集委員会編『国際文化研究』創刊号一九九七年、龍谷大学国際文化学会、六九～八〇頁、所収。

までにほとんどなかったといえよう（五）。

そこで、本章では従来指摘されてきた宮廷庭園以外の遠州作品にみられる西欧的手法を整理し（四）、新たな指摘を加えた上で、さらにそれらの由緒について、遠州が西欧技術を伝えられた宮廷付工人である可能性を含めて考察してみたい。

1. 南禅寺本坊方丈前庭（六）

『本光国師日記』（七）によれば、寛永六（一六二九）年、南禅寺住職であり、徳川幕府の側近でもあった金地院以心崇伝が南禅寺本坊方丈前庭の作庭を遠州に依頼している（八）。本坊方丈は天正度内裏の清涼殿を慶長一七（一六一二）年に南禅寺が拝領し、ここへ移築したものといい（九）、遠州による造営ではないが、宮廷付工人であった遠州に宮廷ゆかりの建物の前庭をまかせたものであろう（図1参照）。

この庭の最大の特徴というべき後列の石組の石の大きさを調べると東側から順に表1のようになるという（八）。すなわち、東から西に向って、石の直径及び高さを減じていることがわかる（八）。しかも、周囲の樹木の数も徐々に減じていることが観察できることから（八）、その結果として東西方向に遠近感が強調されたパースペクティヴの手法が指摘できよう（一〇）。このパースペクティヴの手法は、同時代のヨーロッパのルネサンス・バロックの庭園・建築特有の手法であることは周知であろう（一一）。

（二） 寛永期日本宮廷庭園とは、ここでは寛永度内裏、寛永度仙洞・女院御所、明正院御所を指す。なお、この他筆者は東福門院御所における西欧手法についても指摘したことがある。（『桂離宮と日光東照宮―同根の異空間―』宮元健次　学芸出版社一九九七年（二八頁）。また、桂離宮における西欧手法についても指摘した（『桂離宮にみられる同時代西欧文化の影響について―近世日本建築の意匠における西欧手法の研究その二―』宮元健次、国際文化研究編集委員会編「国際文化研究」創刊号、一九九七年、龍谷大学国際文化学会、八一～九四頁　所収）。

（三）『小堀家譜』（佐治重賢氏蔵）によれば、本名は小堀政一、幼名は作介というが、通常遠州と呼ばれることが多いので、本書もそれに従った。

（四）『小堀遠州の作事』奈良国立文化財研究所学報第十八冊、森蘊　一九六六年、八三、一六二頁。『続黄金分割』柳亮　美術出版社、一九八七年、九五～一〇七頁。

（五）『近世日本建築にひそむ西欧手法の謎「キリシタン建築」論序説』、宮元健次　彰国社、一九九六年、二三三～二四〇頁及び、宮元健次『桂離宮と日光東照宮―同根の異空間』で由緒の一部について論じた。

2. 大徳寺方丈石庭

次に、遠州作品のひとつといわれる大徳寺方丈の東庭を見ると、北側から南側へ(一二)石組の高さを明らかに減じている上、それに合わせて敷地幅までが徐々に狭くなっている(一三)ことがわかる（図2参照）。すなわち、ここにも前述の大徳寺本坊方丈前庭の石組同様にパースペクティヴの手法が指摘できよう(一四)。

一方、東庭だけでなく、南庭についても観察してみると、全体形が東西三十六メートル、南北十二メートルであり(一三)、また方丈東北角より東、南庭境界が二十一メートル、さらにそこから東生垣までが七メートルとなっているのがわかる（図2参照）(一三)。すなわち、敷地形状が三対一の比によって決定されていることが指摘できる(一四)。

そして、さらにそれらを三つの正方形ととらえ、庭石の配石位置を観察すると、

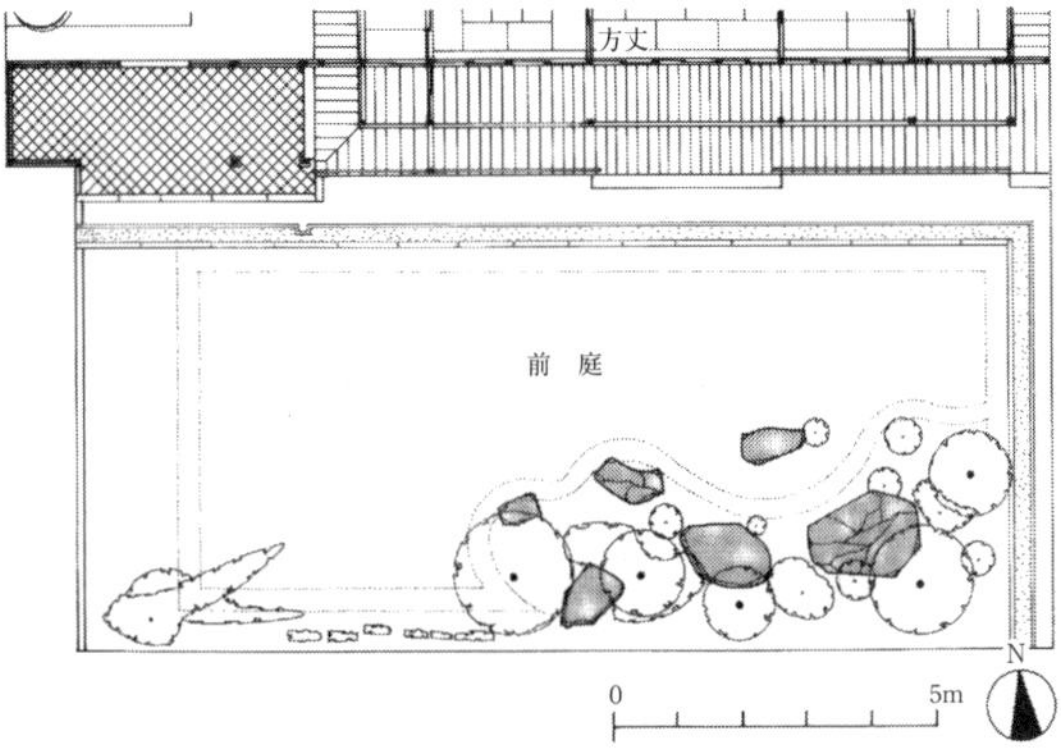

図1　南禅寺本坊方丈前庭平面図（著者作図）

表1　南禅寺本坊方丈前庭後列の石組の石の大きさ

（単位：m）　※ 10cm未満四捨五入

	直　径	高　さ
東　側	3.70	1.80
中　央	2.80	1.15
西　側	2.00	0.80

（六）南禅寺には、この他大方丈（塔頭金地院方丈）があり、区別するためここではあえて「本坊方丈」と記した。

（七）『本光国師日記』寛永六年十一月二十六日の条に「小遠州へも杖遣ス、清原之事もきっと申遣ス、南禅庭之事、石なと仰付被下候様にと申請ス」とあり、金地院の場合は「金地」とあるのでこれは本坊を指していると思われる。

（八）『小堀遠州の作事』森蘊　奈良国立文化財研究所学報第十八冊、一九六六年、八二頁。

（九）『京都御所』藤原道夫　彰国社、一九五六年、三八七頁。

（一〇）『近世日本建築にひそむ西欧手法の謎「キリシタン建築」論序説』宮元健次　彰国社、一九九六年、二三五頁。

（一一）『桂離宮にみられる同時代西欧文化の影響について—近世日本建築の意匠における西欧手法の研究その二—』宮元健次、国際文化研究編集委員会編「国際文化研究」創刊号一九九七年、龍谷大学国際文化学会、八一～九四頁、所収。

（一二）大徳寺方丈が遠州作であると立証する資料はないが、（八）一六〇頁その他で遠州作品である可能性が極めて高い事が論じられ、ほぼ定説化しており、本書でもそれに従った。

（一三）（八）と同様一六一頁。

正方形をもとにした黄金分割によって石の配置が決定されていることがわかる。（一四）この黄金分割の手法についても、前述のパースペクティヴ同様、同時代のヨーロッパのルネサンス・バロックの庭園・建築特有の手法であることは周知であろう。（一一）

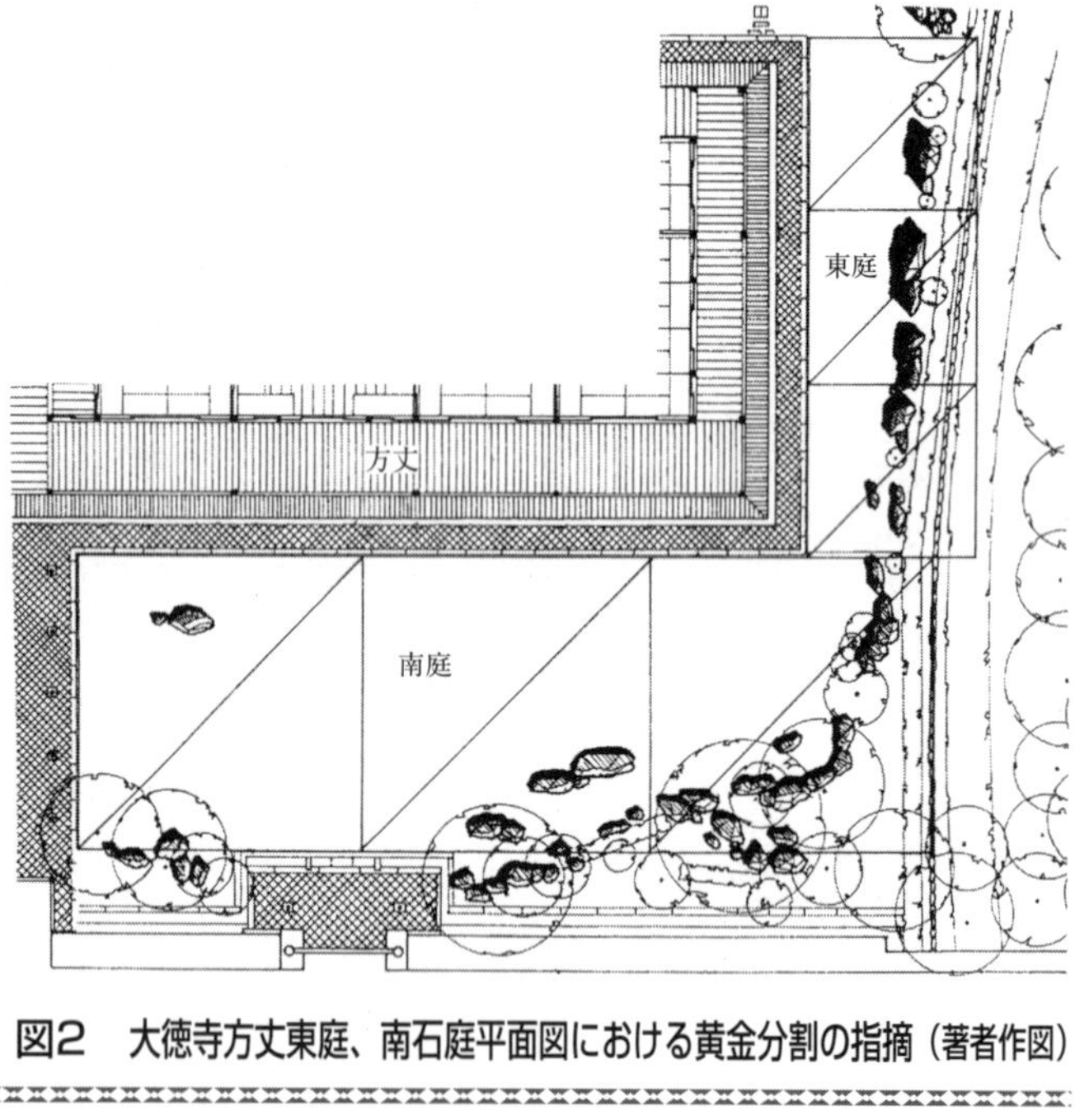

図2　大徳寺方丈東庭、南石庭平面図における黄金分割の指摘（著者作図）

3. 大徳寺孤篷庵忘筌

遠州は、大徳寺とは方丈前庭の作庭以外にもかかわりが深く、慶長一七（一六一二）年に大徳寺塔頭龍光院内に自らの隠居所・孤篷庵を建立している。（一五）しかし、当初の孤篷庵は敷地の狭さから（一五）寛永二〇（一六四三）年、現在の地へ移転したとみられる。（一六）遠州の同年四月二八日付の手紙に（三）

孤篷庵作事儀、様子見可申候、客殿之絵出来候哉、只今探幽方へ書状遣し候旨相

（一四）（一〇）と同著二三六頁。
（一五）『孤篷庵記』大徳寺孤篷庵所蔵。
（一六）『小堀遠州太守政一朝臣略譜』（小堀宗慶氏所蔵）に「寛永癸未依㆓地勢之狭隘㆒徙㆓庵於紫阜之西㆒不日円成」とある。

届可申

とあることから、この頃はほぼ完成していたとみてよいだろう。しかし、一七九四（寛政五）年に焼失、寛政八（一七九七）年から寛政一二（一八〇一）年にかけて再建されたのが現存するものであるという。[一八] 焼失前の起し絵図と古図[一九]によれば、建物や露地、庭園に至るまで基本的に焼失前の様相と変化がなく、特に「忘筌」と呼ばれる茶室は、ほぼ忠実に再現されていることが確認できるという。[一九]

柳亮氏によれば、忘筌の平面図（図3参照）及び前庭の飛石や手水鉢、あるいは灯籠などの配置（図4参照）が黄金分割によって決定されているという。[二〇] また、この前庭を茶室への内露地として考えると「露結」と呼ばれる手水鉢をアイポイント

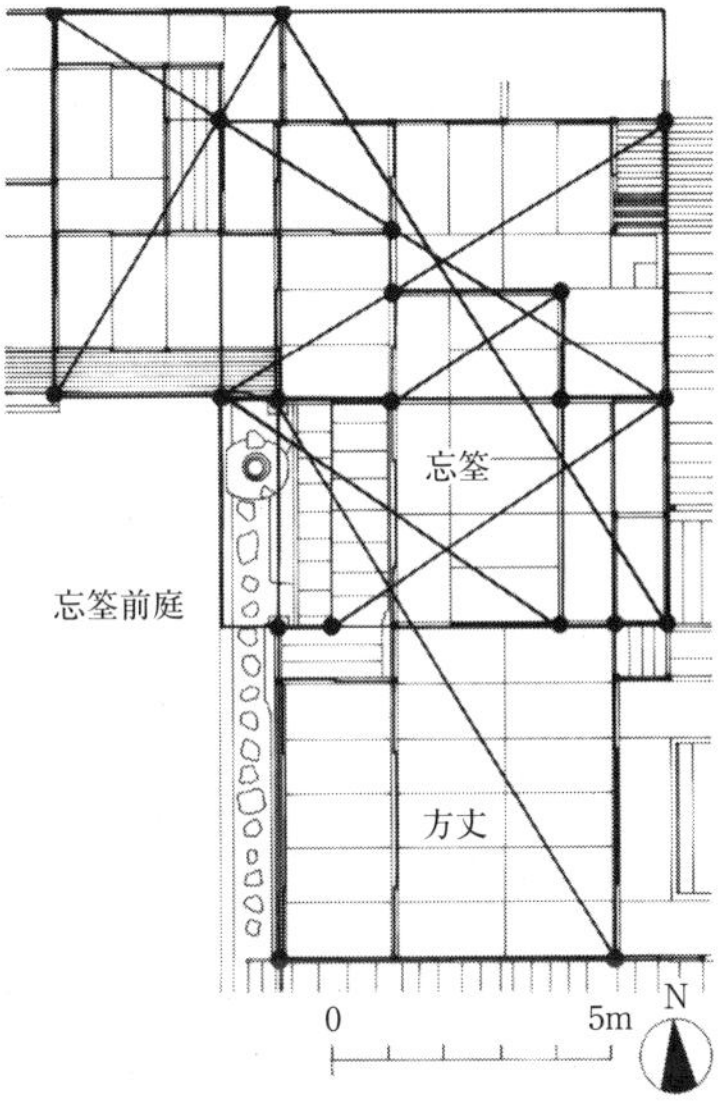

図3　大徳寺孤篷庵忘筌　平面図における黄金分割の指摘（柳亮氏による）

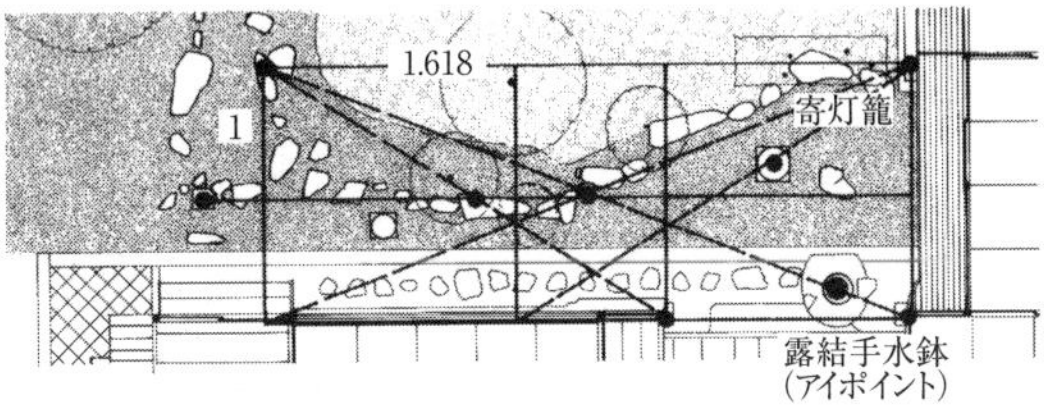

図4　大徳寺孤篷庵忘筌前庭平面図における黄金分割の指摘（柳亮氏による）

（一七）『小堀権左衛門宛遠州書状』（佐治重賢氏所蔵）寛永二十年四月二十八日付。

（一八）『小堀家譜』（佐治重賢氏所蔵）

（一九）堀口捨乙監修『茶室おこし絵図集』第三集解説、墨水書房、一九六四年。

（二〇）柳亮『続黄金分割』美術出版社、一九八七年、八〇頁。

として露地を歩む際、前庭の石組が末広がりに後退しているため、遠近感が強調されるパースペクティヴの手法を指摘しておきたい。「露結」という呼称からいっても、露地の結びの意であり、アイポイントとなることを意識した名称ととることもできる。このパースペクティヴの手法は、黄金分割同様、同時代のヨーロッパのルネサンス・バロックの庭園・建築特有の西欧手法であることは既に指摘した通りである。（一一）

4. 江戸城西ノ丸山里茶屋

『大猷院殿御実記』（二一）寛永六（一六二九）年六月の記事に

六日伏見奉行小堀遠江守政一にはかに召されて参府す。これ山里の新庭指揮せしめんかためとそ、政一か好みにて庭中新に池をうがつ

とあり、江戸城西ノ丸山里茶屋は遠州の作庭であることがわかる。

この庭園を描いたいくつかの江戸城内郭図（二二）（図5参照）を見ると、すべての図に「花壇の馬場」と記され、西欧整形式庭園の影響を受けたとみられる明正院御所を描いた「禁中御花壇並盆山水道指図」（二三）にあった花壇を表わす二本線が描かれている。（二四）すなわち、遠州作庭の寛永度内裏、寛永度仙洞・女院御所、明正院御所同様、（一）江戸城西ノ丸山里茶屋にも花壇が存在したことが明らかとなる。（二四）この花壇についても同時代のヨーロッパ庭園特有の西欧手法であることは既に指摘した通りである。（一）

（二一）『大猷院殿御実記』（国史大系他）寛永六年六月の条。
（二二）『江戸城之図』、『吹上御庭全図』、『紅葉山全図』その他の甲良家史料、江戸切絵図のほとんどに「花壇の馬場」の記述が指摘される。
（二三）『禁中御花壇並盆山水道指図』宮内庁書陵部蔵。
（二四）（一〇）と同著一四四頁。

5. 日光東照宮

遠州は一六三六（寛永一三）年四月、寛永期造替の日光東照宮完成に際して、徳川三代将軍家光の先発として東照宮の見分を勤めている。[二五] 遠州のこの時の具体的な役割は不明であるが、家光の造営に関する相談役であったとみられている。[二六]

現在の日光東照宮は、この時の様相にほぼ等しい[二六]といわれるが、各部を観察してみると数多くの西欧手法を指摘することができる。[二七] 以下、いくつか例を掲げてみたい。

千人升形

日光東照宮の大鳥居の内側は、「千人升と呼ばれ、周囲をかこむ石垣はほぼ正方形に設計されている（図6参照）。従来の神社建築では、鳥居の内側に広場を設ける例は

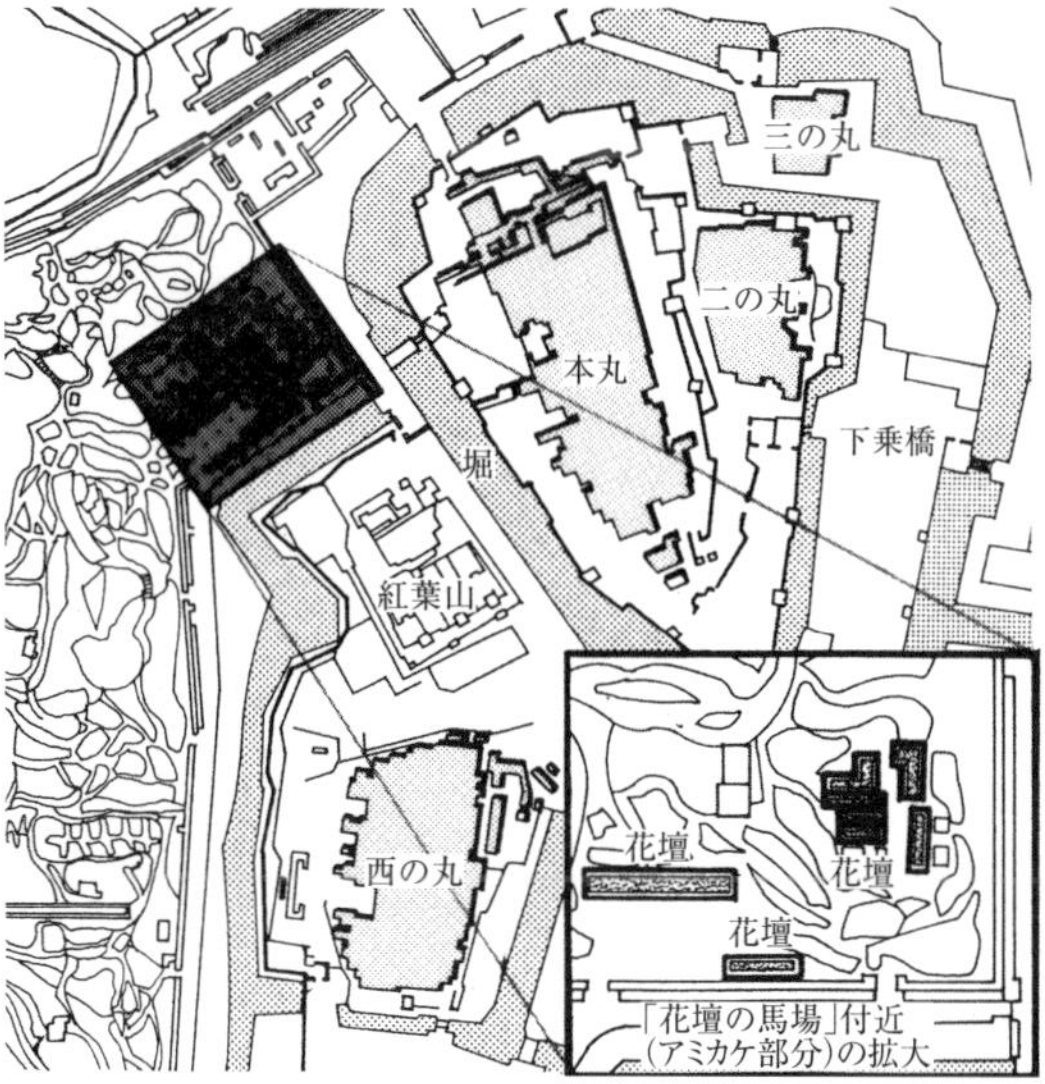

図5　江戸城内郭における「花壇の馬場」の指摘（『江戸城之図』写し）

（二五）（二一）と同著。寛永一三年四月の条。

（二六）大河直躬他『秘宝第十二巻 日光東照宮』講談社、一九六九年。

（二七）（一〇）と同著二〇〇～二一〇頁。

ほとんどない上、さらにそれを純幾何学形態である正方形に整形することは極めて異例であるといえよう。[二七]

あえて類似した例を探せば、寛永度仙洞御所の西欧整形式庭園に見られる正方形の芝生の庭[一]があげられ、千人升形についても西欧手法の一つと考えられよう。[二七]

パースペクティヴとヴィスタの手法

表門から参道が左へ折れ、行手正面に水盤舎が見えるが、左側面の神厩舎と内番所は参道と平行に配置されているにもかかわらず右側面の三神庫は、ずれて配されているため、先細りの空間が造り出されている[二七](図7参照)。

その結果、水盤舎をアイポイントとしてすすむと、遠近感が強調されて見えるパースペクティヴの手法を指摘できる。[二二]

このような手法は、東照宮のいたる所に散見することができる。例えば、参道をすすむにつれて地盤が徐々に高くなるのみならず、表門、陽明門、唐門の順に、奥へす

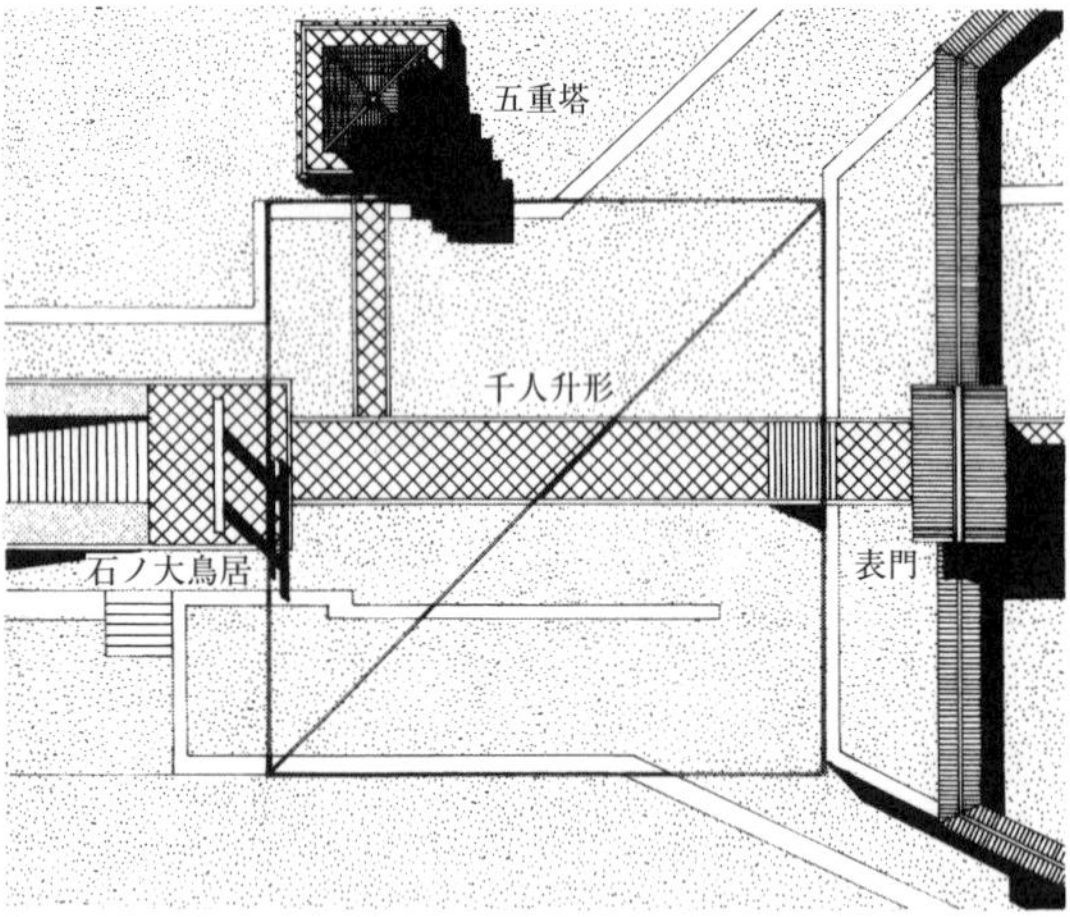

図6 日光東照宮千人升形 平面図における正方形の指摘(著者作図)

すむに従い各門の高さと幅が縮小しており、ここにもパースペクティヴの手法が指摘できる。従来、日本建築の伽藍には三次元的空間効果を造り出すための緊密な配置構成をもつことはあまり例がなく、[二六]しいて挙げるとするならば、同時代のイタリア式庭園に数多くの例がみられよう[二七]。

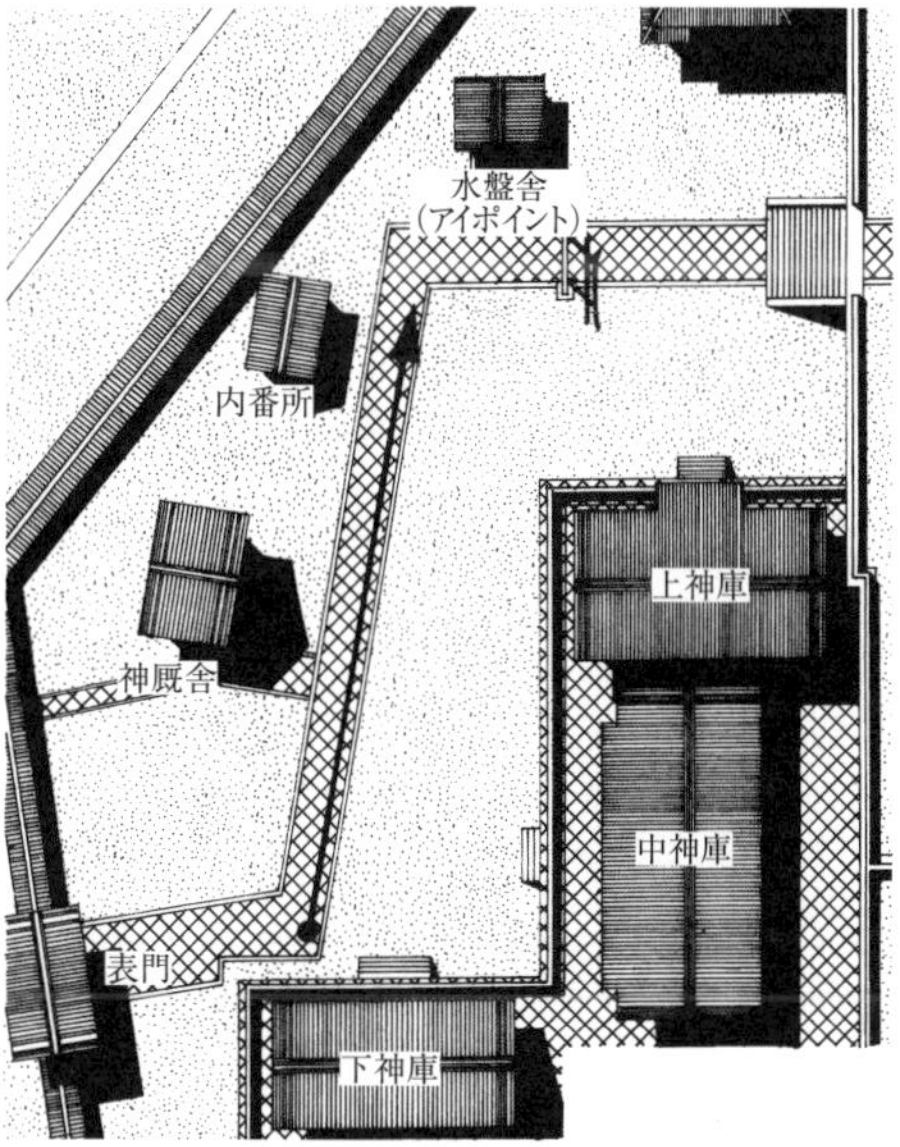

図7　水盤舎をアイポイントとしたパースペクティブの指摘（著者作図）

次に、東照宮の内部へも注目してみると、本社の拝殿より右の間、本殿外陣、内陣に至る奥行方向の柱間の長さを調べると表2の通りである[二七]。

この数値を調べると、本社の奥行方向の柱間は、ほぼ等比数列の幾何学的法則性によって減少していることがわかり、拝殿から内陣を見ると、ここにも遠近感が強調されるパースペクティヴの手法が指摘できる[二七]（図8参照）。

このような奥行方向の柱間を規則的に減じる手法は[二七]、同時代ヨーロッパのルネサンス・バロック教会堂において流行し、サンタ・マリア・ノヴェルラ（図9参照）等数多くの例がある[二七]。東照宮についても、構造的混乱を起してまであえて造形されたものであり、偶然とは考えにくく、意図的にパースペクティヴの手法が取り入れられたものとみてまず間違いないであろう（二七）。

しかも、このパースペクティヴの効果をさらに高める仕掛けもいくつか指摘でき（二七）、まず第一に外陣と内陣の境界の格子戸があげられる。この格子戸は一本溝の引戸で戸袋に収納できるしくみだが、この手法は、一五八七（天正一五）年造営の聚楽第にはじめて用いられたものといい（二八）、当時の最新技術のひとつであったといっても過言ではない。このような特殊なしくみは、できる限り奥まで視界が開けるよう開口部を取り払って見通しをよくするためのもので、さらにパースペクティヴを助ける工夫とみてよいだろう（二七）。

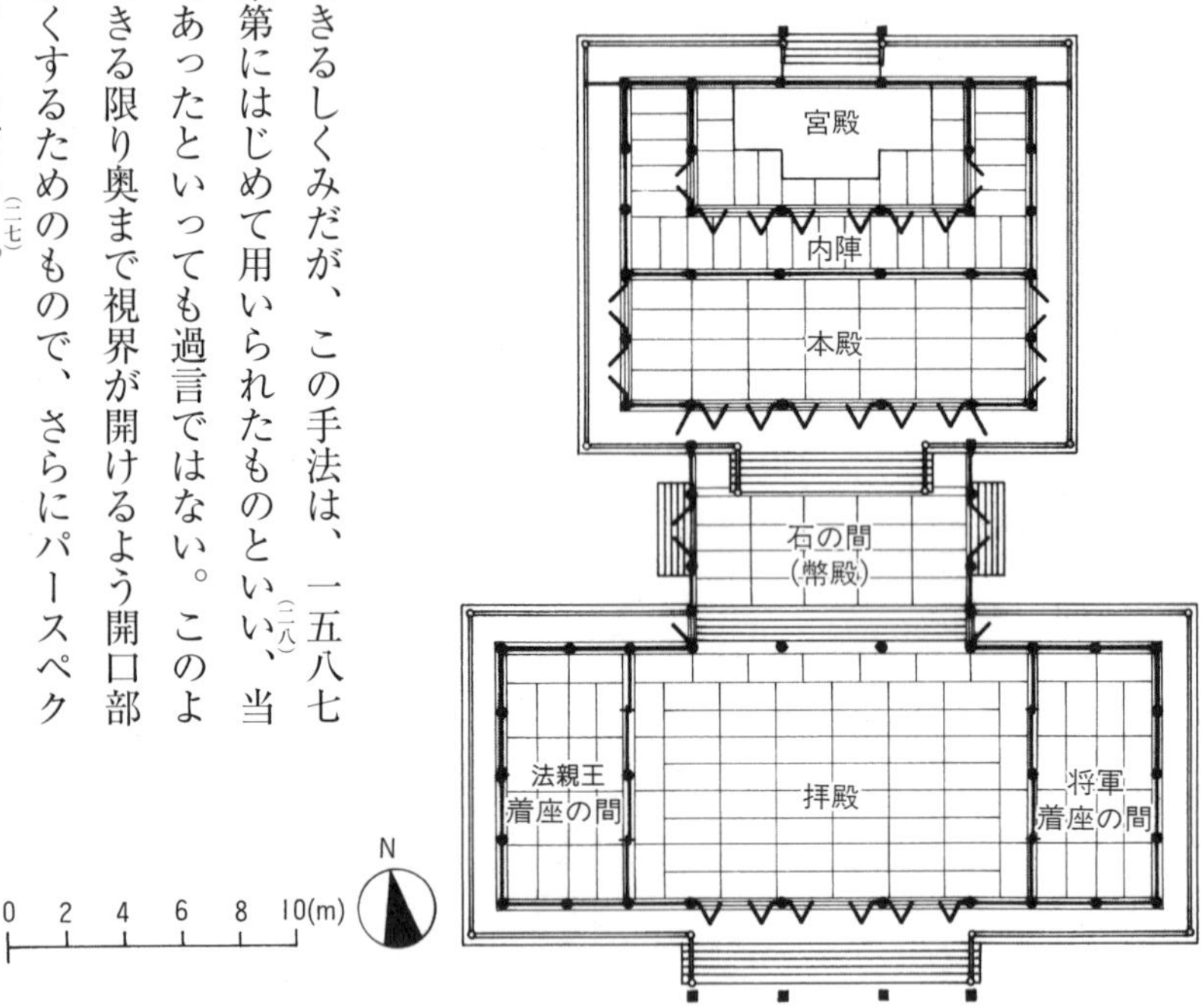

図8　日光東照宮本社　平面図におけるパースペクティヴの指摘（著者作図）

（二八）大熊喜邦『豊公聚楽第の大広間』建築史二―一、一九四〇年、彰国社。

第二の仕掛けは、拝殿と石の間の境界の「ぐり」と呼ばれる額縁であるが、これを通して石の間を眺めると、本殿の室内が強調され、この手法も同時代の西欧で流行したビスタの手法であるといえよう。[二七]

第三の仕掛けは、石の間に見られるステンドグラス的効果であり、左右側壁上部の開口部には花菱模様の花狭間が組みこまれているが、本来これらは極彩色であったといわれ、外部光や見る度合いによって変化に富んだ色彩を室内にもたらしたといわれる。[二七]

以上のように、本殿にはパースペクティヴとその強調のための仕掛けやヴィスタ、さらにステンドグラス的効果等、ルネサンス・バロックの西欧教会建築の手法と類似した手法が指摘できる。[二七]

表2　日光東照宮本社の奥行方向の柱間

単位：m
（1cm未満四捨五入）

拝　　殿	8.48
石 の 間	8.27
本殿の外陣	4.24
本　　殿	2.12

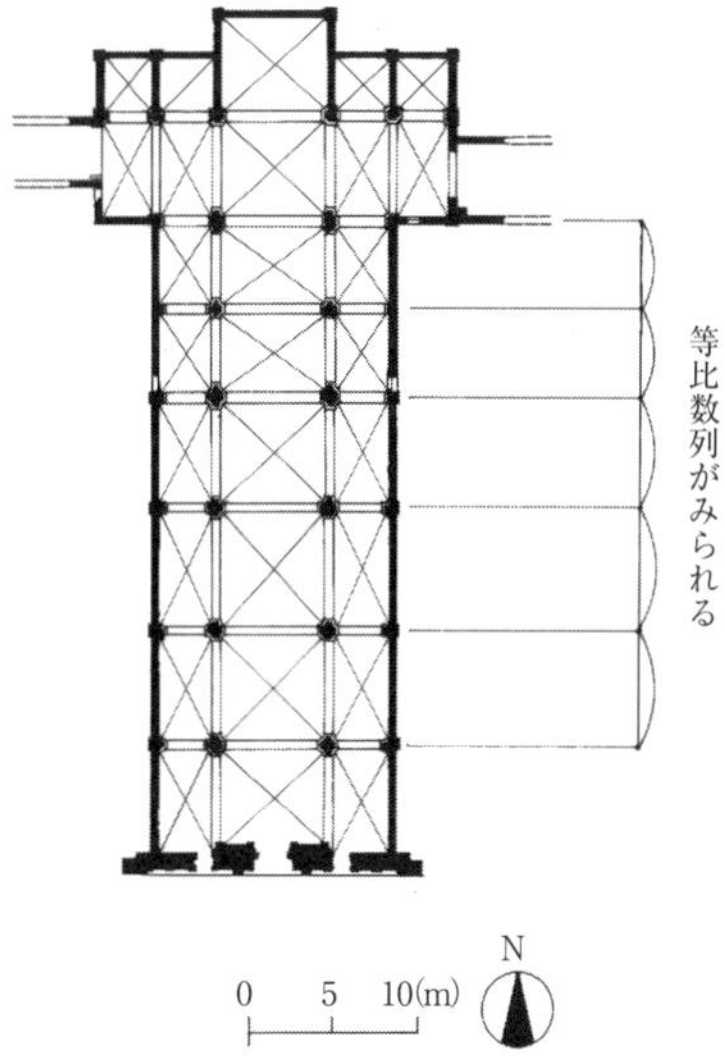

図9　サンタ・マリア・ノヴェルラ教会　平面図におけるパースペクティヴの指摘（著者作図）

黄金分割

パースペクティヴやヴィスタの他、東照宮には同様に同時代の西欧で流行した黄金分割の手法についても数多く指摘できる。まず、陽明門や唐門の平面及び立面の形状がほぼ1対1.618の黄金比やその分割によって決定されている(二七)(図10参照)。また、神厩舎の平面計画が複雑な黄金分割の構成となっている(二七)。さらに廻廊や輪蔵、三神庫、千人升形に神厩舎の縄張り等、東照宮の配置計画全体に指摘できる(二七)(図11参照)。

その他の西欧手法

以上挙げてきた西欧手法の他、一

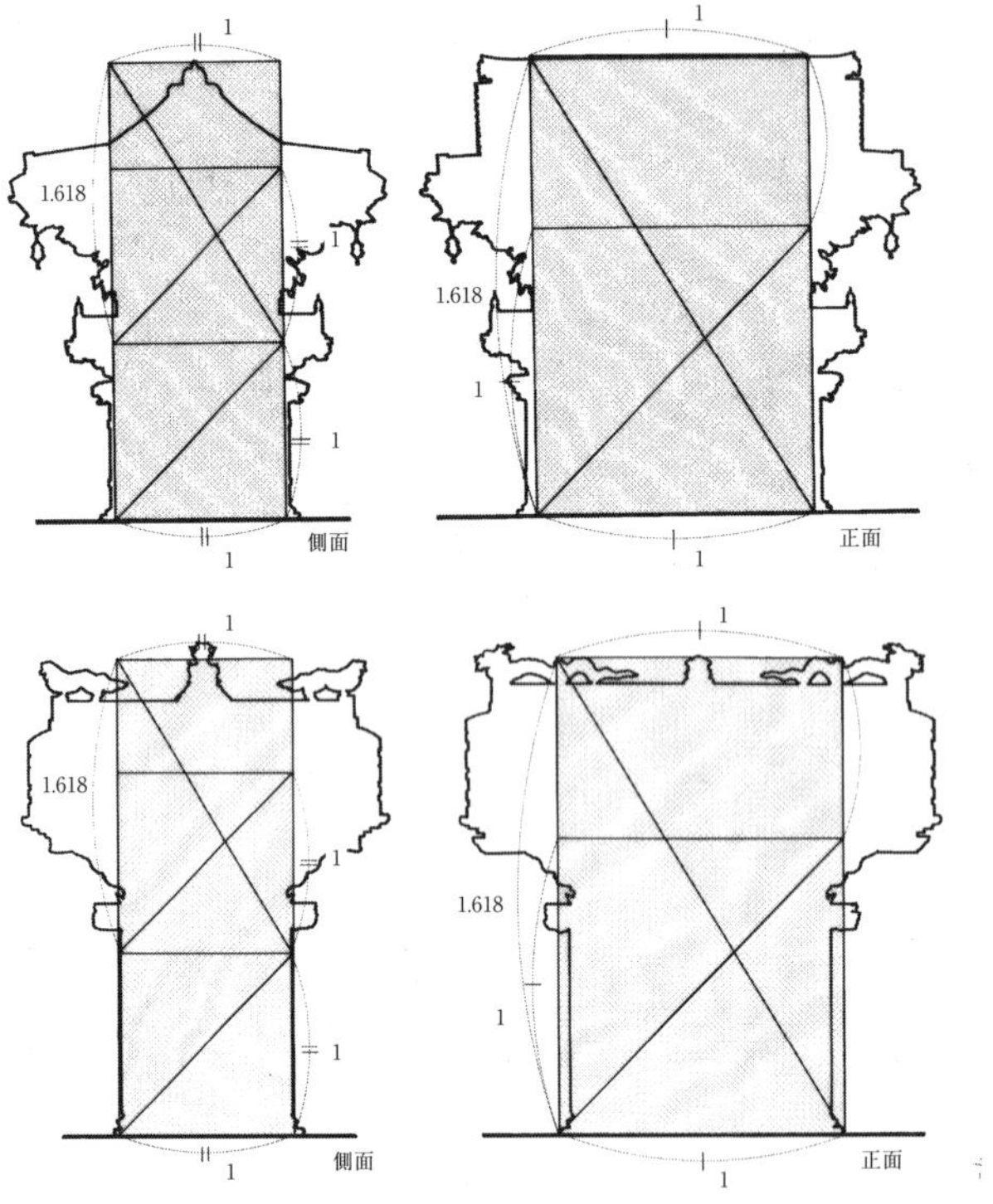

図10　日光東照宮唐門　立面輪郭における黄金分割の指摘（著者作図）

見して西欧の意匠とわかるものも数多い。例えば陽明門廻廊付近に一六四〇（寛永一七）年にオランダ商館より献上された銅製の燭台や、鼓楼付近の同じくオランダ商館献上のオランダ灯籠があり、これらは明らかに西欧との交渉を示しているといえよう。[二七] また、「西浄」と呼ばれる便所は、水洗式であり、日本における水洗式便所の発祥とでもいうべきものである。[二九]

　その他、注目すべきは[二九]、水盤舎の水がサイフォンの原理によって噴水するしくみとなっている点である。[二七] このようなサイフォンの技術の日本における初見は、寛永度仙洞御所の噴水であり[一]、作庭者は遠州であることはいうまでもない[一]。また、遠州の隠居所・孤蓬庵山雲床の露地にもサイフォンの原理で水がわき上がる手水鉢とキリシタン（織部）灯籠がある。[三〇]

　この手水鉢は焼失した孤蓬庵の復元に尽力のあった松平不昧の新造であるが、遠

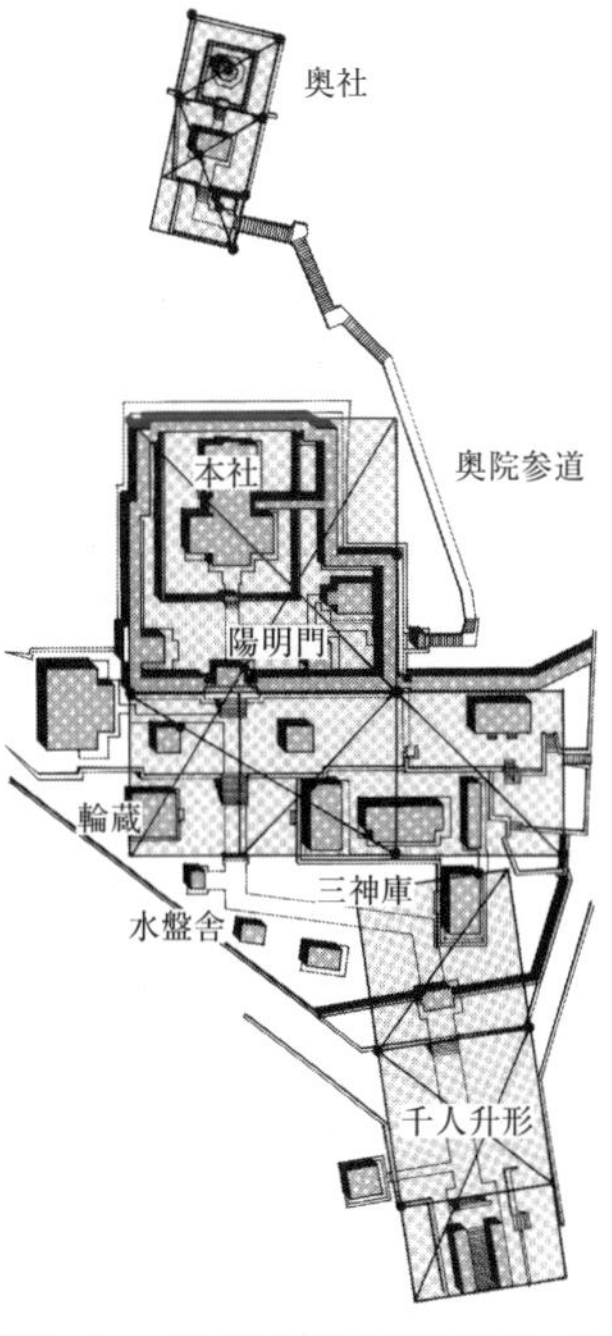

図11　日光東照宮配置図における黄金分割の指摘（著者作図）

（二九）『桂離宮と日光東照宮―同根の異空間―』宮元健次、学芸出版社、一九九七年、二〇九頁。

（三〇）（一〇）と同著二〇〇～二四〇頁。

州好の銭型の手水鉢とした上、サイフォンや隠れキリシタンの礼拝物ともいわれる灯籠を用いたのは、それらが遠州の意匠としてふさわしい造形と思われていたためとみられよう。(三〇) よって、水盤舎のサイフォンの原理も遠州特有の手法とみることができよう。(三〇)

6. 茶道の作法と西欧手法

前に挙げたように、遠州の隠居所・孤篷庵には、多数の西欧手法が指摘できるが、ここで特記したいのは遠州の茶道具と黄金分割の関連(三)である。遠州は、幕府作事奉行のほか、将軍茶道指南の立場にもあった。(一八) そこで、ここでは遠州の茶匠としての側面と西欧手法との関連について触れておきたい。

まず、遠州が好んだといわれる高取焼は、キリシタン大名黒田ドン・シメオン如水との関係から生まれたものであり、孤篷庵も如水の菩提寺・龍光院の中に造られ、両者には深いつながりがあったといわれる。(三一) また、遠州が重用した古井戸茶碗「六地蔵」の袋は、輸入品のアルファベット文様の袋でできている。(三一) その他、遠州自身がオランダに発注したといわれる茶碗の箱書に「おらんだ」と直筆のある茶碗など、一見して西欧との交渉が明らかとなる茶器が数多い。(三一)

次に遠州好の黄瀬戸の茶碗「伯庵」は、柳亮氏によると、黄金比の釣り合い関係を持つという。(二〇) また遠州直筆の箱書の文字の大きさや位置までが黄金比の近似値三対五

(三一)(一〇)と同著二〇〇～二三九頁。

(三二)(一〇)と同著二〇〇～一九三頁。

を示すという。(二〇) これは茶道でいう遠州好の「三五の比」であることから、黄金分割はいわば遠州の常套手段の一つとなっていたと推察される。(二〇)

さらに、茶席での道具の置き合わせについて、千利休とその弟子・古田織部、さらに弟子の遠州それぞれの作法を比較すると、利休は水平に並べることを基本としていたのに対し、織部に移ると「何れも角懸て」といい、道具は常に角度をつけて置き合わせることを強調したという。(三三) しかし、遠州は単に角度をつけるのみならず、その角度にこだわり、例えば三十度、四十五度を多用したという。(三三)

このような遠州の角度についての考え方は、茶道具の置き合わせだけではなく、遠州設計の建築や庭園にも数多く指摘できる。例えば三十度は、明正院御所の花壇や寛永度内裏の渡廊、南禅寺金地院の表門の敷石道に用いられ、また四十五度は、寛永度仙洞御所と女院御所の敷地境界線、二条城二の丸行幸御殿の廊下、あるいは仙洞御所、内裏、明正院御所の能舞台の橋掛りに指摘できる。(三三) この他、三十六度という三辺が三対四対五となる直角三角形の角度も用いられ、寛永再建の大坂城では、建物と三十六度の塀の間に露地を造っている。(三三)

このような角度という概念は、当時の日本にはまだ存在せず、勾配と呼ばれる比を用いて傾きを表していたにすぎない。いいかえれば、遠州の茶道、作事全般にみられる角度の概念も、同時代西欧整形式庭園特有の三十度や四十五度といった手法に近いものがあると思われる。(三四)

さらに、三茶匠の茶室の露地の造り方について、田中正大氏(三五)によれば、まず、敷

(三三)（四）と同著二〇〇～一五二頁。

(三四)（一〇）と同著二〇〇～一九〇頁。

(三五) 田中正大『日本の庭園』鹿島出版会、一九六七年、九七～一〇七頁。

松葉について比較すると、利休は茶会の直前に露地の掃除をし、その後自然に散った落葉を賞でたという。しかし、織部は掃除後、松葉のみをまいたという。さらに遠州は師・織部の手法をさらに発展させて、松葉を模様をつけてまいたという。一方、飛石についても利休は自然石ばかりを用いたが、織部や遠州は切石を組合せて造ったという。（三六）さらに、石造物や樹木の色彩についても田中正大氏によれば、（三七）極度に有彩色を避けた利休に対し、織部は露地に華かな花や有彩色の石を導入し、遠州はそれをさらにすすめたという。

すなわち、ここで共通しているのは、茶室の露地の造り方が、利休から織部、遠州と移るに従い、従来の自然風景式から、同時代西欧庭園の手法である整形式へと劇的変化を遂げている点にあろう。（三八）このように、遠州設計の建築や庭園に限らず、遠州好と呼ばれる遠州の茶道の茶道具にまで西欧手法が及んでいると推察されるのである。

以上、前に考察した遠州作庭の寛永度宮廷庭園以外の遠州作品と西欧手法の関係を考察してきたが、それらをまとめれば、およそ次のようになる。

1. 遠州設計の数多くの建築・庭園にパースペクティヴやヴィスタ、あるいは黄金分割やサイフォンの原理、さらには花壇や三十度、四十五度等の角度の概念といった従来日本では用いられず、同時代の西欧ルネサンス・バロックにて流行した手法が用いられている。

2. 西欧手法は、遠州設計の建築や庭園に限らず、遠州好の道具やその置き合わせ、

（三六）（三五）と同著一〇七～一一四頁。

（三七）（三五）と同著一三九～一四六

（三八）（三五）と同著一四六頁。

あるいは露地の造り方など、その茶道の作法にも及んでいる。

3. 宮廷付工人に西欧技術が伝えられた一六一三（慶長一八）年以降の宮廷庭園に、突如として西欧手法が用いられることになり、それらの作者はすべて小堀遠州である。

決定的資料がないので断定こそ避けなければならないが、以上の事項からみて一六一三（慶長一八）年に後陽成天皇の命によりキリスト教宣教師から西欧技術を伝えられた宮廷付工人の少なくともひとりが、小堀遠州である可能性が極めて高いといえよう。

第四章　桂離宮の遠州作否定説への疑問

はじめに

第一章において、数多くの寛永期日本宮廷庭園に、従来の日本庭園にはほとんど用いられず、(二)主に同時代の西欧庭園に用いられた整形式庭園の西欧手法を指摘し、(一)また一六一三（慶長十八）年にキリスト教宣教師から宮廷付工人に西欧技術が伝えられていたとみられることから、その実践であることを明らかにした。(一)
また、それらの宮廷庭園の作庭者がすべて小堀遠州であり、常識的にも当時宮廷付工人といった場合、幕府作事奉行である遠州を指すことを指摘した。(一)さらに、第三章において、寛永期宮廷庭園以外の遠州作品にも同様の西欧手法が数多く指摘できることから、西欧技術を伝えられたとみられる宮廷付工人のひとりは、少なくとも遠州で

(一)「寛永期日本宮廷庭園にみられる同時代西欧庭園の影響について—近世日本建築の意匠における西欧手法の研究その1—」宮元健次、国際文化研究編集委員会編『国際文化研究』創刊号一九九七年、龍谷大学国際文化学会六九～八〇頁所収。

(二) 寛永期日本宮廷庭園とは、ここでは寛永度内裏、寛永度仙洞・女院御所、明正院御所を指す。なお、この他筆者は東福門院御所における西欧手法についても指摘したことがある（『桂離宮と日光東照宮—同根の異空間—』宮元健次　学芸出版社一九九七年二八頁）。また、桂離宮における西欧手法についても指摘した（「桂離宮にみられる同時代西欧文化の影響について—近世日本建築の意匠における西欧手法の研究その2—」宮元健次、国際文化研究編集委員会編『国際文化研究』創刊号一九九七年、龍谷大学国際文化学会八一～九四頁所収）。

ある可能性が極めて高いことを明らかにした。

一方、第二章において、同じく寛永期宮廷庭園のひとつである桂離宮についても数多くの西欧手法を指摘し、その由緒についても同様に宮廷(五)付工人に伝えられた西欧技術の実践であることを示唆した。

しかし、桂離宮の作者について現在ほぼ定説化しているのは、森蘊氏らによる八条宮初代智仁親王、二代智忠親王設計説である。すなわち西欧技術の伝えられた宮廷付工人が遠州であり、桂離宮の西欧手法がその実践であるとする筆者の推論と大きく矛盾することになる。しかし、定説が事実であるとすると、現在の桂離宮に従来より数多く指摘されてきた遠州好の意匠、(六)とりわけ西欧手法の顕著さ(四)を説明することは極めて困難であるといわざるを得ない。

これまでにこの仮説について先学らによっていくつか異議(七)がとなえられてきたが、いずれも定説化することなく現在に至っている。

そこで、本書では、従来の先学の指摘にさらに西欧手法といった独自の視点からの指摘(四)を加えて、八条宮智仁・智忠親王設計説にあえて反論を試みたいと思う。

1. 遠州作否定説の根拠

従来、桂離宮は幕末頃に著わされたとみられる『桂御別業之記(八)』の記述を主な根拠として、遠州作であるといわれてきた。すなわち

(三)「遠州作品にみられる同時代西欧庭園の影響について—近世日本建築の意匠における西欧手法の研究その三—」宮元健次、国際文化研究編集委員会編『国際文化研究』第二号一九九八年、龍谷大学国際文化学会六三頁所収。

(四)「桂離宮にみられる同時代西欧文化の影響について—近世日本建築の意匠における西欧手法の研究その2—」宮元健次、国際文化研究編集委員会編『国際文化研究』創刊号一九九七年、龍谷大学国際文化学会八一〜九四頁所収。

(五)「桂離宮の伝統的庭園論を排す」外山英策『国華』第三十七編第十一号〜第三十八編第三号。一九二七年十一月〜一九二八年三月。「桂離宮庭園論争と管見」森蘊『造園研究』第四巻、一九四二年五月。『桂離宮の研究』森蘊　東邦文化出版社、一九五五年。『桂離宮』森蘊　創元社、一九五六年。『小堀遠州の作事』森蘊　『奈良国立文化財研究所学報』第十八冊、一九六六年など。遠州作に初めて疑問を投じたのは外山英策氏（前掲）であり、その後森蘊氏（前掲）が定説化した。

(六)　桂離宮に遠州好みの意匠が数多いことはよく知られ、『桂御別業之記』（国立国会図書館蔵）等でも多数指摘されている。

一御元祖智仁親王号桂王号桂光院御代造立し給ふる書院是なり（中略）基余御二代天香院智忠親王増造ありし仮庭の事は小堀遠州政一宗甫伏見在役中毎々参上にて悉く作らしむ

と記されている点である。

しかし、戦後に入ると森蘊氏によって遠州作が否定されはじめ、現在は前述のように八条宮父子自らの作であるというのが一般化しているとみられる。その根拠を簡単にまとめれば、おおよそ以下のようになろう[九]。

①　遠州の業績をまとめた『小堀家譜』やその他の記録に遠州が桂離宮の造営に関与したとする記述が全く見い出せないこと。

②　多数の遠州好の意匠がつくられたとみられる桂離宮の第二期造営時期と重なる寛永十九（一六四二）年十月より四年間、遠州は江戸詰めで京都に上洛することは不可能であること。

③　その頃、遠州は当時としては高齢の六十四歳であり、視力は衰え、足腰も不自由であった上、正保二（一六四五）年には老衰を理由に隠居し、京都へ戻った後も病気がちであり、正保四（一六四七）年には没しているため、寛文二（一六六二）年の第三期造営への関与は完全に否定され、また第二期造営への関与も難があること。

（七）『桂御所』久恒秀治　新潮社、一九六二年、二二九〜二五一頁。内藤昌『新桂離宮論』鹿島出版会一九六七年、二三二〜二三三頁。『桂離宮と日光東照宮―同根の異空間―』宮元健次　学芸出版社、一九九七年、一九一〜一九六頁。

（八）『桂御別業之記』（国立国会図書館蔵）

（九）森蘊氏による新桂離宮作者論は、すでに『桂離宮の研究』（東邦文化出版社、一九五五年）及び『桂離宮』（創元社一九五六年）によって提起されているが、どちらも『常照院消息』（宮内庁書陵部蔵）の宛名「左京殿」を中沼左京と見なし、有力作者のひとりに擬し、その後藤岡道夫氏（『桂離宮』中央公論社、一九六五年）及び久恒秀治氏（『桂御所』新潮社、一九六二年）によって否定され、前掲の「左京殿」が智忠親王側近の中条左京であることが指摘された。そこで、ここでは「小堀遠州の作事」（『奈良国立文化財研究所学報』第十八冊、一九六六年）一七二〜一七九頁の論考に添って、まとめた。

④　寛永六（一六二九）年の紫衣事件とそれにともなう後水尾天皇の譲位、あるいは和子入内等による朝幕関係の悪化のほか、水口城作事に関する将軍徳川家光の不興による遠州の進退問題から、それ以後将軍に十分迎合し、信用を回復しつつあった時期に、遠州が幕府の許可も得ずに桂離宮の造営に関与することはなかったとみられること。

⑤　智仁親王については『にぎわひ草』に「御作意ならんかし」と記され、また智忠親王に関しても『常照院消息』に「思し召すまま」と桂離宮の造営について記されていることから、智仁、智忠両親王自らの作であるとみられること。

以上の五つの根拠に対し、先学の指摘した異疑[七]に独自の指摘を加えて以下反論を試みたいと思う。

2．遠州作否定説の問題点

まず第一項の①の根拠である桂離宮への遠州関与を証する記録がない点については、④の政治的要因からみて、公然と造営に参画することがはばかられたために、記録をあえて残さなかった[一〇]可能性も否定できない。

次に②の時間的余裕のなさについては、後述するように寛永十九（一六四二）年の七月から九月までの三ヶ月間、京都伏見に滞在しており[一一]、その際桂離宮の造営に十分関与が可能であった[一二]ことがわかる。

（一〇）『桂御所』久恒秀治　新潮社、二四三頁。

（一一）『小堀家譜』（佐治重賢氏所蔵）、『大猷院殿御実記』（国史大系他）一六四二年六月の条による。

（一二）『桂離宮と日光東照宮—同根の異空間—』宮元健次　学芸出版社　一九八七年　一九四頁。

一方、この智忠親王の時代の第二期造営に遠州が関与できなかったとしても、智仁親王の第一期造営への関与も否定できない。(一三)『藤堂高虎宛近衛信尋書状』(一四)の元和五（一六一九）年十一月二十九日の条を見ると、次のように記されている。

一、周防上洛の様子委細にきゝ候て祝着ニ候。
一、御きげんよく候よし先々珍重に存候。
一、其方書中之通天子へ申上候へば、一段と御満足の御事ニ候。
いよ〳〵うつくしく相調候やうにと申遣候へとの御事ニ候。
一、昨日はくさりのまにて八条どのふるまひ候て夜入候てまで大酒候つる。さりながら我も人も行儀ありし事ハすこしも候ハず候つるまゝ、可二御心安一候。徳勝院、宗林なども参候つる。き斎ハちとわづらひ候て参候ハず候。遠江かつてへミまひ候て、一だんきも入候つる。びん候ハバよく〳〵御礼被レ申候て可レ給候。図書もミまひ候てことのほかきも入候つる。
一、毎度心には存いだし候て御ゆかしきのミニ候、とかく〳〵むかしをいまになすよしもがなニて候。
一、小性共なに事もハず候哉。
一、来春ハめでたく無相違かならず〳〵御上洛候べく候。
めでたくかしこ
十一月廿九日

(一三) 一二と同著一九五頁。
(一四)『藤堂高虎宛近衛信尋書状』(大日本史料第十二編三十一) 元和五年十一月二十九日

泉州

すなわち近衛信尋が智仁親王を招いた茶会の勝手口に、「遠江」つまり遠州が見舞いに訪れていることがわかる。

また、『桂光院殿宮武家往来書状写』(一五)の中に左記の三通の書状がある（Ⓐ～Ⓒ）。

Ⓐ　先度以後不レ得二御意一御遠々鋪存候。八条様御茶入の布た袋出来申候間、もたせ進上申慥二御うけとり被成御あけ尤ニ候。禁中御普請不レ得レ隙候而をそく出来申可レ然様に御仰上可レ被レ下候。尚期二拝顔之時一候。

恐惶

謹言

尚々ふたのうちはりをも此方にて申付あけ申候。　以上

二月廿一日　小遠江守

昌琢尊老　床下

Ⓑ　御茶入ふた袋之代わたさせ申候。

尚期二面拝一候。　恐惶謹言

三月二日　小遠江守

（一五）『桂光院殿宮武家往来書状写』（宮内庁書陵部蔵）

昌琢　貴報まゐる

ⓒ

先刻貴礼致㆒他行㆒御報

不㆓申上㆒候、只今又御出候由、不㆑懸㆓御自㆒御残多存候。随而八條様御用之由

ニ而

水指三つ御持参之由見申候、内一つ

よく御座候而印仕進し候。

代之儀ニ而銀三枚ほど可然存候、

其上ニても苦間敷候哉、此中者久

不㆓申承㆒御床鋪存候。　恐々謹言

霜月六日

此中ハ御遠々鋪存候。小堀遠江守判

玄陳様　けふ

これらの書状の差出人である「小遠江守」や「小堀遠江守」が遠州であることはいうまでもない。また、『桂光院殿御書類』（一六）中に下記の書状があり、智仁親王が遠州に茶入れの鑑定を依頼した記録であるとみられる。

内々御物語申候つる

（一六）『桂光院殿御書類』（宮内庁書陵部蔵）

茶入、用にも
立候はん歟御目
き丶頼入度候間、
來廿一日二日三日
之内晝侍入候。
如レ此事東施
正　十六

つまり、親王は茶入の鑑定や水指の斡旋を多くの茶匠の中からあえて遠州を指名してしばしば注文していることがわかり、決して面識がなかったわけではなく、むしろ作事奉行として建築、庭園の設計を本業とする遠州に建物の相談を全く求めず、茶器の相談ばかり頻繁に行うのも極めて不自然なことであろう(一七)。

特に桂離宮の造営の当時の洛中の様相を描いたとみられる「寛永十四年洛中絵図(一八)」を見ると、八条宮本邸は近衛信尋邸の隣りにあり、また遠州邸もごく近くにあることが確認でき、この三名は比較的身近な存在であったことがわかる(図1参照)。『桂光院殿御書類(一六)』には次の四通の書状がある(Ⓓ〜Ⓖ)。

Ⓓ　来月四日、下桂
瓜畠之かろき茶

(一七)(一二)と同著一九六頁。
(一八)「寛永十四年洛中絵図」(宮内庁書陵部蔵)

やへ陽明御成申候。
然ハ暑時分遠路
いかゞながら四辻中納言、
飛鳥井中将御供ニ
御出候ハバ可レ為ニ
祝着旨
御伝頼申候。御手
前《其許》
勿論御出候而萬事
御取持頼入申候。

Ⓔ

只今阿野と
咄候て居申候。御
隙見候て御路地
見物ニ阿野と
参度候いかゞ。
かしく
二日
御小性衆御中

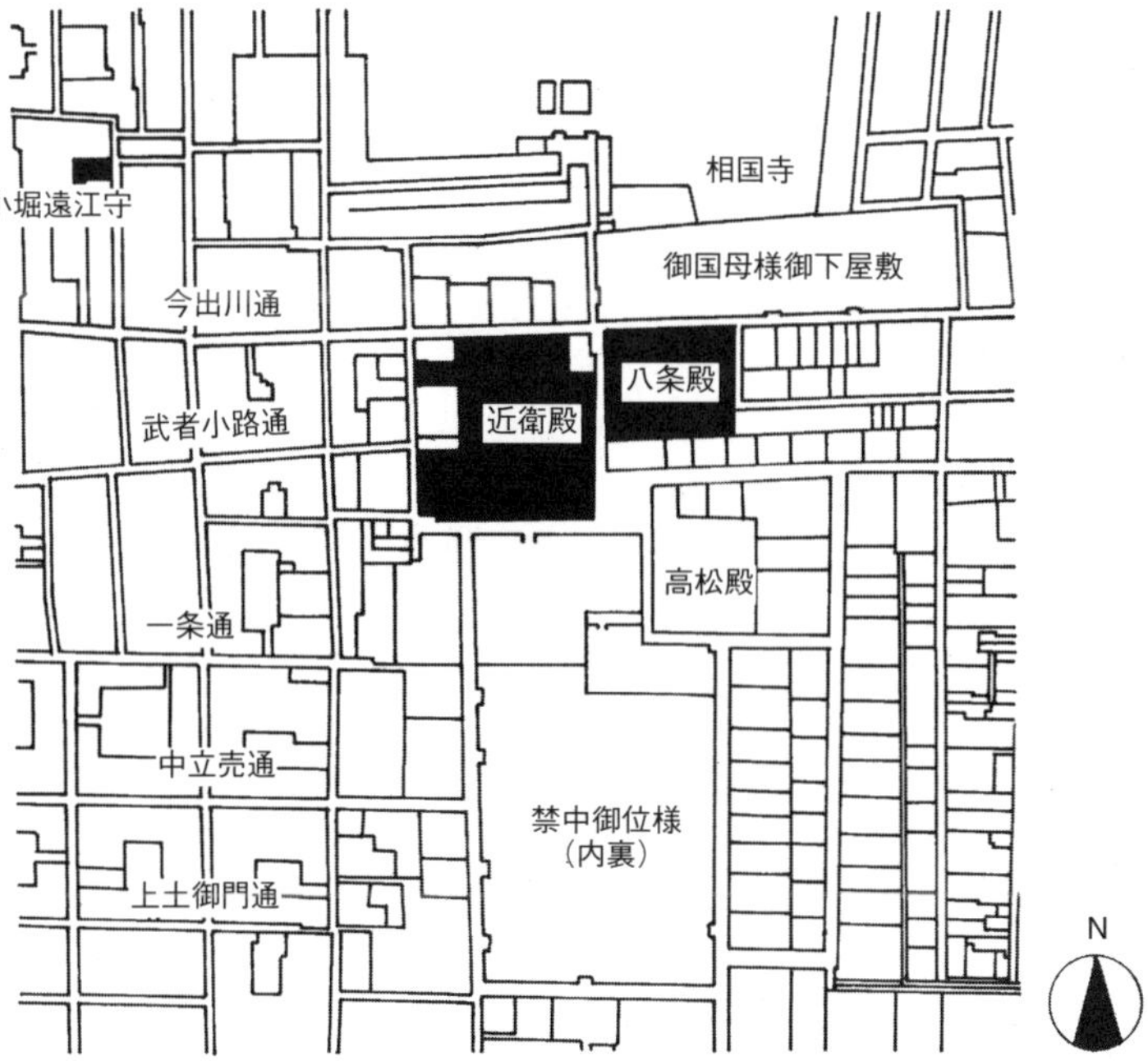

図1.『寛永十四年洛中絵図』（宮内庁書陵部蔵）写し

Ⓕ

今日晝白川
庭の内見物に
御出候。若御隙にて
御座候ハバ御成
所望申候。
十四日　智仁
御小性衆御申

Ⓖ

來十五日桂へ
可レ有レ御成一之由
扨々忝存候。漸短日
ニ
成申候間必々従二
早朝一奉レ侍度候。八
宮様
無二御相違一可被レ成二
御同道一候。我等只今
罷越申候。

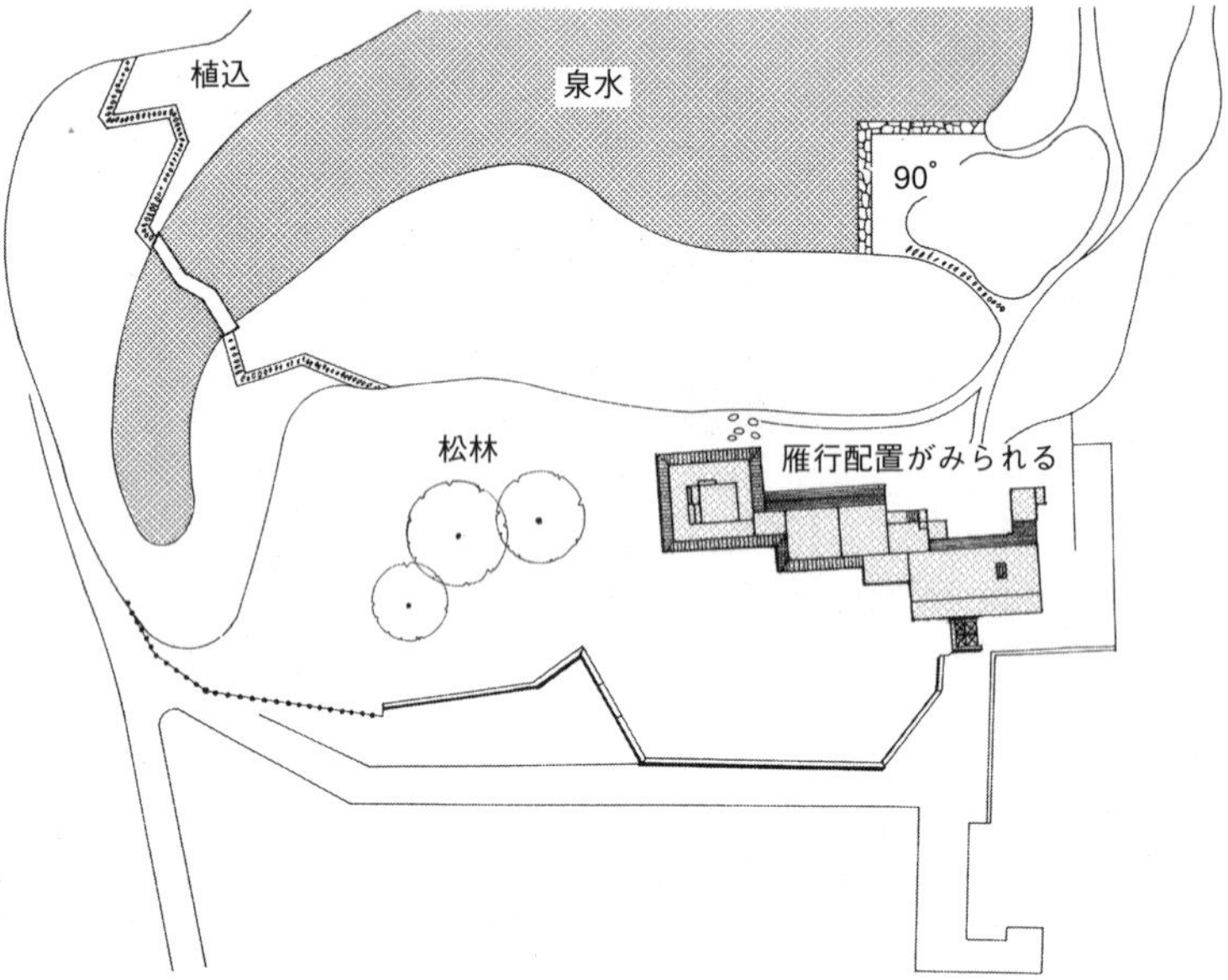

図2　『陽明文庫』「大和田御殿指図」（宮内庁書陵部蔵）写し

十三日　　智仁

まずⒹは桂離宮に「陽明」すなわち、近衛信尋が御成になる件についての書状であり、Ⓔは智仁親王が信尋の路次の見物を希望する消息とみられる。（一九）また、Ⓕは親王が信尋を自邸に招待した消息であり、（一九）さらにⒼも信尋が桂離宮の御成になる消息であることから、ふたりは相互に庭園を鑑賞しあう程の仲であったことが明らかになる。この近衛信尋は、大和田御殿の造営を遠州にまかせている上、（一〇）信尋が山荘に御成の際には、まず遠州が参上し、茶会をとりもっていることから、（二〇）遠州の顧客のひとりが信尋であったとみてよいであろう。『陽明文庫』（一〇）には、智仁親王が大和田御殿に招待され、高く評価する次の消息があり、親王が信尋を通して遠州の建築に興味をもち、接近することも決して不可能ではなかったことがわかる。

昨日者致㆓伺公㆒候処
色々過分奉㆑存候。
中茂愚之義ニ候へども
御殿御茶屋之きれいさ
山川之勝景驚目存候。
事之外被㆑下㆑酔、
退出之砌覚無㆓御座㆒候間、

（一九）（一〇）と同著九八～九九頁。
（二〇）『陽明文庫』（宮内庁書陵部蔵）

御礼さへ不㆓申入㆒候つる。
可㆑然やうに
女院御所さまへ
御取成奉㆑憑存候。
猶御帰京之刻可㆓申上㆒候。
かしこ
廿八日　　智仁
吉十郎殿

さらに『陽明文庫』(一〇)には大和田御殿の指図があり、(一一)（図2参照）、その描写を観察してみると、主屋は桂離宮と同じ雁行したものであり、また船着とみられる石組に直線や九十度の角度が用いられているのも桂離宮と類似(一二)しており、両者の関連を示唆しているように見える。(一三)

また、③の健康的余裕のなさについても、遠州は設計者として指図するだけでよいのであり、直接現場に行かずに造営した例も数多く、例えば自らの隠居所であり、菩提寺ともなった大徳寺孤蓬庵は、一六四三（寛永二十）年の遠州六五歳の年に一度も現場におもむくことなく、すべて指図するだけの遠隔操作のみで造営されたものであり、(一三)桂離宮についてもその可能性は否定できない。

④の政治的な事情についても、八条宮家は初代智仁親王の頃より関白近衛信尋と共

（一一）『桂離宮』森蘊　創元社、一九五六年ほか。
（一二）古書院前舟着、松琴亭前舟着、笑意軒前舟着など。
（一三）『遠州書状』（佐治重賢所蔵）ほか。

に和子入内をとりもつ等、朝廷の中では最も親幕派の立場のひとりであったとみられる。[二四]

『大猷院殿御実記』[二五]によれば、一六四五（正保二）年に将軍徳川家光より銀五百枚、錦五百把がおくられている。また、『桂宮覚書留』[二六]には次のように記されている。

一、御ニ代之節屋敷出来。
此よう銀八従将軍家千枚ふんどう三ツ給候。
夫にて出来候。能約束を被成候。
其比関東御下向之節も家礼之
くげ志うの客つれられ候て
従レ城の給物儀、其比八銀千枚わた千把
外よりとり遊候。

この記録は、内藤昌氏によれば[二七]一六三二（寛永九）年のものであり、この年にも銀千枚分銅三つが家光より贈られていることがわかる。またさらに、幕府作事奉行・八木勘十郎守直より例年のごとく金子が届けられたとする次の記述が『常照院消息』[二八]にあるという。[二七]

けふのめでたさ祝入申候。
さやうにござ候へバちと御風ひかせられ

（二四）『桂離宮隠された三つの謎』宮元健次　彰国社、一九九四年、二一一～二一二頁。
（二五）『大猷院殿御実記』（国史大系他その他）による。
（二六）『桂宮覚書留』（宮内庁書陵部蔵）
（二七）『新桂離宮論』内藤昌　鹿島出版会一九六七年、六六～七〇頁。
（二八）『常照院消息』（宮内庁書陵部蔵）

御くすりあがり候よしかず〳〵
御心もとなくござ候。
又御心わろき御中へ御むづかしく
御ざ候はんずれ共八木かん十郎より
いつもの金子たゞいま
のぼせられ候。まいねんのごとく
うけ取くだし候へどの事にて
ござ候まゝ、げんばにいつものごとく
つかはし候へと御出されて下され
候べく候。かん十むづかしく候
ほんとにの便ぎとくとぞんじ候て
江戸へ御志しやなどくだされ、
折々ハたへず御音づれなされ候て
げんばよりふみをも御やらせなされて
下され候べく候。こんど日光への御使
江戸へもくだり候や、さやうニござ候。かしく、
猶々御きげん御心もとなくござ候。
たゞいま参候貮つ、御めにかけ
まいらせ候。めでたく御返事まで

御ざまじく候。　かしく

常

左京殿御申

内藤氏は、この記述を一六四六（正保三）年の記録であると推定しており（一七）、この頃幕府作事方より桂離宮の普請費用とでもいうべき費用が届けられていることがわかり、桂離宮の第二期造営は、いわば幕府公認の工事であったといっても過言ではなく、その時期、宮廷担当作事奉行の遠州が参画しない方が不自然であろう（一三）。

さらに、⑤の智仁、智忠親王自らの関与を示す記録も、八条宮当主として施主的立場から参画したものともとれる内容であり、もし八条宮父子だけで設計を行ったのだとしたら、桂離宮にみられる数多くの遠州好の意匠をどんな方法で知り得たのか大きな問題をかかえているといえよう（一三）。

以上のような事情を顧みると、現在、一応定説化している桂離宮への遠州関与の否定説も矛盾をかかえているといわざるをえない。

3. 遠州関与の可能性について

前述のように遠州は寛永十九（一六四二）年の七、八、九月の三ヵ月間、明正院御所の造営のため、京都伏見に滞在しているが（一一）、智忠親王は同年九月に加賀大名前田利常の娘富姫と婚儀をかわしている点に注目したい。[二九] すなわち富姫は、この婚儀において徳川二代将軍秀忠の息女、東福門院和子の養女として輿入りしたのであり、[二九] 幕府としては極めて歓迎すべき慶事であったとみられる。しかし、記録上では、祝い金として将軍より八条宮家へ銀三百枚が与えられたに過ぎず、[二五] 体面を重視する当時の幕府としては不自然この上ないと言わざるをえないといえよう。[一三]

遠州は、将軍秀忠の茶道指南役である上、幕府作事奉行の重職にあったことはいうまでもない。また、富姫の実父前田利常及び富姫を含めた実子の茶道指南である上、前田家の建築顧問の立場にあったことが加賀藩史料『松梅園』等にみられるという。[三〇]

前述のように、一六四二（寛永十九）年の第2期造営は、この時の婚儀にそなえて行われたものであり、将軍家、前田家ともに深い関係をもつ遠州が、同じ京都にいて何もすることなく黙視していたとは到底考えにくい。[三〇]『桂御別業之記』[八] には「政一（遠州）伏見在役中毎々参上にて悉く造らしむ」と桂離宮と遠州の関係に触れているが、伏見から

図3　『古今茶道全書』所収「遠州指図也」(部分)写し

（二九）『桂宮系譜』（宮内庁書陵部蔵）

（三〇）（一〇）と同著二三八頁。

桂は当時においても日帰りが可能な距離であったとみられる。

さらに注目しなければならないことは、この桂離宮の第二期造営の際、中書院の襖絵を描いた絵師は、明正院御所の仕事のために遠州の指図で上洛していた狩野探幽、尚信、安信の三兄弟であり(八)、将軍の承諾か遠州の指示無しでは、桂離宮の造営に参画することはほとんど不可能に近いと考えられる(一三)。

一方、桂離宮松琴亭一の間の襖と床の間の青白市松模様の紙張付けは加賀奉書紙で前田家から贈られたものであるが(八)、これは遠州が好んで用いたものとみられ、『古今茶道全書』に「遠州指図也(一三)」として同様の意匠が紹介されている（図3参照）。

ここに前田家と遠州と八条宮の関係が示されているといっても過言ではないといえよう。

また、『桂宮覚書留(一六)』には次の記録がある。

一、御二代之節桂屋敷出来。
此よう銀八従将軍家千枚ふんどう三ツ給候。夫にて出来候。能約束を被レ成候。
其比関東御下向之節も家礼之
くげ志うの客つれられ候て
従レ城の給物儀、其比ハ銀千枚わた千把
外よりとり遊候。（傍点は筆者加筆）

すなわち、智忠親王の桂離宮増築について、将軍から建設費用として用銀千枚と分銅三つが渡され、さらに注目すべきは「よき約束」をかわしたというのである。前述のように、幕府より桂離宮の造営費がたびたび出費されていたことは明らかであるが、この記述もそれを裏付けているといえよう。この記録の示す智忠親王の江戸下向の時期は、家光に関する幕府の記録『大猷院殿御実記』(二五)によれば一六三二(寛永九)年のことであり、桂離宮増築の九年前のこととなる。それでは、建設費用が出されるのと同時に交わされた「よき約束」とはいったい何を指すのだろうか。試みに一六三二(寛永九)年から桂離宮増築の一九四一(寛永八)年に限って見る限り、該当する出来事がほとんど見あたらないことは明らかであり、しいていうならば、桂離宮増築における建設費以外の事項ということになろう。私見ではあるが、この「よき約束」こそが、小堀遠州と狩野三兄弟などの配下の派遣を意味しているのではないだろうか。

この他、『式部卿宮御物好之茶道具』(三一)に

三芳野此茶入は尻張なり。天香院宮御そば、ちかく御茶入有折節、伏見奉行小堀江守参上有て、此御茶入稱美せられる則ふ袋箱の書付等いたし上られべきよしにて後日上られける。右之儀は生島三位其由上候

とあって、遠州が智忠親王を訪ね、側の尻張りの茶入を賞め、後日その蓋袋をつくり、箱書したことを生島三位が家仁親王に話したといい、現にそれらの茶入と蓋、袋、箱

(三一)『式部卿宮御物好之茶道具』(宮内庁書陵部蔵)

書が現存している点である。この記録は年代を欠いているが、生島三位は玄蕃永盛のことで、一六五〇（慶安三）年生まれであるといい、遠州が一六四七（正保四）年に没していることから考えて、この事実を見聞したのは永盛ではなく、父宣盛に聞いたものであるという。(三〇) 久恒秀治氏は、この記録を一六四一〜一六四二（寛永十八〜十九）年頃と推定されており、(三〇) ちょうど桂離宮の第二期造営と重なる頃ということになる。

このように見てくると、寛永九（一六四二）年の七月から九月にかけて、桂離宮造営への遠州の関与の可能性が残されていることが指摘できよう。(三一)

以上、桂離宮の遠州否定説への疑問点及び遠州作の可能性について考察してきたが、その内容をまとめれば、現在定説となっている遠州作否定説には多くの矛盾が指摘でき、完全に否定することは、現段階では無理があるとみられる。また、遠州作である可能性については、一六四二（寛永十九）年の七月から九月の間に将軍秀忠の娘・東福門院和子の養女・富姫の婚儀に合わせて幕府作事奉行として参加した可能性が指摘でき、その根拠として以下の5点を挙げることができる。

1. 遠州配下狩野三兄弟の桂離宮第二期造営への参画。
2. 一六四二（寛永一九）年、智忠親王と遠州が対面している。
3. 桂離宮造営が幕府公認の工事であるとすれば、宮廷担当作事奉行として、遠州が参画しないはずはない。

4. 遠州が茶道指南、建築顧問を務める前田家の婚儀に合わせての造営に参画しないはずはない。

5. 桂離宮には、西欧技術を伝えられた宮廷付工人とみられる遠州しか知らないはずの西欧手法が数多く指摘できる。

しかし、決定的証拠のない現時点では、遠州作と断言することは避けなければならず、その可能性を示唆するに留め、今後の課題としておきたい。

第五章　龍安寺石庭の由緒について

はじめに

龍安寺石庭について、これまでに先学らによって数多くの論考があった。(一) しかし、その造営年代、作庭意図、設計者について、今だに定説をもつに至っていないようにみえる。

一方、著者は、寛永期日本宮廷庭園に同時代の西欧庭園特有の手法を指摘し、それらがキリスト教宣教師によって日本にもたらされた西欧技術の実践であることを明らかにした。(二) また、宣教師から西欧技術を伝えられたとみられる宮廷付工人の少なくともひとりが当時の作事奉行、小堀遠州である可能性が高いことを指摘した。(三)

そして、龍安寺石庭における諸問題についても、近世における西欧文化の影響とい

(一)『龍安寺石庭七つの謎を解く』大山平四郎　一九七〇年淡交社、堀口捨巳『庭と空間構成の伝統』一九九五年、鹿島出版会、重森三玲『日本庭園史図鑑』一九六〇年など。

(二)「寛永期日本宮廷庭園にみられる同時代西欧庭園の影響について—近世日本建築の意匠における西欧手法の研究その1—」、宮元健次　国際文化研究編集委員会編『国際文化研究』創刊号一九九七年、龍谷大学国際文化学会六九ページ所収。

(三)（二）および「遠州作品にみられる同時代西欧庭園の影響について—近世日本建築の意匠における西欧手法の研究その3—」、宮元健次　国際文化研究編集委員会編『国際文化研究』第2号一九九八年、龍谷大学国際文化学会七五頁所収。

った同様の観点から説明が可能なのではないかと考えるに至った。そこで、まだ試案の段階ではあるが、一可能性として考察を試みたいと思う。(四) 以下、龍安寺石庭の造営年代、作庭意図、設計者についてそれぞれまず先学らによる指摘を挙げた上で、さらに従来とは異なる独自の視点から観察してみたい。

1. 造営年代について

秀吉花見の記録

まず造営年代については、既に江戸時代中期より諸説があり（後述）、今だに定説をもつに至っていない。それらの説のほとんどが龍安寺が創建されたとみられる一四五〇（宝徳二）年、または主に江戸時代の記録にみられる文明年間（一四六九〜八六年）、あるいは焼失後に再建されたとみられる一四九九（明応八）年といった室町時代後期に石庭が造られたとしてきた。しかしそれぞれ否定意見もあって未だに定説とはなっていない。そこで、本項では、先学の考察に新たな指摘を加えて以下考察してみたいと思う。

作庭の時期を考える上で、まず注目しなければならないのは、豊臣秀吉一行が龍安寺で詠んだ和歌についてである。

『龍安寺文書』(五) には、秀吉以下六人の歌が伝えられている。すなわち秀吉は、天正十六（一五八八）年二月二十四日、方丈前庭の絲桜を見て次の和歌を詠んでいる。

(四)『近世日本建築にひそむ西欧手法の謎「キリシタン建築」論・序説』宮元健次　彰国社、一九九六年、二四二〜二五三ページ、「龍安寺石庭の謎を推理する」宮元健次『京都新聞』一九九七年十月七日、八日朝刊所収、宮元健次「隠された西欧—江戸建築を読み解く—その三十六　龍安寺石庭」『京都新聞』一九九九年五月三日朝刊所収、『図説庭園のみかた』宮元健次　学芸出版社、一九九八年、一三一〜一三五ページにおいて既に可能性を示唆したことがある。本書はそれらの論考をさらに詳細に考察したものである。

(五) 龍安寺蔵。

時ならぬ　桜の枝に　ふる雪は
　花を遅しと　さそひきぬらん
そして、この時同席した蒲生氏郷・前田利家など六名も、すべて絲桜のことばかり詠じて、庭の石を題材にした者は一人もいなかったという。
すなわち、それらの和歌は、秀吉の時代にはまだ庭に配石されていなかったことの重要な根拠となりうるのである。しかし、配石について、必ず詠むとは限らないという反論もできないではない。それは、秀吉が訪れた時に立てられたとみられる立札の文が「定　竜安寺(五)」として次のように伝えられているからである。
定　竜安寺
一　当山近辺においてごいさぎの事不及申雉をも一切鷹つかふべからざる事
一　山林竹林等ほりとるべからざる事
一　庭の石うえ木以下取べからざる事
右条々賢令停止畢、若於違背族者　忽可処厳科
者也　天正十六年二月
つまり、「一　庭の石　うえ木　以下取べからざる事」という条から、庭に石と植木があったと見られるからである。
しかし、定書きの最初の条に「当山近辺において」とあるように、これはなにも方丈前庭に限ったものではなかったと思われる。しかも、現在のような石庭があったとしたら、それは大変珍しいものであり、庭を特色づけるものであったことはい

うまでもない。やはり、庭石が七人全員に詠まれなかった事実は、この頃にはまだ配石がなかったことをあらわしているとまず見てよいだろう。

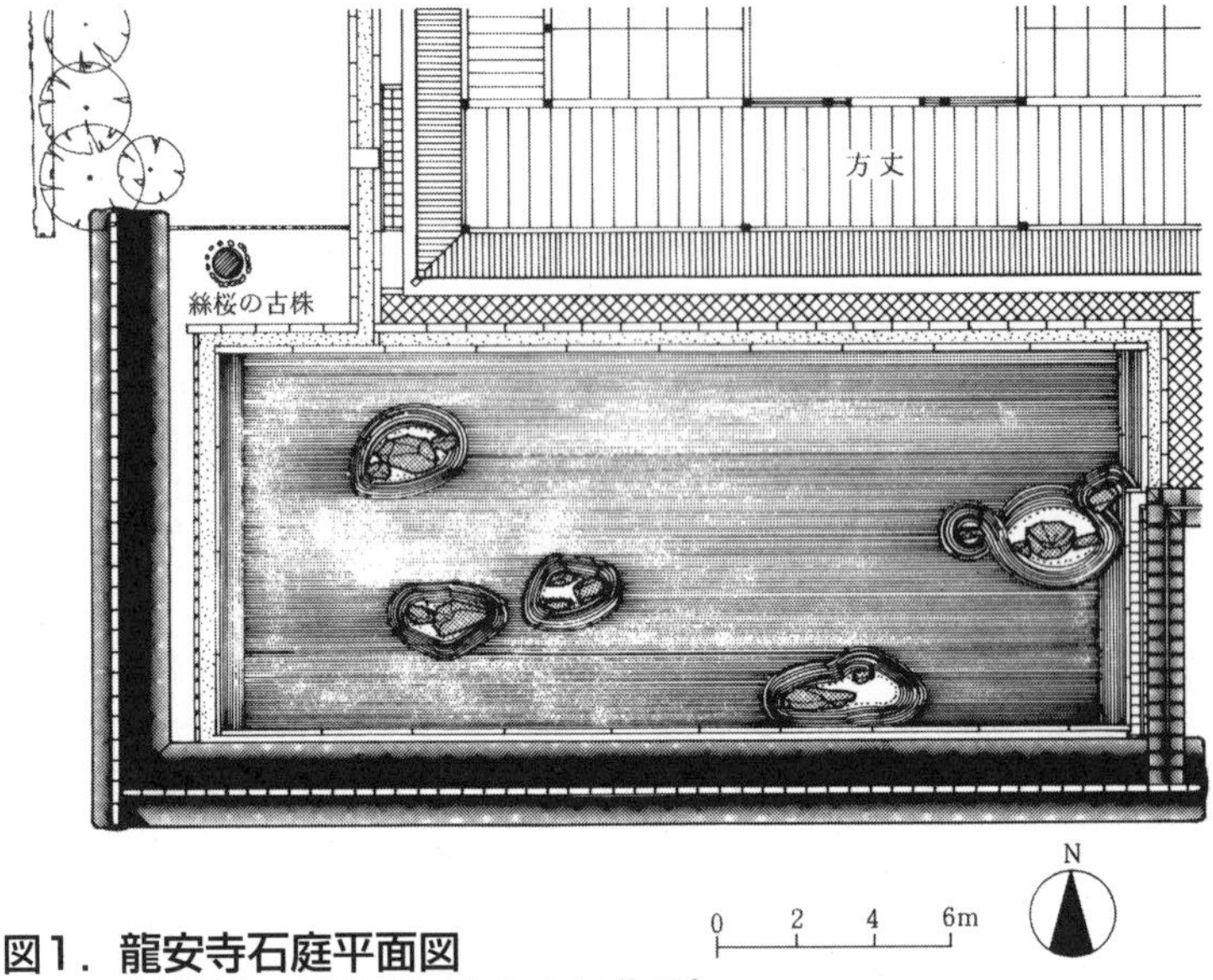

図1．龍安寺石庭平面図
（斎藤忠一氏実測図をもとに作図）

現在の石庭西北隅には、小石で丸く囲まれている絲桜の古株が残されているのである（図1参照）。しかも、株の大きさからいって、堂々たる大木であったことがわかり、秀吉はたぶんこの絲桜を和歌に詠んだに違いない。

ところが、秀吉の和歌からまたさらに百年経過した一六八一（天和元）年に刊行された『東西歴覧記』[六]には、

石九ツアリ、是ヲ虎ノ子ワタシと伝ヘル、畳ヨウニテ庭ヲ作ルモノ是ヲ手本トス、勝元自畳レシモノト伝ヘリ

（六）黒川道祐著一六八〇年。

とあり、今度は逆に絲桜の事には少しも触れられていないのである。また、さらにその三年後（一六八四年）に刊行された『雍州府志』(七)では、

豊臣秀吉公、在聚樂城時、屢來臨於方丈眺水石

一日被詠和歌……、其一會之短冊今在寺中養花院

となっている。これが、次に挙げる『龍安寺文書』(五)に記されている天正十六（一五八八）年二月二十四日の秀吉が庭前の絲桜を和歌に詠んだ以下の故事と比べると、おおよそ同じ事を指していることがわかる。

今滋天正戊子二月二十四日、関白秀吉公……方丈前庭絲桜未開之日、春雪片々相公乗興、而有一首和歌……

これらの二つの記録を比較すると、『龍安寺文書』は歌に詠んだのは絲桜だとしているのに、『雍州府志』は水石としている。これは、明らかに絲桜と水石を取り違えたものである。この原因は『雍州府志』を刊行した黒川道祐が龍安寺を取材したおり、秀吉が方丈で何か歌を詠んだ故事だけは知っていたのであろう。ところが彼が眼にしたものは、絲桜が枯れたあとの十五個の石だけの庭であった。だから、何の疑いもなく秀吉が詠んだのは「水石」に違いないと思ったものに違いない。

また、龍安寺の絲桜について、前記の秀吉の故事以外にも、『翰林五鳳集』(八)という漢詩文を集めた江戸初期の文献が国会図書館に残されており、ここに相国寺仁如集堯の詩偈として、次のように記されている。

見龍安寺絲桜　仁如

（七）黒川道祐著一六八四年。

（八）国立国会図書館蔵。

春色闌ナル時意目ヲ知花前宴ヲ開キ共ニ相歓絲ヲ操テ好風景ヲ繋ント欲ス情ハ桜樹頭緒ノ多ニ似リ

この詩偈に読まれている絲桜は、秀吉の故事の内容と合わせて考えれば、同じ絲桜を指していることはもはや明白であろう。しかも、秀吉だけでなく、このように他にも歌に詠まれていることから考えても、龍安寺のこの絲桜は、かなり有名なものであったといえよう。それがいかに大木であったとはいえ、ただ一本だけであったとするよりも、むしろ庭一面に絲桜があった可能性を示唆できるのである。もし、現在の場所、すなわち方丈西側の片隅に、ただ一本の絲桜だけであったとしたら、秀吉が和歌を詠んだ際、多数の大名や公家が同時にそれを眺めて和歌を詠んだというのは、かなり無理があるといわざるをえない。しかも、庭園のテキストとでもいうべき『作庭記』[九]では、四角な中に一本の木は「困」という文字になるので禁忌としており、義政や善阿弥などの庭造りにも参照された思想である上、江戸時代の『槐記』[一〇]の中にも記されているものである。

しかし、この問題については、木版摺り「洛北龍安寺」[一一]の絵図が、ある程度解決してくれる（図2参照）。すなわち、この図は一七九七（寛政九）年の火災で龍安寺旧方丈が焼失する以前に描かれたものと考えられるのだが、注意すべきは画面左下にこの絵は秀吉の歌に詠まれた頃の庭であると書かれていることである。しかも、画面には石庭と共に、絲桜の大木が描かれているのであり、さらにその位置は、現在の絲桜の古株のある場所とほぼ一致している点に注目しなくてはならない。この龍安寺木版図

（九）「前栽秘抄」ともいう。金沢市谷村家蔵。

（一〇）山科道安著

（一一）森蘊『竜庵寺庭園研究』所収。

図2．木版摺り『洛北龍安寺』（写し）

は、庭園史家・森蘊氏の『竜安寺庭園研究』にはじめて紹介されたものである。

それまでは、外山英策氏によって秀吉の花見の歌と制札のみを根拠に、方丈前の桜について指摘されるにとどまっていたが、それだけでは制札は石庭のあった築地垣の内だけのことを指すのか、外も指すのか定かではなかったといえる。しかし、この図によって、築地垣内に桜があったことが証明されたのである。要するに、絲桜は庭一面にあったのではなく、はじめから現在の位置に、しかも一本のみあったと考えてまず間違いないといえよう。

現在みられる絲桜の古株の位

置は、いうまでもなく石庭の西北隅の方丈から仏殿に通じる舗廊との隙間、その幅わずか一メートルに満たない狭い空地に植えられている。もともと絲桜は自生しにくいものであるから、このような特定の場所に偶然成長するわけもなく、意識的にこの場所に移植されたことは明らかであろう。

絲桜は周知のように、枝を四方八方に拡げるものである。それにもかかわらず南庭内に植えるのを意識的に避け、西舗廊にほとんど密接した位置に植えたことを、どう解すればよいのか。それは、やはり南庭に庭石が配置されていたからだ、という反論も可能になってくるのである。現に、前掲「洛北龍安寺」には絲桜とともに石庭が描かれているのであり、またそれを証明しているかのようである。

それでは、龍安寺石庭は秀吉が訪れた際、すでに存在していたのであろうか。これは、龍安寺の造営年代を考える上で、かなり重要な問題であると考えられるので、次項にて詳細に検討してみたい。

寺院制度

元来、禅宗寺院の方丈は、南向きに造られるのを原則としていたといわれている。(一二)そして正面の庭、すなわち南庭は仏教的儀式をとり行うために白砂を敷いた「庭」であった。したがって南庭は、宗教上必要不可欠の場所であり、また方丈南側の三室も、室中、礼の間、檀那の間と称して、儀式の部屋となっており、当時、南庭を鑑賞用に作庭することは固く禁じられていたといわれる。(一三)

(一二)『日本建築史基礎資料集成十六』、川上貢　一九七一年　中央公論美術出版。

例えば『作庭記』(九)でも、そのような常識として、庭面に石を立てたり、前栽を植え込むことは強く禁止されている。また、それでも園池を作らなければならない場合のことを、

「南庭をつく事は階隠の外のはしらより池の汀にいたるまで六七丈若内裏儀式ならは八九丈にもをよふへし拝礼事用意あるへきゆへ也」

と説明されているのである。

すなわち、広場としての南庭は、階隠の外の柱から池庭の汀の間で、普通六・七丈くらいの広さを必要とし、禁裏などの場合は、八・九丈必要であり、これは拝礼儀式などを行なうための用意として必要であるから、その点注意しなければならないと述べていることになる。

鎌倉期以前は、このように寝殿系の前庭についても儀式場として用いられていたのであるが、元来この前庭を儀式に使うことは古くは奈良時代以来の伝統で、平安末期までは厳守されていたという(一〇)。その後、建築内の廂の場所、すなわち広縁が儀式の場にとってかわり、鎌倉以降になると、南庭が儀式に利用されることが少なくなっていったのである。つまり、南庭の儀式玄関が廂の下にはいり、さらに進んで室内となったことになる。

一方、儀式に用いられなくなった庭には、しだいに石が組まれ池を掘り、庭木を植えるに至ったわけであろう(一一)。しかし、これらの変化は寝殿系庭園の場合であって、

ここで問題となっている龍安寺の場合は、禅宗寺院であることから、南庭を儀式に使う時代は鎌倉期ではなく、江戸時代まで続いたのである。福田和彦氏[一三]によると、方丈南庭に作庭され始めたのは、塔頭制度が改革された江戸初期からであり、よって龍安寺方丈南庭に石庭が作られたのも江戸初期ではないかといわれる。すなわち金地院崇伝が一六一九（元和五）年、天下僧録司と呼ばれる禅宗寺院を総轄する最高職につき、檀徒制度などの諸制度を改革したという。その結果、新しい寺院諸法度となり、方丈南面の庭が普山式などの儀式の場所としての必要性を持たなくなったので、その後はじめて南庭に、鑑賞用の庭園が造られるようになったといわれるのである。こうした禅寺の制度改革から考えれば、龍安寺が、改革前にはたして方丈南庭に配石することができたか、という疑問を生ずることになる。いずれにしても、龍安寺以外の禅寺に、この制度を無視して、作庭した例がないということを重視しなくてはならない。龍安寺の本山である妙心寺は、当時いわゆる京都五山（天龍、相国、建仁、東福、万寿寺）に例しない、いわば禅寺の中で一段低い地位に甘んじていた。しかも、五山の寺から「山林派」として軽視されていたといわれる。[一四]ことに当時の天下僧録司、つまり禅宗寺院を総轄し、取り締まる役職にあった相国寺の鹿苑院からは、異例の仕打ちがたび重なったという。[一四]そのような弱い立場の妙心寺の別格本山である龍安寺の方丈南庭に鑑賞物を作るというような禁制を犯して、鹿苑院より叱責される口実を作るとは、まず考えにくいといえよう。

　以上から考えて、やはり一六一九（元和五）年からの崇伝の新寺院諸法度以前に、

（一三）『日本の名庭』福田和彦　鹿島出版会　一九五〇年。

（一四）『龍安寺石庭七つの謎を解く』大山平四郎　一九七〇年　講談社。

あとのおとがめを恐れずに、禁制の南庭にたとえわずか十五個の庭石であったとしても、布石することは不可能であったとみられる。

　そのようにみてくると、前に述べた絲桜にしても、一六一九年以前に何本も植えることはためらわれたと思う。少なくとも、南庭のなかにそれを植えることなどできなかったといってよい。よって、秀吉が和歌を詠んだ一五八八（天正十六）年の時点、絲桜は庭の隅に一本のみ植えられるにとどめられていたと考えてまず間違いないといえよう。また、庭石にしても、少なくとも一六一九（元和五）年以前には存在した可能性は極めて低いとみられ、前掲の絲桜と庭石を描いた「洛北龍安寺」の絵図は、一六一九年以降の姿を写したものと考える。

　なお、同様に龍安寺を描いた古絵図として、龍安寺が所蔵する掛け軸「龍安寺敷地山之図」[五]が現存する（図3参照）。寺伝によれば、相阿弥筆となっているが、専門家の鑑定によれば、明らかに江戸初期の狩野派の作であることが判明しているという。[一五]

図3．掛け軸「龍安寺敷地山之図」（写し）

（一五）『宇宙の庭龍安寺石庭の謎』明石散人　講談社。

この絵図の中で注目したいのは、方丈南庭を囲む塀の中央に門が設けられていることである。中央に門があるということは、常識的には石庭が存在しないことを物語っている。それでは、江戸初期に石庭がなかったのかといえば、この古絵図は細川勝元が一四五八（宝徳二）年に創建したときに描いた伽藍の全景であると考えられ、一四六七（応仁元）年に敵軍山名宗全の兵火で焼失する以前の寺観を描いた原本を、江戸初期になって狩野派の画人に模写させたものが、現存する「龍安寺敷地山之図」であると解釈されているのである。[一五] よって、これが龍安寺の創建当時の姿を写したものとすると、南庭には何も造られず、前に述べた寺院制度が、忠実に守られていることが確認できるのであり、その態度は一六一九（元和五）年の新寺院諸法度まで受けつがれたと考えてよいと思う。

一方、前掲の『作庭記』[九] の中では、枯山水を池もなく泉もない所に石を立てた庭と定義づけられており、これだけであれば龍安寺石庭も『作庭記』のいう枯山水と一致していることになる。ところが、『作庭記』は、この定義づけに加えて、この枯山水という一様式は、片山の岸や、あるいは野筋などを作って、それに取付いた石組の庭であることを記している。すなわち、『作庭記』の著された鎌倉時代には、枯山水を用いない石組の庭と定めただけでなく、さらに山畔や築山の斜面に石を組む様式であると考えられていたのであり、平地の白砂敷の上に配石した龍安寺石庭とは趣を異にしているといえよう。

『作庭記』が定義づける枯山水というのは園城寺の石庭や、平安時代の大沢池庭園の石組、あるいは毛越寺庭園、鎌倉時代の西芳寺庭園の石庭をあらわしているのであろう。

これらの枯山水の中で、三井寺金堂西部の一群の石組は、井泉の付近に作られてはいるが、この石庭自体は、山畔に組みこまれており、水とは全く関連性がない。また、大沢の池の名古曽滝の石組にしても、付近を遺水の遺跡と思われるものが流れてはいても、この石庭自体は野筋の築山に組みこまれていて、やはり水とは関係を持たない。さらに、毛越寺庭園の南西部出島付近の一群の石組にしても、軽い築山に多数の石組がみられるのであり、くだって西芳寺上部の一群の石組でも山畔が利用され、共に何ら池泉とは関わりのない造形となっていることがわかる。

それらに対して、前述の新寺院諸法度以降につくられた枯山水、すなわち南庭で儀式を行うことが絶え、そこへ配石することを許されて、早速造られた枯山水としては、聚光院庭園、大徳寺方丈庭園、南禅寺庭園等の例を掲げることができ、そのいずれもが、平地の白砂敷の上に配石されていることはいうまでもなく、龍安寺も例外ではないことが知れよう。

このように枯山水の様式という側面から考察してみても、やはり、龍安寺石庭は、室町期ではなく、江戸期に作庭されたものと考えるべきなのである。(一六)

この他、堀口捨巳氏は、おもに造形的な面から、桃山時代以降の作ではないかという。(一七) 堀口氏は枯山水の代表例、西芳寺にしても大仙院や霊雲院にしても、それらは龍安寺石庭のような余白の多いものではなく、床の間でも、棚でも、書院でもと

(一六)『図説庭園のみかた』宮元健次　学芸出版社　一九九八年、一一一〜一一二ページ。
(一七)堀口捨巳『庭と空間構成の伝統』一九七七年、鹿島出版会。

ころすき間なく飾る室町時代らしい造形であるという。すなわち、室町時代においては、絵のない張付壁や、屏風などは正式なものとは考えられなかったのであり、そのような壁を白の張付壁や土壁にし、牧渓の柿や栗の絵のような余白の多い絵を特に好んだ茶ノ湯の好みが庭に影響した結果、余白が生まれてくるのだという。(一七) 現に、龍安寺方丈の裏庭をさらって改めた中根金作氏によれば、その山寄りのものは室町時代のものであるが、この石庭は江戸初期のものであるというのである。(一七)

以上からみて、龍安寺の石庭が造られたのは、少なくとも一六一九(元和五)年以降でなければならないと考えるのである。

記録にみる龍安寺石庭の所見

記録に初めて石庭があらわれるのは一六八一(天和元)年のことである。すなわち、黒川道祐がその前年一六八〇(延宝八)年に龍安寺方丈南庭を観察した結果を『東西歴覧記』(六)の中で次のように記している。

石九ツアリ、是ヲ虎ノ子ワタシと伝ヘル、疊ヨウニテ庭ヲ作ルモノ是ヲ手本トス、勝元自疊レシモノト伝ヘリ

また、

此ノ方丈ハ勝元在京ノ時ノ書院ナリ東西八間西北五間ナリ

ともある。さらに、同じ著者による翌一六八一(天和元)年の『雍州府志』(七)では、

豊臣秀吉公、在聚樂時、屢來臨於方丈眺水石一日被詠和歌……、其一會之短冊今在

寺中養花院

と記し、しかも石の数については「其右之大者九個」と述べているのである。つまり、石や方丈についてのくわしい説明があるにもかかわらず、絲桜について全く記されていないばかりか、『雍州府志』では秀吉の詠んだ絲桜を、前述のように水石と取り違えていることからも、この時すでに絲桜は枯れて存在していなかったことが判明する。

しかも、庭石は現在十五個であるにもかかわらず、ここでは九個となっている。但し『雍州府志』では、「大者」と但し書きをつけていることから、大きなものが九個で、その他小さな石があったことになり、ほぼ現在の姿であったとみてよいのではないだろうか。

さらに注目したいのは、方丈の間数が「東西八間南北五間ナリ」と記されていることである。現在は東西十二間、南北十間であり、これは一七九七（寛政九）年の火災のあと、塔頭西源院のものを移建したものである。しかし、同じ黒川道祐の『東西歴覧記』（一六）に記されている銀閣寺東求堂の間数は、現在の東求堂を測った寸法とまったく同じである。そのことから考えても、黒川道祐の測った龍安寺方丈についての間数も信憑性が高いとみられ、この頃から方丈が八間×五間であったと考えられるのである。この方丈について一七〇二（元禄十五）年の白慧編の『山州名勝志』（一八）には、

方丈、即チ勝元ノ亭ナリ。以㆓テ書院㆒ヲ移シ造ル。

（一八）白慧編　一七〇二年。

第五章

始メ在二リ上御霊社ノ西ニ一

と記されており、上御霊社の西畔から移建されたものであると思われる。また『槐記』(一〇)の一七二九（享保十四）年の条では、

「龍安寺の庭は相阿弥が作にて、虎の子渡しとやらん名高きながら、私（道安）ていの者見ては好《こう》悪《お》の論は及び難し。一《いっ》向《こう》上の事にやと申し上げしかば云々」

図4.『都林泉名勝図会』(写し)

と述べられている。このことから、石庭は現在見ることができる姿と同様に「虎の子渡し」の庭として完成していたことが確認できる。一七八八（天明八）年の百井塘雨の『笈埃随筆《おいのほこりずいひつ》』(一九)には、龍安寺石庭について「虎子渡とて大岩一ツに小岩三四ツあり」と述べられている。このように石の個数については問題が残るが、石庭の無事は確認できるのである。

しかも、籬島軒秋里が一七九九（寛政十一）年に刊行した『都林泉名勝図会』(二〇)（図4参照）には、前の二つの記述と異なり、絵図としてかなり詳しく描写されている。一七九九年刊行というと、一見一七九七（寛政九）年の火災後の姿と考えがちであ

（一九）百井塘雨著　一七八八年。

（二〇）籬島軒秋里発行、一七九九年。

るが、焼失した方丈が再建されるのは、火災の三年後の一八〇〇（寛政十二）年であることから、ここに描かれているのは、火災以前の庭ということになるのである。この絵図の文章には、「庭中に一株も無く海面の体相にして中に奇巌種ありて島嶼になぞらえ」と書かれ、この頃にはすでに絲桜が失われていたことが確認できる。また、絵図の中の石の描写は、現在とほぼ同じ様相である上、同じ15個となっているにもかかわらず、「綺巌十種」とあることから、前記『雍州府志』の9個という記述も含めて、石の数は数え方しだいで、多少の差がでることを示しているといえよう。

以上、見てきたように、一六八〇（延宝八）年の石庭の記録の初見以降はほぼ変化がないことから、前述の一六一九（元和五）年以降の作庭であることと合わせて、龍安寺石庭の造営時期は少なくとも一六一九年から一六八〇年の間であると考えられよう。

2. 作庭意図について

従来の諸説への疑問

次に、龍安寺石庭の作庭時期が江戸初期に限られることを踏まえた上で、その作庭意図について考察してみたい。まず、先学による従来の諸説とその問題点について以下整理しておこう。

① 虎の子渡しの配石説

龍安寺石庭の配石について、まず一般的に広く流布しているのは、「虎の子渡し」を表現しているという伝説であろう。「虎の子渡し」とは、虎が三匹子供を産むと、その中に必ず一匹彪がいて、他の一匹を食べてしまうので、河を渡るときに彪を他の子と一緒に残さないよう親が苦労したという故事からきており、親虎は、始め彪を背負って渡り、向こう岸に置いてくる。そして次の残りの一匹を背負って渡し、帰りにまた彪をつれて帰り、再び戻ったところで、残りの一匹を背負い直して、こちら岸に彪を残す。最後にその彪を背負って渡り、こうして無事に三匹を渡らせることを指す。そして、このような中国の後漢書にある『劉琨伝』の説話が、龍安寺石庭にあらわされているというのである。すなわち、石庭十五個の石は、どの方角から見ても、一個の石だけが必ずどれかの石に隠れて、十四個しか見えない点にあるという。

それは、虎が川を渡るとき、一匹の虎だけは自分の影に隠れて渡るのをあらわしたのだという。また、十五は月の満る日数で、物の極盛を意味する。極盛は、次の段階としては欠けること以外にはない。そのために、完璧を避けて十四個の石だけが見えるように工夫したものだというのである。

この「虎の子渡し」説の初見は、一六八一（天和元）年の『東西歴覧記』[六]の「方丈ノ庭ニ石九ツアリ　是ヲ虎ノ子ワタシト伝ヘル」であり、また一七二九（享保十四）年の『槐記』では、「龍安寺ノ庭ハ相阿弥が作ニテ、虎ノコワタシトヤラン」、さらに『笈埃随筆』[一九]では「虎子渡とて大岩一ツに小岩四ツあり」となっている。その他、一七九九（寛政十一）年の『都林泉名勝図会』[二〇]の「これを世に虎の子渡しといふ」とあって、今挙げた順序で流布されてきたものとみられる。しかし、これはやはりそのまま信じるわけにはいかない。なぜなら、もし庭石が虎の親と三匹の子を表しているのならば大岩一個と小岩三個でたりるはずであり、十五個も布石される必要がない。だから、石庭を見ずに『笈埃随筆』[一九]を著した百井塘雨は、当然「大岩1ツに小岩三四ツ」であると誤解したのもうなずけよう。また、十五がいけないのなら、なぜはじめから十四個置かなかったのかという疑問も生じてくるのである。そのように考えれば、やはりこの説は後世の付会であると見るべきであろう。

② 心の配石説

次にいわれているのは、石の配置が漢字の「心」という文字をあらわしているという説である。まず、左手の石組を点として、二つ目と一番最後の石組を組み合わせると、三つ目と四つ目の石組が上の点となって、その結果「心」という漢字になるように配石されているというのである。確かに日本庭園には「心字池」と呼ばれる池がある。これは、二つの島を設けて池の形を「心」の文字にかたどる手法である。日本や中国の文字においても、池心、湖心、波心等の池と心を結びつける言葉が多数用いられている。例えば、金閣寺庭園の前身、西園寺公経の北山第について触れた『増鏡』[二一]には、「池の心ゆたかに」とあり、また夢窓国師も自ら創建した天龍寺について詠んだ漢詩の一節に「夜たけなわにして月の波心に落つるあり（原文漢文）」

（二一）西園寺公経著。

と記される。夢窓国師が作庭した西芳寺や天龍寺、その他桂離宮、修学院離宮、勧修寺等の庭園の池は、現に心字池と古くから伝えられているのである。このように、心学池が夢窓国師の作庭した庭園に多いことから、国師によって「心」が禅語として禅宗の教義に取り入れられたものといわれ、禅宗寺院である龍安寺の石庭の配石についてもこれにならったものであるという。

しかし、妙心寺派に属す龍安寺は、前述のように五山から見れば山林派と呼ばれる一段低い寺格であって、五山最大の尊敬を集める夢窓疎石を象徴する「心」などと言う字をこの庭の配石に用いて、おとがめを被るようなことをするとは、とても考えられないのである。

しかも、龍安寺を創建した細川勝元は大の五山嫌いであったといわれ、特に夢窓国師の開山した天龍寺を目の敵にしたと伝えられているのであり、このような関係からみて、龍安寺が石庭の配石に「心」を開いたとはとうてい考えにくいといえよう。

③ 七・五・三配石説

龍安寺の石庭が五群の石で配置されていることはいうまでもないが、東すなわち方丈から見て左手から五、二、三、二、三と配石され、合計十五の石となり、一番左側の五個と南の二個で「七」、また西側の三群の内の左側の三個と二個これで「五」、そしてこの手前にある石組の三個で「三」、このような配石は「七・五・三配石」と言われている。この「七五三」というのは、日本では「一、三、五、七、九」の奇数が陽数、すなわちお目出たい数とされており、その中央をとったものである。例えば、節句として祝う月日を挙げてみると、一月一日（元旦）、三月三日（ひな祭）、五月五日（子供の日）、七月七日（七夕）、九月九日（菊の節句）となり、すべて一ケタの奇数となっていることがわかる。また、宴の膳では、一の膳に七菜、二の膳に五菜、三の膳に三菜ずつそれぞれ盛られて「七・五・三の膳」と呼ばれており、あるいは子供の成長を祝う「七・五・三」など、古来から祝いの数として親しまれてきた。しかし、この庭の配石は五群で構成されているのであり、もし「七・五・三の配石」の庭ならば三群で構成されるべきであろう。また、「七・五・三の膳」というのは、『蒐袤小録』に記されているのだが、

「庭つくりとて、世わたるもののするは云々、松などもさまざまに枝たわめ、ときは木を丸くかず塚おほくたてるがさては七五三の膳部の上をみるさまして興なし」

つまり、「七五三」は確かに目出たい事も指すが、作庭においては「うるさい」という事にもつながるというのである。このように考えてくると、やはり「七・五・三配石説」というのも、龍安寺石庭の造形の意味としては、極めて弱い根拠であるといわざるを得ないといいえよう。

④　扇型配石説

大山平四郎氏はその著書の中で、[一四]龍安寺石庭について次のような説を述べている。

「十五個の庭石を方丈から眺めるだけでは判別できないが、配石を平面図に表して見ると、五群の庭石が方丈の中央を要として扇形線上に配置されていることがわかる。

石組の配置構成に関するこれまでのただ一つの見解は、方丈に対して平行する四条の線上に布石されていると説明されてきた。これは油土塀に平行する細長い石を第一の線とし、第二線は横三尊と二石を結ぶもの、第三線は主石群で第四線を西北隅石としている。この布石線設定の論拠は、永正・大永年間が唐物名物を飾りつける流行時代であり、押板飾りが数本の平行線上に配置したことであったから、

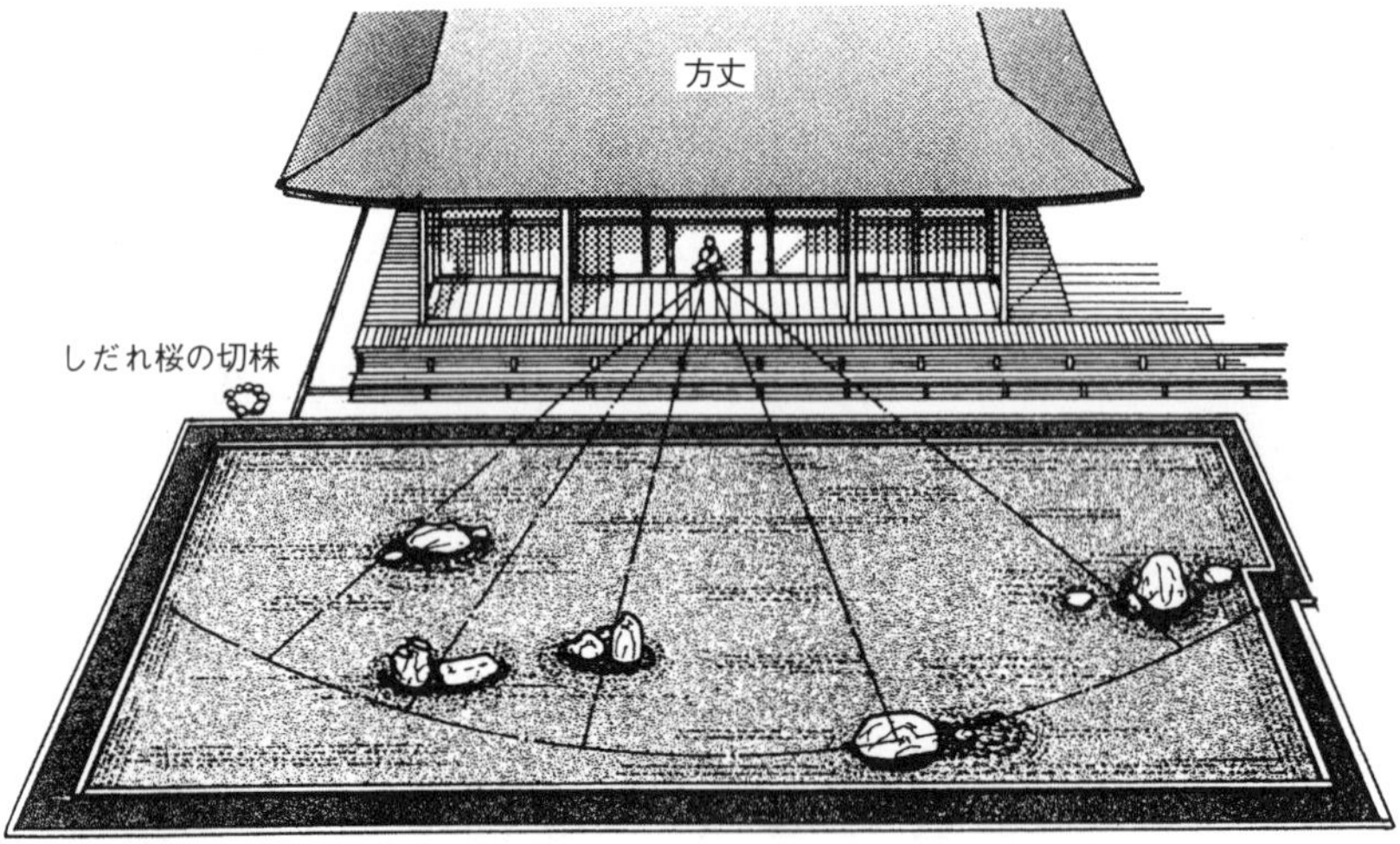

図5．龍安寺方丈と扇形配石説
（大山平四郎氏作図　平面図をもとに作図）

石庭の配石もこれに習ったとの推測によるものであるが誤解である。」

すなわち、五群の庭石が方丈の中央を要として扇形線上に配置されており、扇の要、すなわち視点から見ると理論的には十五個の石がすべて見え、作庭者もその視点から配石の指図をしたと仮定し、したがって正しい鑑賞視点から方丈内にあるべきであり、広縁は全庭を一望のもとに見渡せる視点ではなく、方丈内三メートルまで引き下がらなければ十五石全部を見ることができないというのである。しかし、この説には致命的な欠点を指摘することができる（図5参照）。すなわち、もし扇型の要の位置からの眺望から配石が決まったのだとすると、石庭の西北隅の絲桜をその位置から全く見ることができないということになる。前章で検討した通り、秀吉が絲桜を和歌に詠んだあとも、石庭が造られた年代までこの絲桜が植えられていたとみられるのであり、それを完全に無視して石をすえたとは、とうてい考えられないのである。

この大山氏の指摘する扇型の配石について、江戸時代の妙心寺退蔵院枯山水をみると、その地割はやはり半円形の扇型となっていることに気がつく。また、さらに時代が上がり、桃山時代の代表的な枯山水を拾ってみると、玉鳳院庭園、聚光院庭園、本法寺庭園等数多くの石組が集団円形を示していることに注意しなければならない。一方、さらに上って室町期の大仏庭園においても、鶴・亀の二島がやはりこの集団円形の石組で構成されていることがわかるが、前例の桃山期、さらには江戸期の退蔵院と時代が下がるにつれて、石組の整形がより強く表現されていくことに気づく。つまり、龍安寺石庭の扇型配石についてもその延長線上にあることがわかり、この時代特有の様式とでもいうべき構成であるといってよいだろう。このことは、前に論じた龍安寺の江戸作庭説を逆に補強するものであって矛盾しないことを指摘しておきたいと思う。

西欧庭園の影響の可能性

以上のように、これまでの龍安寺石庭についていわれてきた様々な説は、すべて伝説の域を出ないか、あるいはかなりの矛盾をかかえているといわざるをえない。そこで、新たに龍安寺石庭における西欧手法に着目し、作庭意図との関連の有無について考察してみたい。

①　パースペクティヴの手法の指摘

冒頭で述べたように、前に筆者は龍安寺石庭の造営年代と重なる時期の日本宮廷庭園の数多くに、キリスト教宣教師からもたらされたパースペクティヴ、あるいは黄金分割といった同時代西欧庭園特有の手法が用いられていることを明らかにした。そして、それらの西欧手法が龍安寺石庭にも指摘できるのである。

まずパースペクティヴの手法であるが、大山平四郎氏は龍安寺石庭の作者を子建西堂とした上で、その絵画の師・雪舟の絵画の遠近法の手法が石庭に用いられたとして、

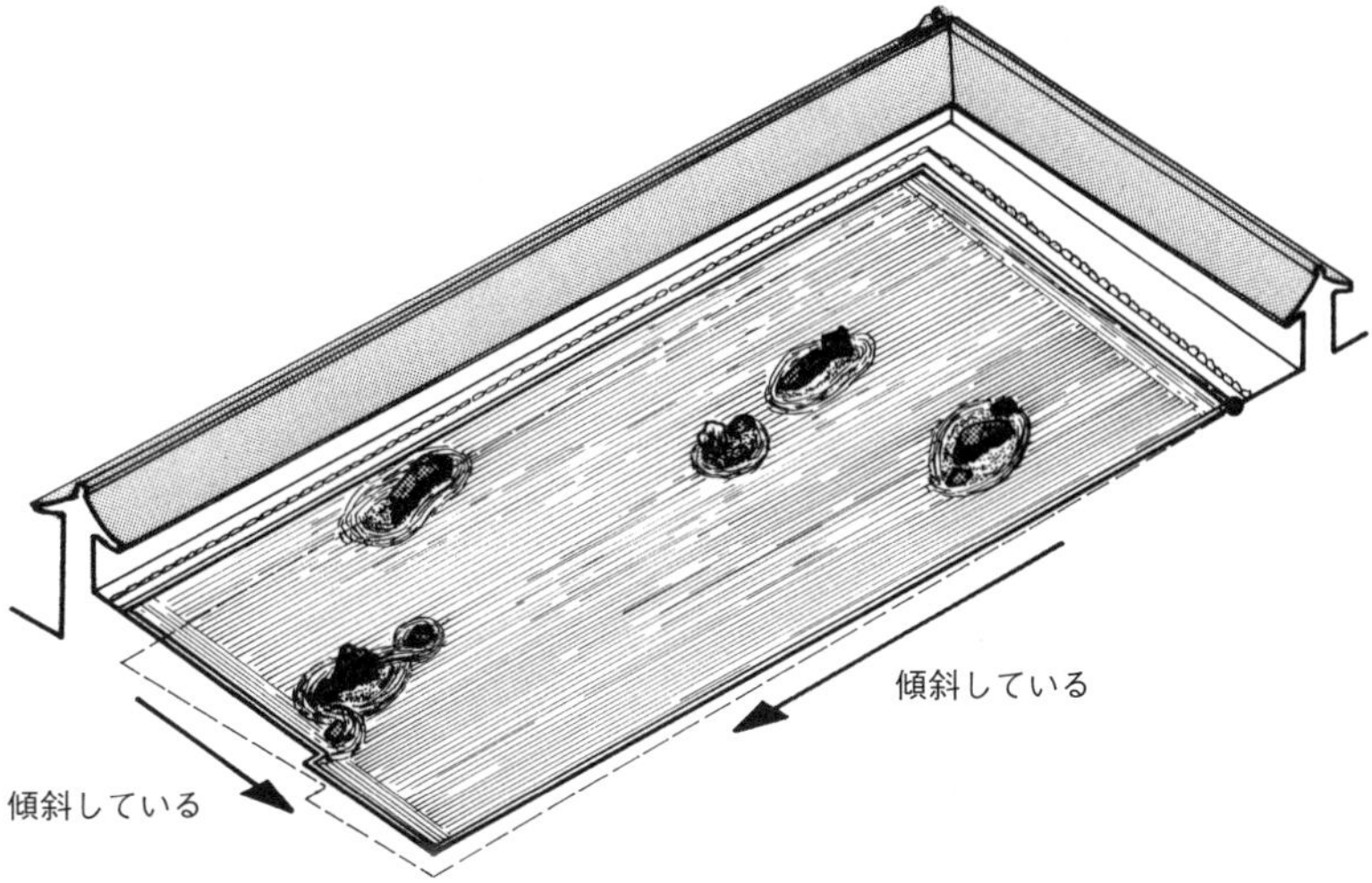

図6．龍安寺石組にみられるパースペクティヴの指摘

次のように述べられている。

「雪舟は日本絵画に明快な遠近法を確立したので、水墨画史上の重要な人物であり、常栄寺庭園も遠近法則によって構成されている。子建は雪舟の画法を嗣いだ可能性が多く、龍安寺も遠近法に従って配石されていることは重要な共通点である。」

ところが、現在の絵画史上の分野での定説によれば、日本の絵画に遠近法が取り入れられるのは、北斎、司馬江漢、円山応挙等に見られるように、主に幕末になってからであるといわれ、雪舟（一四二〇～一五〇六年）の存命した室町時代には、この手法はまだ存在しなかったことになる。特に雪舟の絵に遠近法が用いられているというのは、大山氏の発想であろう。

西欧の絵画においても、はじめて遠近法の手法が確立されたのですら、一五〇〇年代に入ってからであるといわれ、大山氏の論考が正しいとすると、雪舟は世界初の遠近法実践者ということになってしまうのである。しかも、二次元の遠近法と三次元空間における遠近法では、手法的に全く異なるものであって、二次元の絵画の遠近法を庭石という三次元の空間に置き換えるということは並大抵のことではない。例えば、水墨山水画における遠近感は墨の濃淡によって表現されることを基本としており、これは三次元空間においては意味をもたないといっても過言ではないのである。

西欧においても三次元空間に遠近法の手法が用いられ始めたのは、絵画よりもかなり遅れて一六〇〇年代に入ってからである。にもかかわらず、大山氏は、龍安寺石庭の作庭時期を、一五三六（天文五）年頃と結論づけているのであり、大山氏の論考からいくと、龍安寺石庭が世界初の遠近法による造形ということになってしまうのである。以上のように客観視してみると、大山氏の述べる龍安寺石庭における遠近法の手法の由緒は、矛盾をかかえているといわざるを得ないのである。

確かに、日本においても、既に室町時代には従来、龍安寺石庭の作庭候補者に長い間考えられてきた善阿弥において、遠近法的な発想はみられる。(一二) 善阿弥が蔭涼軒主益之集蔵の方丈、睡穏軒に作庭した際に、庭に小山を作ったのであったが、その小山の庭園が大変よく遠近の景を表現することができたと、『蔭涼軒日記』に記している。すなわち、

(一二)『桂離宮と日光東照宮―同根の異空間―』宮元健次　学芸出版社、一九九七年、一五一〜一五三頁。

図7．龍安寺、方丈、石庭断面図（斎藤忠一氏実測図をもとに作図）

前夕往二寺睡穏一。見レ築二小丘山一。善阿所レ築。其遠近峯礀尤為二奇絶一也。対レ之不レ飽。忽然而忘二帰路一也。（文正元年三月十六日の条）とまで遠近峯礀の美がよく表現されたと激賞しているのである。また、同じ室町時代の大仙院の枯山水にしても、東北部の角に二尺五寸、一尺六寸の枯滝石を立てて二段風に滝の落ちている姿をアイポイントとしてつくり、その左手に中景として七尺二寸、五尺二寸の巨石を立てて、遠近法的な奥行を表現するのに成功している。しかし、これらは日本における庭園の基本的態度、すなわち『作庭記』における「生得の山水を思はへて」という自然を模すという根本的理念とほとんど変わることがない。

　このような日本の自然風景式庭園に対して、龍安寺石庭には以下観察する通り西欧整形式庭園に見られるパースペクティヴの手法が指摘できるのである（図6参照）。例えば、まず石庭を囲む油土塀は、東側も西側も共に北側から南側へ傾斜している。

これによって、方丈の縁側から石庭を眺める際、遠近感が実際より強調されて遠く見え、ここに遠近法の手法が巧みに造り出されていることがわかる。(四)この造形についても、元来この庭が山の斜面にあるため、長い年月のうちに傾斜がついたという否定論もあるが、これにはかなり無理があると言わざるを得ない。それはまず、龍安寺石庭の敷地がかなりゆるやかな山の斜面にあるからである。また、その敷地が土もりをして造られたものではなく、断面図を見ればわかる通り、山の土砂をけずって造り出されたものだからである（図7参照）。もし経年変化で下がったというのならば、方丈や、その背後の歴代墓地も傾くべきであるのに、現在全くの水平を保っているのである。なによりも、油土塀を詳細に観察しても、地下に埋没したような形跡は全く認められないのである。やはりこれは、意図的に造形されたものと考えてまず間違いないといえよう。

次に、石庭の地面の傾斜である（図6参照）。まず斜面が、南側から方丈のある北側へ向って少し傾斜して下がっており、また東側から西側にかけても、ゆるく傾斜している。その結果、前述の方丈縁側から石庭を眺めた実際の遠近法の効果をさらに助けるものとなっている上、玄関から入ってきて石庭を見た時の遠近法を強調する手法となっているのである。(四)これについても、単なる水捌けのためではないかという否定論もあるが、もしこれが水捌けであるとするなら、その論者は大雨の際、水の流れがどうなるのかを想像したのだろうか。すなわち、方丈に向って傾斜しているのであるから、水は方丈に流れ込むことになる。

もし、この庭の設計者が庭石の水を外へ排出させる目的で砂面を傾斜させたというのなら、なぜ南の油土塀側へ傾けなかったのだろうか。これは、東西方向の傾斜についても同様のことだが、造園、建築の視点から見ればまさに異常な造形であるといわなければならない。いいかえれば、機能性を考えて造形されたというよりも、むしろ合理性を多少無視してでもデザインを優先させようという態度で造られているといっても過言ではあるまい。すなわち、これらの造形もやはり遠近法の効果を巧みに造り出すことを意図していると考えてまず差しつかえないだろう。

さらに、これらの遠近法の手法は、石庭の配石にまで及んでいることがわかる。まず、一番方丈に近い石の高さを一・八尺と高くすえ、また玄関側の石も土もりをして三・三尺と高くし、それ以外の石を低めにすえることによって、遠近感がさらに強調されていることになる(四)（図6参照）。

以上のように、数々の遠近法の手法を用いることによって、結果的にこのわずか75坪しかない庭を実際よりかなり広く見せることに成功しているのである。

②　黄金分割の指摘

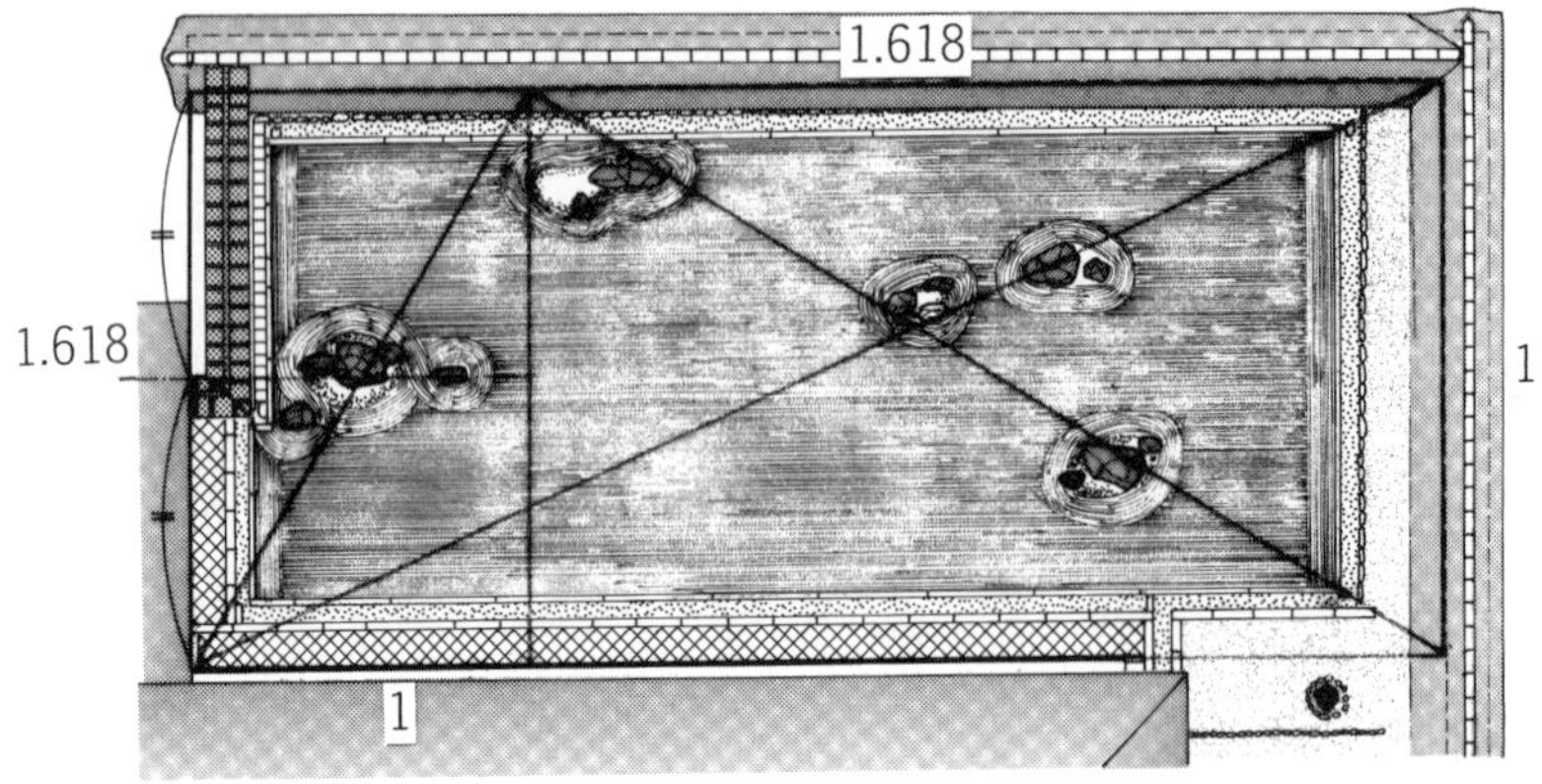

図8．龍安寺平面図（斎藤忠一氏実測図をもとに作図）における黄金分割の指摘

龍安寺石庭を詳細に観察してみると、そこには単にパースペクティヴだけではなく、黄金分割による配石が施されていることに気づかされる[四]（図8参照）。すなわち、方丈広縁から見てまず向って右手から一対一・六一八の黄金矩形が生まれるような地点をみつけ、それに対角線を引くと、五組に分かれる石庭のうち三組の石はその線上に一致して並ぶのである。次に、この対角線を土塀に当てて直角に折ると、残部に生まれるもうひとつの黄金矩形の対角線になるのだが、その線上で、土塀と縁側との中央の位置に、最左端の石組がやはり一致することになる。そして、残る一組の石群は、逆手からつくられた黄金分割線上に、さらにもうひとつの黄金矩形が生まれる。まさにその交点上に乗るのである。これらの関係は、やはり偶然こうなったというよりも、むしろ黄金比を用いて計画的に布石されたと考えるべきであろう。この他、この石庭そのものが十二メートル×二四メートルという二つの正方形に分割される点についても触れておきたい。

以上パースペクティヴと黄金分割といった西欧手法について観察してきたが、これらが当時、既に日本宮廷庭園に広く実践されていたことから見て、突然龍安寺において発想、実践されたとするより、むしろ、同時期の日本庭園特有の手法とみなすべきであろう。

よって、断定は避けなければならないが、龍安寺石庭の作庭意図の一つは少なくとも西欧手法の実践にあったのではないかと考える。

3．設計者について

従来の諸説と問題点

龍安寺石庭は、その造営年代、作庭意図同様、その作庭者についても、作庭年代の諸説に合わせてこれまでに様々な人物が挙げられてきた。それらの試みは、既に江戸時代から行なわれており、例えばこの龍安寺を創建した細川勝元自身であるとか、後に応仁の乱で焼けた龍安寺を再建した勝元の息子、細川政元、また、足利義政の同胞衆であった相阿弥という説が多いことも、ここまでに挙げた江戸期の諸文献からも十分窺い知ることができよう。その他にも諸説があり、まず龍安寺開山・

義天玄承、それから龍安寺の塔頭の一つ多福院を開基した般若房鉄船、西芳寺の住職であった子建西堂、その他茶人金森宗和、油土塀側から2番目の石の裏に「小太郎、清二郎」あるいは「小太郎、彦二郎」と彫り込まれていることからこの二人であるとする説もある。

このように、江戸以来、様々な説が唱えられたが、いまだ決め手を欠き、定説をもつに至っていない。しかし、本書のこれまでの論考から、作庭年代を江戸初期、すなわち少なくとも一六一八（元和五）年の新寺院諸法度発布から、一六八〇（延宝八）年の黒川道祐が訪れるまでの時期であると推定されることから、この約六十年間に作庭可能な人物に的は絞られてくるのである。そうすると、これまでの諸説の中からあてはまる人物を探すとすれば、そのほとんどは除かれることになり、「小太郎清（彦）二郎説と「金森宗和」説が残ることになる。

それではまず「小太郎、清（彦）二郎」説からみていくと、一八三〇（文政十三）年の『大雲山誌稿』[五]三十七巻中第四巻に石庭の石の裏に二人の名前が刻されていたことが記されている。

但し、この文献では「清二郎か」となっていて、自問しているのであり、必ずしも断定しているわけではない。また、石に刻まれた字の読み方にも（図9参照）、色々な説があり、重森三玲氏は、『日本庭園史図鑑』[一三]の中でその名を小太郎、彦二郎と読んでいるが、しかしそれは『大乗院寺社雑事記』に「相国寺松泉軒に作庭す、左近四郎、彦六、彦二郎」と記されており、方丈上棟時代に彦二郎という庭師がいたことから

（一三）重森三玲著　一九六〇年。

「方丈上棟直後（一四九九年）」説をとる人々が自説に都合がよいから「彦」をあてているに過ぎない（一三）。

　このようにまず何と読むかの時点で暗礁にのり上げてしまうような彫り込みから、作庭者を判断しようという試みじたいが、ますます作庭者探しに混乱をもたらしているような気がしてならない。しかも、小太郎、清二郎の二人は、必ずしも設計者とは限らず、むしろ施工者の一部であったかもしれないのである。なぜなら、作庭に従事した労務者は沢山いたとみられ、石庭の発想や意図や構成などは、単に作庭工事に経験が深いという職人的な技術のみではなく、もっと高度な創意を必要とするからである。また、正式に名を入れるのなら、必ずタガネで深く刻み込むはずである。ところが、問題の刻印は、何か急いで細い金物でひっかいた程度の刻み込みとなっているのである。書体についても江戸期のものであ

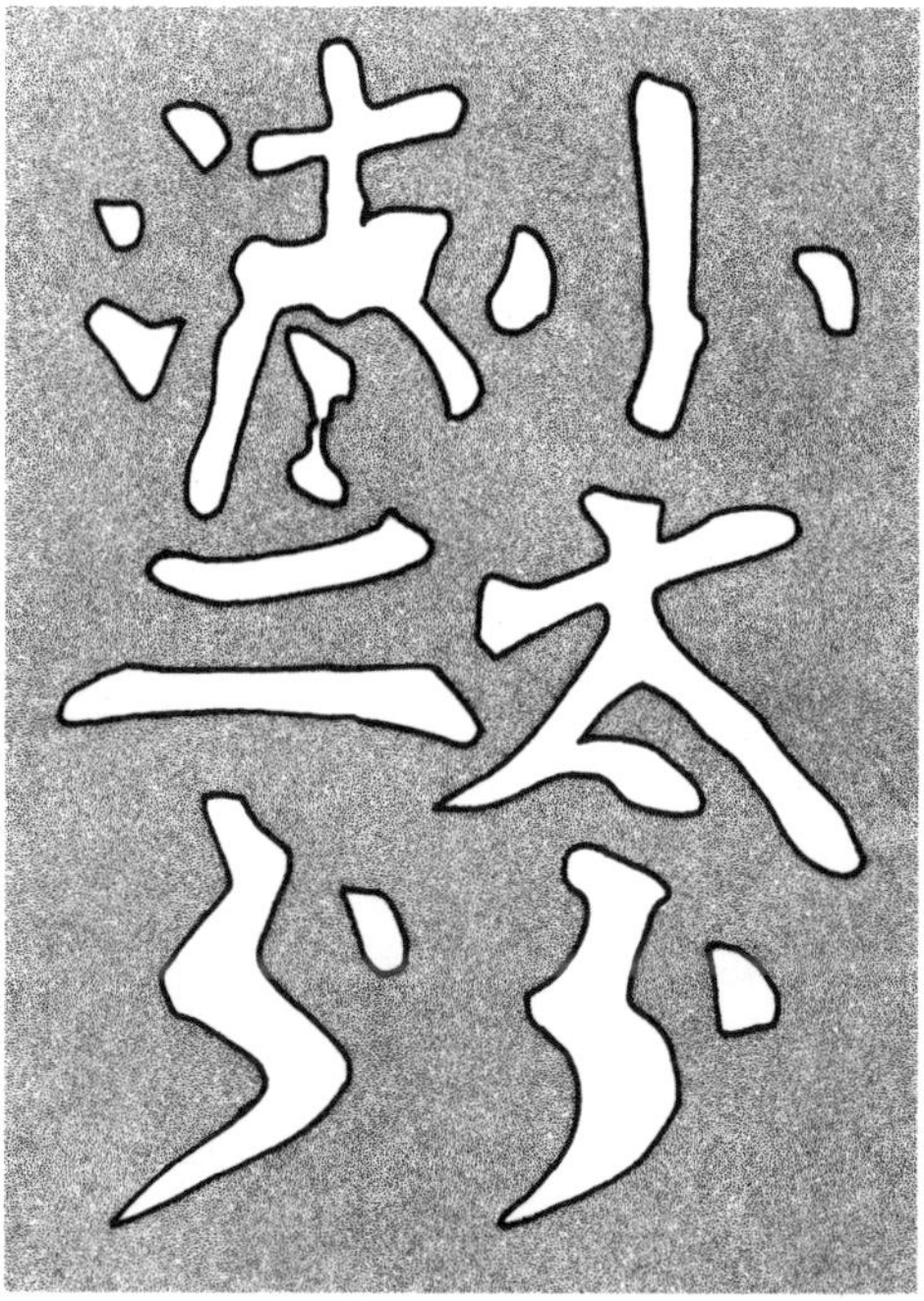

図9．石に彫り込まれた小太郎、清二郎といわれる刻印(写し)

り、これによって、江戸初期作庭説は否定されない。

次に「金森宗和」説の根拠は、無着道忠の『竜安寺誌』[二四]が

「方丈前庭有㆓醜石大小数枚㆒茶人宗和所㆓排置㆒也。名㆓虎子渡㆒。世皆称㆓巧妙㆒矣。」

と伝えることによる。しかも、これが「小太郎、清（彦）二郎」刻印の所見の文献と同じ『大雲山誌稿』に引用され、『都林泉名所図会』[二〇]にはその絵図すら出ているのである。

西源仮山水

西源前庭仮山水　金森宗和之

この中で、本来「枯山水」と明記されるべきところに「仮山水」という熟語が用いられているが、仮山水の仮山とは、俗に築山といわれ、『書言字考節用集』には、

仮山　越陵富人袁広漢、築㆑園構㆑石為㆑山、高十余丈、是仮山之始也、見㆓西京雑記誌㆒、

とあるが、これのみで仮山を築山にあてることは危険である。仮はカリ、カル、カリニ、等々と発音し、枯もカリで、異義同音であることから、仮を枯にあてて、枯山水を仮山水としたのであろう。

そこで、当時の龍安寺の塔頭について調べてみると、次の記録を見い出すことができる。

大雲山龍安寺、有塔頭十六院『和漢三才圖會』

塔頭　東楽庵、養花院、杏林庵、清源院、宜春院、西川庵、龍昌院、牧雲庵、永久

（二四）無着道忠著　龍安寺蔵。

院、多福庵、大珠院、妙智庵、本光院、勝林庵、見性庵、雲光院　『國花萬葉記』

つまり、この中の清（西？）源院が、細川家を祀る塔頭であり、現在の方丈の位置にあったと考えれば、方丈に接して裏に細川家の墓が安置されている矛盾が氷解することになる。そして、なによりそれを証拠づける文献が次に掲げるようにいくつか存在しているのである。

龍安寺の内清源院に細川一家塔有　『京羽二重織留』

細川家代々塔、清源院ニ在　『國花萬葉記』

また、方丈裏手の細川家代々の墓には政元の養子、細川植国も祀られており、その戒名が「清源院殿了然廓公大禅定門」とあることから、墓と西源院が偶然隣りあったわけではなく、清源院に細川家の墓が祀られていたことが判明するのである。よって前記の「西源前庭　仮山水　金森宗和造之」の内容と考え合わせれば、現在の方丈が西源院であり、その前庭の仮山水すなわち現在の石庭が金森宗和の造庭になるという推論が成立する。しかし、問題点もあり、金森宗和作庭を伝える資料は、「西源」となっているのに対し、細川の墓を祀った塔頭を伝える記録は、すべて「清源院」となっているのである。確かに、漢学の表記は、後に同一の「音」の別の文字に変更されることも多い。

しかし、『元長卿記』文亀二（一五〇二）年二月二十一日の条には次のようにある。

龍安寺ニ詣、方丈ニ於イテ一盞有リ、

第五章

　西源庵ニ於イテ點心有リ

この記録の筆者は、この日、方丈と「西源庵」の二個所におもむいているのである。すなわち、二つが別の建物であり、しかも同時に存在していたことがわかる。ようするに、方丈は方丈として存在し、また西源院は西源院として存在していたことになるのである（図10参照）。

　この西源院をつくったのは、政元が龍安寺復興のために住職とした特芳禅傑であることは次の記録からもわかる。

　終に龍安寺にもどり晩年此地に西源院を創（特芳禅傑）　『京都名家境録』

すなわち、龍安寺創建時、既に細川家の墓所として「清源院」が存在していたが、応仁の乱で焼失、跡地に方丈を移建、通称で「清源院」と呼ばれていたのであろう。そして、ここで重要なことは、それと同時に特芳のつくった西源院が存在していたという事実である。つまり、前の記録「西源　前庭　仮山水　金森宗和造之」は、特芳の西源院の前庭を指すと考えられ、じつに金森宗和の作庭した仮山水は、方丈石庭ではなかったことが判明するのである。これについては、じつのところ『樹下散稿漢興譔』に、

　「竜安ノ前庭相阿弥攸ムレ造リ。無着ノ竜安寺誌作スニ宗和一謬伝矣。」

とあることから、古くより疑われていたようである。『槐記』（一〇）によると、享保十四（一七二九）年五月四日の茶会において、山科道安が

　「竜安寺ノ庭ハ相阿弥ガ作ニテ…私テイノ見テハ好悪ノ論ハ及ビ難シ。一向上ノ事

ニヤ」
と言ったのに対して
「大徳寺中ニモ相阿弥ガ作ノ庭アリ。今日ヨリ見テハ合点ノユカヌモノナレドモ、
夫ニモ大ウ法ノアル事ノ由ナリ。」

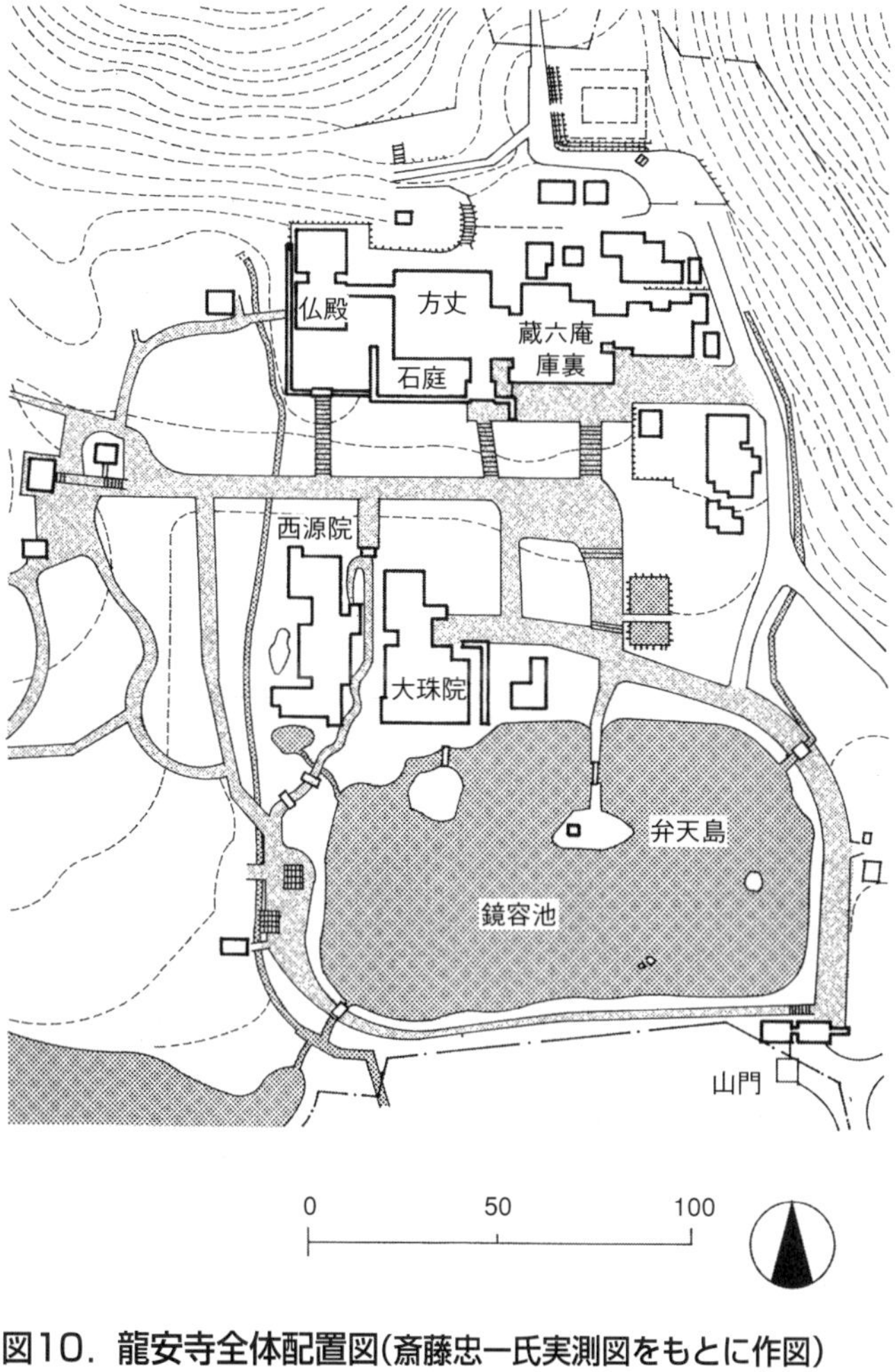

図10．龍安寺全体配置図（斎藤忠一氏実測図をもとに作図）

と答え、また「昔ノ人ノ深山ヲ爰ニ写ス」といって、龍安寺の庭を相阿弥作と暗に考えていたふしがあるが、この近衛家熙の先代応山近衛信尋は、宗和と親交があり、家熙自身も宗和流の茶を受け継ぎ、宗和を深く研究していた人物であったといわれる。もし、龍安寺石庭の作者が金森宗和であれば、この茶会の席で家熙の口からその話が出ないはずはないと考える。

それでは、方丈石庭を作庭したのは、いったい誰であったのかについて、次項以下考察してみたいと思う。

小堀遠州設計の可能性

龍安寺石庭の作庭者を探す手掛かりとして作庭者の条件を列記すると、おおよそ次のようになろう。

1. 一六一九年から一六八〇年に作庭が可能。
2. 遠近法、黄金比といった当時の先端技術としての西欧手法が用いられている。
3. 借景等の高度な伝統技法が用いられている。
4. 以上のような完成度からみて、おそらく他にも石庭の作品を数多く残す、作庭のエキスパートである可能性が高い。
5. 厳しい禅宗寺院制度の中にあって、このような斬新な作庭が許されるということは、禅宗関係者である可能性が高い。

このような条件にあてはまる人物を探すとにわかに浮上してくるのは、小堀遠州をおいて他にはあるまい。

以下、この五項目の作庭者の条件に添って、その可能性について考えてみたい。

1. 遠州は一五七九（天正七）年から一六四七（天保四）年まで生存したことが『甫公伝書』からわかり、一六一九年時には四十歳という壮年期にあたる。よってその後没するまでの二十九年間作庭が可能であった。

2. 前述のように、同時代西欧庭園特有の西欧手法の用いられた寛永期日本宮廷庭園のほぼすべてが例外なく遠州作であり、宣教師より西欧技術を伝えられた宮廷付工人の少なくともひとりが遠州であるとみられる。（二）また、遠州のその他の作品にも数多くの西欧手法が指摘でき（三）、江戸時代にほとんど他では用いられることのなかった西欧手法が遠州作品に限って顕著にみられることからも、彼は日本における西欧手法の先駆的立場にあったと考えられよう。

特に、大徳寺方丈、南禅寺方丈、また自らの隠居所孤蓬庵などの前庭には、遠近法の手法や、黄金比による配石などが用いられており（二）、また正方形による庭の縄張りなど、龍安寺石庭と酷似している。

3. 江戸城西の丸庭園や大徳寺方丈、その他数多くの遠州作品が借景を大胆に採用しているのであり、江戸時代初期から急速に取り上げられるようになった借景庭園は、じつに遠州によって完成されたと考えられている。（二五）

4. 江戸初期の宮廷庭園のほとんどの池、江戸城内の庭園にも関与しており、特に石庭については、江戸初期の傑作と呼ばれるものはすべて遠州とその一派の手に

（二五）森蘊「小堀遠州の作事」『奈良国立文化財研究所学報』第十八冊、一九六六年。

よるものである。(二五)

5．遠州は敬虔な禅宗信者である上、江月、春屋、崇伝といった禅林の権力者を自らのパトロンに持っており、(二六)龍安寺に関与する可能性は十分にあったと考えられる。

以上から考えて、龍安寺石庭が遠州作庭である可能性が極めて高いことを認めざるをえない。

但し『小堀家譜』(二六)その他の遠州の作事、普請関係の記録に、龍安寺石庭作庭の記事は今のところ発見することはできないが、他に遠州の関与がはっきりしているにもかかわらず、諸資料に記載されていない例も多く、それはなにも龍安寺石庭に限ったことではない。

龍安寺作庭者の決定的資料の発見は、日本庭園史に関わる人々全体の課題の一つともいわれ、今後の研究成果を待ちたいと思う。

以上、龍安寺石庭の由緒について考察してきたが、その内容をまとめれば、次のようになろう。

1．造営年代について、従来室町末期といわれることが多かったが、主に寺院制度と所見の記録から少なくとも元和五（一六一九）年から延宝八（一六八〇）年の間である可能性が高いこと。

2．作庭意図について、パースペクティヴや黄金分割といった西欧手法が数多く指摘

（二六）小堀家蔵。

できき、それらの実践が作庭意図の一つである可能性があること。

3. 設計者について、主に西欧手法が用いられている点から、小堀遠州である可能性が高いこと。

その他、龍安寺には銭型の手水鉢があるが、これは遠州好の意匠といわれ、遠州の隠居所であり菩提寺ともなった大徳寺孤篷庵山雲床にも同型の手水鉢が置かれており、水戸光圀の寄進といわれるが、一考を要すると思われる。

以上三点について、決定的証拠に欠ける嫌いがあり、断定は避けなければならないが、近世日本庭園にみられる西欧手法といった視点からの一可能性として今後の研究に期待したい。

第六章　書院造りにみられる遠近法的効果

はじめに

前に著者は、数多くの江戸初期の日本庭園に、従来の日本庭園にはほとんど用いられず、主に同時代の西欧庭園・建築に用いられた西欧手法を指摘し、また一六一三（慶長一八）年にキリスト教宣教師から宮廷付工人に西欧手法が伝えられていたとみられることから、その実践であることを明らかにした（一）。しかし、もし西欧手法が実施されたとするならば、それは単に庭園に限ったことではなく、建築物の意匠にも応用されたとしても決して不自然ではないといえよう。

そこで、本章では、主に同時期の書院造りの実例について、同時代ヨーロッパで流行した西欧手法の中でもとりわけパースペクティヴ（PARSPECTIVE）の手法につ

（一）「寛永期日本宮廷庭園にみられる同時代西欧庭園の影響について――近世日本建築の意匠における西欧手法の研究その1――」、宮元健次　国際文化研究編集委員会編『国際文化研究』創刊号一九九七年、龍谷大学国際文化学会六九頁所収。

いて注目し、その効果の有無を指摘してみたい。(二)

1．醍醐寺三宝院表書院

醍醐寺三宝院は、豊臣秀吉が一五九八年に再興、造営したもので、(三) 表書院はその中心となる書院である。この表書院の平面図を観察すると、まず気がつくのはその遠近法的効果である。(四) すなわち、三の間を見ると三間×四間となっているが、隣接する上段二の間を見ると三間×三間となり、さらに上段一の間では三間×二間と、上位の間に移るに従い一間ずつ奥行き方向の柱間が減じていることが指摘できる（図1参照）。その結果、奥行き方向の柱間が等差数列となっていることがわかり、三の間から一の間を見ると、実際より遠近感が強調される遠近法的効果が巧妙に造り出されていることが明らかとなる。

このような奥行きの柱間を等差数列によって減ずる手法は、

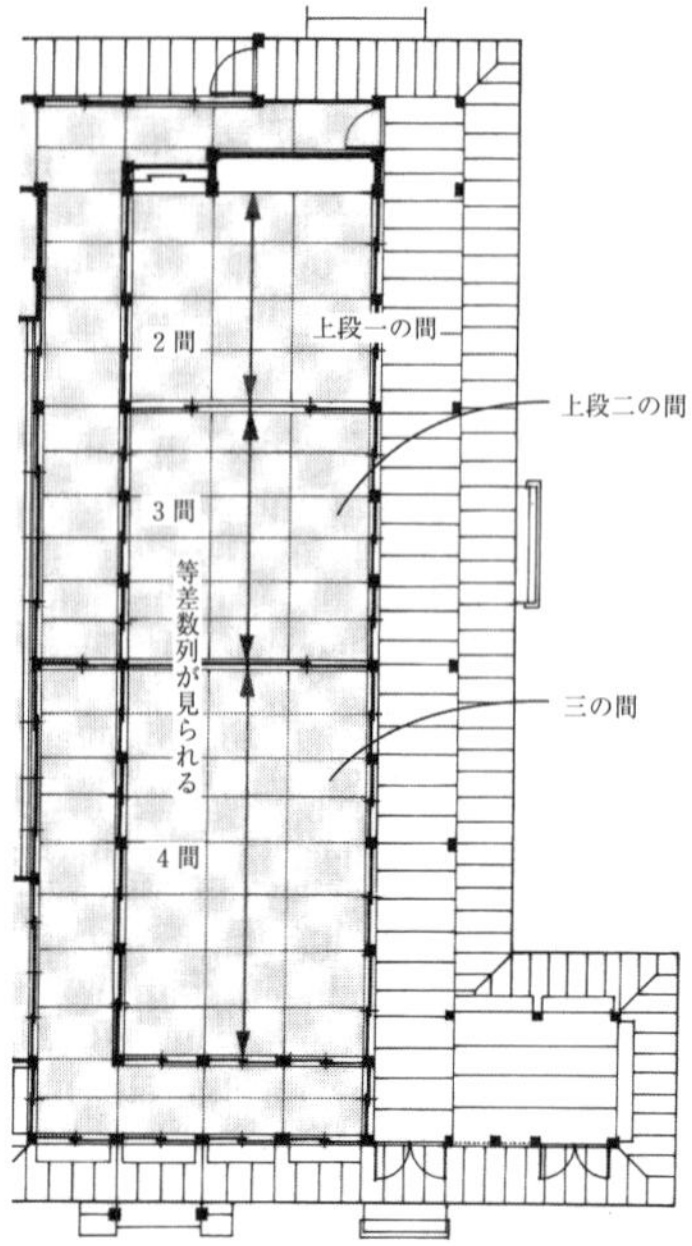

図1　醍醐寺三宝院表書院平面図における遠近法の効果の指摘

（二）『近世日本建築にひそむ西欧手法の謎「キリシタン建築」論序説』宮元健次　彰国社　一九九六年、二五四～二六三頁。及び、『桂離宮と日光東照宮—同根の異空間』宮元健次　学芸出版社　一九九七年二一七～二二八頁、『隠された西欧—江戸建築を読み解く—その三十二』『京都新聞』宮元健次　一九九九年三月二二日朝刊所収で一部論じた。

（三）『議演准后日記』慶長三年二月一六日、太閤御所門跡馬場へ直ニ御成、寝殿可有御建立由也。桜ノ馬場ヲ南ノ広庭ニ購入、南ハ勧心院、西方院ヲ限築地トノ御意也、北ハ東安寺モ入了、西ハ宝塔院マデ也、東ハ灌頂院モ過平屋数ニ成了、百廿間四方トノ御也、寝殿ハ東西十五間、南北九間、台所ハ十間九間也、廊八間、護摩堂以下御自身御指図被成了、二月廿日、太閤今日御成、（中略）寝殿火急ニ材木以下可懸云々、仍番匠夜中注文認之、二月廿一日、門跡寝殿材木注文番匠調進、広大ノ儀也、珍重、二月廿三日、太閤御所御入寺、（中略）門跡寝殿ハ増田右衛門尉奉行被仰付了、五月一日、金剛輪院主殿材木着、奉行増田右衛門尉、五月二日、同院（金剛輪院）主殿ノ虹梁着珍重〱、五月五日、大工新兵衛来、金剛輪院主殿今日於伏見釿始云々、珍重大慶不過之、出世坊宮侍以下被官ニ至マテ来、盃賜之、門跡虹梁今日モ着、珍重〱、五月十日、金剛輪院主殿、材木や宝池院ノ旧跡ニ今日増田右衛門奉行来綱張珍重〱、五月廿四日、金剛輪院寝殿、門跡ノ番匠ニ増田右衛門申付之、

同時代のヨーロッパのルネサンス・バロックの教会建築等で大流行した手法であり、代表例としてはサンタ・マリア・ノヴェルラ等を掲げることができよう（五）（図2参照）。『義演准后日記』によれば、一六一六（元和二）年の三宝院の造営において、常御殿と台所の間に花壇を造ったという（六）。また翌一六一七（元和三）年にはソテツを植えたという（七）。

花壇やソテツが従来の日本庭園にはほとんど用いられたことのなかった西欧手法であることは、すでに指摘したことがある（八）。また、これらの造営を行った庭師は賢庭であったが（九）、賢庭という名は内裏や仏洞御所の造営での優れた働きによって、宮廷付工人に西欧手法を教えるようキリスト教宣教師に命じ（一）、また自らも教会へ出向いたといわれる後陽成天皇から賜った名前であるという（九）。また、この賢庭は西欧手法を学んだ宮廷付工人と目される幕府作事奉行・小堀遠州の配下であり（一〇）、遠州同様西欧手法を学んでいた可能性を示唆しているように思われる。

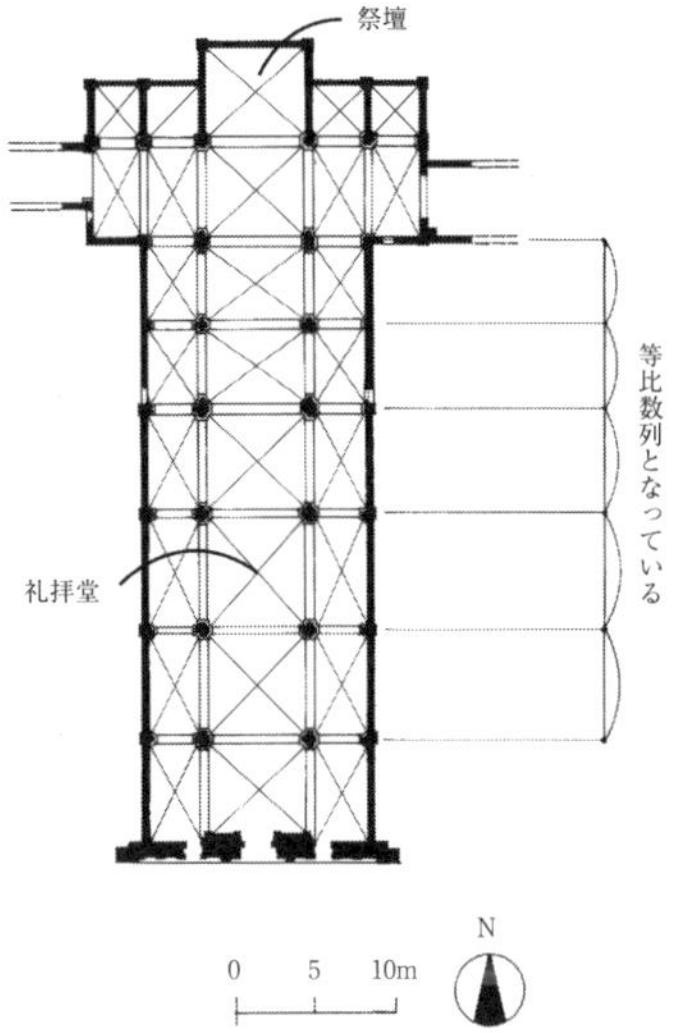

図2　サンタ・マリア・ノヴェルラ平面図

森蘊氏（一一）や久恒秀治氏（一二）によれば、この賢庭はおそらく桂離宮の庭園工事にも参画したと推測されているが、もしそれが確認できれば、ソテツのみならず、前にも指摘した（一三）桂離宮のパースペク

仍今日大工孫右衛門為材木検知来、珍重、先度太閤御所御自身被成タル指図、今日写之取テ龍帰了、六月九日、門跡主殿ノ作事奉行へ帷子遣之、増田下奉行也、六月十日、増田右衛門尉下奉行佐藤助衛門為礼来、今度門跡寝殿ノ奉行也、対面盃賜之、六月廿三日、金剛輪院殿於伏見事外出来云々、珍重〳〵、

（四）『近世日本建築にひそむ西欧手法の謎「キリシタン建築」論序説』宮元健次　彰国社　一九九六年　二〇四〜三〇五頁。

（五）（四）と同著二〇四〜二〇五頁。

（六）元輪二年十一月の条「常御所与台所間ノ庭池ヲ掘、花壇ヲ突」

（七）元輪三年正月二十五日の条「南庭西小池ノ北ニ築小山、植蘇鐵二本、工庵進上、長九尺餘在之、見事也」

（八）花壇については（一）の論文にて考察し、また蘇鉄については宮元健次「桂離宮にみられる同時代西欧文化の影響について—近世日本建築の意匠における西欧手法の研究その2—」国際文化研究編集委員会編『国際文化研究』創刊号一九九七年、龍谷大学国際文化学会八一頁所収にて考察した。

（九）『儀演准后日記』元和元年九月三日の条「院御所勅定ニテ賢庭ト云天下一ノ上手也、度々召寄石立様非凡慮奇特々々」

ティヴ、ヴィスタ、黄金分割などの西欧手法も賢庭が関与したものと見ることができる。

この三宝院を造営した豊臣秀吉と西欧文化の関係について付記すれば、秀吉は一五八三（天正一一）年、大坂城造営の際、キリスト教宣教師らに土地を与え、教会を建てさせているという。また、秀吉の側近がキリシタンになることも、許した時期があり、例えば書記をしていた安威五左衛門了佐、財務担当の小西立佐、秘書のマグダレーナ、側室の松の丸殿はキリシタンであったという(一四)。

また、大名にも黒田如水、高山右近、大友宗麟、蒲生氏郷、牧村政治等、キリシタンが数多く、キリシタンにならないまでも、神子田半左衛門や細川忠興等キリシタンに近い位置にいた者が多い。

秀吉の大坂城の内部を見た宣教師フロイスによれば、千利休が秀吉のために作った黄金の茶室や茶の湯の器とともに、ヨーロッパ風のカッパやベッドを目撃したといい(一五)、このベッドは大友宗麟によれば、長さ二・一メートル、幅一・二メートル、高さ四十二センチであったという(一四)。

また、城内の女性をキリシタンでなくても、マリアとかカタリナなどという西欧名で呼ばせていたといわれる(一四)。

一方、大坂城の外においても、フロイスによれば(一五)、ポルトガル船の中で宣教師が西欧料理やワインで秀吉をもてなし、ポルトガル語を教えたりしたといい、これは茶人・神屋宗湛も目撃している(一六)。

（一〇）『本光国師日記』一六三〇年（寛永七年）卯月十一日の条には「小遠州卯月五日之返事来、泉水之義、賢庭加州へ下候間、上次第可由付候由申来」とある。また、一六三二（寛永九）年五月十日の条にも「小遠州へ状遣、今度庭成就、満足之由申遣、久右衛門かたへ追而状遣ス、賢庭礼物遣可然候ハ、遣候へ我等上候而之事にし候ても能候か、見合候へと申遣ス」とある。

（一一）『桂離宮』森蘊　東都文化出版一九五五年。

（一二）『桂御所』久恒秀治　新潮社一九六二年。

（一三）宮元健次「桂離宮にみられる同時代西欧文化の影響について―近世日本建築の意匠における西欧手法の研究その2―」国際文化研究編集委員会編『国際文化研究』創刊号一九九七年、龍谷大学国際文化学会八一頁所収。

（一四）松田毅一『南蛮太閤記』朝日新聞社、一九九一年。

（一五）『日本史』ルイス・フロイス著、松田毅一、川崎桃太訳　中央公論社、一九七七年。

（一六）『キリシタン・バテレン』岡田章雄　至文堂　一九五五年。

その直後に、例のバテレン追放令を発布するわけだが、その第四条をみると、布教は不可だが貿易船は今後ともよろしいと記されており、秀吉はキリスト教こそは禁じはしたものの、西欧文化に対しては禁じるどころかむしろ奨励していたものと見られる。(一七)

その後、朝鮮侵略のために名護屋にいた際も西欧の風習にことの外興味をよせ、家臣にも南蛮意匠の服を着せたりしたため、長崎の仕立屋は大変忙しくなり、それらを家臣が持ち帰ったため、大坂・京都でも西欧の料理や衣服、風習が大流行したという。(一四)

このようにキリスト教は禁じたが、西欧文化導入については前にも増して拍車がかかり、前述のベッドの他、椅子やテーブル、ジュータン、コンペイトウやワイン、ズボン、クツといった西欧からの輸入品を秀吉は愛用していたのである。(一八)フロイスによれば「現在まで日本人がとても嫌っていた鶏卵や牛肉などの食品」について「太閤自身がこれらの食物を大いに好むようになった」ともいう。(一五)

一五九一年にヨーロッパから帰国した四人が秀吉の城・聚楽第を訪れ、クラボ、ハープ、リュート、リペカ等の西洋楽器を演奏しつつ、ヨーロッパの歌を披露した際、秀吉が倦怠を催したため中断したところ、繰返し演奏せよと三度も命じ、その後楽器を手にして質問ぜめにしたという。(一四)フロイスによれば「日本人にとっては、われわれのすべての楽器は不愉快と嫌悪を生ずる」(一五)といった当時の日本で、秀吉は強い興味を示しているのである。

(一八)(四)と同著二五四頁。

このような秀吉が、二度も自ら訪れて造営されたといわれる三宝院に西欧手法が用いられていたとしても、決して不自然ではないと考えられよう。

2. 聚楽第大広間

秀吉が造った書院は、三宝院表書院だけでなく、遡れば、一五八七（天正一五）年の聚楽第になろう。その中心であった大広間は、当時最も立派な書院造りであったといわれる。

この大広間の図が、工匠岸本家に伝わっており、それが大熊喜邦氏によってかつて紹介されたことがあった（図3参照）[一九]。これによると、この大広間は三宝院と同様に三列型の

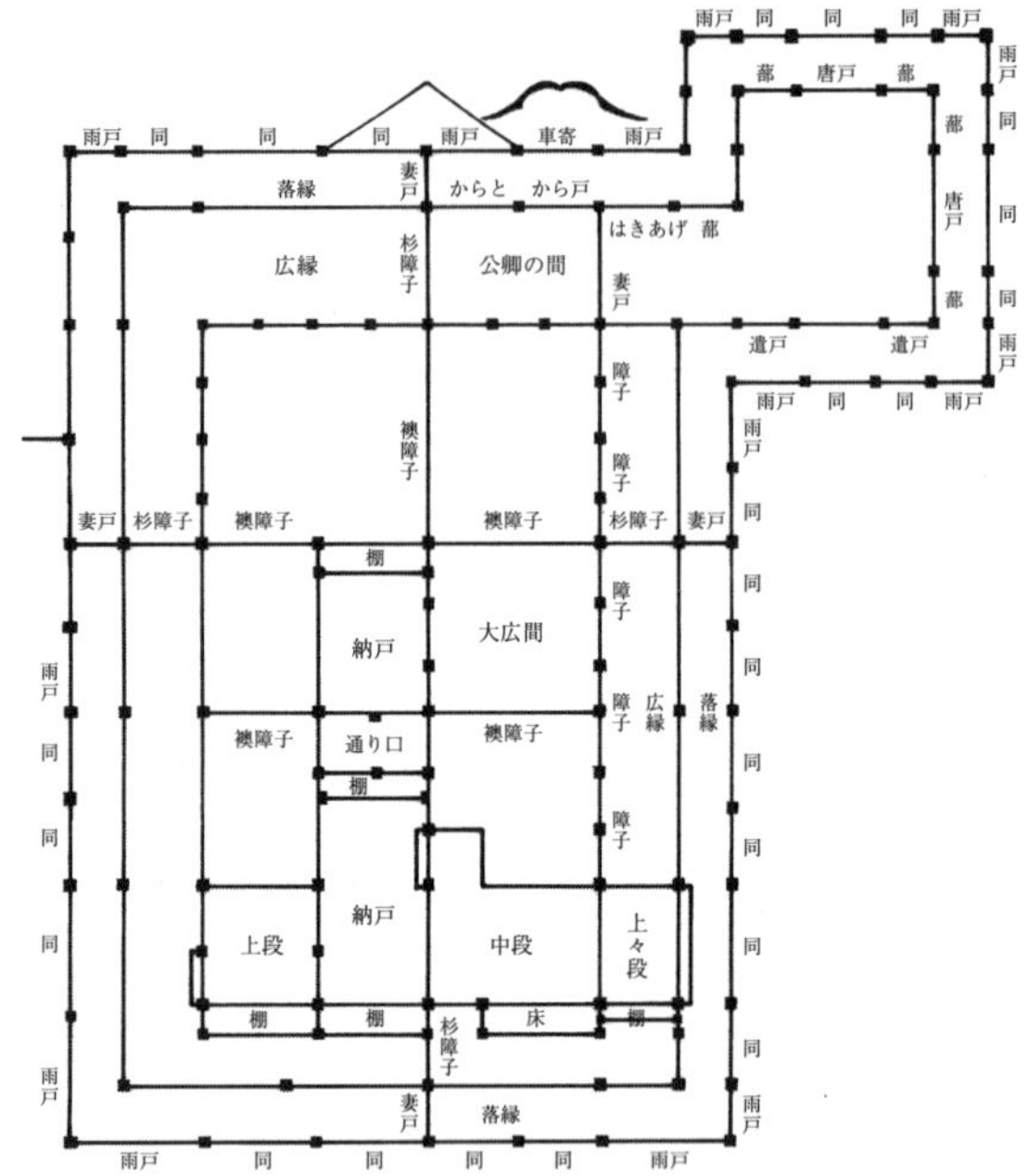

図3　聚楽第大広間平面図（岸本家蔵をもとに作図）

（一九）「豊公聚楽第の大広間」大熊喜邦『建築史』2—1、建築史学会、一九四〇年。

図4　「聚楽第図」のシュロ（三井文庫蔵をもとに作図）

平面で、広縁に上々段の間を張り出し、中段（上段）の背後に床・棚をもっていることがわかる。

そして奥行き方向の間数であるが、床の間のある中段（上段）から順に二間、三間、四間となっており、等差数列にこそなっていないものの、少しずつ間数が増えており、三宝院にみられた遠近法の手法のきざしがすでに見られる。(一〇) 秀吉がここで諸侯を謁見したときは、中段（上段）から公卿の間までのふすまが取り払われ、大きな部屋として使ったといい、遠近法の効果を十分に生かしていたことが確認できるのである。

なお、この聚楽第大広間について特記しておきたいことは、落縁のまわりに雨戸の記入があることである。これは日本建築に雨戸が用いられたおそらく最古の例であり、この雨戸の発生に西欧文化の影響があったかどうかについても一考を要すると思われる。なお、この聚楽第を描いた『聚楽第図』（図4参照）には輸入品のシュロが植えられているが、これも西欧手法のひとつと見てよいだろう。(一二)

（一〇）（四）と同著二五六頁。
（一一）「聚楽第図」（上）六曲一隻、三井文庫蔵。
（一二）「桂離宮にみられる同時代西欧文化の影響について―近世日本建築の意匠における西欧手法の研究その2―」宮元健次　国際文化研究編集委員会編『国際文化研究』創刊号一九九七年、龍谷大学国際文化学会八一頁所収。

3. 西本願寺飛雲閣

西本願寺は、織田信長によって石山本願寺が破壊されたあと、秀吉の庇護によって、土地を与えられ、諸堂を建立されたものである。

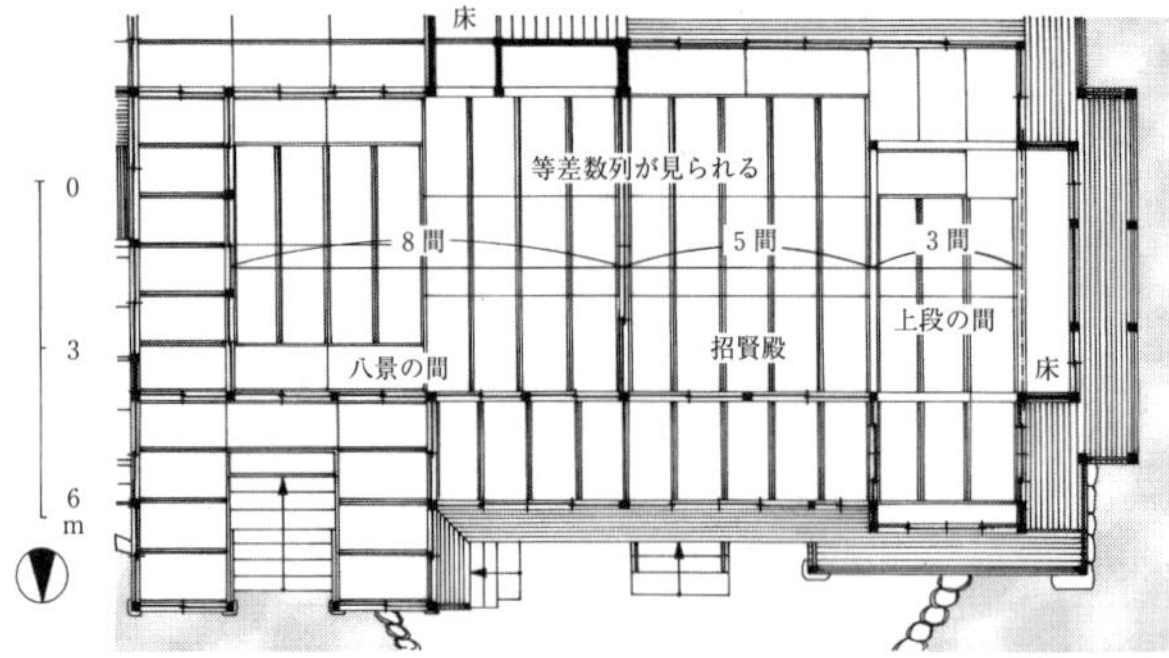

図5　西本願寺飛雲閣平面図における遠近法的効果の指摘

すなわち秀吉は、一五九一（天正一九）年本願寺第十一代法主顕如《けんにょ》に「下鳥羽より下、淀より上之間、何れの所なりとも、御好次第」[一二三]と京都の好きな場所を与えると指示、その結果現在の京都市下京区堀川通りに伽藍が整えられることになった。

この本願寺には、一五九五（文禄四）年に秀吉の聚楽第から移建されたと伝えられる飛雲閣がある。

もともと本願寺の伽藍には「亭」と呼ぶ建築があり、山科、石山の本願寺にもそれぞれ亭があったので、飛雲閣もその例とし、聚楽第からの移築に否定的な意見もある。[一二四] しかし、本願寺が現地に移った翌年の一五九二（文禄元）年には、すでに「亭」が存在したという記録もあって[一二五]飛雲閣をその亭ではないとすると、やはり秀吉の聚楽第の遺構

（一二三）『言継卿記』「新訂増補言継卿記」続群書類従完成会。

（一二四）「本願寺書院」『日本建築史基礎資料集成』西和夫　一九七四年、中央公論美術出版、所収、五八頁。

（一二五）「本願寺の亭について」『鎌倉新仏教仏堂平面の成立と系譜に関する研究』桜井敏雄　一九七七年。

図6　西本願寺滴翠園庭園のキリシタン（織部）灯籠

であるとしても矛盾はない。

ただし、どちらにしても、本願寺は一六一七（元和三）年に火災にあっており、それを免れたということになる。[二五]

この飛雲閣は、外観、内部ともに住宅風に造られていて、仏殿としての性格を全くもたないばかりか、様々な形式の屋根を取りつけ軽快で奇抜な意匠を数多く持つといわれている。特に、「船入の間」と呼ばれる池から船にて入る入口や、「黄鶴台」という浴室にあるサウナなどは珍奇な意匠を好んだ秀吉の遺構であるとしても不思議はない。

そして問題の書院であるが、八景の間、招賢殿、床の間のある上段の間について奥行き方向の間数を調べてみると、それぞれ四間、二・五間、一・五間となっており、階差数列となっていることがわかる（図5参照）。つまり、八景の間から上段の間を見ると、やはり奥行きが実際より遠く感じる遠近法の効果が造り出されていることになる。[二六]

なお、この飛雲閣の庭「滴翠園」に、隠れキリシタンの信仰物ともいわれる竿が十字架型のキリシタン（織部）灯籠が立てられている（図6参照）が、これも西欧手法の一つといってよいだろう。[二二]

（二六）（四）と同著二五八頁。

4. 西本願寺白書院対面所

西本願寺には、飛雲閣の他にも秀吉の遺構と伝えられる建物として白書院対面所があるが、こちらは伏見城の書院を移建したものという[二七]。しかし、これについても諸説があり[二八]、断定は避けなければならぬが、この対面所の奥行き方向の独立柱間についても調べてみると、縁側から上段の間手前まで、二間、二間、二間、一・五間、一・五間と間数が減じており、数列とはなっていないものの聚楽第と同様、遠近法の兆候がみられ、実際にこの空間に座ってみると完全ではないが、その効果を確認することができるのである（図7参照）[二九]。

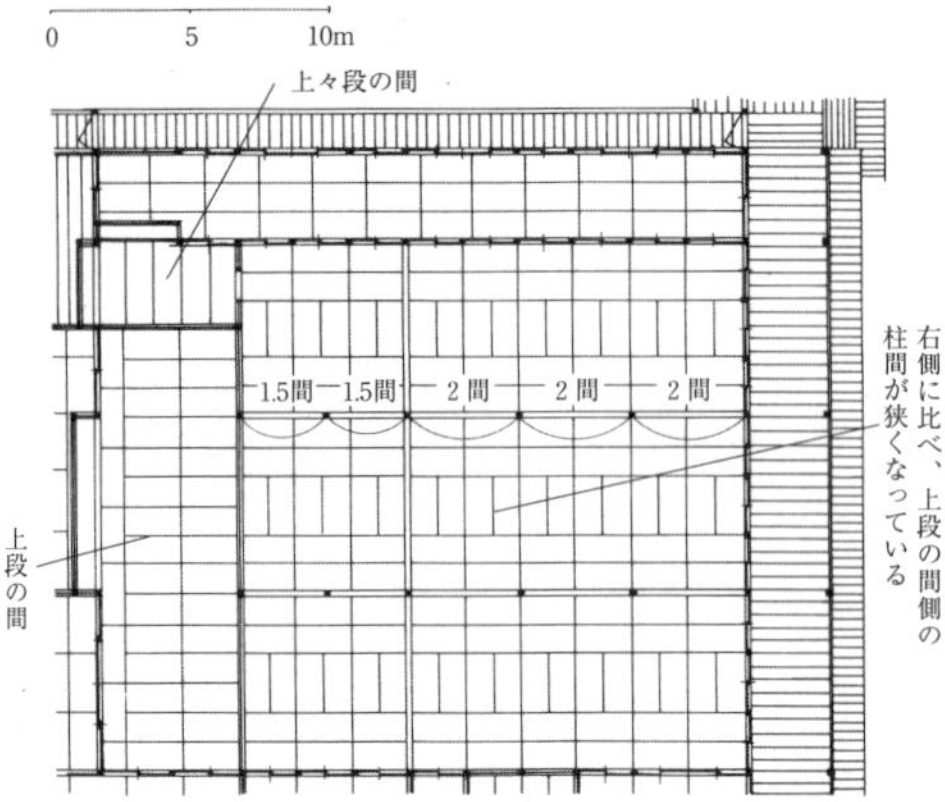

図7　西本願寺白書院対面所平面図における遠近法の効果の指摘

図8　虎渓の庭のソテツ

大広間を造り出すために、独立柱を並べ、上段、上々段を設けて左右対称の間取りとする事は、単に白書院だけではなく、

（二七）『日本建築史要』飛鳥園、天沼俊一　一九二七年。『書院造の研究』藤原義一　高桐書院、一九四六年その他。
（二八）『特別保護建造物及国宝帖解説』、審美書院、明治四三年、北尾春道『国宝書院図聚』3本願寺書院、洪洋社、昭和一三年、藤岡通夫「西本願寺対面所私考」日本建築学会論文報告第33号、昭和三〇年一〇月、藤岡通夫「西本願寺書院（対面所・白書院）私考」（右の論文に補筆したもの）『近世建築史論集』中央公論美術出版、昭和四四年、所収。
（二四）の論文等。
（二九）（四）と同著二五八頁。

本願寺系の寺院全般に見られる独特の形式であるが、ここで問題とするのはなぜ上段直前の柱間のみ、構造的混乱を起こしてまで縮める必要があったのかということである。このような柱間の変化については、他の本願寺系書院にはほとんど例がない。

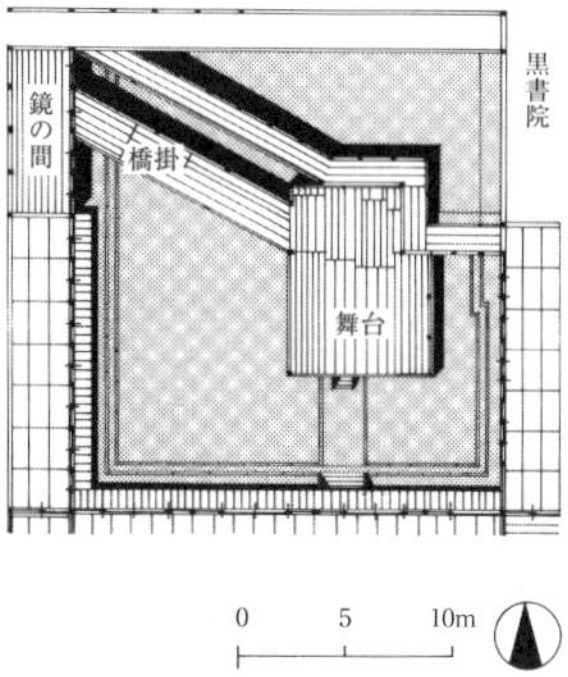

図9－①　西本願寺北能舞台平面図

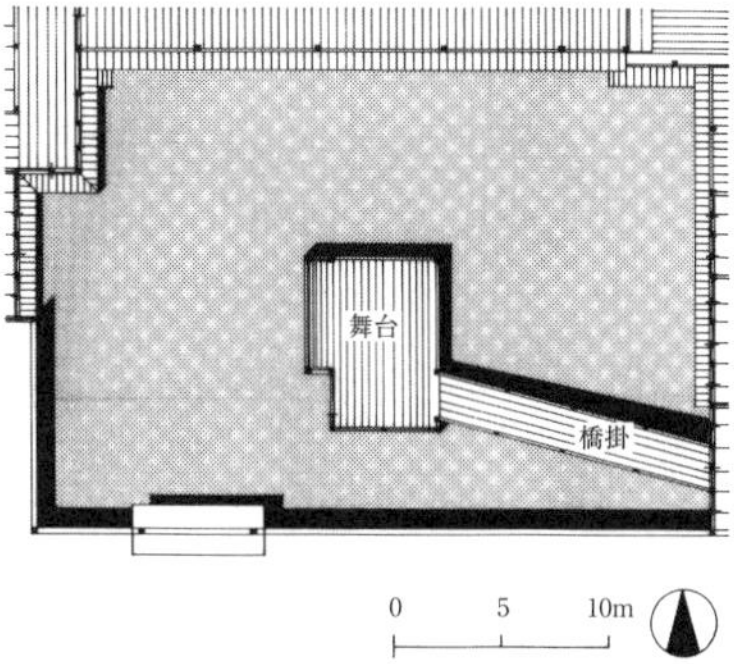

図9－②　西本願寺南能舞台平面図

また、この書院は将軍徳川家光を迎えるために改造されたものであるともいわれ、断定は避けなければならぬが、後の江戸城大広間に至る書院造りの発展段階において、本願寺にみられるこれらの西欧手法が幕府の建築に影響を与えたとも見ることができよう。

この他、白書院の「虎渓の庭」（図8参照）には西欧意匠であるソテツの植栽（二二）があり、また遠近法の効果についても飛雲閣や白書院のみならず、伽藍の南北にある二つの能舞台の「端掛り」にも指摘でき、舞台に対して端が斜めに架けられている（図9参照）上、床を斜路にして三次元的にも遠近感を強調している（三〇）（図10参照）。特に北能舞台の端掛りの端にある「鏡の間」はかつて西欧意匠であった鏡が置かれていたという。

（三〇）『桂離宮と日光東照宮—同根の異空間—』宮元健次　学芸出版社、一九九七年、二二四〜二二六頁。

第六章

図10−① 西本願寺北能舞台橋掛り外観

図10−② 西本願寺南能舞台橋掛り外観

その他、ソテツや南蛮船、椅子の壁画が残されているのも、西欧手法との関係を示唆しているように思われる。

5. 曼殊院書院

曼殊院の建物は、一六五六（明暦二）年、桂離宮を完成させたことで知られる八条宮智忠親王の弟、良尚法親王によって造られた。[三一] この良尚法親王は、天台座主でありながら、キリスト教に強い興味を示したといわれ、洗礼の道具を灌頂儀式に応用したという。[三二] 現に曼殊院にはビードロ（ガラス）製のワイングラスとボトルが現存しており（図11参照）、これらは一六〇〇年代の様式

図11−① ワイングラス（曼殊院蔵）

図11−② ワインボトル（曼殊院蔵）

（三一）『曼殊院書院修理工事報告書』京都府教育庁文化財保護課 一九五三年。

（三二）『桂離宮』森蘊 創元社 一九五六年。

図13　曼殊院書院内観にみる遠近法的効果の指摘

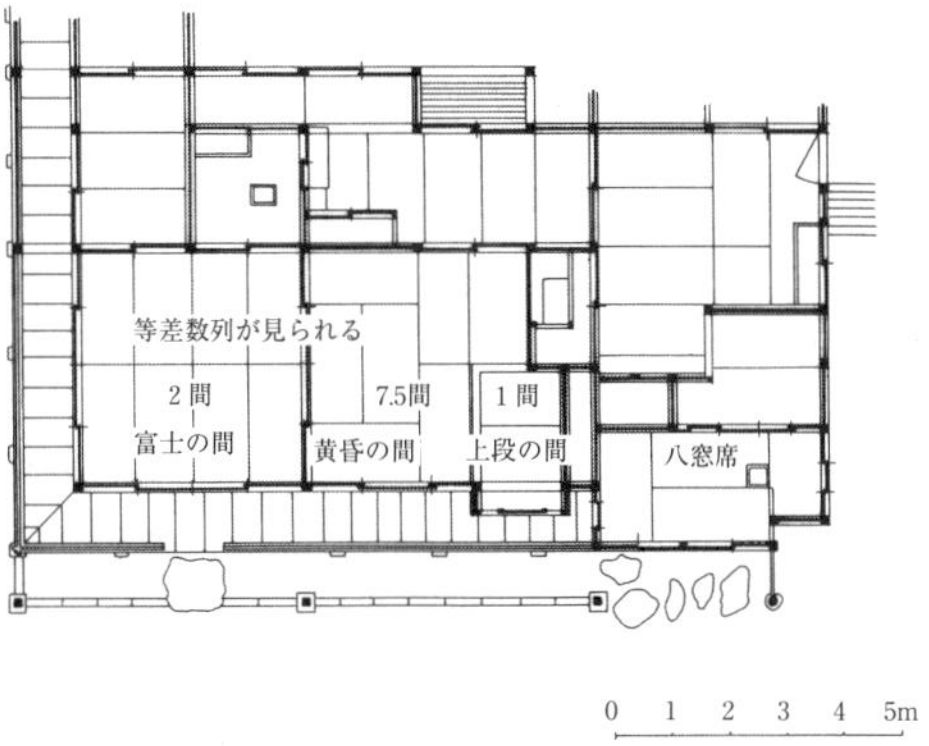

図12　曼殊院書院平面図における遠近法効果の指摘

図14　曼殊院書院縁側の手すりにみられる遠近法的効果の指摘

であるといい、明らかに西欧からの輸入品である。(三三)

そこで、醍醐寺三宝院の表書院や聚楽第、西本願寺の白書院対面所や飛雲閣と同様の視点から、曼殊院の書院についても遠近法の手法の有無を観察してみると、富士の間、黄昏《たそがれ》の間、上段の間といった書院の奥行きの柱間がそれぞれ二間、一・五間、一間と、やはりここにも等差数列が指摘できる。(三四)

すなわち富士の間から上段の間を見ると、前例と同様に実際より遠く感じる遠近法の効果が巧妙に仕掛けられていることが指摘できるのである。

しかも、最上位の上段の間が一段高くなっている上、幅も半分に狭まっているため、ここに人が座ると明快なアイポイントとなって、遠近感がさらに強調

(三三)(三〇)と同著一九〇〜一九一頁。

(三四)(四)と同著二五八〜二五九頁。

されるしくみとなっているのに注目したい（図13参照）[三四]。

この他、書院の縁側の手すりの高さが奥へすすむにつれて低められ、遠近感が強調される手法等も指摘できる（図14参照）。

6. 江戸城本丸大広間

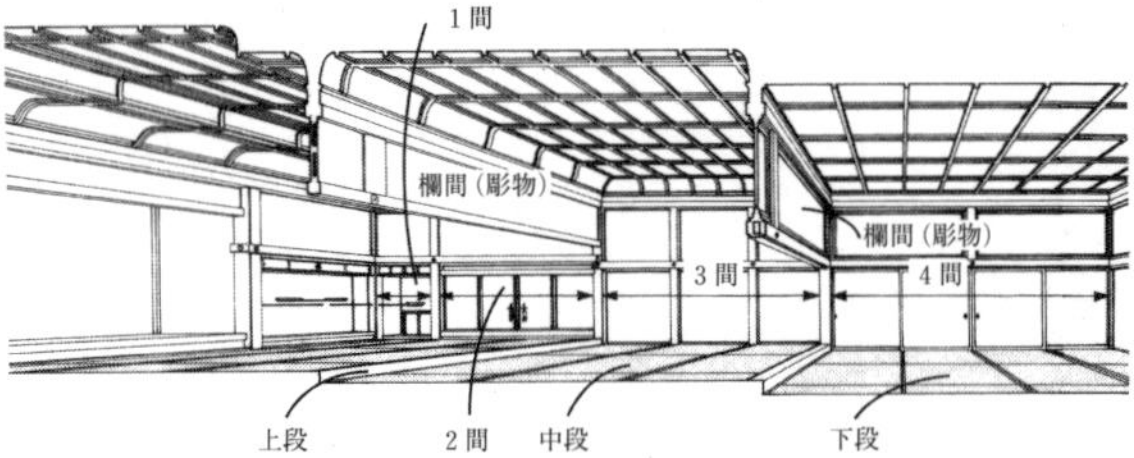

図15　江戸城本丸大広間復元図（平井聖氏復元図をもとに作図）における遠近法の効果の指摘

秀吉の聚楽第の大広間の形式は、その後徐々に発展をみせ、江戸城本丸大広間で完成の域に達したといわれる[三五]。江戸城の本丸御殿は一六〇三（慶長八）年に家康が入城してから幕末までに5回の建て替えがあったが、一六三七（寛永一四）年の最初の建て替え以降は、主要部分が大きく変化することはなかったという[三五]。

当時、江戸城西ノ丸庭園には花壇等の西欧手法が用いられていたのであり[三六]、将軍と大名が対面する最も重要な本丸大広間にも、当時の先端意匠として西欧手法が用いられていたとしても決して不自然ではない。

そこで、本丸大広間の空間をここでは平井聖氏の復元案（図15参照）[三五]をもとに観察してみると、まず気がつくのは、下段、中段、上段に分かれていることであり、

（三五）『城と書院』平井聖　小学館　一九六五年。

（三六）宮元健次「遠州作品にみられる同時代西欧庭園の影響について―近世日本建築の意匠における西欧手法の研究その三―」、国際文化研究編集委員会編『国際文化研究』第2号一九九八年、龍谷大学国際文化学会七五頁所収。

将軍の座す上段に向って徐々に高くなっていることである。これは、対面する将軍と大名の身分差を表現したものであるといわれているが、結果的に下段から上段を見ると実際より遠近感が遠く見えるという遠近法の空間が造り出されていることに注意しなければならない。(三七)

しかも、前述の三宝院、曼殊院等の書院同様、奥行き方向の間数を調べてみると、下段から順に四間、三間、そして上段の間は二間の帳台構と一間の違い棚となっており、ここにみごとな等差数列による遠近法の手法を認めることができるのである。(三七)

書院造の例ではないが、同じく徳川幕府によって同時期に造営された日光東照宮本社本殿の柱間にも同様の手法が用いられていることから(図16参照)(三八)、江戸城本丸大広間の例についても偶然の産物とは考えにくく、計画的に造り出されたものと見てまず間違いないだろう。

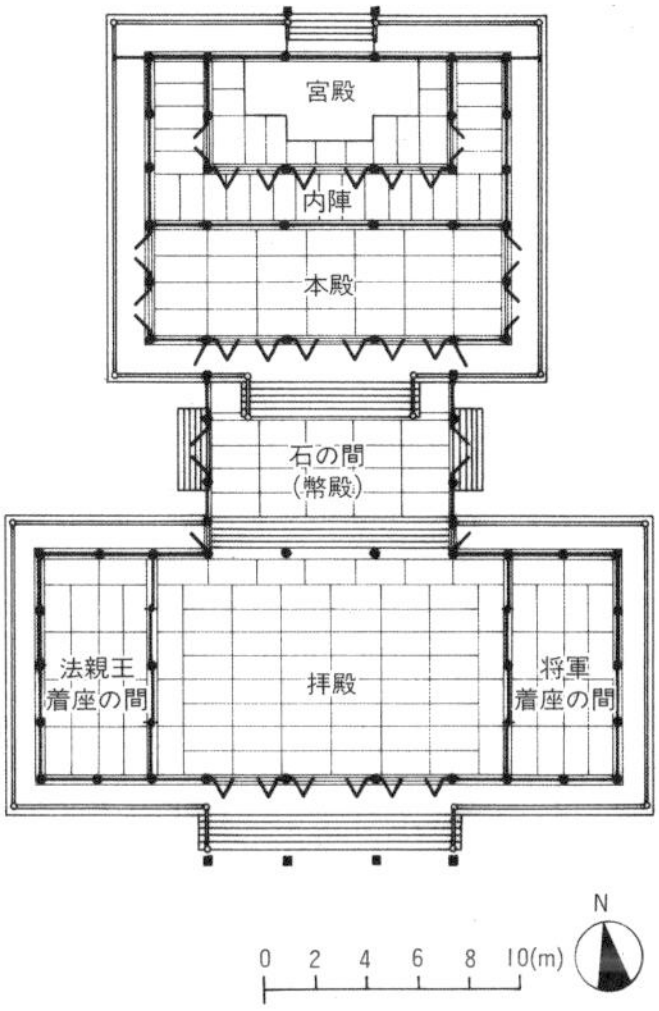

図16　日光東照宮本社本殿平面図における遠近法的効果の指摘

日光東照宮には、この他数多くの西欧手法がみられることは既に指摘したことがあるが(三九)、徳川幕府の創設者、徳川家康と西欧文化のかかわりを付記すれば、現在家康愛用のスペイン製枕時計やビードロ薬瓶、めがね等が多数残され

(三七)(四)と同著二六二～二六三頁。

(三八)(四)と同著二〇三～二〇六頁。

(三九)(四)と同著二〇〇～二一四頁、(三〇)と同著一九六～二一六頁。

ているとからみて、(四〇)家康はキリスト教禁令こそ発布したものの、西欧文化そのものへの関心には多大なものがあったと見てよいだろう。よって、江戸城本丸大広間に同時代西欧教会の遠近法的効果を応用したとしても、決して不自然な環境ではなかったといえよう。

以上、書院造りの形式が整った一五八七（天正一五）年の聚楽第大広間から、完成期の一六三七年の江戸城本丸大広間に至るまでのいくつかの書院造りの代表例を挙げて、主に遠近法的効果について観察してきたが、それらの結果をまとめれば、おおよそ下記のようになろう。

1. 近世期の書院造りの代表例の多くに、同時代ヨーロッパのルネサンス・バロック教会等で流行した柱間を奥行き方向に減少させることによるパースペクティヴの手法が指摘できる。

2. このような遠近法的効果の指摘できる書院造りの例の多くは、他にもキリスト教宣教師を通じてもたらされた西欧文化との関係が深く、偶然パースペクティヴの手法が造形されたとは考えにくい。

決定的資料がないので断定こそ避けなければならないが、以上の事項からみて、キリスト教宣教師によってもたらされた西欧手法、とりわけ同時代の西欧教会堂建築に用いられた柱間を数列的に減少させる遠近法的効果が、書院造りの形式に影響した可能性を示唆しているように思われる。

(四〇) 久能山東照宮博物館所蔵。(三〇) と同著二〇九ページ、二一三ページにて考察した。

第七章　南蛮寺の復元

はじめに

一五四九（天文一八）年、イエズス会宣教師フランシスコ＝ザビエルがはじめて日本にキリスト教を伝え、その後一六一三（慶長一八）年のキリシタン禁令発布までの約六十余年の間、布教や貿易を通して、日本が西欧との初めての国際交流を体験したことは周知である。(一) とりわけ建築については、一五五〇（天文一九）年、山口に最初の教会が建設されてから、一六一二（慶長一七）年に京都の教会が破壊されるまで、全国に二百箇所を超える教会建築が建てられたとみられる。(二)

中でも布教に重要な役割を果たした教会は、京都に少なくとも四つあった教会のうちのひとつ、イエズス会の「聖マリア昇天の寺」、いわゆる下京の「南蛮てら」であ

（一）途中、豊臣秀吉による一五八七（天正一七）年のバテレン追放令、一五九七（慶長二）年の二六聖人処刑その他のキリシタン弾圧があった。

（二）「吾国基督教会建築の歴史的研究」石川徹　日本建築学会研究報告第一報～七報他。

ろう[三]。この南蛮寺については、後に触れるように、従来いくつかの調査[四]、考察[五]が行なわれてきたが、その様相が復元されたことはこれまでにほとんどなかったといえよう。

そこで、本書ではこの南蛮寺の姿を先学の研究及び新知見等から復元し、その平面計画、断面計画、立面計画について推定することを目的としている。以下、まず、宣教師の記録を中心としてその成り立ちについて顧みたいと思う。

1．下京・南蛮寺の成り立ち

ザビエルは、一五四九（天文一八）年、日本での布教をはじめた際、次のように記している[六]。「都は日本の一番主要な都市で、皇居があり、日本の最も有力な人々もそこにいる」。また「戸数が九万戸以上」であるといい「ひとつの大きな大学があって、その中に五つの学院が所属している」とも記している。

さらに「今から二年も経過しないうちに、私は我等の聖母マリアに奉献せる一つの教会を都に建てることができたという報告を閣下に送り得られるやうに熱望します」と記し、都に教会をつくることを熱望していたことがわかる。

ようやく一五五一（天文二〇）年、憧れの都に到着したが、京都は戦乱で荒廃しきっていたため、布教をあきらめざるをえなかった。そして、ザビエルは日本伝道わずか二年半で挫折し、退去してしまったが、彼の意志を継いだトルレスは次のよう

（三）C. J. I., f. 367.『通信、下』三二〇頁。C. J. I. f. 387. 397v., Frois, op. cit. S. 468; Bartoli, op. citp. 127., Guzman, op. cit, p. 147.

（四）一九七二年三月の同志社大学文学部文化学科考古学研究室・森浩一教授（現名誉教授）による発掘調査など（後述）。

（五）『近世日本建築にひそむ西欧手法の謎「キリシタン建築」論・序説』宮元健次　彰国社　一九九六年。宮元健次『隠された西欧―江戸建築を読み解く―』（二）「京都の教会」（一九九八年六月二九日）、（四六）「再建下京教会と上京教会」（一九九九年七月二六日）、（五二）「南蛮寺と明正院御所の復元」（一九九九年九月二七日）『京都新聞』（朝刊）連載その他。

（六）アルーペ神父『聖フランシスコ・デ・サビエル書翰抄　上・下』井上郁二訳　岩波書店　一九四九年。

に書いている。

「デウスの教えをみやこ地方へ弘め始める途を見出すことができないかと試みることの重要性を考えていた」(七)

その後一五五九（永禄二）年、トルレスは、セバスチャン・ヴィレラとロレンソに京都布教を行なわせたというのである。京都では御所より南を上、北を下というが、その後、上京と下京それぞれに一箇所ずつ、布教の拠点として教会堂が建てられることになったとみられる。

それでは次に、下京の教会の建設過程について観察してみることにしよう。

2. 仮聖堂

ヴィレラらは、それから二年間、物珍しい異国の僧としての偏見と好奇の目から、罵言嘲笑や投石等の苦難の多い日々を経験しつつ町屋を転々とした後、一五六一（永禄四）年、いよいよ大家屋を購入して天主堂にあてる段取りとなった。それについてフロイスは、次のような経緯があったことを伝えている。(七)

「下京四条の坊門通り、姥柳の町に一坊主《ボンズ》が持っていた一屋があることを聞いて、それを買おうとした。」

（七）ルイス・フロイス『日本史』松田毅一、川崎桃太訳　中央公論社　一～十二巻。

そして妨害運動の起こるのを恐れて慎重に慎重を重ねたが、ついに露顕して町人の妨害が起こり、彼らは家主の僧侶を買収して宣教師に売らぬよう契約させたと述べられている。しかしこの僧は、宣教師が困ったあげく多額の金を出すに違いないと見て、契約をあえて破って宣教師に売り渡したという。

この「四条の坊門通り姥柳の町」とは、『京雀』に「○四条坊門通室町西入○うへ柳町」とあるものにあたり、「うへ柳町」は「う八柳町」の誤記（「京都叢書巻五」では訂正されている）であろう。四条坊門通は一名「寺町行あたりに蛸薬師の堂あるゆへに世にたこやくし通という」（叢書本七六頁）のであって、『京町鑑』には「姥柳町」とあててあり、現在の蛸薬師室町西入であることが判明する。実にこの仮聖堂は「我らの主が都に置き給うた最初の聖堂（八）」であったというのである。

ところで、この聖堂の名称については、後の一五六九（永禄一二）年の聖堂復興の時に下付された信長の朱印状（現存せず）のフロイスの写しによれば「真の教の道と称する礼拝堂の伴天連に（九）」となっており、バルトーリの記録にも「真理の道と称する礼拝堂にあるキリシタンのパードレの保証のための允許状（一〇）」とあり、「真教寺」あるいは「真道寺」とでも称したらしく思われる。入洛の際、ヴィレラ一行は仏僧の扮装をしたくらいであり、日本最初のキリシタン寺、山口の大道寺のように仏寺類似の寺号を称したようである。しかしフロイスによると「かの町の教会に対する憎悪はなお非常に根強く、その存在にほとんど好意を見せなかったので、二十年を過ぎても町の人々とは何人とも交際がなく、イルマン・コスメを除いては、この町からは誰もキリ

（八）『イエズス会士日本通信』村上直次郎訳　雄松堂　一九六八年。

（九）Frois, op. cit. S. 375.

（一〇）Bartoli, D., Dell Historia dclla Compagnia di Giesv. Il Giappone,seconda parte dell' Asia. Roma, 1660. I. p. 116.

図1　『上杉本洛中洛外図屏風』における南蛮寺の描写（米沢市蔵）

シタンにならなかった」(一一)と記されており、京都市民の反応は、厳しいものであったらしい。

この頃の京都の教会堂の様相を明らかにする資料として、『上杉本洛中洛外図屏風』(一二)がある（図1参照）。これは、当時数多く描かれた京都の名所図の中の一つで、洛中洛外図の中でほとんど唯一、文献、資料が絵図と共に残されているもので、資料的信頼性は極めて高いといわれる。(一三)この上杉本の下京のあたりを調べてみると、じつに屋根に十字架を掲げた教会堂の姿を発見することができるのである。

注目したいのはそれが共同便所に隣り合う町の裏にあったことで、それは通りに面した表側の店が、板葺きあるいは瓦葺きで、白土壁をもち、床も張られていたのとは対照的であったといえよう。

ところで、この上杉本の制作年代について、今谷明氏は一五四七（天文一六）年と断定されている(一三)。

この考察は、それまで織田信長が京に攻め上った際に狩野永徳に描かせ、宿敵、上杉謙信に贈ったものとして一五六八（永禄一一）年頃の制作であるという定説を否定するものとなっている。また、高橋康夫氏は一五七四（天正二）年三月以降と推定

（一一）Frois, op. cit. S. 111.

（一二）米沢市蔵。

（一三）『京都・一五四七年』今谷明　平凡社　一九八八年。

されている。[一四] しかし、京都下京の初期教会堂は、一五六一(永禄四)年に設けられ、のちに述べるように一五七五年頃まで現存したのであり、上杉本が一五四七(天文一六)年制作とする今谷明氏の説とは矛盾し、これまでの定説や、高橋康夫氏の一五七四年三月以降とする説とは一致していることになる。

これによって今谷氏の説が完全に否定されるわけではないが、このことは一考を要すると思われる。なお初期教会堂が設けられてまもなく、京都は再び戦乱の真っただ中となり、宣教師たちは聖堂を捨てて都を去らなければならなくなったという。[一五]

3. 教会堂建立

こうした戦乱の中、宣教師たちもしばしば兵火の中をくぐり苦難に耐えつづけていたとみられる。[一五] しかしヴィレラは、一五六六(永禄九)年、衰弱のため帰還を命ぜられ日本を去り、またトルレスは一五七〇(元亀元)年、あともう一歩で苦労が酬いられようとするとき急死してしまい、京都布教はすべてふり出しに戻ってしまったとみられる。[一五]

一方、この年そのかわりとして、カブラルやオルガンティーノ及びロペスの三人の宣教師が再び訪れ、信長の保護を受けることが出来、京の都もようやく平和を回復しつつあったので、再び布教を開始したという。[一五] しかしこの新事態に対応するには、荒れ放題の仮聖堂は到底満足できるものではなく、姥柳町一帯の地は幸い火災を免れた

(一四)『洛中洛外』高橋康夫 平凡社 一九八八年。

(一五)『近世日本建築にひそむ西欧手法の謎「キリシタン建築」論・序説』宮元健次 彰国社 一九九六年。

とはいえ、もともと古建築の上に兵舎として用いられたりして、すでに腐朽破壊してしまっていたらしい[一五]。

そこで一五六九（永禄一二）年、数年ぶりに堺から都に帰ったフロイスは、これを前のように修築しようと決心[一六]したが、その後の相次ぐ戦乱のために修築も容易に行なわれず、「戦争が絶えないため、また収穫が極めて少ないため、我らは七五年まで小さい貧弱な聖堂で過して来たが、古くてだんだん荒廃したので、風が激しく吹く時は聖堂から出ることが必要であった[一七]」という状態であったという。彼の『日本史』にも具体的に「聖堂は多くの柱が腐朽し、その中の三本は破壊し果て、一本は彎曲してしまっている[一七]」とあり、かなりひどい状態であったといえよう。

こうして新教会堂は実際上の必要に迫られ、信者の中の主要人物を集めて、聖堂建立のことを議する運びとなったとみられる。この協議会がいつであり、かつそこに集まった人々が誰であったかははっきりしないが、この集まりにおいて「一人の坊主が都の外に所有していた木造の堂を買受け、これを毀して我らの地所に再び建築することに決した[一八]」といい、仏寺を移建して用いることに決めたのだという。キリシタンたちは、天主堂を全く新たに建立するほどにはまだ実力をつけておらず、再び仏寺の古寺で間に合わせざるをえなかったのであろう。しかし「我らの主デウスの御計いにより、代価につき彼と折合わず、新たに他の聖堂を造り昇天の聖母に献ずること[一八]」となったという。

ちょうど織田信長による比叡山焼き打ちがあって間もない頃であり、僧侶らは寺

（一六）C. J. I. f. 262v.

（一七）C. J. I. f. 387v.

（一八）C. J. I. f. 387v.

第七章

を売りに出したのであろうが、キリシタンの弱みにつけこんで高値を吹きかけた為、ついに折り合わなかったのである。それはフロイスにいわせると「我らが御主デウスの量りなき御はからい」であり、この交渉の失敗によって、かえって本格的な新聖堂の建立を決意するに至ったというのである。

そこで年内に再び第二回目の協議会が開かれ、ついに「都に非常に立派な聖堂を建てる計画が考えられたという」(一九)。この会議には、新教会堂建設にかかる莫大な費用の寄付を受けるために、高山図書・右近父子、結城ジョルジ、池田丹後守、清水里安等の有力キリシタンもまねかれたという(一九)。そして「主要な工事が継続していた間、即ち一ヶ年、即ち予の同所に滞在せし間」(二〇)、あるいは「去る七六年の隆誕祭に当って……大部分落成した新聖堂」(二〇)とあることによって、おそらく一五七五年末頃、新会堂が着工されたのであろう。

その様子をフロイスは次のように記している(二一)。

「彼らが聖堂を建築しようと決心した後、単に都のキリシタンだけでなく、隣接諸国の重立った大身のキリシタンらが特に来って製図をなし、その後彼らの間に工事の分担を定め、ある人々は同所から五十レグワの地に人を遣わして材木を買わせよう、ある人々は工場用の米を買うため海路、他国に人を派遣しよう、また他の人々は工事のため、各々その城から大工および人夫を送ろうと決した。」

(一九) Frois. op. cit. S. 465.

(二〇) Frois. Geschichte. S. 466.

(二一) C. J. I., f. 388.

この中の「大身のキリシタン」、ことにキリシタン大名高山右近の示した態度は敬服に値するものがあったという。

『日本史[七]』には、

「ダリヨ高山殿は高槻から直ちに都に来てパードレらと大工らとともに設計製図をし、柱やその他、立派な木材を要する多くの部分の最も重要な木材の調達を引受けた。そして彼は部下に調達せしめることを欲せず、特に自ら僅か四、五騎とともに木を伐るため、大工木樵を引具して高槻から七哩離れているある山に行き、自費で陸を七哩も、舟で八乃至十哩も遡り車で都に運んだ。また建築工事の続いている間、彼の援助が絶えたことはなく、また特に労働者を遣わした。彼は最も主要な人物の一人であった[七]。」

とあり、また一五七六年八月二〇日付けのフロイスの書簡にも同様の記事があることからもそれが裏付けられる。この敬虔なキリシタン武将について河内岡山城主結城家の老臣結城ジョルジ弥平治が一方ならぬ尽力をしている。これについて『日本史[七]』の一項には「河内の国から四、五十人をつれてきた[七]」とある。また、ただそれだけではなく、「大きな土台石を据えるのに自ら部下と共に働き、両肩は腫れ上がり、裂傷さえ負ったり、または人の少ないのを見て経費の欠乏しているのを洞察し、武士の生命ともいうべき刀の金鍔を何気ない風でイルマンに手渡したこともあり、その他あまり度重なるので、他との釣合上からもパレードの方でかえって辞退すると、彼は色々な策を廻らせて人知れず寄進する[七]」という有様であった。その他にも彼の徳行の数々がフロイスによって伝えられている。

聖堂の設計については「パードレ・オルガンティーノの建築上の工夫もまた、この工事に一層光彩を増すことに与って力があった」と報じられ[七]、オルガンティーノを中心に行なわれたことがわかる。しかし、すべてが順調に運んだわけではなく、フロイスの書簡によれば[二二]、

「都の住民ら相談し、総督に最も親近なりし者彼の許に行きてこの会堂を都に建築することは許可すべからず、その故は会堂の上に二階あり、諸僧院及び住宅の上に高く秀でたれば、幾分市の名折となるにありと述べたり。」

とあり、近隣の住民から教会堂建設の反対運動が起きたことがわかる。この中の「総督」とは京都所司代の村井長門守貞勝のことであり、『日本史[七]』には「都の副三、信長の家臣であってパードレの友、村井殿と呼ぶ老異教[二〇]」と記されている。すなわち、住民たちは、この所司代に聖堂建設反対を申し出たのである。

町民の反対理由としては、

第一、天下の主、信長公の建てた建築がキリシタンの聖堂に比べると遥かに貧弱で見劣りすること。

(二二) Steichen, op. cit. p. 71

第二、日本においては礼拝堂上に僧院を建てる習慣がないこと。
第三、二階が高いので、近所の娘や女らが庭に出入りするのを上から見下ろされるようになること。

の三カ条を挙げている。[二〇]

つまり、教会堂が高層建築のために、日本の街においては、全く異質で、住民は上から覗きこまれ、さらには信長の権威すら傷つけるというのである。こうした抗議のあるごとに、所司代の村井貞勝はキリシタンをかばったという。[二〇]そこで町民は戦法を変えて年寄連中がわざわざ安土に出かけて信長に直訴を試みたが、この時村井は先行して安土に着いており、「市の人々が同処に着いて彼を見て驚き、また彼らのため信長にとりなす人がなかったため、不満足ながら引還した[二一]」ほどであったという。こうした村井の保護は、妨害があればあるほどかえって反動的に強められ、ついには「キリシタンに反対する者は極刑に処す[二二]ほどであったという。

ちょうどこの頃、御所、安土城、のちには二条城などの大建築の工事が相ついで行なわれ、また戦乱もしずまり、ようやく京都の街は建て直しが行なわれたため、建築材料費が非常に高騰したが、こうした多くの人々の助力によって一歩一歩教会堂は完成に近づいていったとみられる。[一五]そしてまだ工事中ではあったが、一五七六（天正四）年八月一五日、ザビエル来日の日、サンタ・マリア御上天の日を記念して盛大なミサが開かれたという。[二三]

その後も工事は無事進捗したが、完成にはなかなか至らなかったらしく、着工以

（二三）C. J. L. f. 397v.

来一年半を経てようやく「新聖堂は殆ど落成した。[二四] そして我々は一五七八年のオルガンティーノ及びフロイスの書簡に至って初めて壁画の他は落成したとあり、建立にあたって非常に世話になった村井長門を招待した」と報じている。[二四] すなわち一五七五（天正三）年末に着工してから、じつに二年あまりをかけてついに竣工に至ったことが明らかになるのである。

なお、南蛮寺遺鐘として、国宝に指定された妙心寺春光院の一五七七年の年号とイエズス会章の入っているものがある。高さ二尺余、口径一尺五寸、重量十八貫といわれる。一五七七年といえば、南蛮寺献堂式のあげられた年であり、これはやはりこの教会堂の鐘であると考えてまず間違いなかろう。[二五]

そして、この教会の名称については、「都の新聖堂は記念すべき被昇天の聖母に献じ、御名をその称としたとあり、[二五] この他のフロイスの書簡及びオルガンティーノの書簡、あるいはフロイスの『日本史』、バルトーリ及びグスマンなどの編纂史料にも同様に出ており[二六]「被昇天の聖母寺」「サンタ・マリア御上天寺」とでも呼んだに違いない。

4. 位　置

それでは、この教会堂の位置は現在の京都のどのあたりであったのであろうか。それを考察するには、まず建会堂建立以前の仮聖堂の位置を想起する必要がある。この

（二四）C. J. I., f. 396v.

（二五）C. J. I., f. 367.『通信、下』三二〇頁。

（二六）C. J. I., f. 387. 397v.; Frois, op. S. 468.; Bartoli, op. cit. p. 127.; Guzman, op. cit, op. 147.

仮聖堂の場所と新教会堂の位置は、横町通りだけではあるが一致するのである。

一五八三（天正一一）年二月一三日付口ノ津発フロイスの書簡で本能寺の変に触れた際、「自分たちの住院と彼の場所との間にはただ一筋の道路があるのみだ」（二七）と述べられている。当時本能寺は西洞院通りから油小路通りまでの四条坊門六角通り間の一町四方であった。しかし隣り合わせでなかったことは察せられるから、姥柳町であることは疑いない。またフロイスは近くに茶屋のあったことを記している（七）。これは度々将軍の休息所となり、家康入洛の際に宿泊しようとした中島清延の邸宅であることは明らかである。

また、一五七七（天正五）年五月の火災の時、フロイスが、「風烈しく火はますます強く、我らの町まで焼き払い、我らに隣接する最後の家に来りてたちまち風他の方向に転じ、火も亦これに伴い十二町を焼き、キリシタンの一人の家に達し、これに附かずして消えたり」（二八）したが、この際中島邸は焼けていないらしいから、火は東または西隣から北に延焼した。それに道を越えて燃えうつった様子も見えな

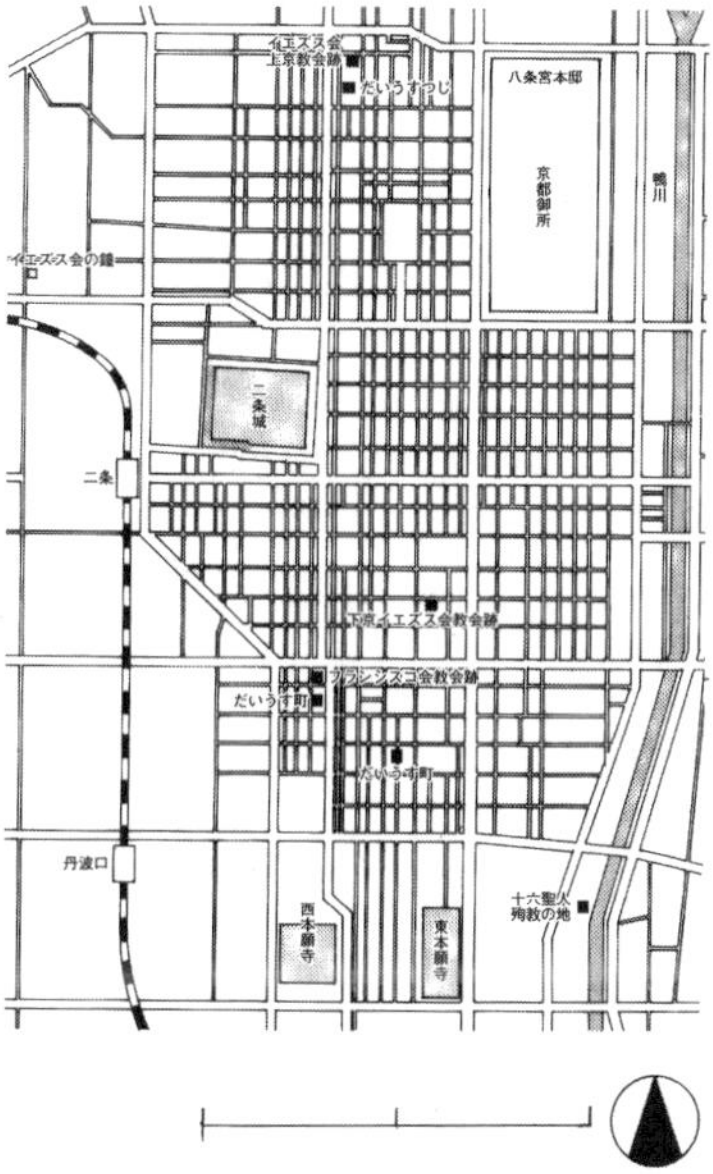

図2　南蛮寺推定配置図

（二七）C. J. I. f. 476.

（二八）C. J. II. f. 36v.

いから、聖堂は北側にあったものと推定される。既に述べたように、南蛮寺の建立にあたりフロイスは、郊外にある一仏僧所有の堂を買い入れて、それを「我らの地所に再び」建築することに決定しており、[二九] これは実現されなかったが、聖堂建立の敷地はもともと姥柳町に決められていたことがわかる。(図2参照)。

その他、フロイスの『日本史』には「都における我らの聖堂近くにある本能寺と呼ぶ法華宗の僧院の坊主たち[三〇]」とあり、前述のフロイスの書簡と同様の内容となっている。この書簡のイタリア語訳版には、本能寺と天主堂との間に「唯一筋の道una strada sola」とあるが、『日本史』を見るとruaが用いられており、また『信長公記』にも「我々のカザから一町hũa ruaの所にある本能寺という坊主の僧院[三一]」とある。このように里町間の町にあてて用いたことは、その他の用例でも明らかであるから、本能寺と聖堂との距離は約一町と認められるのである。

5. 意　匠

次に教会堂の建築様式、結構について考察してみたい。これについては内外史料は極めて少ないが、この京都の教会堂を唯一描いたと思われるものに、神戸市立美術館蔵の「南蛮堂扇面」がある(図3参照)。

多くの南蛮屏風が貿易と宗教を表現する商船や聖堂及び商人と宣教師の姿を主題として他を無視しているのに対し、この扇面は極めて写実的に街の通りが描かれ、その

(二九) C. J. II. f. 32v.『耶蘇会の日本年報第一』六二—六三頁。
(三〇) C. J. I. f. 367.『通信、下』三三三—三三四頁。
(三一) 『長崎志正篇』二四九—二五〇頁。

表と横に一列の民家があって、その中央に三階建ての天主閣のような建物がある。二階から外を眺めている三人と、庭中に立つ数人の宣教師がいなければ、教会堂とは思えないほど、全く和風の建築に見える。しかし宣教師の服装は明らかにイエズス会のもので、南蛮屏風に見るようなドミニコ会やフランシスコ会の宣教師の姿はひとりも見えない。このことだけでもこの扇面は、まだイエズス会以外の宣教師が入京していない天正年間に溯るものといえよう。

図3　「南蛮堂扇面」（神戸市立博物館蔵）

作者の元秀の経歴については、詳細は不明であるが、宗周の嫡子、俗名を甚之丞といい、慶長年中四十六歳で死亡しているといわれ、天正年間に教会堂を実見しているのはほぼ間違いない。

しかし、この教会堂について、外国史料には必ず二階建てとあるのにもかかわらず、この図では三階建てとなっており、このことは従来より問題とされてきた。

前に述べた町民の建設反対運動についての記録にも、教会堂に二階があって、周囲を見下ろし町の名誉に係わると記されているのであり、またフロイスの『日本史』(七)にも「日本においては礼拝堂の上に僧院を設けることは習慣でないこと、二階が高いので近所の娘や女らが、庭に出入りするのを上から見おろされるようになること」などの理由で町民が反対したとあり(三二)「聖堂の上には……美しい室六箇を有する二階

(三二) Frois, Geschichte. S. 466.

を作り、各方面から市内を見、都の外に建てられた諸僧院や田を見ることができる。」(三三)

とも記されている。

しかし、この問題は、実に他愛のないことで解決される。すなわち「二階建て」と外国史料にあるのは原文に忠実であるが、これはヨーロッパ的表現で、フロイスの『日本史』(七)を見ても二階Zwoi stock werkeは日本式に言えば三階にあたり、ヴァリニャーノも一五八三(天正一〇)年に(三四)

「ここに四つの修院を有するが、その第一は都の市にあり、そこにわれわれがこの地の慣習に倣って非常に美しく、かつ巧みに設計した一修院がある。とはいえ、われわれのもつ地所は非常に狭いので、建物は小さく、そのため三階建trcs suelosの家となった。」

と記しており、教会堂が三階建てであったことが明らかとなる。よって、扇面の描写とも矛盾しないことがわかるのである。

安土の教会堂についても、三階建てとなっていたのだが、住民の反対運動が起こるほどに、日本において特異な三階建てに、宣教師たちはなぜかくもこだわったのであろうか。理由としては、まず敷地が狭かったという点があげられよう。しかし、それだけの理由でわざわざ三階建てにしたとも考えにくい。『フロイスの覚書』(三五)によると、「われわれの家は高層で何階もある。日本の家は大部分低い一階建である。」と記され

(三三) C. J. I., f. 389v.

(三四) Valignano, Sumario de las cosas de Japon(1583), Editados por J. L. Alvarez-Taladriz. Tokyo, 1954. pa. 119.

(三五) ルイス・フロイス『フロイス覚書』「ヨーロッパ文化と日本文化」岡田章雄訳注　岩波書店　一九九一年　所収。

ており、宣教師にとって高層化することが常識として認識されていたことが確認できるのである。つまり、敷地が狭かったこともあるが、それよりもむしろ彼らの常識に従ったからに他ならない。

安土の教会堂においては、信長が近くの民家を取り壊してまでして土地を拡張したのであり、敷地は決して狭かったわけではない。それどころか、年報には「住院は三階建ての釣合いのよくとれた」教会堂であると記されていることからもわかるように、宣教師らにとって、住民からは異質に見える三階建ての方がバランスがよいと考えられていたことが判明するのである。

すなわち、前述のイエズス会礼法指針において、日本順応を一番としながらも、教会堂の正面性については、仏寺のように広い間口を正面とせず、狭い間口を正面として奥行きを長くすると定めたのと同様、宣教師たちは、日本風の平屋ではなく、三階建てにこだわったのであり、このことは注目に値するといえよう。

下京の教会堂へ再び目を戻すと、一五八二（天正一〇）年のコエリヨの報告に「この地所は異教徒に囲まれ、家に出入する道を本通りに設けることが許されず、横町に通路があり、非常に不便であった[三六]」と記され、また一五七七年のフロイスの書簡にも「諸住宅の中間にあり[三七]」とある通り、扇面図も横町から出入りするようになっている。

コエリヨの一五八一年の報告には[三八]

（三六）C. J. II. f. 32-v.『耶蘇会の日本年報第一』六二—六三頁。
（三七）C. J. I. f. 387v.

「我々は数人のキリシタンを介して聖堂に接した家屋二戸を買入れて、地所を取拡げることとした。そして希望していた本通りに門を一つ、また横町に一つ門を設けた。」

ともあり、これは扇面に見える正面の店舗を買い入れた記録であるといえよう。

以上のように、神戸市立美術館蔵の南蛮堂扇面は、京都の新教会堂をほぼ正確に描いたものであることがわかるのである。

扇面では見ることができない内部についても考察をしてみると、すでに触れてきたところからも一階が礼拝堂で、三階が住院となっており、六間あったことが明白である。

『日本史』[七]には「マルタと呼ぶ老寡婦が聖堂と住院とに要る全部の畳を、自らの金で寄進した。それは百クルサド以上に及んでいた。」とあり、またフロイスの書簡にも同様の記述があることから、南蛮寺内は大体畳敷きで百畳になることがわかる。

もちろんオルガンティーノが設計にたずさわっているのであって、若干は洋風に板敷の箇所もあったのであろう。しかし単純に考えれば、三階建てで百畳であるとすると、建築面積は約三十三畳、すなわち二十坪程であったということができ、前述のヴァリニャーノの「われわれのもつ地所は非常に狭いので、建物は小さく、そのため三階建ての家となった」[二四]という記述の通り、やはり大変小さな建物であったことがわかる。

6. 位置

第四節で考察した通り、南蛮寺の位置は現在の京都市中京区蛸薬師通り室町西入姥柳町二〇二番地であり、今日石碑が立てられている（図4参照）。一九七二年三月には、同志社大学文学部文化学科考古学研究室が森浩一教授（現名誉教授）を中心として、この南蛮寺跡地の発掘調査を行なった。[三八]

図4　下京南蛮寺跡石碑（著者撮影）

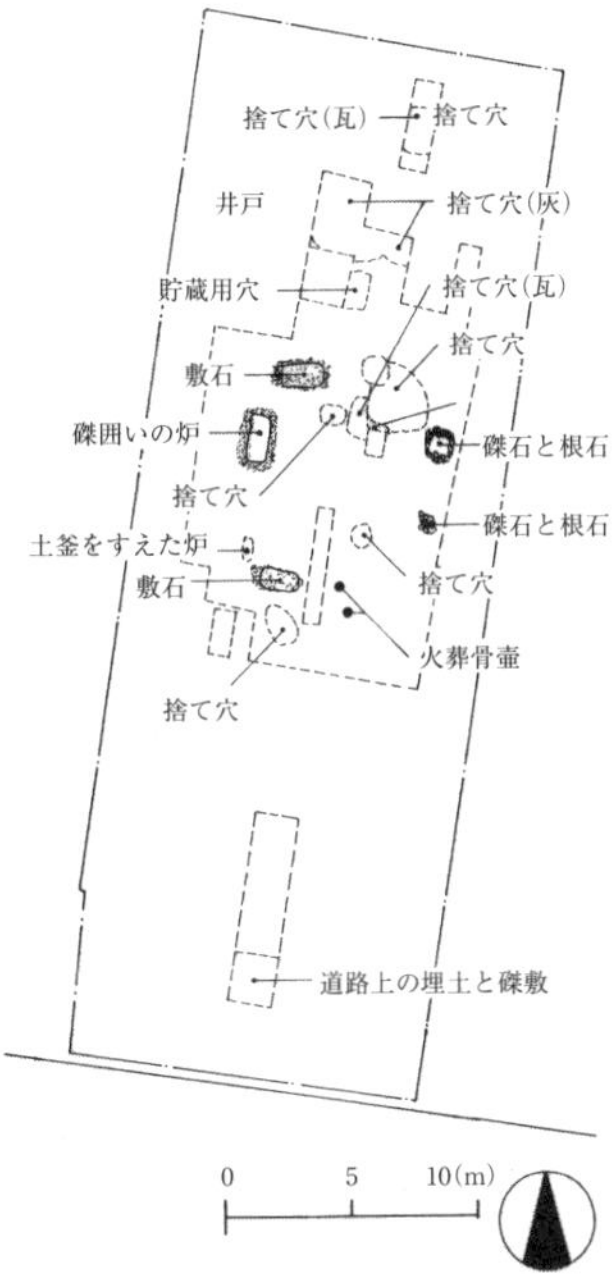

図5　下京、南蛮寺遺構実測図（森浩一編著『姥柳町遺跡（南蛮寺跡）調査概報』「同志社大学文学部考古学調査記録」第2号1973年をもとに作図）

その調査概報によれば、安土桃山時代のものと見られる地層からキリスト教のミサの姿を描いたと思われる人物線画その他、多数の南蛮寺の遺物が出土し、南蛮寺跡であることが裏付けられた。[三八]また、二・九メートルの間隔を保って南北に並んだ二個の礎石や、建物の南と北の外側に設けられていたとみられる粗い敷石、さらに礫囲いの炉等、建物の遺構も発見され、その実測図まで制作されている。（図5参照）。

この建物の遺構の発掘結果は、南蛮寺の復元に際して極めて重要であり、柱間の寸法が京間の六・五尺（柱幅四寸）であったことが明らかになる。[三八]

7. 平面図の復元

①『イエズス会士礼法指針』第七章による考察

一五七九（天正七）年、日本におけるキリスト教の布教状況を視察するため、イエズス会巡察師アレッサンドロ・ヴァリニャーノ[三九]が来日した。[四〇]ヴァリニャーノは視察後、一五八〇年より一五八一年にかけて豊後、安土、長崎で宣教師を召集し、布教協議会を開催して日本により適応した布教方針を定めている。[四一]すなわち、『日本ノカテキズモ』[四二]を編し、『日本におけるパアドレのための規定』[四三]を定め、さらに臼杵の修練院において内外人修道士らに戒告を与えたのである。同時に『日本の習俗と気質に関する注意と警告』[四二]と『日本管区事情摘要』[四〇]を著わし、日本における布教方針を示している。

中でも『日本の習俗と気質に関する注意と警告』は一五八三年一月五日付でゴアの

（三八）「姥柳町遺跡（南蛮寺跡）調査概報」『同志社大学文学部考古学調査記録』森浩一編著（代表）　第二号　一九七三年。

（三九）Valignano・Alexandro（一五三九〜一六〇六）

（四〇）Valignano・Alexandro 著『Sumario de loscosas que pertenecen a la provincia de Japon.』一九五四。『日本巡察記』松田毅一他訳　平凡社　一九七三年。

（四一）日本キリスト教歴史大事典編集委員会編　松田毅一記『日本キリスト教歴史大事典』教文館　一五二頁　一九八八年。

コレジオからローマへ送られ(四四)、ヴァリニャーノの委託によってドナルデ・デ・サンテが写したとの署名のあるポルトガル語写本が(四五)、ローマ図書館に唯一冊のみ現存している。その後この資料は一九四六年にヨゼフ・シュッテ氏によりイタリア語訳されて出版(四六)、更に一九七〇年には矢沢利彦、筒井砂氏が和訳し『日本イエズス会士礼法指針(四六)』として出版されている。

この資料について、シュッテ氏によれば「十六世紀の日本布教における適応の方法に関する重要な史料(四五)」と述べられているように、宣教師の日本適応方針を知る上で、極めて貴重な史料であるといえよう。内容は、日本の習慣に適応する方針が七章に分けられて記されており、中でも第七章「日本において我々のカザ並びに教会を建設するにあたってとるべき方法について(四三)」は、一五九二年の内容の一部改訂時においても修正されることなく、そのままイエズス会の方針として用いられたと見られ(四七)、近世日本の教会建築を検討する上で最も注目すべき史料であると思われる。

筆者は以前、この史料の詳細な分析を試みたことがあり(四八)、ここではそれらの研究成果の要点のみ、以下にまとめておきたい。

一　カザ、コレジヨ、レジテンシアについての方針

a.　座敷を設けること。

b.　各種作業室は日本的平面図を用いる事。

c.　座敷には日本の建具を用い、又開け放つことによって幾つかの座敷が連続して大きな一つの座敷となる事。

(四二) 一九六〇年に、海老沢有道氏によって邦文稿本写本が発見された。海老沢有道著『エヴォテ屏風文書の研究』ナツメ社 一九六三年。『日本のカテキズモ』はその後ヴァリニャーノによって加筆され、一五八六年にリスボンからラテン文で出版された。すなわち、『Catechismus Chistianae Fidei. In quo veritas nostrae raligionis ostenditur, & Sectae Japonenses confutantur. Lisboa 1586.』であり、家入敏光氏により、『日本のカテキズモ』（天理図書館 一九六九年）として訳刊された。

(四三) 海老沢有道著『エヴォラ屏風文書の研究』ナツメ社 一九六三年 所収『入満心得ノ事』。

(四四) Valignano・Alexandro 著『Adrertimentos eavisos a cerca dos costumes e catangues de Japlão.』一五八三年ローマ図書館蔵。

(四五)『Il ceremoniale per i missionari del Giappone di Alexan・dro Valignano S. J. Edizione critica, introduzione e note di Giuseppe Fr. Schutte S. J. Roma 1946』p.1「Prologo」。

(四六)『日本イエズス会士礼法指針』矢沢利彦、筒井砂訳 キリシタン文化研究会 一九七〇年。

(四七)「吾国基督教会建築の歴史的研究」石川徹『日本建築学会研究報告』、第三号、四号、六号、八号、十三号、十六号、十七号（第一報～七報）、『桃山時代のキリスト教文化』岡本良知 昭和二四年、東洋堂、『南蛮屏風考』同著 昭和三〇年、

d. 耐火構造を用いる事。
e. できるだけ、平屋にする事。
f. カザには接客のための座敷と茶室並びにそれに付属した庭とパードレらの部屋を設ける事。
g. 縁側を造る場合は座敷の上座、下座それぞれの出入口を明確にする事。
h. 門衛詰所を設ける事。
i. 領主等の集まる地域のカザでは、専用の座敷及び茶室を設ける事。
j. 宣教師らの部屋を奥まった場所に配置する事。

二　教会堂についての方針
a. 正面性について、仏寺のように広い間口を正面とせず、西欧の教会堂と同様に狭い間口を正面とし、奥行を深くする事。
b. 礼拝堂の両側には座敷を設けて、扉を開けば一体となる事。
c. 前面に日本式の縁側をもった小庭を設ける事。
d. 付近に屋根付の足洗場及び便所を設ける事。
e. 隣接して女性専用の座敷を設ける事。

三　全体としての方針
a. 日本の大工技術によって施工される事。
b. 一度に完成できない場合は、増築しつつ完成する事。

以上の抽出事項では、下京の南蛮寺建設においても忠実に守られたことは想像に難く

昭森社、『安土城の研究（下）』内藤昌　昭和五一年、国華、第九八八号、『日本の風土と教会』村松貞次郎　礼拝と音楽、一九七五年、四号、日本基督教出版局、山口光臣、学位論文（東京大学）第五章『十六世紀以降十七世紀におけるキリスト教教会建築』等があるが、注七）、九）の著書はどちらも翻訳に重点がおかれており、特に第七章に限定し、その内容を検討、整理したものではない。又、内藤氏、村松氏、山口氏の著書は、その論考の多くを岡本良知氏の著書に頼っている。

（四八）（一五）の著書及び宮元健次「日本のイエズス会士礼法指針第七章について―十六世紀日本におけるカトリック宣教師の教会建築方針」日本建築学会計画系論文報告集四二三号。宮元健次『日本のイエズス会礼法指針第七章について』一九九〇年　日本建築学会学術講演梗概集九〇五三号。『隠された西欧―江戸建築を読み解く』宮元健次。

ない。特に一―a、b、c、f、j、二―a、b、c、三―a、bなどの内容は、これだけでも平面計画がある程度示唆されるように思われる。以下、他の史料と合わせて復元に用いたい。

②　宣教師の記録による考察

第五節で掲げた宣教師の下京南蛮寺についての記録のひとつに、聖堂の上に室六箇を作ったという内容のものがあり、[三三] 前述の通り三階建てであったことから、一階が聖堂、二、三階合わせて六室設けられていたことが明らかとなる。なお、前述の布教方針をまとめたものの中で、二―a、bから奥行が深く、両側に座敷を設けた形式の聖堂であったことが示唆できる。また、二、三階の六室それぞれについても一―a、b、cから二室一組の座敷で、かつ全体が開け放てる日本的平面計画を持っていたことが予測できる。

一方、第五節で掲げた他の記録によれば、[七] 南蛮寺内は畳敷きでおおよそ百畳であ

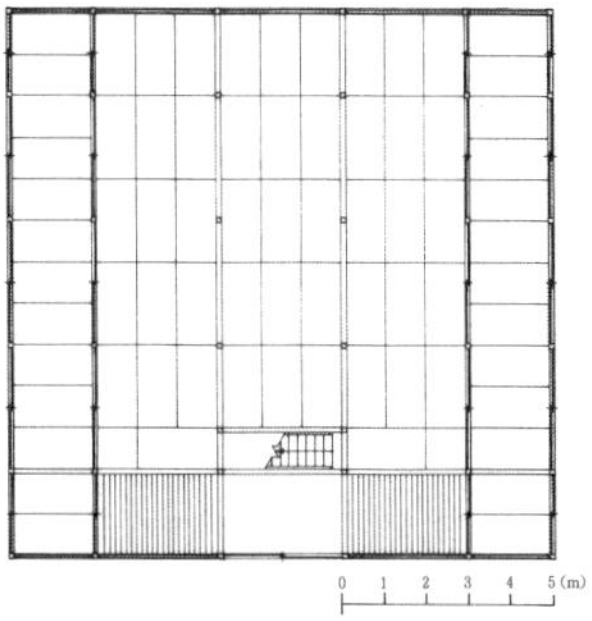

図6①　下京、南蛮寺復元１階平面図

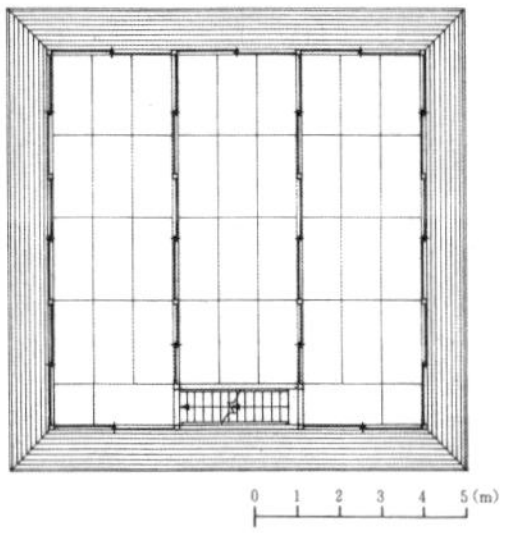

図6②　下京、南蛮寺復元2階平面図

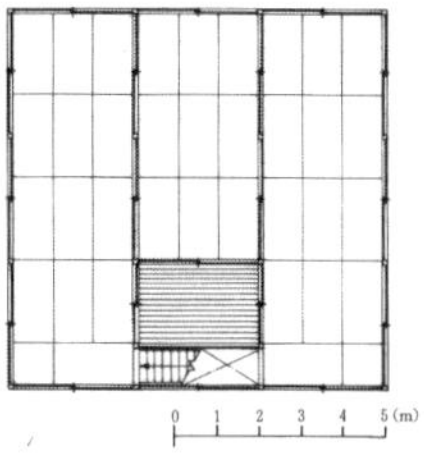

図6③　下京、南蛮寺復元3階平面図

ったことがわかる。また、他の記録には、前述の住人の建設反対運動の際、その対策として二階バルコニーを設けたことがわかる。(四六)

③「南蛮堂扇面」による考察

前述（第5節及び図3）の「南蛮堂扇面」の精密な描写からは、おおよそ以下の点が明らかになる。

一、二階、三階はどちらも三間四方平面であり、二階はさらに半間分のバルコニーを四方にもっていた。

二、一階はひじ木の数から、おおよそ五間四方であった。

三、一階の開口部の様相は不明だが、二階のバルコニーは精密な描写であるのに対し、一階は省略されていることから、少なくとも縁側は設けられていなかったものと見られる。また、全階の開口部は前述の布教方針の一―cから外部には和風の板戸、内部にはふすま戸が用いられていたとみられる。

以上、①②③の考察に、第六節の発掘調査による敷石跡の様相を考え合わ

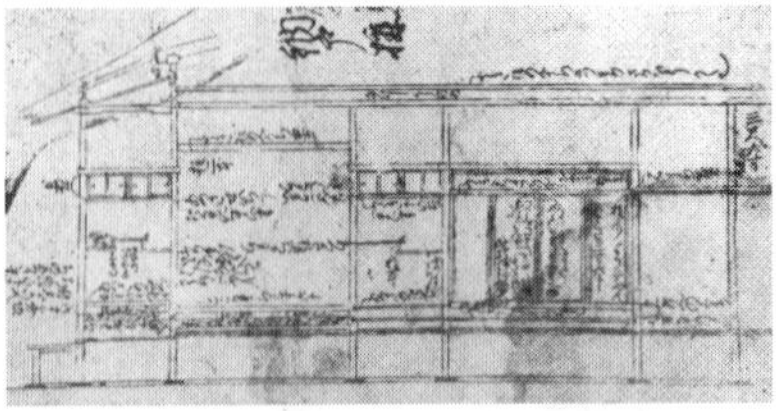

図7　『匠明』（東京大学蔵）

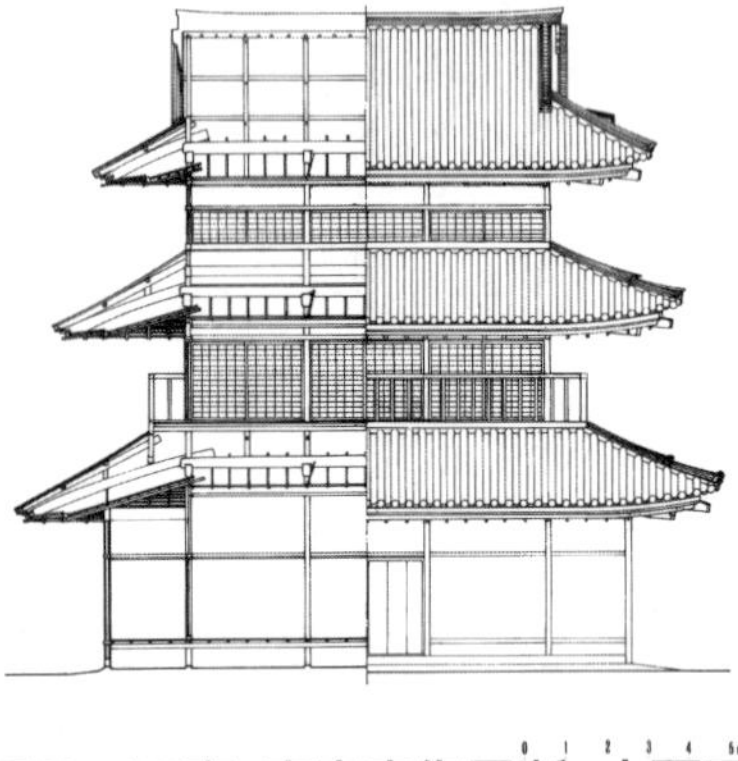

図8　下京、南蛮寺復元断・立面図

せると、おおよそ、図6のような復元平面図を推定することが可能になる。階段の位置など、今だに不明であるのだが、一応の試案としておきたい。

8．断・立面図の復元

前述の宣教師の記録や布教方針などから、南蛮寺は大幅に西欧建築の意匠を取り入れたものというよりもむしろ、日本の大工によって、和風造りとし、そこへわずかに西欧意匠が加味されたものであったことは明らかであろう。近世の日本建築は数奇屋造りなどを除き、大工の秘伝書『匠明』（四九）にも掲載されている「木割」と呼ばれる寸法体系から成り立っており、柱間の寸法がわかれば、屋根形状や軒廻り、高さ関係など、建物全体の寸法が細部までほぼ自動的に推定が可能である。（五〇）（図7参照）。現に建築史家・内藤昌氏は、この下京南蛮寺とほぼ同年代の一五八〇（天正八）年に完成した安土城について、主に『匠明』の木割を参照して復元を試み、（五一）ほぼ定説化しつつあることも参考になろう。

そこで、今回の南蛮寺の復元においても『匠明』の木割をもとに復元を試みた。すなわち、京間六・五尺、柱幅四寸×四寸という条件から木割に基づき、おおよそ図8のような復元断・立面図を推定することが可能になる。開口部の意匠など、今だ不明な点が多いが、復元平面図と共に、こちらも一応の試案としておきたい。

以上の考察から、従来、ほとんど復元的考察を試みられることのなかった下京の

（四九）東京大学蔵。
（五〇）『日本建築史図集』日本建築学会編　一九六三年　彰国社。
（五一）『復元安土城―信長の理想と黄金の天主』内藤昌　一九九四年　講談社。

南蛮寺について、ある程度の様相が明らかになったのではないかと思われる。キリシタン弾圧その他によって史料の多数が失われ、今だに不明な点が多いため、推定の域を出ない復元箇所もいくつか指摘できるが、今後の南蛮寺研究に向けての一試案としておこう。

第八章　茶道とキリスト教の関与

はじめに

茶道とキリスト教の関与については、戦後まもなく西村貞氏[一]によって初めて指摘された。その後、この問題を顧みる研究[二]もいくつかあり、徹底的解明がすすめられるかにみえたが、結果的には、西村説の訂正や、補足的な考察が多く、総合的な解明には、未だに至っていないといっても過言ではない。

著者は、先に茶匠としても知られる江戸幕府作事奉行・小堀遠州について数回にわたり言及してきた[三]。また、主に近世のキリスト教宣教師の日本における布教方針についての考察[四]や、南蛮屏風絵図の描写についての考察[五]を通して、茶道とキリスト教の関与について言及してきた。

(一)『キリシタンと茶道』西村貞　一九四八年文献出版。
(二)ピーター・ミルワード『お茶とミサ』一九九五年　PHP研究所。
『茶道と十字架』増淵宗一　一九九六年　角川書店。
『キリシタン千利休』山田無庵　一九九五年　河出書房新社。
その他
(三)宮元健次「遠州作品にみられる同時代西欧庭園の影響について―近世日本建築の意匠における西欧手法の研究その三―」一九九八年、『国際文化研究』第二号、龍谷大学国際文化学会所収。

そこで、本書は、西村説[一]を中心にした先学らの研究に、著者のこれまでの考察を加えた上で、この問題について総合的に分析を試みようとするものである。以下、茶道とキリスト教相互の歴史を軸に、両者の関与の有無について観察してみたいと思う。

1. 日本におけるキリスト教布教

天文十二（一五四三）年、種子島に鉄砲が伝来されてから、ポルトガル船が貿易のために日本へ入港しはじめた頃、サビエルも鹿児島に上陸し、早速布教活動を開始している。彼は、鹿児島から平戸、博多、山口と九州・中国地方を布教しつつ、やがて日本の首都、京へ入る。[六] しかし、応仁元（一四六七）年からの約十年にも及ぶ都を舞台とした応仁の乱と、それに続く戦国時代の幕明けによって、京の街は極めて荒廃しており、天皇も力を失い布教のめどは全く立たない状況であった。[六] 仕方なく彼は、わずか十日の在京で都を後にし、当時領地を拡大しつつあった大名、大内義隆のもとで山口を中心に布教を行なったが、結局来日後、わずか千人にも満たない信者しか獲得することができず、絶望して二年三ケ月という短期間の滞在で日本を去ったという。[六] ちなみにザビエルは、その翌年、中国で発病し、この世を去っている。[六] まるでザビエルが日本にキリスト教を流行させたかのように思われがちだが、実際はザビエルと共に来日し、日本に留まった宣教師コスモ・デ・トルレスらの努

（三）「桂離宮の遠州作品否定鋭への疑問—近世日本建築の意匠における西欧手法の研究その四—」宮元健次　一九九八年『国際文化研究』第二号、龍谷大学国際文化学会所収。

宮元健次「隠された西欧—江戸建築を読み解く—」『京都新聞』連載記事所収、一九九八年七月二七日「五小掘遠州の石庭」、一九九八年八月三日「六大徳寺弧蓬庵」、一九九八年八月一七日「七遠州の露地」、一九九八年八月二四日「八遠州の作法」、一九九八年八月三一日「九遠州の茶室」

『日本の伝統美とヨーロッパ—南蛮美術の謎を解く—』宮元健次　二〇〇一年、世界思想社。

『近世日本建築にひそむ西欧手法の謎「キリシタン建築」論序説』宮元健次　一九九六年、彰国社

『桂離宮と日光東照宮—同根の異空間』宮元健次　一九九七年　学芸出版社　その他。

（四）宮元健次「日本イエズス会士礼法指針第7章について—16世紀日本におけるカトリック宣教師の教会建築方針—」一九九一年『日本建築学会計画系論文報告集』423号所収。

『近世日本建築にひそむ西欧手法の謎「キリシタン建築」論序税』刊末付録　宮元健次　一九九六年　彰国社。

「隠された西欧—江戸建築を読み解く—」『京都新聞』連載記事所収。一九九八年九月七日「10布教方針と茶室『日本の伝統美とヨーロッパ—南蛮美術の謎を解く』二〇〇一年、

力によるものであったとみられる。

一五七一年にキリシタン大名・大村純忠が長崎港を開くと、商人やキリシタンが集まり、やがて対外貿易の重要な拠点として、全国でも屈指の大都市に成長し、トルレスらの布教も拡大の一途をたどることになる[七]。さらに布教を強化するため、一五六八年には宣教師、ガスパル・ヴィレラも来日し、「長崎」の名の通り、当時は現在の長崎市役所から長崎県庁までの長い岬であったその先端に教会堂を建設している[七]。つまり、平野から突き出て三方が海に囲まれた天然の要害を要塞化し、日本におけるキリスト教布教のメッカに位置づけたのであろう。岬にそびえる教会の姿は、数多くの南蛮屏風絵図[七]に描かれているが、屋根の上に高々と十字架を掲げており、当時長崎湾を行き来するポルトガル船の心のささえとなっていたといわれる[七]。

そして、一五八〇年、大村純忠は長崎港を宣教師らに譲渡してしまったのである[七]。すなわち、一五八七年に豊臣秀吉によって没収されるまで、長崎はなんとポルトガル人の領土であったことになる。ザビエルの布教では、わずか千人弱であったキリスト教信者の数は、その頃には飛躍的に増加し、全国で約二十万人にも達していたという[九]。

一方、ザビエルがかつて諦めた京都での布教はどうであったかというと、一五五九年にはすでに宣教師ヴィレラが訪れ、布教を再開している[一〇]。また、一五七六年にはその頃の権力者・織田信長の保護をうけ、「南蛮寺」と呼ばれる教会堂や「セミナリヨ」と呼ばれる西欧知識を教える学校などが京都や信長の安土城に建てられ、都

世界思想社。その他。

（五）『近世日本建築にひそむ西欧手法の謎「キリシタン建築」論序説』宮元健次　一九九六年　彰国社。
宮元健次「近世教会建築について」二〇〇〇年、『国際社会文化研究所紀要』第2号、龍谷大学国際社会文化研究所編所収。
「隠された西欧―江戸建築を読み解く―」宮元健次『京都新聞』連載記事所収。一九九八年九月二一日「11 南蛮屏風に見る茶室」。
『日本の伝統美とヨーロッパ―南蛮美術の謎を解く』宮元健次　二〇〇一年　世界思想社　その他。

（六）ヨハネス・ラウレス『聖フランシスコ・ザビエルの生涯』松田毅一訳、エンデルレ書店

（七）『長崎』原田伴彦　一九六四年　中央公論社。

（八）『南蛮屏風』岡本良知・高見沢忠雄　一九七〇年　鹿島出版会

（九）『キリシタン禁制史』清水紘一　一九八一年　教育社。

（一〇）林屋辰三郎『日本の歴史12 天下一統』一九七四年　中央公論社。

での布教の足がかりとなった[一〇]。ところが信長は、一五八二年の本能寺の変で突如非業の死を遂げ、安土の教会もすべて破壊されてしまったという[一〇]。そこで、宣教師ガスパル・コエリヨは、大坂城に次の権力者・豊臣秀吉を尋ね、布教の許しを得た上、今度は大坂に教会を再建したものとみられる[一〇]。

しかし、キリスト教宣教師らの日本占領の軍事計画が露見し[一一]、秀吉は突然、キリシタン禁令を発布、その翌年には見せしめのため、長崎の丘の上に二十六人の宣教師とキリシタンを十字架にはりつけにして処刑させている[一一]。この秀吉も一五九八年に病逝し、宣教師らは再び布教活動に精を出して、信者の数も最大で七十万人にまでふくれ上がったという[九]。そのため、次期権力者である徳川家康も、一六一二年に全国約二百箇所に及ぶ教会を破壊、その翌年にはキリシタン禁令を発布している[一一]。

その後、家康を継いだ秀忠・家光の時代になっても、日本への宣教師の上陸が相次ぎ、改宗しないいわゆる「隠れキリシタン」が今だ多く存在したため、幕府はスペイン、ポルトガルの日本占領計画に強く危機感を抱いていたという[一一]。そして、ついに一六三三年「領国令」を発布、宣教師の潜入のない貿易を行ない、他のいっさいの外交を断つという思いきった政策を打ちだしたのである。

その後、約二百年間、日本は西欧文化の影響をほとんど受けることなく、独自の文化を開花させていくことになる。

（一一）『イエズス会と日本』高瀬弘一郎　岩波書店。

2. 信長と西欧文化

写真１．織田信長画像（兵庫県立歴史博物館所蔵）

写真2．安土協会・セミナリヨ跡

前に触れたように、織田信長（写真１）はキリスト教を保護し、自らの安土城下に土地を与えて教会を建てさせている。[一二] この教会は安土城の完成の前年の一五七九年に竣工し、「大成寺」と寺院風の名がつけられた。[一二] フロイスによれば「落成した時、信長は自らやってきてこれを見、大いに工事を讃め、私たちに与えた地所が狭すぎたと考え、これを拡張するために付近の四、五の民家の取り壊しを命じた」[一三] といい、またコエリヨも「信長は寺院の最上階にのぼり、一同を下にとどめ、パードレ、イルマンなどと大なる愛と親しみをもって語」[一二] ったという。そして、この教会に安土城に用いた金色の豪華な瓦の使用まで許可しているのである。[一二] なお、この教会の遺構は現存する（写真２）。

安土城については、内藤昌氏が復元案を発表され

（一二）『イエズス会日本年報』村山直次郎訳一九六八年、雄松堂。

（一三）ルイス・フロイス『日本史』松田毅一・川崎桃太訳、中央公論社。

ておられるが、[一四] その中で最も注目しなければならないのは、天主の吹抜け大空間である。内藤氏は、この吹抜けは、西欧の教会建築の影響である可能性を指摘されているのである。[一四] また、安土城は天守閣形式の城の先駆的な例であるが、そのきっかけは、一五七五年の「長篠合戦」で信長がはじめて新兵器・鉄砲を大量に用いて大勝したことであるといわれる。[一五] すなわち、一五四三年の鉄砲伝来以前の日本の城が平城であったのに対し、鉄砲の導入によって高層化されたのである。[一五] このように、信長はキリスト教を通じてもたらされた西欧の最新の知識や技術を数多く用いている。信長は、本能寺の変で殺される前夜にも能に興じるほどの能好みであったが、とりわけ幸若八郎、九郎による幸若舞を好んだ。[一〇] その代表作が『百合若大臣』であるといわれる。坪内逍遥によれば、この代表作は、ギリシャの長編叙事詩『オデュッセイア』の主人公ユリシーズの転化であるという。[一六] 岡田章雄氏によれば、このようないわゆる「切支丹能」は、当時の教会の復活祭や誕生祭、聖主昇天祭でもひんぱんに行なわれていたという。[一七] まさに、信長は自らの生活に西欧文化を貪欲に吸収しているのである。『信長記』[一八] によれば、彼は「南蛮笠」と呼ばれるつばの広いポルトガル風の帽子を用いていたという。またポルトガル語でカルサンと呼ばれるズボンを愛用していたといわれる。[一八] さらに宣教師のジョアン・フランシスコによれば、信長の武将の中には十字架やコンタス（数珠）をつける者があったという。[一二] 信長は、衣服等のファッションにも西欧の最新モードを取り入れていたのである。そして、後に詳しく触れるように、同時期信長は茶道にも強く興味を示しており、それが茶の湯とキリシタンの関与の発端となったと

（一四）『復元安土城―信長の理想と黄金の天主』内藤昌　一九九四年、講談社。
（一五）太田博太郎監修、平井聖編『城郭Ⅰ・Ⅱ』『日本建築史基礎資料集成・14・15』一九七八年、一九八四年、中央公論美術出版。
（一六）『早稲田文学』明治三九年一月号。
（一七）『南蛮宗俗考』岡田章雄　一九四二年、地人書院。
（一八）『信長記』東洋文庫、平凡社。

みられる。

3. 国際港・堺と茶道

一五四九年、サビエルが初めて日本にキリスト教をもたらしたことは前述した。ちょうどそれと同時期、禅僧、村田珠光が茶の作法を考え出したのが茶道の発祥で[一九]あるといわれ、いいかえれば、キリスト教布教と茶の湯は日本において同時期に活動を開始したことになる。その後、安土・桃山・江戸時代には織田信長や豊臣秀吉、そして徳川家康等のときの権力者は、茶の湯を武士のたしなみの一つとして、家臣や大名に奨励したため、指導者や文化人のほとんどが茶をたしなむようになった[一九]。そして、それとちょうど重なるように、前述のごとく日本はキリスト教布教の最盛期を迎えたことになる。そこで、キリスト教の成り立ちとともに、ここでは茶道の成り立ちについても簡単に顧みてみよう。

村田珠光の出身地は、当時の日本最大の貿易港・堺であったため、その茶道の弟子にも堺の商人が多かった[一九]。特に、珠光の茶を茶道という一大芸術の分野にまで発展させたのが武野紹鴎であるといわれるが、紹鴎も堺を代表する商人であった[一九]。そして、この堺の経済力が戦国時代に軍資金を必要としていた織田信長の目にとまり、両者は深く結びつく[一九]ことになったという。そのため信長は、しだいに茶の魅力にとりつかれるようになり、同じく堺の商人で紹鴎の弟子、今井宗久、津田宗及を茶頭

(一九) 桑田忠親『日本茶道史』一九五四年、角川書店。

とした。(一九)さらに宗及は、同じく境の商人で紹鴎の弟子千宗易（利休）を信長に紹介し、一五七三年には早くも信長の茶頭として、京都や堺の茶人十七人に茶会を催している。(一九)

フロイスによれば、信長は当時、茶道具を六十点以上所有していたといい、(一九)また古田織部が記した信長所蔵の茶器目録には、じつに四十八点も掲げられていることからも、(二)信長がいかに茶の湯に熱中していたかが知られよう。このように見てくると、信長を茶道のとりこにし、茶道が大名や文化人に広まる糸口は堺の豪商たちがつくったといっても過言ではない。そして、これらの茶道と信長の接近とごく重なるように、キリスト教宣教師が信長に接触していたことになる。

一五七六年、信長は天下統一のために安土城を築いたが、ここでも茶室づくりは忘れていない。(一四)一方前節で触れたごとく、この安土城付近には、信長の保護下にあるキリスト教の教会堂や学校があったのであり、いわば茶道とキリスト教の最初の結びつきは、信長によるものであったといえよう。しかも、堺は最大の国際貿易港のひとつであり、そこにはポルトガル船が常に出入りしており、またその貿易交渉は商人どうしが直接するのではなく、宣教師が間にたつのが常識であったといい、(二〇)堺の商人と宣教師は大変近い位置にあったことになる。そのため、京都へ布教に訪れる宣教師らも、本拠、長崎より上京する際は、必ず堺へ上陸し、また戦争になると必ず堺へ避難した。ここに、茶道とキリスト教が結びつく発端があったとみられる。

既に千利休、今井宗久、津田宗及と同じく堺の商人であり紹鴎の弟子であった茶人、日比屋了珪、万代屋宗安らはキリシタンであった。(二)特に了珪は、一五六一年に宣教師

(二〇)『堺市史』一九六六年、堺市役所。

ガスパル・ヴィレラを堺に招待した際、家族全員で入信したといい、それを機会に信者が急増したともいわれる。[二〇]また、一五九一年の『フロイス日本史』[二一]によると「彼の家に祭壇を設けて、それを教会とし、ここに祈るために多くの信者がやってきた」と述べ、了珪の自宅は教会に転用されていたことが知られるのである。一五八一年の教会記録には、その頃既に堺に百人の信者がいて小聖堂があったといい、また一五八五年には、堺全体を望む十字架を掲げた教会があったという。[二二]さらに、一五八九年の記録には「堺の君主とその家臣十四人、市民と共に受洗、これより君主は天主堂に擬し、小堂を邸内に築き」[二三]とあり、モンタヌスの『日本誌』にも「ヒンブラ師は堺に至り、その住院を教会堂として使用する」と記されていることから、この頃堺にはキリスト教会があったことは事実とみられる。

織田信長は、一五八二年に非業の死を遂げるが、以上のような堺の商人出身の茶人とキリスト教宣教師の関係は、その後も千利休と豊臣秀吉の関係となってさらに結びつきを深めたとみられる。

4．秀吉と西欧文化

千利休は、信長に七年間茶頭としてつかえたあと、次の権力者、豊臣秀吉の茶道指南になる。[一九]秀吉は一五八三年、大坂城の造営を始めるのだが、前に触れたように、その際、キリスト教宣教師らに土地を与え、教会を建てさせている。[二二]また、秀吉の

（二一）『日本西教史』一五八九年の条。

（二二）『南蛮太閤記』松田毅一　一九九一年、朝日新聞社。

側近がキリシタンになることを、はじめは許していたようで、例えば書記をしていた安威五左衛門了佐、財務担当の小西立佐、秘書のマグダレーナ、側室の松の丸殿等はキリシタンで（一一七）あった。大名や武将にも黒田如水、高山右近、大友宗麟、小西行長、有馬晴信、内藤如安、蒲生氏郷、池田教正、牧村長兵衛等、キリシタンが数多く、キリシタンにならないまでも、神子田半左衛門や細川忠興等キリシタンに近い位置にいた者が少なくない（一一八）。

秀吉の大坂城の内部を見た宣教師フロイスによれば、千利休が秀吉のために作った黄金の茶室や茶の湯の器とともに、ヨーロッパ風のカッパやベッドを目撃（一一九）したといい、このベッドは大友宗麟によれば、長さ約二・一メートル、幅一・二メートル、高さ四十二センチであったという（一二〇）。また、城内の女性をキリシタンでなくても、マリアとかカタリナなどという西欧名で呼ばせていたといわれる（一二一）。

一方、大坂城の外においても、フロイス（一二二）によれば、ポルトガル船の中で宣教師が西欧料理やワインで秀吉をもてなし、ポルトガル語を教えたりしたといい、これは茶人・神谷宗湛も目撃している（一二三）。その直後に、バテレン追放令を発布するわけだが、その第四条をみると、布教は禁ずるが貿易船は今後とも来てよいと記されており（一二四）、秀吉はキリスト教こそは禁じはしたものの、西欧文化に対しては禁じるどころか奨励していたとみてよいだろう。その後、朝鮮侵略のために名護屋にいた際も、西欧の風習にことの外興味をよせ、家臣にも南蛮意匠の服を着せたりしたため、長崎の仕立屋は大変忙しくなり、それらを家臣が持ち帰ったため、大坂・京都でも西欧の料理や衣服、

（一二三）『宗湛日記』

（一二四）『キリシタン・バテレン』岡田章雄　一九五五年、至文堂。

風習が大流行したという。(二二)

このようにキリスト教は禁じたが、西欧文化導入については前にも増して拍車がかかり、前述のベッドの他、椅子やテーブル、ジュータン、コンペイトウやワイン、ズボン、クツといった西欧からの輸入品を秀吉は愛用していたといわれる。フロイスによれば「現在まで日本人がとても嫌っていた鶏卵や牛肉などの食品」について「太閤自身がこれらの食物を大いに好むようになった」(二五)ともいう。一五九一年にヨーロッパから帰国した四人が秀吉の城・聚楽第を訪れクラボ、ハープ、リュート、リペカ等の西洋楽器を演奏しつつ、ヨーロッパの歌を披露した際、秀吉が倦怠を催したため中断したところ、繰返し演奏せよと三度も命じ、その後楽器を手にして質問ぜめにしたという。(二五)フロイスによれば「日本人にとっては、われわれのすべての楽器は不愉快と嫌悪を生ずる」(二二)といった当時の日本で、秀吉は強い興味を示していることになる。

なお、この聚楽第を描いた『聚楽第図屛風』(写真3)には輸入品のソテツが植えられているが、このソテツの日本における初見は、一五八七年に破壊された京都のキリスト教会を描いた『扇面南蛮寺図』(写真4)に描かれたものであり、ソテツは宣教師がもたらしたものとみてよいだろう。(二六)この聚楽第を移築したと伝えられる西本願寺飛雲閣には「黄鶴台」と呼ばれるサウナがある上、筆者は飛雲閣の書院と同じく秀吉の伏見城を移建したと伝えられる西本願寺白書院に同時代西欧建築において大流行したパースペクティヴの手法を指摘したことがある。

(二五)『図説日本の歴史10　キリシタンの世紀』岡田章雄編　一九七五年、集英社。

(二六)『桂離宮と日光東照宮―同根の異空間―』宮元健次　一九九七年、学芸出版社。

写真3．「聚楽第図屏風」（三井文庫所蔵）のシュロ

写真4．「扇面南蛮寺図」（神戸市立博物館所蔵）のソテツの描写

5. 千利休とキリシタン

ここまで見てきたように、初期の茶人たちの多くは、国際的貿易港・堺の商人であり、その成り立ちからいっても茶道は西欧文化に非常に近い位置にあったことがわかる。そして、現に千利休と兄弟弟子にあたる武野紹鴎の弟子たちには、キリシタンになった者が極めて多い〔二七〕（図1）。例えば、前に触れたように日比屋了珪は自邸を仮の教会にするほどの熱心な信者であったし、佐久間信盛はキリシタン大名であった〔二〕。また、万代屋宗安も堺の豪商だが、キリシタンになっており〔二〕、茶道の発達途上に係わった人々のほとんどが、キリスト教の洗礼をうけていたといっても過言ではない。

それでは千利休自身は、果してキリシタンであったのだろうか。利休がキリシタンとする説の初見は、山本秀煌氏の『西教史談』であり、ついで長富雅二氏他の『ザベリヨと山口』が出され、共に大正期の出版である〔二〕。特に後者は「父子共熱心なる切支丹である」と述べ、利休とその娘が切支丹であったことが秀吉の気にさわり、自刃に至ったという推論は両者に共通する点である。西村貞著『キリシタンと茶道』（一）では、キリスト教と利休の関係を述べつつも、主として利休に愛人がいたことと、自殺していることを根拠として彼がキリシタンでないとしている。（二）聖書の十戒と呼ばれる十のおきての中の第六戒では姦淫を禁じ、また第五戒では自殺を禁じているからである。現に、キリシタンの多くは、愛人を整理して入信しているし、秀吉が入信を拒んだのも、宣教師の報告によれば、多数の妻をもつことを許さぬからだと言ったといい（三）、またキリシタンの多くが禁令で拷問にかけられた際に自殺を避けていたという。さらに、宣教師の報告の中にも利休がキリシタンであることは、いっさい記されていないのであり、キリシタンであった可能性は、確かに低いといえよう。

それでは、異論がないかといえば、山田無庵著『キリシタン千利休』（一八）では、主に狩野内膳の描いた南蛮屏風の中の宣教師に囲まれたキリシタンの老人が利休であるとして利休＝キリシタン説をとなえている。利休がキリシ

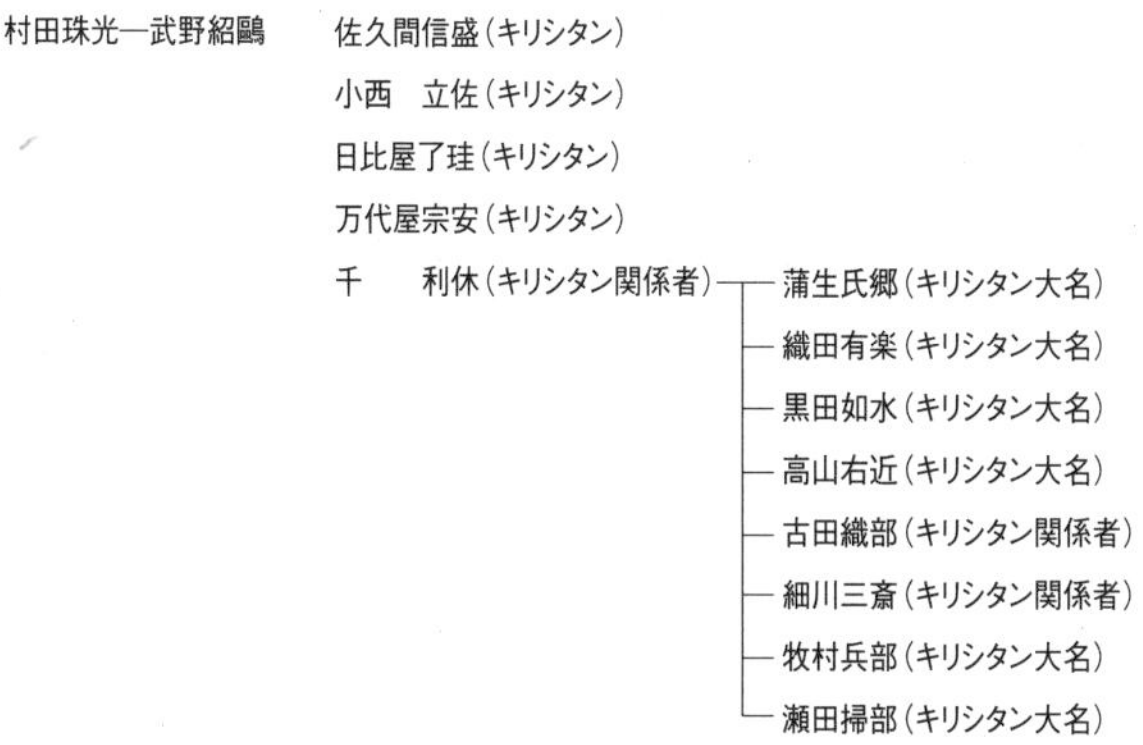

図１　茶人の師弟関係とキリシタンとの関係

（一八）『キリシタン千利休』山田無庵　一九九五年、河出書房新社。

タンであったかどうかはともかくとして、利休の次女・お三は、あのキリシタン茶人・万代屋宗安に嫁いで、宗安が没するまで共に暮らしていたのであり[一]、断定は避けるが、キリシタンであった可能性は高い。

そして、さらに注目したいことは、千利休の弟子には、数多くのキリシタンがいたことである。利休の「七哲」とよばれる高弟が誰であるかについては諸説があるが、秀吉の家臣として利休の弟子となり、キリシタン大名となった者が多い（図1）。例えば、有名な高山右近、また黒田如水や蒲生氏郷、大友宗麟や瀬田掃部、牧村兵部、織田有楽などはすべてキリシタン大名である[一]。また、細川三斎は入信こそしていなかったものの、妻は有名な細川ガラシャであり、子供もすべて入信している[一九]。その他、古田織部も自殺しているため、キリシタンではなかったとみられるが、のちに詳しく触れるように、織部の意匠には一見して西欧との交渉がみられ、キリスト教関係者であったことは明らかである。このように見てくると、利休自身はキリシタンではなかったとしても、その周辺にはキリスト教が深く関与しているといわざるをえまい。

そして、前述のごとく、利休がつかえた秀吉ですら、入信こそしなかったものの、極めて西欧文化に興味を示していたのであり、利休にしても同様に入信はしないにしても、キリスト教を通じてもたらされる異文化に全く興味をもたなかったとはやはり考えにくい。もっとも、利休が西欧文化に興味がなかったとしても、その弟子たちは大いにキリスト教にかかわっていたのであって、やはり茶の湯に西欧文化の影響があったとしても不自然ではないことがわかる。それでは、以下利休の弟子とキリスト教

（一九）ヨハネ・ラウレス「細川家のキリシタン」『キリシタン研究』一九七〇年、吉川弘文館所収。

の関連についても簡単に観察してみたい。

6．利休の弟子とキリスト教

高山右近

茶道とキリスト教を結びつけた最も重要な人物を挙げるとするならば、高山右近をおいて他にはいないだろう。利休の高弟にして最も有名なキリシタン大名であり、多数の人々に茶道を広め、かつキリスト教に入信させた(二)。右近の父・高山図書は、キリスト教伝来初期の一五六三年、すでに宣教師ヴィレラのすすめで入信、洗礼名をダリヨという(三〇)。図書は母や妻だけでなく、すべての子供を入信させたため、右近もキリシタンになったのであり、自らすすんで洗礼をうけたわけではなかったのである(三〇)。しかし、図書が領地の高槻や沢城に教会をつくり、積極的に活動を行なったため、しだいに右近もめざめたものと思われる(三〇)。父の入信の翌年、十二歳で入信した右近は洗礼名をジュストといい、また妻も同時に入信したとみられ、マリアという(二二)。右近は父を継いで高槻城主となると、家臣や領民を多数入信させ、宣教師の報告によれば、一五八一年現在で領民の約八割がキリシタンであったという(三一)。一五八三年に秀吉がキリシタン禁令を出した際、このような右近の布教をおそれたためか、千利休にキリスト教を捨てるよう説得させているが、その説得も無駄に終わってい

(三〇)『図説茶道史　風流の成立利休の道統』林屋辰三郎　一九八〇年、淡交社。

(三一)『高山右近』海老沢有道　吉川弘文館。

る。(二九)大名の職を解かれた右近は、加賀大名、前田利家にかくまわれ、茶道指南となる。右近はキリシタンとしてだけではなく、利休の七哲と呼ばれる高弟として、茶人の側面ももっていたのである。七哲には諸説があるが、最も古い史料で一六六三年の『江岑夏書』によれば、同じくキリシタン大名の蒲生氏郷に次いで2番目の高弟として挙げられている。(三〇)だからこそ、師・利休自ら信仰を捨てるよう説得にあたったのであろう。このようなキリシタンであり茶匠であった右近によって、両者は深く結びつけられるのである。

前田家の茶道指南として、前田利家の息子・利長や高次を弟子にしたが、その後、2人ともキリシタンになる。(三一)茶道指南として招かれたはずなのに、この金沢の地でも布教を行なっているのである。一六〇五年には、ついに金沢にもキリスト教会を建てたといい、秀吉の右近への恐れはあたっていたことになろう。(三二)そして、金沢の領民ばかりか、利休の七哲である茶人、蒲生氏郷、小西行長、黒田如水、牧村兵部らまで入信させていったために、結果として茶道とキリスト教を関係づけることになったとみられるのである。(三三)右近は、この他宣教師の教会堂建築に極めて協力的であった。フロイスは、一五七五年頃着工された京都の教会堂について

「ダリヨ高山殿は高槻から直ちに都に来てパードレらと大工らとともに設計製図をし、柱やその他、立派な木材を要する多くの部分の最も重要な木材の調達を引受けた。そして彼は部下に調達せしめることを欲せず、特に自ら僅か四、五騎とともに

木を伐るため、大工木樵を引具して高槻から七哩離れているある山に行き、自費で陸を七哩も、舟で八乃至十哩も遡り車で都に運んだ。また建築工事の続いている間、彼の援助が絶えたことはなく、また特に労働者を遣わした。彼は最も主要な人物の一人であった」(一三)。

と述べている。この他、前に触れた秀吉の大坂城の教会や信長の安土城のセミナリヨの建設等にも協力を惜しまなかったのである。後に詳しく触れるが、これらの右近のかかわった教会堂のほとんどに茶室が設けられているのは、はやり偶然の一致ではないと考えなければならない。

その後、右近は前田家のもとで、信仰と茶の湯三昧の生活をおくっていたが、一六一四年の徳川家康によるキリシタン禁令によってそれも終えることになる。というのも家康は、このとき豊臣家を滅ぼすべく、大坂攻撃の準備をすすめており、高山右近や内藤如安などの有力キリシタンが豊臣側につくのを恐れたため、海外追放を急がせたからに他ならない(三〇)。現に豊臣の使者が長崎港に駆けつけたところ、右近らをのせた船はすでに出帆したあとで、間一髪で間に合わなかったという(三一)。右近ら一行は、無事マニラに到着、マニラ全市をあげて大歓迎されたが、右近は到着後四十日にしてひどい熱に冒され没したという。

蒲生氏郷

前掲『江岑夏書』の中で利休七哲、あるいは利休弟子衆七人衆の第二番が高山右近に挙げられていることに触れたが、第一番には蒲生氏郷が掲げられている。(三〇)また、この史料だけでなく、『茶渡的伝』、『茶道筌蹄』、『古今茶人系譜』、『閑夜茶話』、『茶人大系譜』、『茶事秘録』、『読史備要』、『茶人系伝』その他の江戸期の史料すべてが、きまって、次で紹介する細川三斎と共に利休の七哲に蒲生氏郷を掲げていることからも、この二人だけはその位置がつねに不動であったことがわかる。(三〇)三斎は、古田織部と共に利休の死の直前、見送りができたが、氏郷は会うことができなかった。(三〇)『江岑夏書』には、氏郷がいたら利休を死なせることはなかったと二人の師弟関係の深さを強調している。(三〇)

氏郷は、現在の滋賀県日野の生まれで、日野城主・蒲生賢秀の長男であり本名を忠三郎(幼名は鶴千代)といった。(二)父・賢秀は信長の家臣として、忠誠を誓うためまだ十三歳の氏郷を信長の人質としてさし出したが、その後氏郷は信長の目にとまり、信長の娘・冬姫をめとっている。(二)また、氏郷は妹を秀吉の側室にして、信長、秀吉両方の重臣として、戦乱の世を器用に渡っている。

フロイスによると、氏郷と高山右近は親友であったが、二人が会うたびに右近が洗礼をすすめるので辟易して、一時は遠ざかろうとしたこともあったという。(三一)しかし、一五八五年、氏郷はついに折れて、宣教師、オルガンティーノの手によって入信、洗

(三一) ルイス・フロイス『フロイス通信』

礼名をレオンという[三二]。ところが、それからわずか十年後の一五九五年、わずか四十歳の若さで没している。

死亡の原因については、『松風雑話』に石田三成による毒殺説もあるが、真相は不明のままである[一一]。

瀬田掃部

前掲の蒲生氏郷や後述する牧村兵部や小西行長らと共に、一五八七年頃同じく高山右近のすすめによって受洗した茶人が瀬田掃部である[一一]。右近や氏郷、そして細川三斎とともに、利休七哲としてあらゆる資料に必ず顔をみせる人物で、茶の湯の腕はかなりのものだったのであろう[三〇]。現在の滋賀県大津市瀬田の出身で、はじめ北条氏に仕え、後に秀吉の家臣となった武将であり、本名を正忠といい、摂州三田城主であった[一一]。一五八五年の利休の茶会に顔を出すのが初見であり、茶杓の擢先が大ぶりなことで有名となり[三三]「掃部形」と称され、またその他に「掃部形五徳」「掃部形釜」という独特の茶道具を用いている[一一]。

出生については不明であるが、蒲生氏郷と同じく、文禄四（一五九五）年七月五日にわずか四十八歳という短命で没している[一一]。

牧村兵部

前述のように、やはり高山右近の勧めによって一五八七年に入信した利休七哲に

（三三）『松屋会記』一九六七年、『茶道古典全集』第九巻淡交社。

教えられることの多い人物が牧村兵部である。（三〇）本名を長兵衛といい、勢州岩出城主であったが、洗礼をうけた当時は馬廻頭という低い身分であった。（二）「牧村」の姓は馬からきているのだろう。母は明智光秀の妹で、姪は春日局であるといわれる。（二）一五八〇年の安土城の茶会ではじめて「ゆがみ茶碗」を用いた茶人で、後に古田織部に受け継がれている。（二）また、突き上げ窓も兵部の発案であり、後に千利休が応用したといわれ、瀬田掃部同様、独特な発想力があったとみられよう。（二）

宣教師の一五八五年の報告によると、入信前は不行跡が目立ったが洗礼後は人々のよき模範となったといい、また「ジュスト右近殿の勧めに依って切支丹となった馬廻衆の頭」とあるから、同年入信したことが明らかとなる。（二二）

前掲の瀬田掃部と同様、秀吉の重臣であり、一五九二年の「文禄の役」の際、軍船奉行として朝鮮に渡ったが、氏郷、掃部同様、四十八歳の若さで帰国することなく病没している。（二）彼は利休の死後、千家がすたれるのを恐れ、千家の後継ぎ、少庵をかくまい、再興に力を尽くしている。（三〇）

細川三斎

細川三斎は千利休の弟子の中で最も若く、かつ最も忠実な茶人として知られ、利休の死の直前、古田織部と共に見送った人物である。三斎自身はキリシタンではないが、妻は有名なキリシタンのガラシャであり、子供もすべて入信していたとみられる。（二九）

本名は忠興といい、はじめはキリシタンに対して余り好意的ではなかったようである[一九]。しかし、宣教師の一五九五年の報告によれば、ガラシャが忠興に「人々が皆私をキリシタンと申しておりますことを御存知ではありませんか」と話すと、忠興は「そちがこの優れた教を奉じたければ苦しうない[二二]」と答えたという。その時以来、三斎はキリシタンに対して好意を示すようになり、妻を誇りに思っていたともいわれる。

ガラシャは、本名「玉」といい、入信したマリアから洗礼をうけ、外出が不可能なためローマ字を学び、宣教師とは間接的に手紙によって説教をうけたという[二九]。しかし、関ヶ原の戦いで石田三成の人質になるのを拒み、細川家の家臣・小笠原少斎の手により死を選んでいる[二九]。その際、三斎は妻の葬儀を宣教師にキリスト教式で行なうことを望み、大阪で荘厳に営まれたという[二九]。宣教師の記録には「ガラシャは皆キリシタンである一人の息子と二人の娘を残した。そして彼女の夫は、なお異教徒であるが、司教たちやキリシタン宗団ときわめて親しく、我らの諸事に対して多大の熱意と愛を表明している」とある[二二]。すなわち、ガラシャの二男興秋もジョアンという洗礼名をもつキリシタンであり、長女お長、二女多羅も入信していたことがわかる。また三斎の弟興元もキリシタンであったという[二九]。ガラシャに入信をすすめたのは、細川家出入りの医者でキリシタンの曲直瀬道三であり、同時に茶人でもあった[一]。宣教師の一五八五年の記録に道三入信の詳しい記事があり、同じく医師のビゼンテのすすめで、宣教師オルガンティーノが洗礼したという[一]。洗礼名はフィゲレイドといい、入信のとき既に八十歳の高齢であり、人々は皆驚いたともいわれる[一]。

図2　細川三斎の印章（写し）

このようにみてくると三斎は入信こそしていなかったが、周囲はキリシタン一色の気配であり、三斎自身にもそれらの影響があったとしても全く不自然ではないことがわかる。現に、ローマ字を学んだガラシャの影響からか、三斎の使った印は、tada uoquiというローマ文字の印章であったことは有名である[二]（図2）。また、現在、熊本市の内藤家に残る三斎の鎧下には、ポルトガルのカッパ風の高い襟がつけられ、日本の衣服にはないボタンがつけられている。

このように三斎はキリスト教とともにもたらされた西欧意匠を好んで用いているのであり、彼がそれを茶の湯に取り入れたとしてもそれほど飛躍した話ではないことがわかる。

織田有楽

織田有楽は、キリシタンを保護したあの織田信長の実弟であり、同時に利休の七哲にも数えられることの多い茶人である[二〇]。信長を長男とする兄弟の十一男であり、信長とは十三歳もの年齢差があったといわれる[一九]。本能寺の変で信長が非業の死を遂げた時、戦上、敵前逃亡したために、多くの反感をかっている[一九]。そのため、出家して如庵あるいは有楽斎と号して、秀吉の側近として働き、秀吉と家康の和睦に一役かっている[一九]。しかし、秀吉の死後、徳川側に傾き、秀吉の子、秀頼の側近でありながら、いざ大坂夏の陣となると、突然引退したりもした（一九）。

父・信秀や、信長の跡継ぎ、信忠等、周辺にはキリシタンが多く、ミカエル・シュタイン氏によれば（二四）、有楽もキリシタンであるというが、確証が乏しく、今のところよくわかっていない。しかし、彼が京都・東山の建仁寺正伝院に隠居して造った茶室の名であり、自らの号である「如庵」は、彼の洗礼名「ジョアン（Joã o）」に由来するといわれる（三〇）。この茶室は、現在愛知県犬山城下の有楽苑にあり、国宝に指定されている。正面にその名の木額が掲げられているが、この木額は三種も残っているといい（二五）、彼の名称へのこだわりから見れば、やはりキリシタンだったのではないかと考えたくなる（二五）。

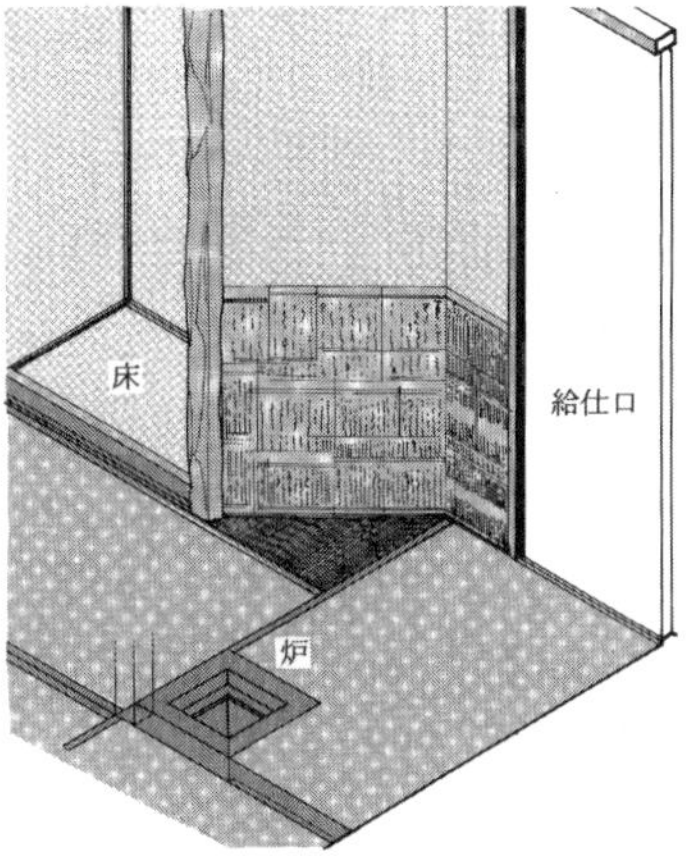

図3　如庵室内アイソメ図
（著者作図）

有楽の屋敷はかつて大坂の天満にあったというが、その位置は、興味深いことに秀吉時代にキリスト教会があった場所に極めて近いことである。この屋敷の中にも「如庵」と呼ばれる茶室があったといわれ、その後この場所に東照宮が建てられた後もそのかたわらにこの茶室は残されていたともいわれる（二七）。この茶室について、『松屋会記』（三三）によれば、露地に芝生が植えられていたというが、『フロイスの覚書』（二六）によると、「われわれの中庭の芝生は人が坐るために大切

（二四）『キリシタン大名』ミカエル・シュタイン、吉田小五郎訳、一九五二年、乾元社。

（二五）『茶室研究』堀口捨己　一九八七年、鹿島出版会。

（二七）『有楽亭茶湯日記』

（二六）ルイス・フロイス『フロイス覚書』岡田章雄訳注、「ヨーロッパ文化と日本文化」一九九一年、岩波書店所収。

なものとされる。日本では広場の芝草はことごとく、ワザト引き抜かれる」とあり、当時の日本には今だ存在しない西欧手法が用いられていたことがわかる。また、一六一一年の茶会記『有楽亭茶湯日記』をみると、客として、キリシタンの曲直瀬道三や黒田長政らが同席していることがわかる。さらに、茶室如庵の床と勝手口の間の壁が四十五度の角度で欠きとられているが（図3）、当時まだ日本にはこのような角度の概念はなく、極めて特異な意匠といわざるをえない。後に詳しく述べるが、特にこの角度の効果について考えるならば、同時代ヨーロッパのルネサンス・バロック期の教会堂建築において大流行した、角度のついた浮き彫りを正面に施すことによって奥行き感を強調するパースペクティヴの手法に酷似しているといわざるをえない。

その他、この茶室の露地には『松屋会記』[二三]によれば、「水鉢ハ　石スエノ石也」とあり、後に「伽藍」と名付けて大いに好まれた古寺の礎石に穴をあけた手水鉢があったという。手水鉢は元来、寺社に参詣の際に手や口を清める行為が茶道に取り入れられたというが、もし有楽が敬虔な仏教徒であったとするならば、寺院の礎石に穴をあけるという残酷な行為がはたしてできただろうか。

後に述べるように、このような非宗教的な作法の好みは、なにも有楽に限ったことではなく、織部や遠州などのキリシタン関係者全般に同様の傾向を指摘することができるのである。このように見てくると、たとえ有楽がキリシタンに入信こそしていなかったとしても、親キリシタン的立場として西欧文化にごく近い位置にいたことは確かであり、何らかの影響を受けたとしても決して不自然ではないのである。

黒田如水

黒田如水は、本名を孝高（通称官兵衛）といい、豊臣秀吉の軍師であり、利休の弟子として茶人でもあった。(三〇)一五九〇年の聚楽第の秀吉の茶会にも招かれ、大坂天満の自邸に茶室を設け、その絵図も伝わっており、家康より茶壺を贈られたこともある。この天満に当時キリスト教会があったことは前に触れたが、如水自身も洗礼名シメオンというキリシタン茶人であった。(三一)

如水をキリシタンに誘ったのは同じくキリシタン大名の小西行長であるが、実際に彼を洗礼に導いたのは、フロイスによれば高山右近と蒲生氏郷であったという。(三二)また、如水の兄弟・利則、直之もキリシタンであり、後者は洗礼名をミカエルといったといわれ、筑前秋月城主で、天主堂を建て、数多くの人々を改宗させたという。(三三)さらに死の直前も聖書をはなさず、入信して洗礼名パウロという実子・長門に信仰を貫くよう遺言したという。(三四)この他、如水の後継ぎ長政もキリシタンになり、洗礼名はダミヤーノであったといい、(三五)彼の周辺には数多くのキリシタンがいたことがわかる。

如水自身も右近同様、多数入信を勧めたといわれ、中でも後述する大友宗麟の長男・義統の入信は有名であり、宣教師ペロ・ゴメスに洗礼をうけ、コンスタンチノといったといわれる。(三六)

古田織部

利休の死後、その七哲のひとりとして秀吉や徳川秀忠の茶道指南として、天下の茶匠を継いだのが古田織部である。『烈公間話』(三八)によると、細川三斎が利休を継いで天下の茶道指南になるのは誰かと尋ねた際、利休は息子の道安の茶の湯の技術は良いが、人柄がよくないから、やはり織部だろうと答えたという。利休の死の直前に織部は三斎と共に見送ったことはいうまでもないが、これほどまでに織部の茶匠としての評価は高かったのである。

織部とキリシタンの関係については、西村貞氏の論考に添って考えてみたい(一)。織部は、美濃国の桑原重定の長男として一五四四年に生まれ、その後古田家の養子となり、古田左介と名乗った。織田信長、豊臣秀吉の両権力者に重用され、一五六八年には戦国大名・中川清秀の妹「仙」と結婚している。その縁から清秀の息子・秀政、秀成の後見役をひき受けているのだが、実に、この二人はキリシタンであった。後見人を無視して洗礼を受けるとは考えにくく、やはり秀政、秀成の入信は織部の同意を得たものであろう。しかも、一五八五年には織部の娘をキリシタン秀政の養女としているのである。また、織部の義兄・中川清秀の茨木城にごく近い高槻城主はあの高山右近であり、右近は織部の妹婿であった。キリスト教は、宗教の異なる者同士の結婚を認めないことから考えれば、織部の妹もキリシタンであったことがわかる。

右近と織部は極めて親しかったとみられ、一五八五年の根来攻めや一五八七年の九

(三八)『烈公間話』

州征伐など、共に戦っている。この一五八五年という年は右近によって多数のキリシタンが誕生した特記すべき年であり、既述の中川秀政の他、蒲生氏郷、黒田如水、羽柴秀勝等が右近のすすめから入信している。(二一) 細川三斎は自身こそは入信しなかったが、この年の右近の話を発端に、妻ガラシャがキリシタンになったのである。(二二) よって、この年に織部が入信することは十分に考えられることである。

そして一五八七年の有名な北野大茶湯会では、織部はキリシタン大名・京極高次、キリシタン保護者細川三斎らと共に、西欧好みの秀吉の茶匠をつとめているのである。この北野の土地には、当時キリスト教会があったことがわかり、敷地内からは一六一〇年の年号のあるキリシタンの墓石が多数発掘されたことがそれを裏付けている。(二七) また、一六一九年には、この地で二十六人のキリシタンが禁教令によって捕らえられ、それに端を発して京都のキリシタン五十二名が火焙りにされたのである。(二四) すなわち、この北野大茶湯会が、北野と茶道、そしてキリスト教を結びつけた可能性を示唆しているようにも思われる。この大茶湯の情景を描いた『北野大茶湯会』(北野神社蔵)をみると、宣教師の姿が描かれ、この茶会が茶道とキリスト教を結びつけたことは容易に想像することができるのである。

秀吉の死後、徳川政権となり、織部も戦国大名として重用されるようになり、一六一〇年には徳川二代将軍・秀忠の茶道指南となる。ところが、一六一四年、キリスト教禁令が出され、織部の親友・高山右近らキリシタン三百余人がマカオとマニラに流された。そして、その翌年、織部の豊臣方への内通が露見し、彼は切腹、そ

写真5．織部高脚向付（個人所蔵）

写真6．織部コップ型向付（サントリー美術館所蔵）

写真7．沓形黒織部茶碗（個人所蔵）

の息子五人も自殺している。西村貞氏は「古田織部は確かに切支丹であったやうにおもへる」といい、織部は「如何なる神仏も我身同事に思う」とする考えの持主であることを『織部傳数寄之書』の一節から明らかにした上で、「これはまったくの切支丹の思想」と断じているのである。(一一) しかし、今のところ宣教師の報告の中に、織部洗礼の記録は全く見い出せない上、一六一六年の宣教師の書簡には「茶の湯の最高の師匠・織部殿もその師宗易から嘲笑されないためこのたび切腹した」と記されている。(一二) よって、やはり織部は少なくとも入信はしていなかったと考えるべきであろう。

但し、彼の創作したいわゆる織部焼の陶芸の中には、明らかに西欧文化の影響とわかるものが数多いことは有名である。例えば、「織部高脚向付」(写真5)と呼ばれる茶碗は明らかにキリスト教の洗礼の儀式で用いられる聖杯(カリス)を模したものである。また、「織部コップ型向付」(写真6)についてもヨーロッパのゴブレットに酷似している上、口の形も上から見降ろすと十字形となっており、キリスト教を通じてもたらされた西欧文化の影響が容易に見てとれるものである。さらに、西村貞氏によれば『沓形黒織部茶碗』（写真7）にはコンスタンチヌス十字と呼ばれる組み合わせ文字が彫込んであるもの

写真8．南蛮人燭台（サントリー美術館所蔵）

写真9．観能図屏風（神戸市立博物館所蔵）部分

写真10．南蛮人喫煙図柄の鏡（神戸市立博物館所蔵）

が存在するという。[二] その他ヨーロッパ人を写し、背中に十字を彫り込んだ「南蛮人燭台」（写真8）と呼ばれるろうそく台や、キリスト教に関するアルファベットや十文字を描いたもの、あるいはキセル等、一見して西欧の影響であることがわかるものが多い。キセルは、神戸市立博物館所蔵の「観能図屏風」（写真9）や「南蛮人喫煙図柄の鏡（写真10）等を見ると、どちらもポルトガル人とともにキセルが描かれていることからも、ヨーロッパよりもたらされたものであることがわかる。又、定規で描いたような方形をモチーフにした幾何学紋様が織部の焼物の特徴となっていることもやはり西欧文化の刺激であるとみてよいだろう。

　これらの西欧文化の兆候は、なにも織部の陶芸

に限ったことではなく、後にくわしく述べるように、彼の茶ノ湯の作法全般について指摘することができるのである。しかし、それだから織部がキリシタンであったというのには矛盾があろう。信仰と異国文化への興味とは、また別に考えなくてはならない問題だからである。当時の日本にとって、キリシタンがもたらした西欧文化は、まさに前衛とでもいうべき存在であったことは想像に難くない。そのような文化にごく近い位置に、当時の先端芸術家である織部がいたのであれば、その刺激を彼が強い興味をもって受け入れたとしても何の不思議もないだろう。

これらの織部作品の他、織部灯籠と呼ばれ、別名キリシタン灯籠といわれるものがあるが、それについては後に考えてみることにしよう。

大友宗麟

宗麟は利休の弟子ではないが、千利休や秀吉と交渉のあった茶匠として、一応ここでも少し触れておきたい。宗麟は、戦国大名・大友義鑑の長男として生まれ、一五五〇年、二十歳で後を継ぎ、府内や臼杵等の北九州を支配した大名である。(三九)

フロイスによれば、一五五一年には早くもフランシスコ・ザビエルの説教を聞き、後年洗礼名に自らフランシスコという名を望んだことからも、かなり関心を示したようだが、おそらく家臣の動揺を恐れたため、入信には至らなかったようである。(三九) 入信しなかっただけでなく、彼はその翌年の永禄五(一五六二)年、出家して禅僧となっており、「宗麟」という名もその号である。一五七〇年には臼杵に寿林寺という禅宗

(三九)『キリシタン大名』岡田章雄 一九七七年。教育社。

寺院を建立しているし、その後も大徳寺に瑞峰院を創建し、墓もそこにある。[二九] ということは、彼の人生の前半は敬虔な禅宗信者であったのである。その影には、二度目の妻が神社の娘であり、宗麟の入信をとめていたためといわれる。[二九] しかし、一五七八年、ついに二度目の妻と離縁し、洗礼名ジュリアという一児の母である女性と再婚、後継ぎ・義統《よしむね》に家督を譲ってキリシタンとなっている。[三九] これは、キリスト教が同宗同士の結婚しか認めなかったからに他ならない。

写真11．臼杵教会・コレジオ跡

図4　大友宗麟の印章

彼は、高山右近に次いで数多くの教会堂を各地に建設したことでも知られ、その一つは大分市府内の顕徳寺町に現在「デウス堂跡」として残され、ここではルイス・ド・アルメイダによって病院が開かれ、西洋外科手術が早くも行なわれていたという。[二六] また、一説には、最近礎石が発見された同府内上野町の若宮八幡社境内にもあったといわれる。[三四] その他、臼杵にも教会や西欧文化を教育する学校が建てられたとみられる[二五]（写真11）。

なお、宗麟は有名な遺欧少年使節をローマへ派遣したキリシタン大名のひとりとしても知られ、国際交流にも余念がなかった。彼が好んで用いた印章が残されているが、洗礼名フランシスコの略字「FRCO」を組み合わせたローマ字印章であることもよく知られている（図４）。

興味深いのは、宗麟が一五八六年、大坂城であの西欧好みの秀吉に会っていることであり、この時千利休と秀吉それぞれから、有名な黄金の茶室で茶をもてなされている[三一]。この際、三人は茶ノ湯談義に花が咲いたのか、宗麟に茶道具の名器を披露、また秀吉の寝室でダブルベッドを目撃している[三二]。彼自身も教会において夕食に招かれた際、銀製のナイフやフォーク、皿等で食事をしており、茶ノ湯だけでなく西欧談義にも花が咲いたことは想像に難くない[三二]。

ところが、千利休や高山右近、あるいは蒲生氏郷や古田織部などのキリシタンとかかわった茶匠と同じく、大友宗麟もこの年、突然病逝し、数奇な最期をたどっている[三三]。

7. 家康と西欧文化

徳川家康というと、キリシタン禁令を強化し、鎖国化をすすめた日欧交渉とは最も縁遠い人物だと思われやすい。しかし、実際はキリスト教布教こそ禁じていたが、海外貿易には秀吉と同じく強く興味を示していたようである。例えば、ヒロンの『日本王国記』[四〇]によれば、秀吉の禁令後も日本に潜伏していた宣教師ジェロニモを探し出して、通商使節の交換を命じ、神父らの上陸まで許したという。また、ジェロニモ自身にも布教活動を許したといわれる[四〇]。

もっとも、これらは秀吉存命中の例であるが、それ以後も一六〇〇年には宣教師オ

（四〇）ヒロン『日本王国記』（大航海時代叢書）佐久間正也訳、一九六五年、岩波書店。

ルガンティーノを引見しているし、一六〇三年には宣教師ジョアン・ロドリゲスの訪問を受け、この際イエズス会に三千五十クルサドを寄付した上、五千タニスの銀を貸し付けたという。(四一) また、一六〇六年に、司教ドン・ルイス・セルケイラの訪問を受けたときも、伏見城や二条城、その他の京都の寺社を案内しているといわれる。(四一) 一六一五年、大坂夏の陣で豊臣氏を滅し、徳川幕府を開いたあとも、その側近の中に、二人の西欧人が含まれていたことはつとに有名である。

　そのひとりが、一六〇〇年に九州に漂着したイギリス船リーフデ号の船員、ウィリアム・アダムである（写真12）。彼はその生地の教会に「一五六四年九月二四日洗礼」と記された立派なキリシタンであったが、家康は彼からヨーロッパの情報を得たという。(一二五) アダムスは、現在の三浦半島に二百二十石の領地を与えられ、また日本橋近くに自邸を賜わっている。その後、彼は家康から外交顧問として大きな信頼を受けただけでなく、西欧技術の指導者としてもその腕をかわれ、家康自身に幾何学や数学の手ほどきをしたこともあるという。(一二五) また、家康の命令でヨーロッパ式の船を2艘建造したといわれる。(一二五) ちなみに、アダムスはロンドンに妻と二人の子があったのだが、日本人の妻を得て、領地名と水先案内の意から三浦按針と名乗っていた。

写真12. ウィリアム・アダムスの墓石

　家康のもうひとりの西欧人の側近

第八章

(四一)『徳川初期キリシタン史研究』五野井隆史　一九九二年、吉川弘文館。

が、同じく漂着したリーフデ号に乗船していたオランダ人のヤン・ヨーステンである。鎖国後も、長崎の平戸に限りオランダと貿易が可能になったのは、彼の功績が大きい。オランダ・デルフトの名家の出身で、アダムスと共に家康に重用されたが、性格上問題があったともいわれ、後に家康や老中らの信用を失ったという。(二五) 彼が与えられた自邸は、現在の東京・八重洲になり、この地名はヤン・ヨーステンがなまったものであるといわれる。

以上のように家康はキリシタン弾圧こそしたものの、西欧との交流にはむしろ力を入れていたとみられ、家康の日常生活にも秀吉同様、西欧文化が数多く取り入れられていた。例えば、家康を一六〇八年に訪問したスペイン人ビベロの記録によると「皇帝は青色のビロードの椅子に腰掛け」ていたという。(二五) 現在、京都の瑞光寺にそれと酷似した椅子が残されている。また、彼が使用した胴具足が現在、日光東照宮宝物館に重要文化財「南蛮胴具足」として残されており、明らかに当時のヨーロッパの甲冑の影響をうけたものである。さらに、静岡の久能山東照宮博物館には一六一一年にスペイン国王から贈られた枕時計やオランダ製のガラス薬瓶、家康所用の無関節式の手持ちの鼻眼鏡が大小二面残されている。この他同博物館には、家康愛用の海図をつくるためのコンパスなどもあり、家康に西洋趣味があったことは明白であろう。

一方、家康所用ではないが、三代将軍家光愛用の『世界地図屏風』が、現在、輪王寺護光院に残されていることもこの際参考になろう。

家康は一六一六年に没し、翌年日光東照宮に神として祀られるのだが、この日光東

写真14．日光東照宮・千人升形

写真13．日光東照宮のオランダ灯籠（著者撮影）

照宮にも数多くの西欧意匠が指摘できるのだ。この問題については、第三章に詳しく分析したが、本論においても簡単に触れておこう。[二六] まず、陽明門の廻廊壁面の彫刻の下に一六四〇年にオランダ商館から献上されたという銅製の燭台があり、ライオンの浮彫りが施されている。また、鼓楼の脇にも同じくオランダ商館より献上されたオランダ灯籠（写真13）があり、共に西欧意匠である。さらに、「西浄」と呼ばれる東照宮の便所は、水洗式であり、日本の水洗式トイレの初見であろう。その他、神社内陣に入る前に手を清める水盤舎の水は驚くべきことにサイフォンの原理によって上へ噴出する仕組みとなっているが、このような技術は当時まだ日本になく、西欧技術が輸入された例だろう。

これらの西欧意匠の他、東照宮には同時代ヨーロッパのルネサンス・バロック建築独特の手法を指摘することができる。[二六] まず、表参道から大鳥居をくぐると、その先は「千人升形」（写真14）という正方形の広場と

写真15. 日光東照宮　水盤舎をアイポイントとしたパースペクティヴの効果

なっているが、広場という概念、それから正方形という純幾何学の形態はそれまでの日本建築にはほとんど用いられなかった西欧手法である。次にその先の表門をくぐると行く手に水盤舎があり、西側が先細りの空間となっているため、水盤舎を見つめてすすんでいくと、実際より遠近感が強調されるパースペクティヴの手法が巧みに造り出されていることに気づく（写真15）。

この手法も、東照宮と同時代のヨーロッパの建築や都市、あるいは庭園で大流行した西欧手法である。いっぽう東照宮は奥にすすむに従って地盤が徐々に高まるのだが、それにつれて、表門、陽明門、唐門の順に通過する門の大きさが高さ幅ともに小さくなり、その結果、ここにもパースペクティヴの効果が指摘できる。

このようなパースペクティヴの手法は外部だけではなく、本社内部にも指摘できる。すなわち、手前拝殿から石の間、本外陣、内陣に向かう柱間を測ってみると、その数値はほぼ等比数列となっており、ここにも遠近感を強調するためのパースペクティヴの手法が用いられていることがわかる。この柱間を規則的に減少させる方法も、同時代のヨーロッパの教会堂建築で流行した手法で、サンタ・マリア・ノヴェルラ等がその代表作であろう。建築的に見れば、構造的混乱を起こしていることになり、偶然というよりもあえて意図的に造り出されたものであることは間違いないだろう。そして、このパースペクティヴを強調するために、本殿の外陣と内陣の間に当時の日本建築としては最先端技術である一本溝の格子戸とそれを納める戸袋が用いられている。これはやはり、開口部を取り払い、奥まで見透しをよくしてパースペクティヴの効果を十分高めるための工夫であろう。また、拝殿と石の間の境に「ぐり」と呼ばれる額縁がついているが、これも見透しをよくするための工夫とみられる。

このようなパースペクティヴの手法の他、やはり同時代のヨーロッパで大流行していた黄金分割の手法が東照宮にも指摘できる（二六）。黄金分割とは、一対一・六一八の比率による分割法で、人間にとって最も美しく見えるバランス関係である。古くは、ピラミッドやギリシャの神殿にも用いられ、ルネッサンス・バロック期に再び流行した日本ではほとんど用いられたことのない西欧独特の手法の一つである。東照宮では、陽明門や唐門、神厩舎等のプロポーションだけではなく、それらの配置計画全体にまで及んでいることがわかる。このように見てくると、東照宮は日本独自の神社建築とするよりも、当時の最新モードとしての西欧文化の影響を色濃く受けていることが納得できよう。

家康自身も前述の通り西欧好きであったが、これらの東照宮の建築群を造営したのは、二代将軍秀忠と三代家光であり、西欧文化の影響は家康だけではなく、この時代の徳川幕府全体に及んでいたと見てよいだろう。現に秀忠は、スペイン人ビベロによると、緋ビロードの方形の布に座していたといい（二五）、また一六二四年、江戸城西の丸に造られた山里庭園に花壇を作ったといい、その花壇も古図により確認できるのである。(二六) この花壇というのも、それまで自然風景式であった日本庭園にはほとんど用いられたことのない、同時代ヨーロッパ庭園特有の西欧手法である。そして、この秀忠の茶道指南こそが、あの古田織部であり、キリスト教を通じてもたらされた西欧文化はなにも茶道にのみ影響していたわけではなく、茶道を含めたときの権力者の周囲全体と関係していたことになろう。

8. 京都とキリスト教会

前述の秀吉の北野大茶の湯以来、茶道の中心地は堺から京都へと移り、ちょうどそれと重なるようにキリスト教宣教師らも都での布教に力を入れたため、両者はさらに関係を深めたものとみられる。

宣教師たちが建てた京都の教会については、以前詳しく考察したことがあるが、(四二) ここに簡単にまとめておきたい。当時、京都に建てられたキリスト教会を大きく分ければ、布教開始の頃の仮教会、下京の教会、上京の教会、そしてそれらイエズス会の教会の他、フランシスコ会の教会の合計四つに大別することができる（第七章図2）。それでは以下、それぞれについて位置、成り立ち、様相等を観察してみよう。

仮教会

（四二）『近世日本建築にひそむ西欧手法の謎「キリシタン建築」論序説』宮元健次　一九九六年、彰国社。

前に触れた通り、京都での布教はすでに一五五一年にザビエルが試みているが、当時の都は戦乱で荒廃しきっており、失敗に終わった。しかし、ザビエルの意志を継いだ宣教師らによって、一五六一年ついに仮聖堂を都に設けることに成功している。フロイスによれば、（二三）それは下京四条の坊門通りすなわち現在の蛸薬師室町西入の一屋を購入したもので、「真教寺」あるいは「真道寺」と呼ばれたものであったという。

『上杉本洛中洛外屏風』（四三）（第七章図1）を見ると、ちょうどその位置に十字架を掲げた教会堂の姿が発見でき、共同便所の隣りのみすぼらしい草葺きの家屋であったことがわかる。しかし、その後再び都は戦場となって、宣教師たちはこの教会を捨てて堺へ去ったものとみられる。

下京教会

一五六九年、堺から都へ戻ったフロイスは荒廃の激しい仮聖堂を目撃している。（二二）そして、もはや修復が不可能なことをさとった宣教師らは、高山右近ら有力キリシタン大名らの協力を得て、一五七五年ついに教会を新築することになった。（二二）その際の高山右近の活躍については既に詳しく観察したが、途中住民の反対運動が起きる等苦難の末、一五七七年には完成したとみられる。（二二）

その位置は、現在の下京四条坊門姥柳町にあたるとみられ（第七章図4）、「サンタ・マリア御上天寺」と呼ばれたらしい。（四二）現在、妙心寺春光院に残されているもの

（四三）米沢市所蔵。

に、一五七七年の年号とイエズス会のマークのある鐘があるが、この教会の鐘であるとみてまず間違いないだろう。

この下京教会を描いたとみられるものに『扇面南蛮寺図』（神戸市立美術館蔵）（第七章図3）があり、三階建てで、一見和風建築のように見えるが、共に描かれた数人の宣教師の服装は明らかにイエズス会のものである。この建物は、当時都の名物の一つとなったといい、竣工の翌年には七千人もの洗礼者があったといわれる。

上京教会

下京教会の成功に気をよくした宣教師たちは、一六〇〇年さらに上京にも教会を建立している(四二)。その位置は、教会の年報や京都の地誌、あるいは古地図などによると、一致して現在の油小路一条上ル西入ルであり、あの秀吉の北野大茶の湯の行なわれたあたりと一致する(四二)（写真16）。

写真16．上京教会跡石碑

『時慶卿記』(四四)にも「ダイウス門徒被拂、晩ニ北野邊仕之寺ヲ被二焼捨一」とあって、この記録の一六一二年までは、この地に教会があったことが確認できるのである(四二)。現に、この北野の地からはキリシタン墓碑が多数発見されているのであり、ここに茶道とキリ

（四四）『時慶卿記』宮内庁書陵部蔵。

シタンの結びつきがより深まる要因があったと思われる。

フランシスコ会の教会

ここまでに掲げた教会は、すべてイエズス会の教会であった。しかし、当時日本で布教活動をしていたのは、イエズス会に加え、フランシスコ会、ドミニコ会等があり、それぞれ教会を設けていたと見られる。

ドミニコ会の教会については不明な点が多く、その位置もさだかではないが、フランシスコ会の教会は、古地図に「だいうす町」（ゼウス町のこと）と記され、他の記録とも一致することから、現在の綾小路堀川西にあったことがわかる[四二]（写真17）。この場所は秀吉の立てた方広寺大仏殿の真向かいにあたり、「西京寺」と呼ばれたものとみられる[四二]。

以上、京都に建てられたキリスト教会について簡単にまとめてみたが、下京教会に利休の弟子の高山右近がかかわっていたり、北野大茶の湯の地に上京教会が建てられたりと、ここにも同様に茶道とキリシタンの結びつきを示唆できるように思われる。

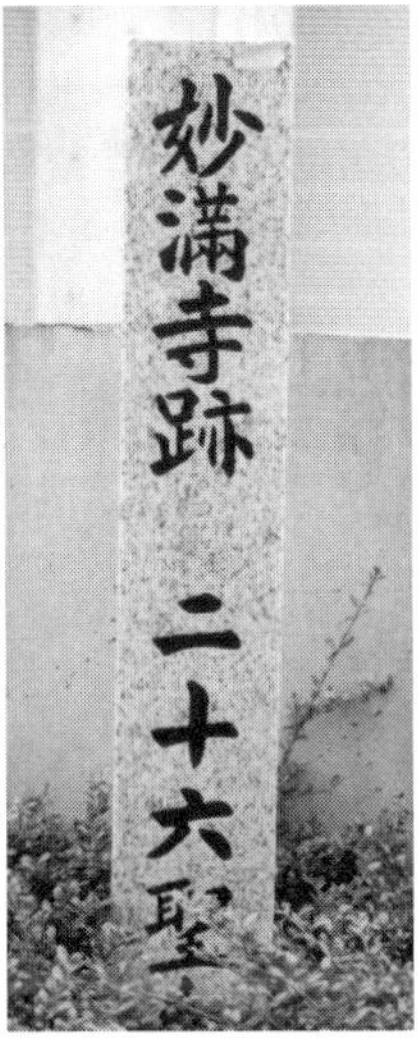

写真17．フランシスコ教会跡石碑

この他、京都とキリシタンの関連について有名なのは、京都三大祭りの一つである祇園祭りの鉾の巡行中、その前面にかけられる「函谷鉾前かけ」であろう。これは現在、重要文化財に指定されているもので、十六世紀末にフランスでつくられたゴブラン織でできている。また、そこに織り込まれた構図は聖書の「創世紀」第二十四章、イスラエル族長アブラハムの子イサクの花嫁選びの物語を、上下二段に描いたものというのである。祇園祭りといえば、牛頭天王・スサノオノミコトを祀った八坂神社の祭礼であり、その神事の山車に、数百年にわたってキリスト教の題材による前懸が飾られてきたことは瞠目に値するといってよい。さらに、西村貞氏によれば、この前懸の十字紋様が、のちに隠れキリシタンの武士の家紋になっているといい、当時の人々への影響の大きさがうかがえよう。

一方、京都の先斗町の地名などは、ポルトガル語のポント（岬）から名付けられたものであるが、このような事例は他にも数多く、ポルトガル宣教師と京都は、結びつきが深かったことがわかる。このようにキリスト教は、茶道と同時期、同じ京都において発展したことを発端として、さらに茶の湯との関連を深めていったとみられる。

9. 宣教師の布教方針と茶道

一五七九年、日本におけるキリスト教布教を視察するために、イエズス会巡察師《ビジタロール》・ヴァリニャーノが来日し、宣教師らの布教方針を定めている。(四二) まず『日本ノカテキズモ』を編し、「日本におけるパアドレのための規定」をつくり、宣教師らへ助言を与えている。(四二) そして、一五八一年には『日本の習俗と気質に関する注意と警告』及び

『日本管区事情摘要』という日本におけるキリスト教布教方針を完成させたのである。(四二)
　中でも前者は、一五八三年にローマへ送られ、ポルトガル語の写本としてローマ図書館に現存しており、その後一九四六年にヨゼフ・シュッテ氏がイタリア語訳し(四五)(図5)、さらに一九七〇年には矢沢利彦、筒井砂両氏によって和訳され出版された。(四六)『日本イエズス会士礼法指針』と題されたその内容は、じつに七章にも及び、日本のさまざまな習慣に順応するためのマニュアルとなっている。ここで、そのすべてを掲げることは不可能であるが、その中で茶の湯に関する興味深い指針をいくつか掲げてみたい。
　まず、第二章の「キリシタンを打ち解けさせるためにとるべき方法について」の第四十五項には次のように述べられている。(四七)

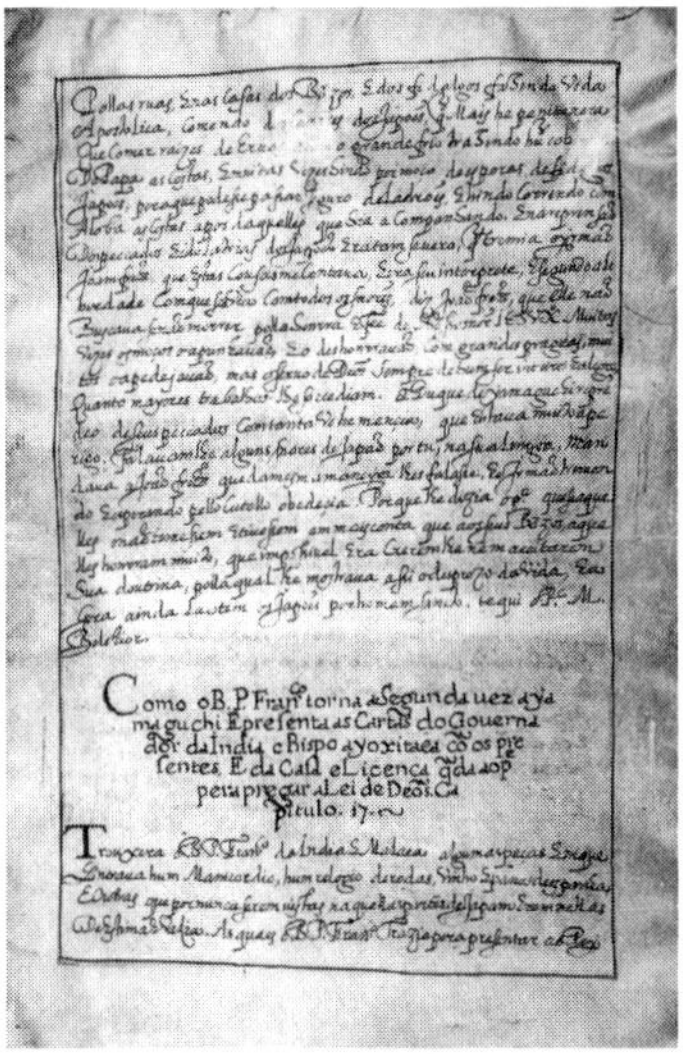
図5.『日本イエズス会士礼法指針』(ヨゼフ・シュッテ訳)

「すべての住院には、清潔で、しかもよく整備された茶湯(茶湯の座敷)を設け、また住院にいつも住んでいて、しかし茶湯についてなにがしかの心得のある同宿または他のだれかを置かなくてはならない。訪問者の身分に応じて接待をおこなうため

(四五)『Il ceremonia per imissionari del Giappone di Alexandro Valignano S.J.Edizione critica, introduzione e note di Giuseppe Fr.Schutte S.J.Rome 1946.』p.1「Prologo」

(四六)『日本イエズス会士礼法指針』矢沢利彦、筒井砂訳　一九七〇年、キリシタン文化研究会。

(四七)宮元健次「日本イエズス会士礼法指針第七章について—十六世紀日本におけるカトリック宣教師の建築方針」日本建築学会計画系論文報告集423号。宮元健次「日本イエズス会士礼法指針第七章について」一九九〇年日本建築学会学術講演梗概集九〇五三号。

に、二、三種類の茶を備えなければならない。そして茶湯の世話をする人は、そこで読み書きや茶を碾《ひ》くこと、茶湯に関係あることをするようにしなければならない。」

すなわち、宣教師の生活の場である住院に茶室を設けて、訪れた人をもてなさなければならないと記されている。(四七)また、この住院について、第七章の一五四頁では次のように述べられている。(四七)

「どのカザにおいても、よそから来る人のために、少なくとも階下に周囲に縁側のある二室一組の座敷をもたなければならず、そのうちの一室は茶の湯のための部屋にあてられることになろうというのである。これらの座敷に続いて、更に二つの座敷がなければならず、その座敷に客人を持て成す世話をするパードレやイルマンが住むことになるのである。そうすることによって、彼等が何の不便も感じずに、ただ扉を開くだけか、それとも前に現像する（姿を現わす）ことができるようにするためである。またこれらの座敷の縁側の前には立派にこしらえられ、かつ整備された庭がなければならない。そして縁側は部屋に入ったり出たりするようにするため、日本風にパードレやカザの他の召使が一方から座敷に入り、客人が他方から入るのに便利であるように、また客人がどちら側、カザのものがどちら側に座を占めなければならないかということが分かるように造られていることである。」

すなわち、接客用の座敷と茶室を一組につくり、縁側を介して庭園がなければならないというのだ。(四七)また、上座、下座にも留意していることに注目しなければならない。さらに続いて一五五頁には次のようにも記されている。(四七)

「こういった場所には、上述の領主たち専用の清潔な厠と、盃に関連するあらゆる道具の入っている一つの戸棚を備えた小部屋をもったもう一つの特別の茶の湯がなければならない。そこにはまた、台所では作ることができないし、また作るべきではない吸物とか点心とかこれに類したものを、この場所で作るのに使用される食膳用棚をもった炉が設けられてなければならない。大きなカザとかコレジヨにあっては、他のパードレたちやイルマンたちのために役立てられる部屋は、パードレたちの望むように、また皆の精神集中に都合がいいように、もっと深まった所に設けることができる。」

ここでいう「戸棚」とは「洞庫」をさし、また「小部屋」というのは「水屋」のことだろう。(四七)また「食膳棚を持った炉」についても触れられており、これらの描写はじつに良く茶室のしくみをとらえているとみられよう。このように、宣教師の住居には必ず茶室がしつらえられ、また宣教師自らも茶の湯の作法を身につけていなければならなかったことが明らかとなる。

10 南蛮屏風の中の茶の湯

前述のように、当時のキリスト教宣教師らの布教方針において茶の湯がかなり重要視されていたことは間違いない。それでは、実際にこれらの方針が守られていたかどうかについて、ここでは南蛮屏風の描写に添って観察してみよう。

南蛮屏風とは、主に狩野派の絵師によって描かれた長崎その他のカトリック教会の風俗と建物の絵図のことである。現在、世界中で約七十種ほどが確認されており、筆者はかつてそれらの屏風について詳細に考察したことがある。(四二) ここでは、その中から特に資料的信頼性の高い屏風をいくつか掲げてみたい。

まず、最も有名なおそらく長崎の教会を描いたと思われる大阪府南蛮文化館所蔵の屏風の描写に注目したい（写真18）。前の布教方針で、宣教師の世話係として茶室付の住院に住むことになっていた「同宿」とおぼしき人物が両手で抹茶碗をもち、二人の宣教師のもとへ運ぼうとしている描写である。(四二) 宣教師はイエズス会特有の黒衣を身につけ、鼻が高く、手には聖書とおぼしき横文字の本をもって語り合っているのがわかる。建物は日本家

写真18．南蛮屏風（南蛮文化館所蔵）部分

屋で、室内には水墨画のような絵が描かれたふすまと畳があるが、唯一最大の特徴は、屋根に高々と十字架が掲げられていることであろう。また、この建物の背後右側の室内（写真19）を見ると、脇の小部屋でキリシタンとみなされる武士が窓越しに宣教師へ懺悔しているのがわかる。さらに、中央の畳上で武士が礼拝している上、後の板上では別の武士の夫婦が祭壇に向かって十字を切っているのが見える。しかも、前に聖水器もあって、鴨居にはキリスト受難のシンボルである三本の釘が描写されている。

写真19．南蛮屏風部分

これらの詳細な描写からいって、日本人画家の想像で描かれたとは、考えようがない上、他の報告書や前述の布教方針ともよく一致していることから、やはりこの屏風は実際の姿を見て描いたと考えてまず間違いないだろう。

次に神戸市立博物館所蔵の狩野内膳作といわれる屏風を見てみよう（写真20）。この屏風の作者は、署名と印象から見てまず間違いなく、高見沢忠雄氏によれば、現存するすべての南蛮屏風の中でも最も写実性が高いといわれる[八]。また、この屏風の左隻右下に数人の宣教師の姿とともに描かれた老人について、山田無庵氏[一八]は千利休を描いたものと推考されている。ここで注目したいのは、同左隻右上の教会堂の描写である。

写真20．南蛮屏風（神戸市立博物館所蔵）部分

まず、外観は、前掲の屏風と同じく、日本家屋の屋根上に金色に輝く十字架をつけており、間違いなくキリスト教会であることがわかる。次に室内に目を移すと、神父がちょうどミサを行なっているのが見える。壁に水墨画が描かれ、床は畳敷であるが、神父は立っており、白にストライプの入った司祭服をまとい、聖パンを高々とかかげて祈りをささげている。室内中央には祭壇がまつられ、燭台やカリスが正しい位置に忠実に置かれている。また、神父の隣りには控えのイルマンが座し、ロザリオをもった武士や法体の人物らがそれを取り巻いて座っているのがわかる。

さらに目を左上へ転じると、教会堂の二階内部が描かれ（写真20）、西欧人宣教師が聖書を手にして説教をしている情景が見える。注目したいのは、その左の手摺りごしの廊下に茶椀を運ぶ「同宿」の姿があることであろう。やはり、この屏風においても、教会堂に茶の湯は欠かせない描写となっていることがわかる。

このような南蛮屏風に茶の湯の描写を描く傾向は、他にも多数見られ、例えばサントリー美術館所蔵の狩野山楽作の屏風の右隻右の屋根に十字架をかかげ、庭に南国のソテツの植えられた教会堂の一階に茶室とおぼしきものを発見することができる。(四二)このように見てくると、やはり前述の布教方針にあった、教会堂には必ず茶室を設けて茶の湯で客をもてなすという事項は確実に守られていたといってよいだろう。

11. 宣教師の見た「茶の湯」

前掲の布教方針や南蛮屛風を通して見てきたように、日本文化の中で宣教師たちが最も重要視したのが茶の湯であったことはいうまでもない。中でも特に深く研究を重ねたのは、前宣教師・ジョアン・ロドリゲスであろう。彼は一五六一年頃、ポルトガルで生まれ、一五七五年に来日したときにはまだ十四歳の少年で、それも宣教師ではなかったといわれる。(四八)しかし、その後キリシタン茶人・大友宗麟のもとに身を寄せ、日本のキリスト教学校（コレジオ）で教義や日本語を学び、一五九一年には宣教師兼通訳として、はじめて秀吉に対面している。(四八)秀吉は、この人物を、たびたび招き寄せており、朝鮮侵略の名護屋の陣にも姿を見せたという。また、秀吉同様家康にも好意をもって受け入れられ、キリシタンの国外追放のため、ロドリゲスが帰国したことを知って呼び戻そうとしたほどであったという。(四二)

ロドリゲスの語学力はかなりのものであったらしく、一六〇八年には『日本大文典』全三巻を日本で出版している。(四八)そして一六三四年に亡くなるまでの晩年、『日本小文典』などとともに著わしたものが、問題の『日本教会史』である。(四八)一六二〇年

(四八)『南蛮史談』岡田章雄　一九六七年、人物往来社。

に着手されたというこの著書は、教会史ではあるけれども、その内容は日本の歴史、地理、風俗など多岐にわたっており、全三十五章のうち三十二章以降の四章は、特に茶の湯に関する記述となっている。しかも、単なる茶道の形式的な紹介ではなく、茶の植物学的考察にはじまり、医学的効能や茶の湯の精神にも触れ、本格的な論文といっても過言ではないのである。それらのすべてをここに掲げることはできないが、一部興味深い記述を以下に紹介してみたい。(四七)

まず、第三十二章は、「茶を飲むことに招待する方法について、茶とはどのようなものか、その礼式が日本人の間で極めて重んぜられていること」というタイトルで、その第二節には次の記述がある。(四八)

「まず、乾かした、もしくは焙った葉を黒い石の臼で細かい粉にした緑色の粉末である。ことにその目的のために良く作られている臼があり、それをチャウフと呼んでいる。茶の臼の意味である。このようにして碾《ひ》かれた緑色の粉末を、そのために用いられる見事な漆器の小筥または土製の小さな壺に容れ、そのために使われる竹製の小さな匙で、この粉末をとって、一匙か二匙器に入れ、その後で、上から、そのためにいつも用意してある沸騰した湯をそそぐ。そしてそのために調えられている竹製の小さな刷毛で優雅に上品にそれを攪《か》きまぜる。」

これらの描写は極めて詳細な観察といってよいだろう。また茶器についても次のよ

うに記している。(四七)

「日本人の間ではこのような茶の用法が、全国にわたって上流の人の間に、ひろく一般に行なわれているので、すべての貴人、王侯、坊主の僧院は、その家に、そのための特別の場所を設けている。そこには鋳鉄製の釜のついた炭火の籠があり、その釜の中には、茶のために、いつもきわめて澄んだ熱湯が沸いている。またその熱湯を調節するための冷水を入れた瓶、飲むための磁器、その他茶を飲むように整えるために必要とする一切の道具が置いてある。たとえば茶の粉末を入れる小箱や壺、竹製の匙、また攪拌するために使う竹製の刷毛、碾くための臼、そしてこれらの道具をすべて保管しておくための台、もしくは食器棚などである。そして、客人のために茶を用意することを仕事としている人が、いつもそこにはひかえている。」

これらの記述に引き続き、第三十二章は「日本人の間に茶に招待する一般の方法について」と題され次のように述べられている。(四七)

「この接待のためには、時宜に応じて、通俗的に豪華に飾り立てられた広い客間や部屋は用いられない。また華美な食卓用品やりっぱな器なども用いられない。その代わり、この効果に応じて、その家に近い、同じ囲いの中にある藁や茅で葺き、森からとってきたままのような、加工を施さない材木で作った小さな小屋がある。その材木は独特の方法でたがいに組み合わされ、一部は古い材木を用いて、時の流れによって寂びた僻地の古びた部屋または閑居のように模している。またその閑居の、自然のもの、なんら人工を加えず、華麗にわたらない、むしろ、自然の古びたものを用いて野趣を示している。もてなしのために使う瓶や器も、金や銀その他貴重な素材を用いて豪華に光り輝くように造られたものではなく、土や鉄で造られ、光沢も装飾もない。また光沢や美しさによって、自然に食欲をそそるようなものはない。それにもかかわらず日本人はその天性である沈鬱性に応じて、思考をめぐらし、その中に含まれた奥深い意味を探し求め、獲得する。」

また、

「日本人は、この茶への招待の方法を大そう喜び、多くの富を費やすので、前に述べた粗末な家を造り、またこの茶の方法に人を招くのに使う必要の品じなを買い求めるために大金を費やす。」

とも記し、「わび」の精神に言及しているのである。(四七)さらに具体的な描写としても、第一節「茶に招待することの起源およびそのことに使う器物の高価な理由」として次のように記されている。(四八)

「特別の保養と慰安のために、いっそう奥まった小さな家を造り、もっぱら茶を整え、それを飲むための道具を置くことにした。すなわち銅製の籠、茶の熱湯のための特殊な形をした鋳鉄の釜、釜の水が減った時に、そこからそそいで殖やし、またその熱をさますための冷水を容れておく瓶、粉末の茶を入れる小さな器、茶を整える時に磁器の中にその粉を入れる小匙、茶をかきまぜて熱湯の中に溶けこませるための美しい竹の刷毛、茶を飲むための種種の磁器と盆、ある種の木の炭を容れる箱、水を容れた釜をあたためるかまどには、ただ炭火だけを使うので、その火勢を強めるのにこの炭を用いる。その他そこで茶を飲むために必要とするすべての品じなである。そして、彼を、世を捨て公的生活を離れた隠遁、孤独の人として訪れる貴人達を、個人としてもてなすのである。この家は小さくまた材料も田園の孤独の生活をおくるにふさわしく、華美なものではない。しかし、造作はすこぶる美しい優雅なものである。一辺が十二パルモある正方形で、四畳半の畳を敷き、その各々の畳は長さ八パルモ、幅が四パルモある。前に述べた道具や器は、わざわざ、その素材の美観や珍奇さを示さないように置かれている。すべてが土や鉄、銅でできているからである。こうした淡白さは、この人物にあまりふさわしくないように見えるが、それは、つぎの一つのことからである。

第一に、これらの道具や器、器具の大半は外国製のもので、日本で作られたものではない。第二にその一つ一つが、その調和といい、容積といい、形態といい、あたかも、この家における茶の器として、それ以外のためにではなく、わざわざ造られたかのように見える。たとえ実際には、その土地でそれを作った工匠には、そういう意図はなかったにしても。また、その材料は質の極めて優れたものであり、工匠もその技術の卓越したものである。」

一方第二節では「現在流行しているスキと呼ばれる茶の湯の新しい様式、その起源、一般の目的について」と題して、次の記述がある。(四八)

「茶の湯の作用は絶えず改良が加えられ、東山殿の古い作品の中、ある部分は改められ、大して重要でないことがらは削られ、他の新しいものが付け加えられ、彼らにとって適切と思われる別の形のものができ上がった。それが現在、数寄《スキ》と呼ばれて一般に行なわれているもので、それを行なう人を数寄者《スキシャ》、それに用いられる道具を数寄道具《スキドウグ》と呼ぶ。この数寄《スキ》という言葉は、すくという動詞から出た言葉で、その意味は、渇望する、愛好する、楽しいことに心を傾けるということである。別に説いたように茶の湯を業とする人たちは、改革したり、何か新しいことを付け加えたりする場合に、その改変や付加を行なった理由を、決して言葉によっては示さない。この仕事に通暁するために、その専門家は、然るべく行なうことがらの理由とか原因とかについて、言葉で明らかにせず、ただそれを行なうことによって示し、すべてを学ぶ人たちの思索と論議とに委ねる。そしてこのようにして、その理由ができ上がるように思われる。それは、禅宗の師が、その道を学ぶ人びとに対してその教義を示すのに、ただ、数寄《スキ》によってそれを行なえというのと同様である。それは自分でよいと思い、気に入ったようにということである。こうして到達した人は数寄者衆《スキシャシュウ》と呼ばれる。このような話法は日本では一般、普通のことである。そこで、ある者が正しいやり方からはずれたことを行ない、その理由を付することを望まないときには、それを数寄《スキ》という。すなわち、彼はそれを好み、それが気にいっている、それが彼には良いことと思われ、彼はそれを嗜むというのである。」

次の第三節になると「数寄に要する多額の費用と主にそのことに従事している人びとについて」と題し、茶室についても次のように触れている。（四八）

「小家は狭く、十二パルモの方形で、四畳半余の畳を敷いている。他のものは、片側が外部から茅でおおっている。内部の天井にはくすぶった古竹を用い、古めかしさを装う。したがって、その建築は金がかかっていないように見える。その家を建てるだけに数百クルサドを費したなどとはとても信じられない。すなわち、適当な材料を、いろいろな土地から多くの労力を費やして探し求め、ただそのことだけに従事する特殊の工匠の手でそれを削り、言葉に尽くせないほどすばらしい用材に仕上げる。そして、ただこの家を造り上げるだけで、長い時間を、むしろ数カ月を費やす。畳を敷き、壁を塗り、細い竹や柳の垣を結び、こうして実際きわめてすみやかに、美しい木造の家が完全に整い、でき上がる。これがもっぱらこの道を業とする人びとの家である。」

また、茶室の露地についても次のように述べられている。(四八)

「林や、そこを通って小家まで行くための道路を築造するに当たっては、遠隔の地から、特定の種類の、特定の形の木を探し求めて、それをそこに植え込ませる。ほかのものでは役に立たない。それが根づいて、そこに自然に生じたような林ができるまでに、たくさんの費用がかかる。とりわけ通路に敷きつめる石であるが、それは粗末な、採掘されるものとはいえ、ある形状と気品、端正を自然に備え、きわめて遠い土地で探し求めた特定の種類に属し、精選されたものをかなりの価格で買い入れる。また、それらの石の中には、水たまりおよび粗末な石の凹みで、手を洗うためのものがある。それに適合するものはきわめてまれで、価格も高い。また、林の通路から中にはいる門の建築もある。その門はごく小さいが、金がかかっている。また中にある、ある種の木の台、そこは客人が中にはいって通路の門をとざし、低い声で話しながら坐る場所であり、またそこから、中で述べる辞儀を考えるために、林や通路に出る場所でもある。同時にまた、竹造りの厠とその支柱も、特別清浄に工夫され、手がこんでいて、金もかかっている。」

そして、つぎの第三十四章は「特別に数寄の家の茶に招待すること」として、その前書きでワインと茶の比較を行なっているのが興味深い。[四八]

「それはちょうどわれわれのあいだで、十一月の聖マルチノの日（〇十一月十一日）に友人たちを招待して、葡萄酒を開き試飲をするのと同様で、日本人は十月以降になってから、高い涼しい山の中に蔵っておいた茶の壺を持って来させる。そこで夏の暑さを過ごさせ、茶をいっそう強力に、またその色をいっそう緑濃くさせるためで、茶にとってそれは望ましいことなのである。そして最初の大きな饗応を行なってその壺の口を開く。」

この他、茶会の一部始終についても詳細な観察記があり、少し長くなるが掲げておきたい。[四八]

「茶の家は小さいので、一度に多くの人びとを収容できない。そこでひとり、二人、三人、多くとも四人を招待するだけである。その人に、短い慇懃な手紙を送り、その中で、一度茶を飲むことに招待したい、来臨の栄を賜わらば、彼にとって大きな恩恵であるといい、日と時間すなわち、朝か、日中か午後かを指定する。招待を受けた人は、同様の形式で返書を送り、茶への招待を図って貰った恩恵を謝し、必ず参上する旨を述べる。そしてその招待に行くより前に、自分から出かけて行って、茶への招待の謝辞を述べる。もし招かれた人がきわめて高貴の場合には、手紙でそれを行なう。

指定された日、その時間にそれぞれの人は、清浄な礼服を着け、俗人は頭の一部を剃り、また隠居inkioした人や坊主《ボンソス》は、頭と髭を剃り、新しい足袋を履いて、特別の門のところへ行く。その門をはいれば林に通ずる。その林の手前の空地や塀は、さわやかさを与えるために新たに、清掃され、水が打たれている。門は小さく低く、ひとりの人が深く腰を屈めて、ようやくくぐれるほどである。その門の前に、清浄な自然石が一つ置いてある。そこで客は、林にはいるに先立って履物をぬぎ、新しい清浄なものと履きかえる。水を打ってきわめて滑らかになっている道の石を汚さないためである。それまで門は内側から閉められている。家の主人が現われて戸を開き、外の人をそのままにして、歓迎の挨拶をして門を閉める。しかし鎖さない。それから、ただそのために林の中にある、他の特別の道を通って家の中に引き込む。この道は、茶の小屋にはいるときにも出るときにも使われない。使がいってしまうと客は門を開き、中にはいり、ふたたび門を鎖し、それから暫時、そこにある野外桟敷の中に腰をかけて、休息しながら林を見る。そしてそこから林の中の道を通り、そこにあるものについて静かに瞑想しながら茶の家まで行く。すなわち全体の林、無造作の姿をした特別の木々、土地、道の石、手を洗うための自然石の石槽などである。この石槽の中には、きわめて清冽な水が溢れ、器を用いてそれを手に注ぐのである。もし冬ならば冷たいので湯が入れてある。そこで好きに手を洗う。そして小さな家の戸口に達する。戸口は閉められていて、地上から少し高いところにあり、一人の人が身を屈めてようやくはいれるくらい小さい。そこで扇（abano）と短刀とを帯から脱して、戸外の、そのためにある棚様のものの中に置き、中にはいるために戸を開き、互いに誰が先にはいるか挨拶を交し、そこで履物を脱いで一同が中にはいる。主人はそこにはいない。ただいくつかの茶の道具が置いてあるだけである。それから沈黙したままそこに在るものをじっと鑑賞する。まず最初に各人が中央の床Tocaのところへ行き、そこに古い銅の器、または一定の形をした古い籠に入れて置いてある花を見る。それからそこに懸けてある絵画または文章を書いた額を見て、書いてあることを考察し、またはその意味について熟考する。その後、炉、釜、燠炭や灰の状態を見に行く。その炭や灰は言葉にいい現わせないほどきわめて優美に典雅に調えられ、すこぶる美しいものである。その後、その近くにあるそれぞれの品や家の中を見る。柳の枝を取り付けた竹の窓、煤けてはいるが美しく調和を保っている竹の天井、家の木材のわん曲、その他、この隠宅に在る他のすべてのものである。それから無言のまま自分の席に坐る。

すべての人が見終わり、席に着くのを待って、家の主人はその小さな家にはいるための内側の戸を開き、彼らに対して、その隠宅を訪れたことを感謝し、人びとは招待を受けたことを感謝し、短い適切な言葉を重々しく丁重に述べる。それから家の主人は立ち上がり、炭をそのための器の中に移し、また灰を、銅で便利に作られた匙を用いて他の器に移す。それから炉の釜をとって側に置き、新たに炭を置きはじめる。（それはある木でできていて、すぐに火が付き、決して火花を散らさない。すべての炭が、きわめてうまく作られた鋸で引いてある。そして丸い木が、それを焼いて炭にする前の、自然の形そのままになっている。）すべての人が近寄って、炭を置くのを見る。それは、特殊の方法で行なわれるので、僅かな量の炭を一つ一つ組み上げ、その周囲にきれいな灰を、見た目に美しいように注ぐのである。それから釜を元に戻して置き、湯の中に新たに水を注ぎそれを沸騰させる。灰の中にきわめて香りのよい少量の香を置き、火の状態に応じてそれを整え、それが燃えずに室内に芳香を満たすようにする。それが終わると、器を集めて奥にしまう。ある器は、大きな羽毛を使って掃ききよめる。やがて戻ってきて、客人に向かって茶を飲むための食事の時間になったことを告げてから奥にはいり、手ずから膳を運び、それぞれの人の前に据える。

まず最初の膳は米と鶴の汁Xiroと、他によく調和した立派な食品二種とできわめて美しく調えられている。やがて第二の膳が運ばれる。それには珍しい小鳥または魚の汁と他の食品が載っている。しかし、どれも量は余さずに食べてしまえるほどで、食品の数も二、三品に過ぎない。各人が欲するだけ飯をとれるように、そこに飯を入れた器を置いてから、食事をしている客人を残して、奥に引き込み戸を閉めてしまう。彼らは必要のあることを低い声で話すほかは、たがいに話をせず、きわめて静粛にしている。ときおり、家の主人が出て来て、汁をもっと希望するかをたずね、それを求めに行く。やがて熱い酒を入れた塗物の口の付いた器と、それぞれの人の杯を持って来る。その杯を客人たちの前に置き、各人がその杯に手をとって、もっと飲むように勧めなくとも望むだけ飲めるようにする。すべての人が断わったところで酒を持ち去り、また戻って来て、汁の第二の膳を引く。そして最後に熱湯を運んでくる。各人は望むだけそれをとる。それがすむと膳を一つ一つ奥に持ち去り、つぎに各人が盆に自分で少量をとれるようになっている、食後の果物を持って来てから、奥に引き下がる。その果物を食べ終わると、客人たちは盆をひとつひとつ取りまとめて給仕用の戸の近くに置き、家を出て林へ行く。茶を飲む前に手を洗い口をすすぐためである。

家の戸は閉める。人びとが立ち去った後、家の主人は内側から戸を鎖し、手ずから小室を掃除し、花を取り換え、別の種類の花を置く。準備が万端整うと、戸を細目に開いて奥に引き籠もり、客人のはいってくるのを待っている。客人たちは手と口を洗ってから、ふたたび家の中にはいって来て、置かれたものや茶を飲ませるための道具類を最初のときと同様に、あらたに繰り返して見る。そしてふたたびそれぞれの人の席にきわめて静粛に着座する。家の主人が出て来て、茶を飲むことを望むかというと、人びとはそれに同意を示して感謝を現わす。必要な器を持って出て来る。絹の小袋で包み、中に碾《ひ》いた茶を入れた貴重な小壺を手に執り、袋を取り去ってから小壺を置き、陶製の器を洗い、拭い清めてから、その器の中に竹製の匙で茶を入れる。小匙二杯入れたところで、「良くないので薄い茶だが飲んで欲しい」という。そこで客人はたくさん入れるように頼む。それが優れたもので、このようにして飲むことを知っているからである。こうして十分な

第八章

だけ茶を加えてから、そのためにできている器から熱湯をとって、きわめて熱い湯を二杯注ぎ、竹の刷毛で混和する。それから客人たちの前の畳の上に置く。客人は、誰が始めに飲むかと互いに辞儀を交し、主立った人が最初にはじめ、三口飲んで第二の人にこれを渡す。こうしてつぎつぎに飲み終わるまで渡っていく。はじめて壺の口を開くときには、家の主人が、それがどのようになっているかを見るために、試飲をさせて貰うように請う。」

以上みてきたように、当時の宣教師が茶の湯を極めてよく研究していたことがわかる。前述の布教方針や南蛮屏風の描写とともに、キリスト教宣教師たちが、いかに茶の湯を重要視していたかがうかがえよう。

これらのポルトガル宣教師と日本の交渉を通して、多くのポルトガル語が日本語の中に取り入れられたことはよく知られているが、その反面、日本語からポルトガル語にはいったものも少なくない。例えばBonZo（坊主）＝仏僧、Camis（神）＝日本の王の意、Catana（刀）＝切る、Funê（舟）、Quinão（着物）＝東洋風寝まき、Uruxi（漆）＝漆、Xiro（汁）＝米のスープなど枚挙に暇がない。(二五)そして、茶のことをCha、茶碗のことをChavanaという点に、宣教師と茶の湯の深いかかわりをとどめているといえよう。

以上、明らかになった事項をまとめれば、おおよそ次のようになろう。

1．織田信長及び豊臣秀吉、徳川家康ら権力者たちが、キリスト教布教や南蛮貿易を通してもたらされた西欧文化と茶道を同時に推奨したことが両者を結びつける要因の一つになったとみられる。

2. 国際貿易港、堺を中心に近畿でのキリスト教布教が行なわれ、また堺の豪商を中心として茶道が発展したことが両者を結びつける要因のひとつになったとみられる。

3. 千利休の高弟のほとんどがキリスト教関係者であったとみられる。

4. 京都のキリスト教布教の中枢、下京教会建設に茶匠・高山右近が関与したことや、北野大茶の湯の地に上京教会が造られたことなど、京都を中心に茶道とキリスト教が結びつきを深めたとみられる。

5. イエズス会宣教師の布教方針においても茶道との結びつきを深めることを定めていたとみられる。

6. 南蛮屏風の描写にも茶道とキリスト教を結びつけるモチーフが数多く取り上げられているとみられる。

7. 宣教師・ジョアン・ロドリゲスによって、ヨーロッパに茶の湯の詳細な研究が紹介されたとみられる。

以上、七点をさらにまとめれば、茶道とキリスト教は相互に関与しあっていたということができよう。

第九章　茶道の作法への西欧文化の影響

はじめに

茶道を「侘び・さび」といった美意識にまで高めたのは、茶匠千利休であったことは周知である。前に著者は、この利休の茶道の兄弟弟子や、七哲と呼ばれる高弟の多くがキリシタンであり、桃山時代の日本において、茶道とキリスト教が密接に関与していたことを明らかにした[一]。

一方、これまでの章で数回にわたりキリスト教宣教師が日本にもたらした西欧文化の日本建築への影響を明らかにしてきた[二]。そこで本章では、茶道へのキリスト教を通じた西欧文化の影響の有無を明らかにしようとするものである。考察にあたっては、主に利休とその茶道の継承者の作法を比較することによって、そこに西欧文化の影響

(一)「茶道とキリスト教の関与について—近世日本建築の意匠における西欧手法の研究その八—」『国際文化研究』。宮元健次　第五号所収、龍谷大学国際文化学会編。

(二)『桂離宮隠された三つの謎』宮元健次　一九九二年、彰国社。『近世日本建築にひそむ西欧手法の謎「キリシタン建築」論序説』宮元健次　一九九四年、彰国社。『桂離宮と日光東照宮　同根の異空間』宮元健次　一九九七年、学芸出版社。『日本庭園のみかた』宮元健次　一九九八年、学芸出版社。「日本イエズス会士札法指針第七章について—十六世紀日本におけるカトリック宣教師の教会建築方針—」宮元健次　一九九一年、『日本建築学会計画系論文報告集』四二三号所収。『寛永期日本庭園にみられる同時代西欧庭園の影響について—近世日本建築の意匠における西欧手法の研究その一—』宮元健次　一九九七年、『国際文化研究』創刊号、龍谷大学国際文化学会所収。『桂離宮にみられる同時代西欧文化の影響について—近世日本建築の意匠における西欧手法の研究—』宮元健次　一九九七年、『国際文化研究』創刊号、龍谷大学国際文化学会所収。「遠州作品にみられる同時代西欧庭園の影響について」宮元健次　一九九七『近世日本建築の意匠における西欧手法の研究その三一九九七』一九九八年、『国際文化研究』第二号、

の痕跡を観察していきたいと思う。なお、かつて茶室の露地の造り方の変化に限って同様の試みを行なったことがあるが、[三] ここではそれに加えてさらに茶室そのものや茶碗、茶杓等の茶道具類、そして炭などの作法の好みまで、できる限り多くの視点から検証することを目的としている。

利休には七哲と呼ばれる弟子がいたことはいうまでもないが、実際にその直系として彼の茶道を現在まで伝えたのは三千家と呼ばれる流派である。一五九〇年、利休は秀吉の命令で切腹、その子・宗旦が千家を復興する。[四] 宗旦には四人の息子がいたが、次男の宗守は武者小路千家と呼ばれる流派として継承されている。[四] また、三男・宗佐は、紀州家に茶道指南としてつかえ、現在は表千家として受け継がれている。さらに四男・宗室は加賀前田家の茶道指南となり、裏千家として今に至っている。

以上、三千家に対し、徳川家につかえる将軍指南役として利休の茶を継いだのは古田織部であり、さらにその弟子として将軍指南になったのは、小堀遠州であった。これらの茶人たちの作法の好みを比較してみると、三千家は忠実に利休の手法を継承しているが、織部の手法は利休とは一線を画していることに気がつく。また、遠州は織部の作法をさらに発展させており、いいかえれば織部と遠州には継承があるが、利休と織部には断絶があったとみられ、これらをまとめれば茶の湯の作法は大きく千家系と織部・遠州系の二つに分類できるように思われる。

そこで、本章では、利休、織部、遠州の三茶匠の作法を比較することによって、

龍谷大学国際文化学会所収。

「桂離宮の遠州作否定説への疑問—近世日本建築の意匠における西欧手法の研究その四—」宮元健次　一九九八年、『国際文化研究』第二号、龍谷大学国際文化学会所収。

「龍安寺石庭の由緒について—近世日本建築の意匠における西欧手法の研究その五十四—」宮元健次　一九九九年、『国際文化研究』第三号、龍谷大学国際文化学会所収。

「書院造りにみられる遠近法的効果について—近世日本建築の意匠における西欧手法の研究その六—」宮元健次　一九九九年、『国際文化研究』第三号、龍谷大学国際文化学会所収。

「南蛮寺の復元について—近世日本建築の意匠における西欧手法の研究その七—」宮元健次　二〇〇〇年、『国際文化研究』第四号、龍谷大学国際文化学会所収。

「世界文化遺産・厳島紙社と西欧文化」宮元健次　一九九八年、『国際ジャーナル』第二号所収、龍谷大学国際文化学会。

「日本の伝顔美とヨーロッパ—南蛮美術の謎を解く—」宮元健次　京都新聞連載記事、一九九八年六月二十二日〜一九九九年九月二十七日（全五十二回）

『隠された西欧—江戸建築を読み解く—』宮元健次　二〇〇一年、世界思想社。

『建築家秀吉—遺構から推理する戦術と建築・都市プラン—』宮元健次　二〇〇〇年、人文書院。

「近世日本教会建築について」宮元健次　二〇〇〇年、『国際社会文化

そこにキリスト教文化の影響、すなわち西欧手法の有無を考察してみたい。以下、茶の湯の作法ごとに項目別に観察していこう。

1. 敷松葉

敷松葉とは、冬の間霜や雪から苔を守るために地面を落葉で覆うことを指し、茶室にいたるまでの露地の最も重要な作法の一つである。まず、利休の敷松葉に対する考え方について、『茶話指月集』(五)には次のように記されている。

「さる方の朝茶湯に、利休その外、まいられたるが、朝嵐に椋の落葉ちりつもりて、露地の面さながら、山林の心ちす。休あとをかへりミ、何もおもしろく候。されど亭主無功なれば、はき捨てるにてぞあらんといふ。あんのごとく、後の入りに一葉もなし。その時、休惣じて露地の掃除ハ、朝の客ならハ、宵にはかせ、昼ならば朝、その後ハおち葉のつもるも、そのまま掃かぬが功茶也といへり。」

すなわち、利休がムクの木の落葉がちりつもっているのを見て、まるで山林のようだとおもしろがっていたら、亭主が無功者で一葉も残さず掃き捨ててしまったという。その際、利休は、朝の茶会ならば前日の夜に、昼の茶会ならば朝に露地の掃除をして、その後つもった落葉はそのまま掃かずにしておくのが巧者であると言っ

研究所紀要』第二号所収、龍谷大学国際社会文化研究所。その他。

(三)『近世日本建築にひそむ西欧手法の謎「キリシタン建築」論序説』宮元健次　一九九四年、彰国社。

(四)『茶譜』内閣文庫蔵。

(五)『茶話指月集』

たという。つまり、利休は自然に風力や重力によって散った落葉の姿を賞でたのである。

そうした彼の考え方は、利休が桑山佐近に西行の和歌を引用して露地のコツを説いたという次の歌にも十分あらわれているといえよう。

樫の葉の　もみぢぬからに　ちりつもる
奥山寺の　道のさびしさ

さて、それでは利休の弟子の織部の場合はどうか。『宗春翁茶道聞書』(六)には、織部の敷松葉について「爰も織部流は、松葉斗いかにもまじりなきように、よりそろえまき候」とある。すなわち、織部はたとえどんな樹木の下であっても、必ず松葉のみをまざりのないように、それもそろえて蒔いたというのである。前述のように、利休は植物が新陳代謝で古い葉を落すという生理現象や、風や重力といった自然現象を重視した。それに対し、織部はこれらの生理、自然現象を否定し、松葉だけを「そろえて」「蒔く」という人工美を追求したのである。『茶譜』にも織部の敷松葉について、次に示すように赤い紅葉した松葉を一本ずつ揃えて均一に蒔いたとある。

「古田織部流路地植木ノ下、松葉ヲ蒔ク。松ノ色、赤ヲ一本宛揃エテ外ノ木葉并塵交エルヤウニシテ、成程ウキヤカニ惣ジテ平等ニ見ルヤウニ蒔ク也。」

（六）『宗春翁茶道聞書』

それでは織部の弟子の遠州の敷落葉はいったいどのようなものだったのだろうか。同じ『茶譜』(四)の記述によって比較してみよう。

「小堀遠州流路地、木ノ下ハ残ラズ松葉ヲ蒔ク。檜垣ニ蒔クト伝ツテ松葉ヲ一本宛揃エテ木葉・塵ナド少シモ交エザルヤウニシテ、成ホド細工ヲ専ニシテ少シ薄ク蒔ク　―中略―　蒔止ノ土際ヲ専ニ専トシテ蒔クナリ。然レドモ一本宛ナラブト伝ウニハ之レナク出入ナイヤウニ、其筋ユガマザルヤウニ手品ヲ尽スコト也。」

すなわち、遠州の露地では、織部のように均一に蒔くのではなく「檜垣」になんと模様をつけて蒔いたというのである。それも、もとの面と蒔いた面の境界線がゆがまないように気をつけて、細工を専にして「手品ヲ尽」して、極めて人工的に整形したのである。つまり、遠州の手法は、織部の人工化、整形化をさらに進めたものであるといってよいだろう。

中世以降の古本における作庭の模範であった『作庭記』(七)にも「生得の山水を思はへて」とあるように、まず自然に従うことが茶室の露地を含めた日本庭園全般の根本理念であった。例えば水は高所から低所へ流れ落ちるのが自然の摂理であるから、その写しとして遣水や滝がつくられ、自然の森や池をできる限り模した「自然風景式」庭園が生まれたのである。それに対し、同時代のヨーロッパにおけるルネサンス・バロック期の庭園は、自然を徹底的に人工化する「整形式」庭園であったこと

（七）『作庭記』。

はいうまでもない。例えば、重力にそむく噴水や模様状にパターンをもつ花壇に代表される西欧手法の採用である。

これら自然風景式と整形式の概念を、自然に散った落葉を賞でた利休の敷松葉にあてはめてみれば、一目瞭然前者に属することが明らかであろう。また、どんな木の下にも松葉だけを「そろえて」あるいは「模様をつけて」「蒔いた」織部や遠州の敷松葉が、この場合後者の整形式に属することは明白である。

それでは、このような敷松葉についての突然の理念の変化は、いったいどこからやってきたのだろうか。いうまでもなく、宣教師から西欧手法を学んだという宮廷付工人が遠州であったことから考えて、西欧文化の影響ではないだろうか。寛永期宮廷庭園の数々に、噴水や花壇、ヴィスタや幾何学形態を実現させた遠州が、同様の概念から敷松葉を模様をつけて蒔いたとしても決して矛盾はないといえよう。

2. 露地の植栽

第一節で見てきたように、利休の敷松葉は、日本古来からの自然風景式に順ずるものであった。利休のこのような態度は、なにも敷松葉に限ったことではなく、以下二、三節を通して観察するように、露地の植栽全般に一致したものであったとみられる。例えば、利休の作法を忠実に継承した細川三斎は『三斎伝茶書』(八)の中で

(八)『三斎伝茶書』

「露地に、能き木許植え、作木又色々の形に、苅抔して置くこと、露地には悪し。又南天抔沢山に植えるも不レ宜。」

と述べ、露地の木を作木すなわち刈込んだり、作為的に用いるのを避けているのである。ところが、利休の弟子の織部になると『織部聞書』(四)によれば

「内外ノ路次ニ作木植事、夢々不レ可レ有レ之。又ヲノレト曲タルハ可レ植。」

といって、刈込みや曲げ木といった樹木の整形をよしとしている。この刈込みは、室町時代から「籠《こみ》」と呼ばれてわずかに行なわれていたに過ぎず、織部がはじめて茶室の露地に持ち込んで、その後露地に限らず日本庭園全体に大流行したものとみられる。一方、同時代のヨーロッパでもちょうどルネサンス・バロック庭園で大流行していた手法であり、突然織部が露地へ刈込みを持ち込んだことへの影響もないとは決していいきれない。

それでは、織部の弟子の遠州はどうかというと、『細川家記』(一〇)によれば、江戸城内の二の丸庭園の露地において、刈込みをさらに切り抜いて風景を眺めさせたといい、織部がはじめた露地の植栽の人工化、整形化をさらに先へすすめていることがわかる。このような傾向は、刈込みに限らず、樹木の種類にも同様の兆候が見られる。

ここでは、古来最も日本庭園で用いられてきた竹を例にとって観察してみよう。

(一〇)『細川家記』

まず利休は、『茶話指月集[五]』によれば「宗易の露地の樹は、凡、松竹、した木には茱萸をうへたり」とあって、日本を代表する樹木の一つである竹を重んじていることがわかる。しかし、織部になると、『織部聞書[九]』によれば、

「内路地ニ竹ヲ植ル事、大竹抔ハ一段見事成故、古ハ植ル由ニ候。古織以来不好。嫌也。葉落テ掃除難㆑成故也。根篠ハ内路地ニ植候也。」

と記され、露地に竹を植えることを嫌っていることがわかる。竹が古来、日本庭園において重視されてきたことはいうまでもない。にもかかわらず、織部は竹を避けたのであり、いわば日本庭園の一手法を否定しているといっても過言ではない。

それでは織部がどんな樹木を自らの露地に植えたのかというと、『織部聞書[九]』によれば

「内外ノ路地ニ、椶櫚、蘇鉄　可㆑植也」

といい、熱帯地方原産の輸入品であるシュロやソテツを好んで植えていたことがわかる。

ソテツが日本において植裁として用いられた初見を調べると、一五七七年に宣教師が建立した京都の教会が挙げられ、その姿をほぼ正確に描いたといわれる神戸市立博

（九）『織部聞書』

物館所蔵の「扇面南蛮寺図」をみると、庭にソテツが描かれていることがわかる。この他、サントリー美術館所蔵の南蛮屏風に描かれた長崎のキリスト教会の庭にもソテツが描かれていることからも、ソテツを日本庭園に用いる契機はキリスト教会にあったとみてよく、西欧手法の一つとみなしてよいだろう。なお、『織部聞書』[九]には

「内外路次ニ、唐木ハ何レモ植ル也。葉ノヲツル木成トモ可レ植。唐木ニハ実生候モ植也。」

と記され、この中の「唐木」というのが、おそらくソテツやシュロを指していると

図1.「織部好み露地図」写し(部分)本圀寺所蔵

写真1. 桂離宮のソテツの植栽

見てよい。「本圀寺　古田織部好み路地」（図1）を見ると、後述する織部（キリシタン）灯籠と共にソテツが描かれていることからも明らかであろう。すなわち、織部は利休の露地を含めた従来の日本庭園につきものの竹を否定し、そのかわりに西欧手法であるソテツやシュロの植栽を好んだことになる。

それでは、織部の弟子の遠州はどうだろうか。ソテツが教会に用いられた後、資料上に二番目にあらわれる事例は、一五八七年に秀吉が建てた聚楽第を描いた「聚楽第図」に指摘でき、また三番目は秀吉の伏見城の「ソテツ計ノ路地」（『宗湛日記』一五九七年の条）であり、これらも宣教師を通じたポルトガル貿易の輸入品であろう。そして、四番目は『義演准后日記』[一一]の一六一七年の醍醐寺三宝院にソテツを植えたという記録で、前に詳述した通り、一六一六年の同記録には花壇を造ったという記事もあり、同じく秀吉の命によって、あの遠州の配下賢庭が作庭したものである。しかも、賢庭という名は、前述のごとく数々の西欧手法のみられる寛永度宮廷庭園の造営での優れた働きによって、宮廷付工人・遠州に西欧手法を伝えるよう命じた後陽成天皇から褒

写真2．二条城のソテツの植栽(著者撮影)

（一一）『義演准后日記』宮内庁書陵部蔵。

美として与えられたものであり、この賢庭も遠州同様西欧手法を学んでいた可能性が高い。そして、森蘊氏[一一]や久恒秀治氏（『桂御所』一九六二年新潮社）によれば、この賢庭はおそらく桂離宮の造営にも参画したと推測されているが、現に桂離宮にソテツの植栽が残されている（写真1）。遠州は、一六〇二年、二条城二の丸御殿の庭を担当したが、その建物は各書院が雁行して配され、あの桂離宮書院群の配置と酷似している。この御殿の大広間と黒書院の間に、現在「蘇鉄の間」があるが、ここにはソテツが植えられている（写真2）。また、遠州設計の寛永度仙洞御所にも植えられており[一二]、いわばソテツは遠州の名刺がわりであり、遠州を通じて日本庭園に拡大したといっても過言ではない。さらに、遠州は織部が好んで用いたソテツに加え、仏洞御所の花壇にロウマ桜等のかつて日本庭園に用いられたことのないヨーロッパ産の草花を植えているのであり、織部の植林における西欧手法をさらに先へ進めたものといえよう。

3. 露地と茶室の色彩

利休がわび・さびの美意識を完成するのに強く影響したのが、秀吉の成金趣味にあるとよく言われる。当初、師・紹鷗の四畳半の茶室を使っていたにもかかわらず、秀吉が有名な黄金の茶室を組み立てさせて行なわれた一五八六年の禁中茶会には、それまで必ず出席していた利休が突然、欠席している。その後、利休はさらに小さ

（一二）『義演准后日記』宮内庁書陵部蔵。

な二畳敷の簡素な草庵茶室をつくり、侘びの世界を開いて黄金に傾く秀吉をいましめたものとみられている。それゆえに、利休は華やかな色彩を極端に嫌ったらしい。

例えば、彼の茶席での衣服は、白い着物に墨色の袖なし、頭には黒い頭巾をかぶっていたのは有名である。また、彼が好んで長次郎に焼かせた茶碗も黒色の楽焼きであったのは周知であろう。そして『細川三斎御伝受書』(一三)によれば

「樹に　桃、枇杷、利休ハ　嫌ひ候。廬路には、松、樫、山ぐミを植候と　披仰候。」

といって、露地には桃やビワ等の色のついた実のなる樹木を嫌い、さらに

「利休か廬路に、杉ハ色めいて悪敷とて植す。但廬路より見へる所ニハ、植候と披仰候。」

と記され、杉の木さえ色めいてよくないと言ったという。

それに対し、その弟子の織部は、前に触れた通り、敷松葉に紅葉した赤い松葉を蒔き、そればかりか、赤い実を結ぶ木をはじめて露地に持ち込んだのである。『織部聞書』(九)には次のように記されている。

「内外ノ路地ニ常磐木ニテモ、実ノ付ケタル木ハ惣テ植エズ。楊梅、枇杷、橘柑、

(一三)『細川三斎御伝受書』

柚子、蜜柑、久年母抔一ツ植ウ可キ也。」

すなわち、実をつける樹木を露地に多く植えず、一本のみ植えるように説かれているのであり、アクセントとしての効果をねらっているのがわかる。楊梅は赤色、枇杷、橘柑、柚子、蜜柑、久年母はすべて黄色の実を結ぶ。いいかえれば、杉の色さえ嫌った利休に対し、織部は赤や黄色の実を結ぶ樹木を露地にもち込んだのである。

また、同史料には次のような記述もある。

「深山樒ハ花ハ之レ無シ。赤キ実、生ル也。一、二本植ウ可シ。」

すなわち、赤い実のなる深山樒を一、二本植えよと説いている。フロイスによれば(一四)「われわれはわざわざ庭に果物のなる木を植える。日本人はその庭にただ花を咲かせるだけの木を〔植えることを〕むしろよろこぶ。」といい、この記録は一五八五年のもので織部の時代と重なり、当時庭に実のなる木を植えることは、いわば西欧手法であったことが明らかになるのである。さらに、『織部聞書』(九)には次のようにある。

「外路地下腹雪隠ノ壁抔ニハ蘿抔這掛リ候事紅葉シタルハ見事成物也。」

(一四)ルイス・フロイス「フロイス覚書」岡田章雄訳注、『ヨーロッパ文化と日本文化』一九九一年、岩波書店所収。

すなわち、織部の外露地下腹雪隠の壁にはりつくツタの紅葉のため、壁面に色彩的効果をもたらしたことを見事であるという。

一方、織部が露地に持ち込んだ色彩は、なにも樹木に限ったことではなく、飛石や畳石にもおよんでいる。同史料によれば、

「踏石二ツ同ジ大サ悪シ。大小長短有ツテ吉シ。一ツ長ク一ツハ丸クナド猶面白シ。石ノ色ナドモ替タル吉シ。」

とあり、石は大きさや形だけではなく、色にも変化をつけることを説いている。また

「畳石旦ノ内ノ石ハ大小ヲ交エテ乱ニ間々ニ打込ム也。丸石、角石如何様成モ、又黒白赤色何レモ苦シカラズ。」

ともいい、畳石についても形の変化だけではなく、黒、白、赤等の色の変化をといているのである。さらに、

「五色ノ石ノ事、同五色ノ筋抔之レ有ル石用ウ也。能也。」

ともあって、五色とは一般に赤、青、黄、白、黒をあらわすことから、極めて豊かな

色の石を用いていたことがわかり、現に、織部好の燕庵の露地には腰掛前に赤い石が置かれている。

それでは織部の弟子の遠州の露地の色彩はどうだろうか。『茶譜』(四)によれば、「細工ヲ尽シ、奇麗トバカリ心得テ」と皮肉ったあとに次のように記している。

「飛石ハ大形御影石、根府川石或ハ海石、川石、種々色替有ツテ取添テ用ウ。」

すなわち、さまざまな色の異なる石を取りそろえて用いたというのである。また、『茶譜』(四)によれば、遠州は雪隠や腰掛にかけた箒の中に華やかな色彩を用いていたという。現に、藤村庸軒が遠州の茶会で、腰掛の箒に金の皮を巻いた紫の竹を用いていたことや、塵穴の中にモッコクの紅葉して赤くなった葉が入れてあったのを目撃しているという(一五)。

また、遠州好の閑雲軒の縁には「花毛氈敷」があり大変華やかであったという。さ

写真3．修学院離宮・上御茶屋・隣雲亭の「一二三石」

(一五)『日本の庭園』田中正大　一九六七年、鹿島出版会。

らに、遠州の設計した後水尾院の仙洞御所についても『鹿苑日録』[一六]によれば、

「御庭段々石を畳む。花の下種々色を換えたる石を鋪く」

と記され、色の異なる石を敷いていたことがわかる。この記述と同様の意匠が同じく後水尾院の修学院離宮の上御茶屋の茶亭・隣雲亭にあり、「一二三石」（写真3）と呼ばれ、赤や黒の小石が模様をつけられて華やかに床に埋め込まれており、遠州の関与が見え隠れしている。[一七]また、前に遠州関与の可能性を示唆した桂離宮にも酷似した意匠があり、書院群の入口、御輿寄の沓脱石の周辺には、色とりどりに栗石が所狭しと敷きつめられているのである。桂離宮の露地には、この他にも色彩が満ちあふれ、例えば、松琴亭の黄土色の戸や紅色の外壁、月波楼の黄土色の屋根裏、さらには御輿寄瓦塀はもと薄桃色であったという。[一八]このように見てくると、利休の嫌った色彩を織部が露地に持ちこみ、さらに遠州が大幅に発展させたことがわかる。

一方、このような色彩の変化は、単に露地に限ったことではなく、茶室の内部や、後述するように炭手前等にも同様に観察することができる。例えば、茶室の室内について、堺の利休屋敷では『細川三斎御伝授書』[一三]によると「松ノ角柱ニモ色ツケズ」といい、柱や板への色付けをしなかったといわれる。また『茶譜』[四]によれば、

「利休流蒲天井荒々ト編テ、色付ナリ。煤色也」

（一六）『鹿苑日録』宮内庁書陵部蔵。

（一七）『修学院離宮物語』宮元健次　一九九四年、彰国社で詳しく考察した。

（一八）『桂離宮』森蘊　一九五五年、創元社。

といって、色をつけたとしても煤で古色をつけただけであったことがわかる。その他壁等にも「聚楽壁」というくすんだ抹茶色を好んだことは周知であろう。
　このような無彩色に近い利休の茶室の内部に対し、弟子の織部ではどうであっただろうか。『茶譜』(四)には彼の茶室について次の記述がある。

「赤土ニテ塗ル也。数奇出候時惣テ新舗上塗ヲスベシ。古ヲモ其ノママハ悪シ。又柱際バカリ上塗ヲシテ、中ヲ色紙ノ如ク置タルモ面白キ事也。惣テ柱際バカリヲ塗廻ス也。」

すなわち、赤土で塗り、茶会のたびに新しく塗りかえたというのである。また、上塗をする時には、全面を塗らずに色紙のように四角く塗り残しておくのも面白いといって、まるで西欧のペンキ塗り壁のような意匠であったことがわかる。
　それでは、織部の弟子の遠州の場合はどうであったかというと、『古今茶道全書』には「遠州指図也」として、あの桂離宮の松琴亭一の間の襖と床の間の青白

写真4．桂離宮・松琴亭一の間・青白市松模様の襖

第九章

市松模様が描かれている（写真4）。この紙張付けは、遠州が茶道指南をしていた当時の前田家より贈られた加賀奉書紙であることからも、遠州の好みであったことは間違いない。桂離宮が遠州作であるかはともかくとして、セシリアンブルーと白の市松模様の襖は遠州好の茶室には欠かすことができないものであったことがわかるのである。

以上をまとめれば、利休はほとんど無彩色の茶室をつくり、その弟子の織部は赤くペンキのように彩色し、さらにその弟子の遠州にいたっては、青と白のチェック模様を茶室に持ちこんだことになる。いいかえれば、利休から織部、遠州へ移るに従い、茶室の室内についても自然色から人工的な有彩色へ、さらに整形的、幾何学的に劇的に変化しているのである。このような色彩における変化も、やはりここへきて突如発想、実践されるというよりも、むしろ織部、遠州へのキリシタンあるいは南蛮貿易を通じてもたらされた西欧文化の影響ととらえた方が自然であろう。

4. 飛石と延段

露地の地面に間をあけて並べた踏み石を飛石といい、また大小の石を漆喰で固めた細長い矩形の飛石を延段という。利休は、飛石にはもっぱら自然石をそのまま用いた。例えば、旧態をよくとどめている上、利休好みの最も表われている茶室である妙喜庵・待庵の露地を見ても、丸みのある自然石のみを飛石に使っている（図2）。また、孫の宗旦が利休の四畳半茶室を忠実に写した裏千家の茶室・又隠の露地をみても、やはり自然石を加工せずにそのまま飛石にしていることがわかる。前述の敷松葉と同様、利休は飛石についても「生得の山水を思はへて」という日本の自然風景式の露地づくりに徹していたのである。

それでは利休の弟子・織部の飛石はどんなものだったのだろうか。『織部聞書』[九]には彼の飛石について「自然石に切石遺交エテ居ル事苦シカラズ」とあり、自然石に切石を混ぜて使ったことがわかる。また、延段（畳石）についても

「タタミ石ノ耳ニ、白河石ヲ以テ其ノ長サ五六尺幅一尺三四五寸ノ切石ヲ取合セテ居ル。」

とある上、さらに『茶譜』[四]にも

「古田織部流タタミ石、白河切石、長サ六、七尺或ハ八、九尺モ之レ有リ。石ヲ両方ノ耳口ニ取合ス。其外ハ摂州勧影石ヲ取合ス、其間々ジャリ土ヲ打ツ。」

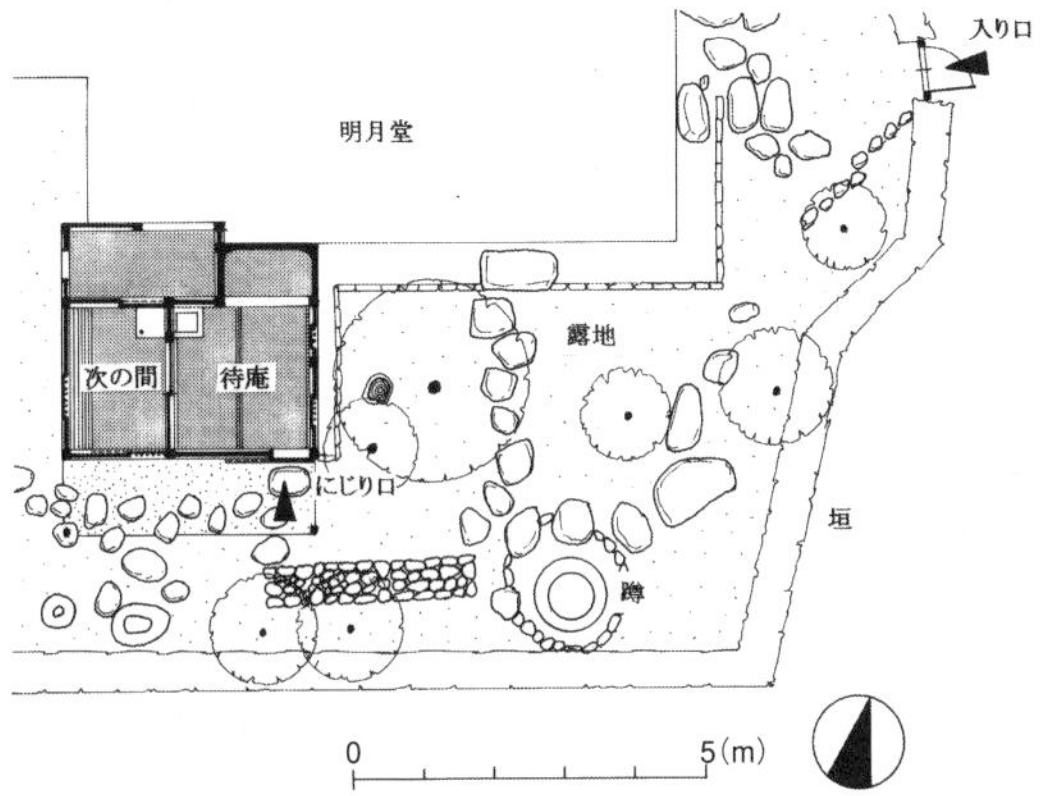

図2．妙喜庵露地平面図

とあり、細長い長方形の切石を用いていたのである。現に、織部好みの藪内家茶室・燕庵の露地（図3）にその好例が残されており確認できる。つまり、利休がもっぱら丸くて小さなめだたない自然石ばかりを好んだのに対し、織部は自然界には決して見られない人工的、幾何学的な切石を大胆に用いていたことになる。このような両者の露地づくりの態度は、敷松葉の造形と同様、利休の自然風景式に対し、織部は、整形式の同時代ヨーロッパ庭園独特の西欧手法に類するといっても過言ではないだろう。

それでは、織部の弟子の遠州の飛石はどんなものだったのだろうか。遠州設計の自らの隠居所・大徳寺孤篷庵前庭の延段を見ると、織部の延段とほぼ同様のものであり（写真5）、さらに自然石の混入が減り、切石を多用して織部の傾向をさらに先にすすめたものとなっていることがわかる。また、同じく孤篷庵表門前の石橋は切石を組み合せて造られたものである。確かに石を使った橋は、寝殿造り系庭園や

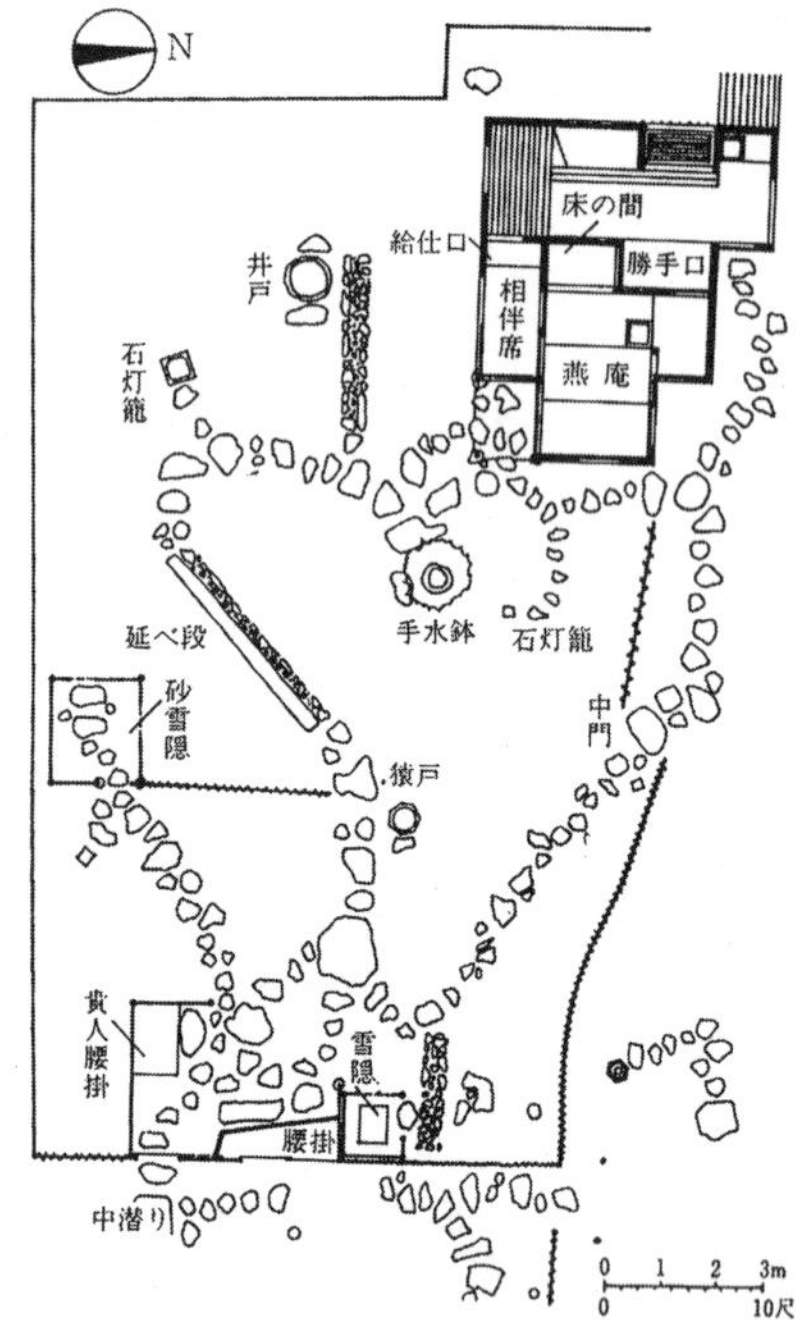

図3．藪内家茶室露地平面図

写真5．大徳寺孤篷庵露地延段

枯山水の庭にもあるが、これらはすべて自然石をそのまま架け渡したものであり、遠州の石橋とは一線を画したものである。切石じたいにも、別に織部がはじめて使ったわけではなく、寺院の基礎や階段等に広く使われていた。しかし、それを茶室の露地に応用した点に利休からの大きな飛躍があったことになる。

やはり、これらの飛石・延段の造形の自然風景式から整形式への突然の理念の変化についても、西欧文化の影響である可能性が残されているといえよう。

5．手水鉢

手水鉢は、茶室に入る前、手や口を水で清めるための鉢であり、前述の飛石や延段と同じく露地には欠かせない石造物である。まず利休の聚楽屋敷の茶室の露地の手水鉢について、『宗湛日記』(一九)には次のように記録されている。

「手水鉢ハ　九石也。古シテ苔ムス。」

（一九）『宋湛日記』

あるいは

「手水鉢　自然なる大石をくりて、柄杓は常より大なり」

すなわち、天然の素朴な石に、水穴をくりぬいたものであったことがわかる。また、『茶道旧聞録』(二〇)にも、

「利休石鉢　千宗佐にあり。大石の　少し欠けたるところもあり。上に丸く小さく穴を彫りたり。小片わきへ寄せて、彫りたり」

とあって、大きな自然石をもっぱら好んだことが明らかとなる。

写真6．桂離宮御輿寄前庭の方柱切石の手水鉢

それで織部の手水鉢はどんなものだったのだろうか。『茶譜』(四)によれば

「古田織部流数奇屋ノ前、手水鉢櫃石ナリ」

といい、「櫃石」と呼ばれるものだったという。また、

(二〇)『茶道旧聞集』

「櫃ノ手水鉢ト云ハ古、石ノ箱ヲ仕テ地ニ埋テ有シ。田舎ナドニ有リト云フ。之ヲ掘リ出シ手水鉢ニ用ユ。箱ノゴトク切カキアリ之ヲ櫃ト云フナリ。ヒツトハ云ハズ[四]。』

とも記述され、その図が収められている。つまり、まるで定規で測って切ったかのような幾何学的な四角柱であったことが明らかとなる。

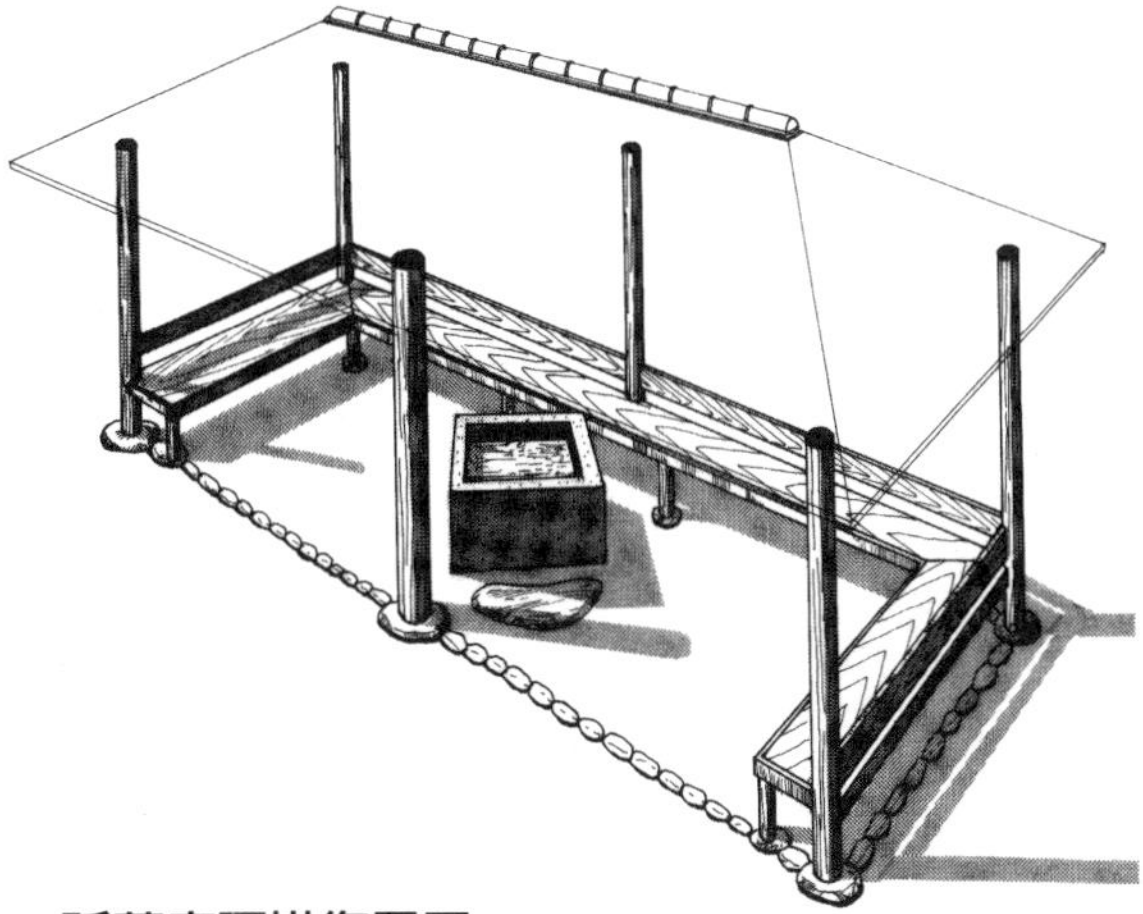

図4．　孤蓬庵腰掛復元図

　この手水鉢と酷似したものが、桂離宮の御輿寄前庭にあり、「方柱切石の手水鉢」と呼ばれており、織部をしのぶことができる（写真6）。すなわち、手水鉢についても利休の自然風景式に対して、整形式というべき人工的、西欧的な意匠を織部は好んでいたことがわかる。

　ちなみに、織部好の藪内家茶室・燕庵の手水鉢をみると、一見、幾何学的ではなく、丸い素朴なものに見えるが、なんとこの手水鉢は神護寺を再興した文覚上人の供養塔の塔身を逆さにして穴を彫ったものである。手水鉢はもともと寺社に参詣する際に身体を清める風習が茶の湯に取り入れられたものであるといわれるが、もし織部が敬虔な仏教徒であったとしたら、これほど非宗教的な行為がはたして行なえただろうか。織部をキリシタンとする説も、この点から見れば、一理あるようにも思える。

さて、それでは織部の弟子の遠州の手水鉢について次に観察してみよう。桂離宮の外腰掛前に、一七三三年小堀政峯が先祖遠州を慕って桂離宮を訪れ、木形を賜ったという遠州作の「二重枡型の手水鉢」(写真7)がある。(二一)これを見ると、正方形に加工された石の中に、四十五度ずらしてさらに正方形をくりぬいたもので、当時としては極めて斬新な幾何学形態であることがわかる。また、松平楽翁の集めた起し絵図集にある遠州作の孤篷庵腰掛待合を見ると、(二二)腰掛けの中心に正方形の手水鉢が四十五度にずらされて置かれており、桂離宮のものと酷似した意匠であることがわかる(図4)。しかも、この腰掛全体が日本では異例のシンメトリーとなっており、極めて西欧的な造形となっていることも指摘しておこう。つまり、遠州の手水鉢の意匠は、師織部の直線的、幾何学的な意匠をさらに先に進めたものといえよう。

この他、珍しいものに、孤篷庵山雲床茶室の露地にある遠州好の鋳型の手水鉢があり、これは驚くべきことにサイフォンの原理で下から上に水が噴き出すしくみをもっている。むろん、サイフォンのしくみは、西欧から輸入された技術であり、遠州の設計したあの寛永度仙洞御所に噴水としてはじめて用いられたものである。宣教師から西欧手法を伝えられた宮廷付工人・遠州ならではの意匠といえよう。

(二一)『桂宮日記』宮内庁書陵部蔵。

(二二)堀口捨己『茶室研究』一九八七年、鹿島出版会。

そして、興味深いのは、織部に限らず遠州もが仏教信仰物の転用を行なっていることである。彼の隠居所・大徳寺孤篷庵忘筌露地の「露結」の手水鉢は、なんと彼が信仰したことになっている禅宗の寺院の礎盤である。これを見る限り、遠州が禅宗徒であったとは考えにくい。ちなみに同露地の石灯籠の中台は、供養塔の屋蓋を逆さに転用したものであり、火袋も上面に蓮花座があることから、これも供養塔の台石に猪目形の穴を空けたものだろう。それでは笠石は、と見ればやはり別の小五輪塔の塔身を横割りにして上半分を転用したものであり、宝珠と請花も小五輪塔の空、風を用いているのである。つまり、遠州は自らの隠居所に、残酷にも仏教徒信仰物を切り刻んで転用していたのである。

写真7．桂離宮外腰掛前二重枡型の手水鉢

よく似た例が、当時の日本において宣教師が布教を行なった際、社寺を徹底して破壊し、その上に教会を新築したり、あるいは仏寺を教会に転用していることだろう。外来宗教である仏教が、従来の神道と共存し、明治の神仏分離までは、仲良く同じ敷地に社寺を並べていたのに対し、キリスト教がそれらを破壊、転用したことは、その後仏僧がキリスト教を侵略宗教とみなして迫害した原因ともなっており、仏教徒には当時、全く理解できない行為だったのである。しかし、その行為を事もなげに行なった織部や遠州が、当時の日本人に広く深く浸透していた仏教心を強く持ち合わせていたとは、やや考えにくいのである。かといって、両者がキリシタンであるというのではなく、少なくともキリスト教遺物や西欧文化を受け入れることに躊躇はなかったであろうと思われるのである。

6. 石灯籠

夜の茶会の際の露地のあかりとして用いられるのが石灯籠だが、元来は寺社に供養塔として献上されたものが転用されたものであるといわれる。まず千利休が用いた灯籠について『松屋会記』(四一)によれば

「利休天下一と誉たる石灯籠、則　易自身打カキ色々ニ直シ、無双とて気ニ入候」

といい、利休が自ら打ち欠いて、形を色々に修正して始めてオリジナリティがあるといって気に入ったという。自ら打ち欠くことによって、利休の石や手水鉢の好みと同様、自然石の味を出そうとしたのだろう。ちなみにこの灯籠は、後に弟子の細川三斎のものとなり、三斎は自らの墓標として大徳寺高桐院に立てたといわれる。それと同様に利休の墓といわれる大徳寺聚光院の宝塔で、塔身の軸の本正面に長方形の穴があ

(四一)「小堀遠州の作事」森蘊『奈良国立文化財研究所学報』第十八冊、一九六六年。

けられているものがある。宝塔には元来穴はなく、利休が灯籠に転用するために穴をあけたものという。また、穴の下には地蔵の彫込みが二体あり、後述するように織部灯籠といわれるものと共通性があるものの、全体としては、従来の寺社の供養塔の形式を残したものといえよう。利休の茶道をそのまま守ったといわれる細川三斎の福寿院の茶室の露地の図が『松屋会記』(二三)にあり、灯籠の絵が描かれているが、一見してやはり供養塔を変形した一般的な形式のものであるとみられる。

次に利休の弟子の織部の好みの灯籠として有名なのが、織部灯籠と呼ばれるものである。この灯籠は竿が十字形で、キリスト（バテレン）像ともいわれる人像と謎の記号が彫込まれている為、江戸時代の初期にキリスト教禁令発布後も秘かに信仰を続けていた隠れキリシタンの信仰物とする説が多い。しかし、キリシタンの遺物であるか否かどころか、はたして織部の考察したものであるかさえ、今だに定説をもつに至っていない。そこで、ここではまず織部灯籠が古田織部の発案であるか否かについて少し考えてみたい。

まず『茶譜』(四)の中に「一、古田織部流石燈籠并前石」として図が描かれている。

「左右燈籠高サ大地ヨリ火燈乗台ノ上面　二尺八寸　其上ハ燈籠ノ恰合次第右織部形石燈籠ハ其形一様也。柱ノ頭ヲ丸メ其上ニ台ヲ乗ル。然レドモ其丸イ所両方バカリナリ。前後ハ柱ト一面ニシテ柱ハ角也、面切ラズ。丸イ所モ柱モ夙置之レ無シ、葱、笠、火燈、台、図ノ如シ。」

(二三)『松屋会記』一九六七年、『茶道古典全集』第九巻淡交社。

この灯籠は、竿の上部が丸くふくらみ、他は角柱となり、台石がなく、生け込みとなっている。しかも、竿の正面には人像があって、まさに織部灯籠の特徴を備えているのである。ただし、ふくらみには問題の記号は刻まれていない。これを『茶譜』(四)でも古田織部流石灯籠といっているように、織部流の人々が使っていたことは確かであろう。ただ、織部流と織部とは、また別に考えなければならないので、「織部形石燈籠ハ其形一様也」と書かれていても、織部が考案し、かつこの灯籠ばかりを使っていたとは限らない。しかし、前掲の『茶譜』(四)が著されたのは、織部が死んでから五十余年経てからであるので、その頃すでに織部形というものが定まっていたことは確かである。この当時は小堀遠州の作風が一世を風靡した時代であった。『茶譜』(四)には利休好み、織部好の言葉もみられるように、様々な流儀が並存して、他の流儀との差を主張していた頃である。よって織部流の人たちは石灯籠を織部形一本に絞り、わが流儀の特徴を示していたと思われるのである。しかし、織部自身は、この形の灯籠ばかりを使い、あるいは弟子に使えと教えたわけではない。なぜなら織部の言葉を直接書きとめたはずの『織部聞書』(九)に

「石燈籠形定メ之レ無シ。古ヲ用ウルハ苔ナド付ケタル落スベカラズ、置クベシ。欠損候事苦シカラズ、又仏ノ像ヲ彫付又は蓮ナド此外。文字彫付之レ有ルモ苦シカラザル也」

と述べられており、形に定め無しと言い切っている。すなわち、『茶譜』(四)の「織部形石燈籠ハ其形一様也」という記述は、織部の死後、五十余年たったころの織部流の人々に限ったことだったのである。このように『織部聞書』(九)では形を定めず、その露地のあり方次第にまかされたものであり、見合せ取合せて、作者の創意に任されていたことになる。前述の手水鉢にしても『茶譜』(四)では

「古田織部流数奇屋ノ前手水鉢櫃石《かろふと》ナリ」

とあって、櫃手水鉢のことしか説明されていない。

しかし『織部聞書』(九)では

「手水鉢ノ石大成吉《よき》也。チイサキヲ吉《よし》トスルト云ウ事有り用イザル也」

とだけあって、形が定まっていたわけではなかった。このことからも、後の織部流は、織部自身の意図を離れて形式化していたことが判明するのである。『織部聞書』(九)では灯籠について

「燈籠直柱ノ本、台石ノ有ルハ悪シ。柱ノ本ヲ直ニ地に掘リ入レテ吉シ。トウロ惣

ノ高サ見合能程也。低ク居ルルハ心持吉シ。高サハ定メズ。」

とあって、台石がなく、竿を直に地に掘り入れていたことや、また先の引用で、仏の像の彫り付けたものを使用していたことがわかり、これらは確かに織部灯籠の特徴をあらわしている。しかし、『茶譜』(四)のように仏の像ばかりではなく、蓮や文字の彫ったものも使っていたのであり、手水鉢も

「文字抔彫付之レ有ル様子ニヨリ苦シカラズ」

といわれ、様々なものに刻印をして使っていたことがわかるのであり、それは灯籠に限ったことではなかった。実際には、藪内家の茶室燕庵の露地に伝わる古田織部好みの灯籠は、織部灯籠といわれるものと擬宝珠竿石の形が異なる。又、『築山庭造傳』(一四)後編、中巻に載る「織部形」の図は、竿石の上部左右に弓型の張り出しがあり、前面下半部に小像を刻む点は一般の織部灯籠の条件を備えてはいるが、擬宝珠、竿石、火袋共に通常の織部灯籠と異なった形で、

「此灯籠茶方にて多く用ゆるハ古田織部の墓に有ゆへ其名をいふ」

と注書している。しかし、墓前にある事からすれば、むしろ織部の死後、誰かが立て

(一四)『築山庭造傳』

た灯籠ということになるので、必ずしも織部自身の好みとは限らない。しかも竿石の部分に地蔵像を彫った露地灯籠が利休好みとして、大坂城内山里の御茶屋にあったと伝えられる上、前に触れた利休の墓地の一つ、大徳寺聚光院の宝塔にも地蔵の彫り込みがあることからすれば、織部が好んだ灯籠の一つであったとしても、少なくとも考案したものではなかったとみられる。

それでは、織部灯籠は一体誰が考案したものなのだろうか。ここで特に取り上げたいのが、茶人・久保権太夫の『長闇堂記』(二五)の次の記述である。

「一、昔は四畳半椽上り口にして、録畳、四畳、土間屋根の下有、手水夫にすはり、ぬけ石の石船すゑ、又は木をもほり、桶をもすゑしなり。織部殿の時、大石の五十人、百人して持石鉢となれり、長鉢は南都橋本町の川橋ぎぼし有けるを、中坊源吾殿へ某申受て持しを遠州殿とり給ひて、長二尺八寸にきり、六地蔵の路地にすゑ給ひしを後大徳院様へ上りて、江戸へ下りしなり。又石燈籠の柱に佛のありし石、京終町天神の車よけに彫込ありしを、某もちひおきし、是も遠州御取りありてすゑ給ひ、後大徳院様へ上りしなり。それより其世に佛はりつけはやりしなり。」

すなわち、久保権太夫が道端で掘り出した灯籠を、かの小堀遠州が自家の露地に転用し、さらに将軍秀忠に献上したという。しかも、その灯籠の竿には仏像があるということから、それが織部灯籠であると見てまず間違いない。この時、もし仏像彫

(二五)『長闇堂記』宮内庁書陵部蔵

第九章

り付けの灯籠が織部好と知られていたら、わぎわざ権太夫がここで自慢する記述をすることもなかったし、将軍に献上することなどなかったはずである。つまり、織部灯籠をはじめて露地に持ちこんだのは遠州だったことがここに判明する。

それでは、なぜ織部灯籠と呼ばれているのだろうか。この点にこそ、織部灯籠がキリシタン灯籠であるか否かを解く鍵があると考えている。著者は前に桂離宮を造営した八条宮智仁親王が、後陽成天皇と宣教師を結びつけた人物であり、それが発端となって宮廷付工人である遠州に西欧文化が伝えられたことを明らかにした。また、それを証明するように、遠州設計の寛永期宮廷庭園のほとんどに同時代ヨーロッパ庭園の手法がみられること。そして桂離宮にも西欧手法が数多く指摘でき、遠州が設計に関与した可能性が残されていることを示唆した。そして、ここで注目したいのは、この桂離宮には、七本にも及ぶ織部灯籠が執拗に立てられている事実である（写真8）。

桂離宮の織部灯籠について考える前に、まず、その造営者八条宮家とキリシタンの関係について少し触れておきたい。智仁親王の正室は丹後大名京極高知の娘常子であるが、[二六]京極高知は有名なキリシタン大名である上、その兄高次やその母もキリシタンであったという。[二七]ここで想像力をたくましくすれば、キリシタンの子供はキリシタンになることを義務づけられていたことから考えると、智仁親王の正室もキリスト教に入信していたか、あるいはキリシタンと深く関わっていたことも否定できないのである。いっぽう、智仁親王を引き継ぎ、桂離宮を現在の状態に完成させた実子・智忠親王の周辺はどうであろうか。智忠親王の正室は、加賀大名前田利常の娘富姫であるが、[二六]

（二六）『桂宮系譜』宮内庁書陵部蔵

（二七）『長崎日本年報記』ロドリゲス・ジラン　一六〇六年三月一〇日の条『南蛮学統の研究の近代日本文化の系譜』海老沢有道　所収、に高知が一五九五～六年に受洗とあり、また『宗門史』一六〇一年に「一度信仰が冷めたが、再び熱心になった」ともある。一方、『イエズス会士書簡集』一六〇六年の条には「兄高次と共に母マリアの信仰を賞賛」、『宗門史』一六〇七年に「高次と共にキリシタン表明」などとある。

写真8．桂離宮の7本の織部灯籠

利常の父利家は、かの有名なキリシタン大名・高山右近を客将としてかくまったほどのキリシタン保護者である上、[四六]利常の弟・利長や兄高次もキリシタンであったという。[二八]すなわち、智忠親王の妃も、やはりキリシタンか、あるいはキリシタンと深く関わっていたことは想像に難くない。このように考えてくると、桂離宮の造営者である智仁と智忠の両親王は、ともにキリシタンの家系と婚姻関係にあったのであり、二人がキリシタンであったかどうかはともかく、極めてキリシタンと深い関係にあったといえよう。

次に智仁親王の交際関係についても考えてみたい。まず智仁親王の文学の師である細川幽斎であるが、親王は、幽斎より「古今伝授」をうけるほどに両者には深い関わりがあった。[二九]八条宮家の桂離宮以外の別荘の一つである開田の茶屋には、親王が古今伝授を受けた学問所が移建されているが、この山荘の隣の長岡神社は、幽斎を祀ったものである。[三〇]また、桂離宮の中にある仏堂、園林堂の中にも、先祖の位牌と共に幽斎の画像が祀られているといわれ、二人の交友の深さがしのばれよう。ところが、この細川幽斎の子は茶人細川三斎であり、三斎の妻や子がキリシタンであったことは前に詳しく触れた通りである。[三一]しかも、細川家出入りの医師・曲直瀬玄朔はキリシタンであり、有名なキリシタン・ガラシャの入信にかかわっている上、八条宮家の典医でもあった。[三一]また、智仁親王の実子であり、二代目智忠親王の弟にあたる曼珠院良尚法親王は、キリスト教に大いに興味を持ち、入信する際に使用する洗礼道具を仏教の儀式の際に応用したといわれ、[二八]良尚の造った曼珠院は桂離宮と共通した意匠が散見できる。

（四六）『松野山宗庵伝茶書』

（二八）『キリシタン大名』岡田章雄　教育社、一六五二年　その他。

（二九）『桂離宮隠された三つの謎』宮元健次　一九九二年、彰国社。

（三一）ヨハネ・ラウレス「細川家のキリシタン」『キリシタン研究』一九七〇年、吉川弘文館所収。

その他の智仁親王の交際関係を知る資料として、宮内庁書陵部蔵の『桂光院殿宮武家往来書状写』という、親王宛の手紙の差し出し人リストがあり、著者はこの中の二十二人中、少なくとも十一人はキリシタンかキリシタン保護者であったことを考察した[二九]。この他、八条宮の茶道を通した交際関係のわかる『御数寄たて』についても、十三人中じつに六人がキリシタン関係者であることを考察したことがある[二九]。

以上みてきたように、八条宮の周辺は、キリシタン関係者が数多く存在するのであり、桂離宮の造営者、智仁・智忠両親王も極めてキリシタンに近い立場にあったことがわかるのである。

そして寛永十一（一六三四）年十一月十三日、京都中を騒がせる一大事件が八条宮に起った事にも触れておこう。『涼源院御殿記』[三二]のこの日の条に、日野資勝は次の様に記している。

「(上略) 今日八條織部被ニ喚出一ダイウスノ事被レ尋ゆ處ニ息イハク籠者申ゆ上ハ無ニ面目一仕合ゆ間、織部切腹も可レ仕處御無念之由ゆてワキニ居申者ノ脇指をウバイ取、腹ヲ切可智仁親王申と仕ゆ處ヲワキ居申ゆ六丁町ノ町代トヤラン則モギ取織部ハ高手ヲシバリ門ノ番所へ先ヲシコメ申ゆ也、女房籠やニ入可レ申由也。ダイウスノ坊主をも仕ゆ者コロビゆて目アカシ仕て取ラへ申ゆ由ゆ也。乞食之中ニ四人入ゆて居申ゆをもトラへ申由也。男一人者籠者女三人ハ乞食ニアズケ番ヲ可仕由被ニ申付一ゆ由也。」

(三二)『涼源院殿御記』宮内庁書陵部蔵

八条宮智忠親王の側近本郷織部が、キリシタンとして捕縛され、処刑されたというのである。織部は、智忠親王と共に仙洞御所にも同行しており、親王の片腕的存在であったと思われる。キリスト教は、慶長一七（一六一五）年三月、家康時代はじめての禁令が出され、寛永五（一六二八）年五月、キリスト教宣教師は火刑、これを隠匿した男子は死刑、女子は婢となして家財を没収する法度が出され、寛永七（一六三〇）年七月以降、キリスト教徒への攻めが毎年の行事となり、寛永一〇（一六三三）年二月、海外への密航者は死刑、密告者には銀百枚の賞金が出されることになっていた。その矢先に名門の皇族八条宮家よりキリシタンとして本郷織部が捕まったのであり、当時の大事件であったことはいうまでもなく、片腕的重臣を非業の死によって失い、当時十六歳であった親王の心を傷つけたことは疑いようがない。織部は子息に励まされ、促される最後まで切腹を避けていた事は、彼が自殺を忌避する正真正銘のキリシタンであったことを証するものであろう。

二代目智忠親王だけではなく、初代智仁親王についても、同様に織部を重用していたことが次の記録からわかる。『時慶卿記』[三二]一六二九（寛永六）年三月十二日の条に

「八條殿見舞申ゆ。癰腫自二昨日一痛腫ト、又肱冷由被レ仰、又於二江戸一御簾中公事理運ニ相濟ト織部物語ヲ聞。牡丹拝見。」

（三二）『時慶卿記』宮内庁書陵部蔵

とある。「織部の物語」というのは、次に示す『桂光院殿宮武家往来書状写』(三四)中の藤堂高虎の書に関係のある内容ではないかと思われる。

「為八條宮様
御意御状忝拝
見仕候。生島宮内殿、
本郷織部殿萬事
申請候間、可然様ニ
御取成奉頼候。
委曲右南人より
可然仰上候。恐々
謹言
眼病故以印判申上候。
藤堂和泉守高判
壬二月十六日
中嶋主殿佐殿」

閏年は、元和四年、六年、九年、寛永三年、六年が考えられ、高虎は、一六二〇年(元和六)年、大坂城の修築を命じられた時以外の閏年の二月は、いずれも江戸にあ

(三四)『桂光院殿宮武家往来書状写』宮内庁貴陵部蔵

った。閏年の二月は、この一六二九（寛永六）年まで、八条宮家の公事に関して宮家の宮内織部の両緒大夫が江戸に派遣され、高虎の配慮に依り、何かの事件が解決したといい、その物語を時慶卿が織部から聞いたものと思われる。キリシタン織部は、これほどまでに八条宮にとってはなくてはならない存在であったのである。

一方、織部の事件に関係して、後に起った奇妙な出来事がある。『桂宮日記』[三二]の享保十（一七二五）年十一月二日の条には次のように記述されている。

「村上左膳清集去年以来被二雇置一之處、祖祖母高野依二老衰一為二憐愍一可レ被レ加二御家禮一哉之由門院御所望有レ之、雖レ然女房奉仕之族被二召置一儀停止之格式也。併従二出生之時一参入者以二別儀一今日以二古勤仕之名跡一被二召抱一近習侍改號二本郷一改名二織部一、慶長元和寛永之比《コロ》本郷織部政次奉公之功多、其子伊織勤仕任来絶、仍被レ定二此名跡。」

すなわち、キリシタン織部の死の九十一年後、慶長、元和、寛永の頃に織部が八条宮家に奉公の功多しとして、村上左膳源清集を本郷織部と改名させ、近習侍としてその名跡を再興させたというのである。当時、罪人の名跡を再興させた例はこの他に全く見あたらない。しかも、名門皇族からキリシタンとして処刑者が出るという問題を起こした織部の名跡をたてているのである。ここには、なにか八条宮と本郷織部との深い因縁が潜んでいるとしかいいようがない。すでに触れたように、八条宮家はキリシタンとごく親しい立場にあったのであり、なにより、桂離宮はあの長闇子久保利世と共に織部灯籠を庭灯籠として普及させた小堀遠州の好みによって造られているのである。

それでは、桂離宮の余りにも多過ぎる織部灯籠はいったい何の目的を持って立てられたのであろうか。ここでにわかに思い出されるのは、あの八条宮の家臣・本郷織部がキリシタンとして悲痛な最後をとげたことである。しかも、その死の九十一年後に本郷織部の名跡をたてるという異例の処置がなされており、八条宮と本郷の間に何か特別な事情、あるいは深い因縁が見え隠れしていることも既に示唆した。遠州が織部灯籠を露地に転用し、また将軍に献上した時期については彼が江戸城山里の露地の設計を指揮した寛永六（一六二九）年六月と、寛永八（一六三一）年六月に参観した時とが考えられ、人像を彫った織部灯籠が露地灯籠として一般に使用し始めた時期は、じつに一六二九（寛永六）年をさかのぼり得ないことになる。その五年後、八条宮家の重臣本郷織部がキリシタンとして非業の死をむかえた。八条宮智忠親王は、それからさらに七年後の一六四二（寛永十八）年に桂離宮に大規模な増築を加え、このとき、七本の織部灯籠も集められたと考えられるのである。この一連の事実は、はたして偶然のつながりなのだろうか。

織部灯籠は、元来、純粋の辻灯籠であったことは既に述べたが、いいかえれば公共的な存在で、町有、村有となっており、自由に入手するわけにはいかなかった。しかし、桂離宮にはじつに七本もの辻からの転用と思われるかなり損傷の激しいものを含む織部灯籠が立っているのであり、それほどまでに入手のむずかしい灯籠になぜそこまでこだわる必要があったのだろう。桂離宮以外の地にみられる織部灯籠の多くは、人像の彫り込みが地上に露出しているにもかかわらず、桂の七本の灯籠はすべて地中に埋められているか、また一見それとはわからぬ方向に向けられているのである。この人像が、隠れキリシタンの時代に、キリスト像あるいは宣教師の姿をあらわしていた可能性が高いことはいうまでもない。

ここで注目したいのは、近世に入り、洛陽三十三ケ所観音とか、十二ケ所薬師、あるいは六地蔵等と称して都下の名ある仏閣を巡る風習が大流行していることである。しかも、この中の六地蔵とは、御菩薩池、山科、伏見、鳥羽、桂、太秦を指し、桂離宮のごく近く、桂地蔵がその一つであった（写真9）。桂離宮は、廻遊式庭園と呼ばれる苑路を一巡することで庭園を鑑賞する形式で造られていることはいうまでもないが、特記すべきは七本の織部灯籠がすべてこの苑路沿いに立てられている点にある。この桂離宮に見られる織部灯籠は、この「地蔵巡り」を庭中に造ったものではないだろうか。すなわち、七本の織

写真9．桂地蔵寺

部灯籠は、その竿石に刻まれた像の存在により、庭を廻遊する事が一種の「地蔵巡り」をする事と同様な結果となっている。もし仮にそうだとしたら、何のための「地蔵巡り」なのだろうか。織部灯籠は、巷に立つ地蔵尊と同様、信仰の対象として、五輪塔を変形させて造られた、一種の供養塔であり、単なる照明器具ではなかったことはいうまでもない。興味深いのは、この桂離宮の土地が八条宮の領地となる前、この地はあの古田織部の所領であったことである。すなわち、一六一五年織部が反逆罪で切腹した後、八条宮の土地となり、くしくも同年桂離宮を創建している。しかも自刃したのは、興聖寺の過去帖によれば、以下のごとく織部を入れて計七人である[一]。

六月十一日　古田織部（本人）
〃　十三日　〃　佐助（三男）
〃　十三日　〃　小三（四男）
〃　十一日　〃　山城（長男）
〃　二十四日　〃　九郎（五男）
五月七日　〃　左近（二男）
六月十日　〃　山城守（妻仙）

はたして桂離宮の庭に執拗に立てられた七本の織部灯籠は、織部一族を供養するための地蔵巡りであったのだろうか。織部ら七人は切腹したのであり、自殺を禁ずるキリシタンではなかったはずである。これはやはり、本郷織部の非業の最後を供養するための「鎮魂の儀式」とでもいうべきものだったのではないだろうか。織部灯籠は、遠州が流行させた頃、まだそのような名称がなかったことは前に述べた。古田織部の考案でもなく、織部灯籠と名付けられてもいなかった灯籠が、『茶譜』(四)の書かれた17世紀中頃より、「織部」と名付けられたのは、いったいどうしてだろうか。八条宮の本郷織部がキリシタンとして悲痛の最後をとげた事件が当時、相当の衝撃をもって世間に受けとめられたことはいうまでもない。すなわち、本郷織部の事件が市民の脳裏に焼きつけられた事と、それから桂離宮増築までの七年間、全国から入手のむずかしい織部灯籠を八条宮が蒐集した事が組み合わされ、いつともなく、本郷織部の供養塔として「織部灯籠」と呼ばれるようになったのであろう。明治維新まで、処刑された隠れキリシタンは、墓をつくることさえ許されなかった。それにもかかわらず、八条宮家は、本郷織部の死後、名跡を立てるという異例の措置をとったことは繰返し述べてきた通りである。七本の灯籠は、そのような八条宮と深い因縁のある本郷織部の供養を目的として、桂離宮の庭園へ計画されたと考えたい。(二九)智忠親王らは、花見、紅葉狩り、月見等、四季おりおりに桂離宮を訪れ、まさに「鎮魂の儀式」とでもいうべき廻遊式庭園巡りをすることによって重臣本郷織部の霊を慰めつづけたのではなかっただろうか。確証はないが一考を要すると思われる。

この他、織部灯籠とキリシタンの関連において、これまで指摘されなかった点としてアーチの意匠を取り上げておきたい。織部灯籠で最も特徴的な意匠の人像の彫りつけは、必ずアーチでふち取られているのだが、不思議なのはこのアーチの形状はそれまでの日本の仏像や神像等の信仰物には、ほとんど用いられることがなかったことである。確かに仏像は、光背と呼ばれるものを背景にもっているが、もし織部灯籠のアーチ部分が光背であるとするならば、上部先端が蓮の葉の形のように尖っていなければならないのである。にもかかわらず、織部灯籠の場合は必ず円弧状のアーチとなっている。アーチは、教会建築においてはゴシック以降、欠かすことができない様式として必ず用いられてきた意匠である。例えば、ザビエルが生涯を閉じたサン・パウロ教会の正面を見ても、ゴシックアーチを用いている。また、京都の教会においても、復活祭にはバラを飾った大きなアーチがつくられた[三五]といい、また大阪城天守閣所蔵の南蛮屏風を見ると、教会堂前面にアーチ型の洋風玄関が描かれており、当時の日本にも宣教師によってアーチがいち早くもたらされていたことが確認できる。また、キリストやマリアの聖堂画についても必ず人物はアーチでふち取られている。例えば、大阪南蛮文化館蔵の「聖母子」や東京国立博物館蔵の「三聖者像」等を見ると、当時すでに日本に輸入されていたことがわかる。

このようなキリスト教におけるアーチは、教会や聖堂画に限ったものではなく、京都で多数発掘されたキリシタン墓碑や、日本から西欧へ輸出された漆器の中にも、逸翁美術館蔵の「花鳥蒔絵螺鈿櫃」と「籐編外箱」やサントリー美術館所蔵の「草花鳥獣蒔絵螺鈿小箪笥」などすでに日本人の手によって造られていたことがわかる。

(三五)『イエズス会日本年報』村山次郎訳、一九六八年、雄松堂。

一方、宮本雅明氏によれば、[三六]長崎の町はアーチ構造の石橋群で結ばれていたといい、アーチが日本にひろく根差しはじめていたことが知れるのである。このように観察してくると、やはり織部灯籠の人像彫り込みのふち取りも、アーチである可能性が高く、キリスト教との関連を示唆しているように思われる。東京、月桂寺の織部灯籠を見ると、地蔵の約六頭身に対し、約八頭身となっており、もはや地蔵とはとうていいえないものである。その他、茶室には貴人口と呼ばれるものがあり、上部がやはりアーチ状に切り取られているが、この意匠も従来の日本建築の様式には例がないものであり、興味深い問題ではあるが、今後の課題としておこう。

7. パースペクティヴとヴィスタ

前に、遠州の石庭作品や桂離宮等に同時代ヨーロッパ庭園で大流行したパースペクティヴ、あるいは黄金分割の手法を指摘したことがある。そこで、本節では、さらにそれらの手法の茶室の露地や茶器への影響の有無について観察してみよう。まず、西欧ルネサンス期からバロック期にかけて発展した透視画法（パースペクティヴ）の歴史を簡単にひもといてみたい。[三七]おそらく透視画法の発祥とみられる一四四〇年以後のイタリア・ルネサンスの芸術家たちに用いられたラテン語のペルスペクティヴァエ（Perspectivae）の意味は、アルス（ars）つまりアート（art）であった。[三七]しかし、その後、接頭辞ペル（per）とスピケーレ（spicere）＝「見る」から転化した語幹スペ

（三六）高橋康夫他編『図集日本都市史』一九九三年、東京大出版会。

（三七）桐敷眞次郎「透視画法―その誕生と死と復活」『建築史研究』一九五二年十月号、彰国社所収。

クト（spect）と接尾辞イヴァエ（ivae）の結合とし、「はっきりと見る」という意味で用いられたものという。すなわち、中世的な空間概念を破って、人間の眼を主体とした表現を得ようとする意識がここに明快に示されたのである。確かに中世においても十二世紀のカンタベリ大会堂や、十四世紀のオルビエート大会堂（共に図面のみ残存）のように部分的に立体的効果を示そうとしたものはあったが、いずれも幾何学的には不正確であり、効果の程も疑わしく、むしろこれらは徐々に進化しつつあった美術の立体化運動の反映とみなすべきであろう。[三二]

本格的な透視画法の研究は、ルネサンス建築の創始者ブルネルレスキ（一三七七～一四四六）によって始められたものとみられている。[三七] 彼は、教会堂の外観を、ガラス板を通して見て写しとるという実験によって、透視画法の基礎となる理論を発見したのである。[三七] そして、この理論を現実の作品として示したのが、ブルネルレスキと交友のあった画家、マサッチオ（一四〇一～二八）が一四二五年頃、サンタ・マリア・ノヴェッラ教会の正面に描いた壁画「三位一体」であった。[三七] この絵は十字架にはりつけられたキリスト像の上部に、奥にいくに従い縮小していくボールト屋根を描いたもので、実際の教会の空間が正面壁画から先までも続いているかのような視覚的トリックとなっており、正確な透視画として最古のものである。[三七] また、後に影響を与えるキリスト像上部に一点透視画法に近いポールト屋根を描く手法が、ここではじめてあらわれたことも特記しておかなければならない。[三七]

こうした基礎的試みの上に立って、それらの手法を最初に理論化することに成功したのが、画家のアルベルディ（一四〇四～七二）であったとみられる。[三七] 彼は『絵画論Depictura』を著わし、その中で透視画法を徹底的に追求し、ついに作図法まで導き出してしまったのである。[三七] その作図法まで紹介するゆとりはここではないが、ともかくも十五世紀の画家たちが透視画法を用い始める時代は、アルベルディの活躍期と完全に一致している。[三七] 例えば画家のギベールティ（一三六七～一四五五）は一四五二年サン・ジョヴァン教会の扉に透視画法を用いた絵を描いているが、その手法からいって、アルベルディの理論の完全な理解者であったといわれている。また、画家マソリーノ（一三八七～一四七五）が一四三五年、カスティリオーネ・オローナ教会に「ヘロデの宴」を描き、ウッチェルロ（一三九七～一四七五）は一四四六年、サンタ・マリア・ノヴェッラ教会に「ノアの方舟」を描いているが、二作共、完全に透視画法を意識して徹底して幾何学的に描かれていることがわかる。ヴァザーリの『美術家列伝』によれば、ウッテェルロは「透視画法の問題を解こうとして終夜書斎に閉じこもり、妻が就寝をすすめると、いつも『この透視図法ってやつは何て愉快なんだ』と叫んだ」という。[三七] さらに、カスターニョ（一四三二～五二）は、ウッチェルロの影響を受けて、より完璧に透視画法を用いた「最後の晩餐」を描き、また、リッピ（一四〇六～六九）の「ヘロデの宴」やゴッツオーリ（一四二〇～九七）「ノアの泥酔」等、主にフィレンツェ画派の芸術家によって透視画法が積極的に用いられている。

　一方、ヴェネチアでもベルリーニ（生年不明）があらわれ、二冊のデッサンアルバムを残しているが、その一冊（ルーヴル美術館所蔵）を見ると、透視画法や陰影法が極めて明快に用いられていることがわかる。また、その娘婿のマンテーニャ（一四三一～一五〇六）もその影響を受けて、エレミターニ教会に透視画法を用いた作品を残している。この二人に共通するモチーフは、例のボールト屋根であり、前に触れたマサッチオの「三身一体」に初めて描かれて以来、繰返し透視画法と共にそれを強調する手法として用いられてきたものである。

しかし、これまでは絵画平面の上で二次元的に用いられてきたにすぎない。ところが、前述のアルベルディはその死の二年前の一四七〇年、それまで平面上の試みであったボールト屋根を、サン・アンドレア教会の身廊に、初めて三次元空間として実現することに成功したのである。(三七) サン・アンドレアのポーチのボールト屋根は有名だが、このペディメント上のボールトほど奇をてらった造形は他に例がない。これはたぶん、奥行をいかに深く見せるかという透視画法の手法にこだわった結果と考えるべきである。この試みは、一六〇七年のサン・ピエトロ寺院身廊のボールトを頂点とするまで拡大されていくのだが、これまで述べてきた透視画法研究が密接に関係しているといえよう。

アルベルディの透視画法の三次元化は、建築界に大きな影響を与え、一四七七年にはブラマンテ（一四四四～一五一四）がサンタ・マリア・ヌオヴァの身廊に、サン・アンドレアによく似た正面を付加している。また、その二年後、彼はサンタ・マリア・プレッソ・サン・サティーロ教会の内陣に、さらに透視画法を発展させた空間を造った。すなわち、一見、十三、十四メートル程の奥行があるように見えるのだが、実は二メートル程石造壁をくり抜いた浮彫で、その凹みに縦長のボールトを架けた内陣を刻みこんだのである。この作品のアイディアの源は、おそらくその三年ほど前に完成したマンテーニャ作のカステルト・ディ・コンチ教会の天井画であり、円筒形に吹き抜けた天井にさらにそれを強調するような壁画を描くといった手法である。ブラマンテは、この手法にアルベルディのボールトを合体させて浮彫に刻んだのであろう。このような天井画に透視画法を用いる方法は同時期流行したもので、フォルリ(一四三八~九四)が一四七八年にキエザ・デルラ・カーサ・サンタ教会の八角形ドームに高さを強調する壁画を描いている。

この頃、ピエロ(一四一六~九二)が『絵画の透視画法について』(二七)を著わし、ここでピエロは透視画法を数学的に展開し、初めて体系的にまとめている。内容は三部に分かれ、第一巻は点・線・平面の透視画法について、第二巻では立方体・四つの面を持つ柱の透視について、第三巻では、不規則な物体及び様々な位置に置かれた物体の透視画について書かれている。この著書は、その後有名なレオナルド・ダ・ヴィンチ(一四五二~一五一九)の多くの作品、ボッティチェリの「受胎告知」(一四八九年)や「カルソニヤ」(一四九〇年)、ベルニーン(一四三〇~一五一六)の「聖母子」(一四八八年)や「宗教的寓意」(一四九〇年)、デューラー(一四七一~一五二八)の「ヨハネ黙示録」等の数多くの作品に影響を与えたとみられる。またデューラーは『測量論』を一五二五年に出版し、その中で透視画法が論じられている。

一方、それまで主にイタリアで展開されてきた透視画法理論は、フランスにもたらされ、一五〇五年にはル・ヴィアトールによって『透視画法について』が出版されている。これは、のちにイタリアにも逆輸入され、建築家ヴィニョーラ（一五〇七～七三）が透視画法の講義に使っていたものを、彼の死後弟子のダンティがその原稿をまとめて、一五八三年『透視画法の二法則』と題して刊行している。また、イタリア人建築家セルリオ（一四七五～一五六四）はヴェネチアからフランスへ渡り、その後一五三七年に『建築書』七巻を著わし、透視画法論は、その第二巻に収められた（三七）。

その後もモンテによって一六〇〇年に当時の透視画法技術の集大成とでもいうべき『透視画法六巻』が出版され、透視画法はヨーロッパ全土で大流行することになるのである。そしてその究極とでもいうべき作品が、建築家ベルニーニ（一五九八～一六八〇）設計のバチカン宮殿連絡路（スカラ・レヂア）（一六六五年）である。この作品は、登るに従って段々幅が狭くなり、また天井が低くなる階段の空間であり、上部には前述のボールト屋根が架けられている。実際には約四十メートル程の空間なのに、気が遠くなるほどの長大な空間に感じるものである。

確かに、日本においてもそれまでに遠近法的発想が全くなかったわけではない。既に室町時代には、作庭家の善阿弥が蔭涼軒主益之集箴の方丈、睡隠軒に作庭した際、その小山の庭園が大変よく遠近の景を表現することができたと『蔭涼軒日記』に次のように記している。

「前夕往㆓き睡隠㆒。見㆑築㆓小近山㆒。善阿所築。其遠近峯磵尤為㆓奇絶㆒也。対之不

レ飽。忽然而忘二帰路一也。」（文正元年三月十六日の条）

また、同じ室町時代の大仙院の枯山水にしても、東北部の角に二尺五寸、一尺六寸の石を置き、二段に滝の落ちている姿をアイポイントとして設け、その左手に中景として七尺二寸、五尺二寸の巨石を立てて、遠近法的な奥行を表現している。しかし、これらの作庭態度は、古来より日本において実践されてきた『作庭記』における「生得の山水を思はへて」という自然をまねるという根本理念とほとんど変わることがない。このような「自然風景式」とでも呼ぶべき庭園に対して遠州作品におけるパースペクティヴの手法は、明らかに人の手によって人工的に造形しようという強い意志が表現されたものといえよう。

透視画法と同様、西欧ルネサンス・バロック期における見通し線（ヴィスタ）の歴史についてもここで簡単にひもといておきたい。前のルネサンス・バロック期における透視画法の発展過程において、もう一つ風景を建築的構成の中へ意識的に取り入れようとする動きが起こっている。建築家サン・カルロ（一四七五〜一五六四）の没後、フォルネーゼ邸の工事を引き継いだ有名なミケランジェロ（一四七五〜一五六四）は、屋外に建物に対応する風景構成を計画しようとしたし、また建築家パラディオ（一四八五〜一五四六）は、一五六〇年頃、トリッシーノ邸の計画において、完全に対称形の中核部に敷地の両側を抱懐する長大なコロネードを加え、ヨーロッパ建築史上「初めて家の主軸を自然へと延長した」という。また、一五九〇年代にルンギはローマのボルナケーゼ邸において、木整形の敷地を巧みに処理し、表玄関から正しい長方形の中庭を経て裏玄関を通り、対称形の庭園とチベル河を望む見事な見通し線を計画している。

これらの見通し線の手法は、前に詳しく述べたようにフランスに輸入されて以後、主に造園家ル・ノートルによって完成されたことはいうまでもない。また、これらの見通し線は、外部だけではなく建物の内部にも用いられるようになり、一六二六年には、マデルナ（一五五六～一六二九）がサン・ピエトロ寺院の身廊に透視画法の歴史で触れた例のボールト尾根を架けている。これは、前設計者ミケランジェロの手法を変更して、ギリシャ十字をラテン十字に変えたもので、ミケランジェロがその大ドームに注いだバロックの吹き抜け空間が、身廊へと延長されたものともいえる。この身廊は、約200メートルもあって、入口から内陣まで、超大な見通し線を造ることに成功したのである。一五八六年にフォンタナ（一五四五～一六〇七）によって建てられたサン・ピエトロ広場のオベリスクもアイポイントとして正確にこの寺院の主軸である東西軸の延長上にあることがわかる。

その後、一六六五年に起工された建築家ベルニーニ（一五九八～一六八〇）設計の大コロネードは、このオベリスクとマデルナの寺院前面とミケランジェロのドームを基本とし、パラディオの手法をさらに発展させた広大な見通し線を生み出している。(三七)寺院前面の両翼から伸びた直線は、広場に向ってわずかにすぼめられ、彼方のチベル河畔ピア広場で消点を結ぶという透視画法が用いられており、これは正面のバルコンに立って広場の群衆に臨む法王のための大見通し線なのである。(三七) ベルニーニは、この考え方をさらに応用して、前述のバチカン宮殿連絡路(スカラ・レヂア)を完成させることになる。(三七) この他、ボルロミーニ(一五九九〜一六六七)のサン・カルロ・アルレ・・クァトロ・フォンターネ(一六三三年起工)、マデルナのバルベリーニ邸(一六二八年完成)も同様に見通し線を追求した作品である。

以上、簡単にルネサンス・バロック期のパースペクティヴとヴィスタの手法を振返ってみたが、次にこれらの西欧手法の茶室の露地への影響の有無を観察してみよう。まず、利休の露地について、現存する利休待庵の露地をみると、土庇の下をほぼ直線上に飛石が打たれており、そこにはアイポイントも先細りの空間もなく、パースペクティヴの手法は指摘できない。また、露地そのものが約二間ほどの短いもので、ヴィスタの効果も期待できない露地となっている。

次に、利休の弟子の織部の露地について、一六一五年、織部が藪内家初代・剣仲紹智に茶室を譲り、それをもとに一六四〇年、二代真翁が織部好を忠実に再現したという藪内家茶室・燕庵の露地を観察してみたい。まず、中潜を入ると、左右が腰掛となっているが、興味深いのは右側の腰掛が先細りの形状をもつことで、不完全ではあるが、やや遠近感の狂うパースペクティヴの効果が認められることである。次に猿戸を潜り内露地に入ると、延段が左へ斜めに埋めこまれているが、この延段に組み込まれた切石が先細りとなっているために、ここにもやや不完全なパースペクティヴの効果が見られる。それでは、これらの斜めのずれが、偶然こうなったかといえば、後述するように「すべて角懸て」と織部がっねに茶道具の置き合わせでも述べているように、これらの手法は織部独特の好みであり、意図された造形であることは明白であろう。どちらのパースペクティヴの手法も、アイポイントが視線の先に置かれていれば完全な効果を発揮するものであり、今だ発展途上段階の造形となっていることになる。

さて、それでは織部の弟子・遠州の茶室の露地はどうであろうか。次に、パースペクティヴの手法であるが、前述の「露結」の手水鉢をアイポイントとしたヴィスタの効果に加えて、すすむにつれて向って左側の露地庭の石組が少しずつ後退していくため、逆遠近法の効果が巧みに造り出されている。それでは、これらの効果が偶然の産物なのかといえば、「露結」の名称は露地の結びの意を示し(三八)、作者がアイポイントとしてそこへ置いたことは明白であり、その効果を高めるためにも石組を意図的に後退させたことは、前掲の遠州作・大徳寺方丈東庭に同様の例があることからも、もはや疑いようがない。つまり、師・織部の露地では不完全であったパースペクティヴの手法が、ここへきて突然アイポイントを得て、完成されたものといえよう。

この他、『茶譜』(四)によれば

「小堀遠州流腰掛ニ置、円座表ヲ絵延ニシテ、黒クナメシ革の縁ヲ付ク」

前に遠州の隠居所・大徳寺孤蓬庵忘筌の露地の配石及び建物の平面、明障子など

(三八)『桂離宮と日光東照宮―同根の異空間―』宮元健次　一九九七年、学芸出版社。

について黄金分割を指摘したが、同様にヴィスタやパースペクティヴの手法をも見つけることができる。まず、ヴィスタの手法であるが、露地の終点の「露結」と名を刻まれた幾何学的な円柱型の手水鉢をめざして、一直線に打たれた飛石の露地をすすんでいくと、手水鉢をアイポイントとしたヴィスタの効果が巧みに造り出されていることに気づかされる。また、内部から縁側を通して、露地庭を眺めると、桂離宮古書院二の間から月見台を通して眺める風景と同様、庭がぱっと目に飛び込んでくる額縁効果が見られるが、これもヴィスタの手法である。その他、前に掲げたように、遠州は江戸城内の露地において植え込みを切り抜いて風景を眺めさせるという全く異例の工夫を試みているが、これも同様のヴィスタの手法である。また、遠州の茶室の露地の外腰掛には円座があり、その縁に黒いなめし皮をつけていたという。西欧においては椅子の外ばりに皮を用いることはごく一般的であったが、日本においては、おそらくこれが最初の例であろう。繰返し述べてきた通り、遠州が天皇の命令で宣教師から西欧手法を学んだ宮廷付工人であったことは明白であり、茶室の露地にみられるこれらの手法もその実践であるとみてまずよいだろう。

8. 茶室の窓

前に触れたように、一五八七年の北野大茶会に豊臣秀吉が黄金の茶室を出品した際、利休が構えた茶室は、まるで秀吉の成金趣味をいましめるかのような茅葺、掘立柱、わら土壁をもった質素な草庵茶室で、「わび」の哲学が具現化されたものであった。『細川三斎御伝受書』(二二)によれば、この茶室の窓は、下地窓が二つと、屋根に突上窓が一つ、わずか計三つだけで、極端に光を抑制した禁欲的な茶室であったことがわかる。また、利休好とはっきりしている唯一の現存する茶室・妙喜庵・待庵の窓を観察してみると、にじり口の上と西壁の計三つの連子窓のみである（図5）。すなわち、利休の茶室は必要最小限の開口部しかもたない、暗く内に閉じたものであったといえよう。

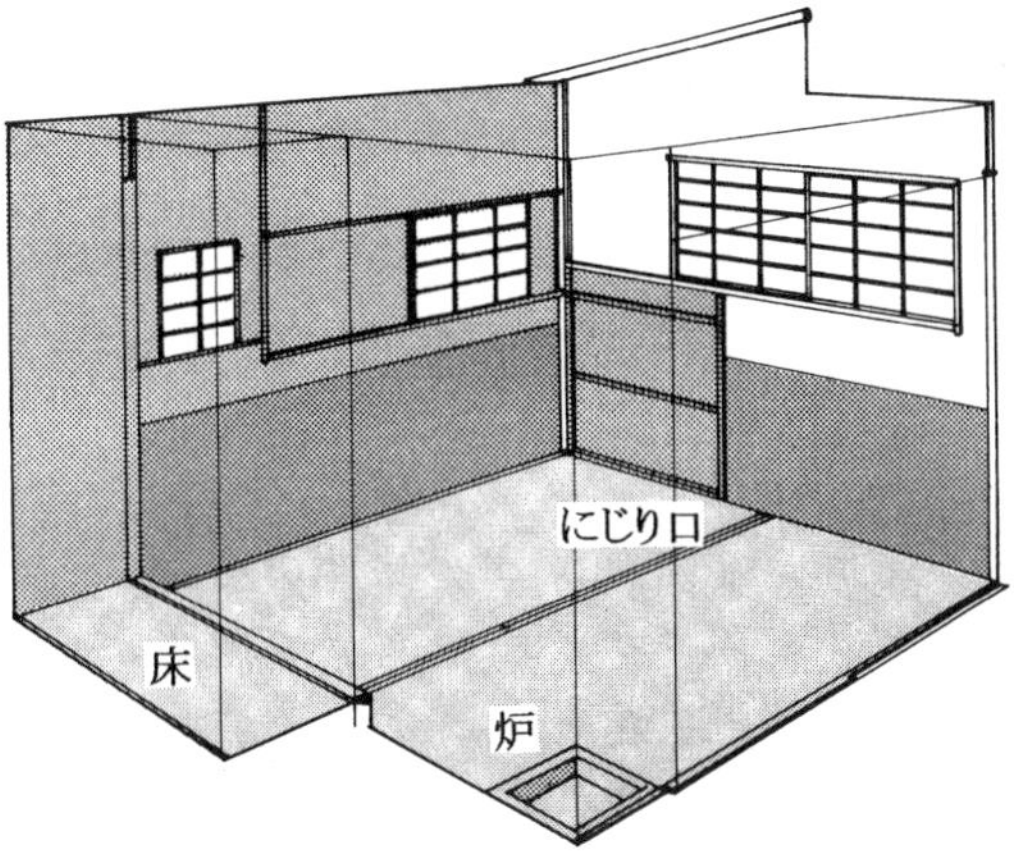

図5．待庵室内図

次に弟子の織部の茶室の窓を観察してみよう。織部の伏見屋敷の茶室・望覚庵に招かれた松屋久好によれば、次のように記されている。(二三)

「露地ヒロシ、石燈籠ニ火アリ、手水湯出ル、座敷三条大、南向也、カヤ、アツマヤ、ガクハ望覚庵とあり、四尺床フカシ、東ヨリク、り入、窓西上ニ一、下ニ一、東ニ一、フロサキ一、南一、ク、リノ上一ツ、ツキアケ窓一、中柱ハ竹太シ、カヘモチ竹、床ニ清然

第九章

ノ文字、（ハシメヲワリカケツメテ）一重ノツリ棚ニ引切ト羽ハウキトアリ」

すなわち、三畳台目の茶室で、後に織部が完成させた藪内家茶室・燕庵に代表されるいわゆる「燕庵形式」の間取りから相伴席を除いたいわば過度期のプロトタイプであったことがわかる。そして、この茶室の窓については、風炉先窓とにじり口の上の窓、南壁の窓と西壁の二つの窓、そして突上の計七つにも達していることが確認できる。この茶室が利休の茶室に比べて、いかに明るく、開放的であったかがうかがえよう。

その後、織部の「燕庵形式」が完成期に入った頃の彼の堀川屋敷の茶室に、前述の松屋が再び訪れている。その日の『松屋会記』（二三）によれば、玄関先の軒に愛宕山を見るための突上窓が開けてあったという。前に詳しく述べたように、額で風景を切り取って見せるのは、同時代ヨーロッパで大流行したヴィスタの手法である。西欧手法を取り入れたものであるかはともかくとして、利休の窓の扱い方とは一線を画したものといえよう。織部は、この「燕庵形式」の茶室を数多く造ったが、この形式の特徴を掲げれば、まず亭主が茶をたてる点前座から見やすい位置になったことである。しかもこの点前座には風炉先窓という道具座をまるでスポットライトのように照らす窓があけられている。また、点前座の背後には、連子窓と下地窓を上下にずらして配した色紙窓と呼ばれるものが開けられているが、これは亭主の背後からの採光となることから、亭主の手もとは自らの影で暗くなるので、採光目的の窓ではまさかあるまい。では、何の目的をもっていたかといえば『織部聞書』（九）には次のように記されている。

「数寄屋之窓ヲ多ク明ル心得之事、何レモ明リ取ルベシトノ事也。色紙窓明リノ為バカリニ非ズ。座敷ノ景ニ成ル故也。」

すなわち、色紙窓の目的は、茶をたてる亭主の舞台セットとしての背景の演出であるに他ならない。さらに同史料には次のように述べられている。

「床ノ中ノ窓、是ハ床江明リ入レ候程トノ為明ケル。又花ヲ生ケルベキ為也。下地ノ真中ニ堅ニ細キ竹ヲ入テカクベシ。是ニ折釘ヲ打チ花入ヲ掛置候也。」

すなわち、床の間の墨蹟窓に花入をかけ、この窓を「花明窓」と呼び、スポットライトのように花を浮び上がらせたというのである。以上のような織部の「燕庵形式」の特徴をまとめれば、亭主が茶をたてる点前座を客からより見やすくし、茶道具や花をスポットライトで浮び上がらせ、さらに点前座の背景に演出を施したことになる。つまり織部は、茶室というものを利休より一歩すすめて、亭主と客の座がそれぞれ舞台セットと観客席に対応することを意図したとみなすことができよう。

さて、それではさらに織部の弟子の遠州の茶室についても観察してみよう。遠州は『孤篷庵点茶無尽蔵』(三九)に次のように記している。

(三九)『孤篷庵点茶無尽蔵』大徳寺孤篷庵所蔵。

「数寄屋囲トモニ明リノ取ヤウ専用也明リ過タルハ不好暗過タルハ道具ノ艶不㆓見分㆒」

すなわち、遠州が茶室の計画で最も苦心したのが窓とその採光についてであるといっても過言ではないのである。彼の茶室の代表作としては松翠亭があげられ、この茶室の形式は後に滝本坊、養源院、後藤勘兵衛宅の茶室などに数多く応用されたものである。この松翠亭は、残念ながら現存していないが、前掲の『松屋会記』に絵図が残されている上、起し絵図も伝わっているため、掘口捨己氏[三二]、中村昌生氏[四〇]等によって復元案がつくられている。それらの復元図をみると、まず驚かされるのが、利休や織部の茶室では一つだった突上窓が、松翠亭では正面土間庇と相伴席、点前座のじつに三つもあることであろう。次に気づくのは、窓の数が利休が三窓、織部が七窓であったものが、遠州では合計十二窓におよんでいることである。利休の時代には考えられないほどの明るさの茶室であったといえよう。一方、師・織部の施した演出、すなわち道具にスポットライトのように光をあてる風炉先窓、点前座の背景としての色紙窓等すべて継承し、取り入れていることがわかる。遠州は、織部のスポットライト効果による演出を先へすすめているのである。すなわち、亭主が茶をたてる点前座の上部に突上窓を設けることによって、まるで舞台照明のように亭主を明るく浮び上がらせようとしたことである。いいかえれば、遠州の茶室はまるで舞台と客席という劇場と同じしくみをもっていたといってよいだろう。そして遠州はこの舞台で茶匠としてスポ

（四〇）『茶匠と建築』中村昌生　一九七一年、鹿島出版会。

ットライトを浴びて座し、『松屋会記』(二三)によれば、

「次ニ茶ワンへ湯ヲ入、蓋ヲシメ、茶筅ヲツケ置テ、巾ヲサバキ、マヱノトコロニ置、茶ワンヲ置ナカラ筅ヲ廻シ候也、碗ヲマワス事モ捨ル事モ余手間不入候、碗ヲフキ、中ヲ能ヌグイテ茶ノ入様見事也、汲出ス所ハ静ニテ、碗へアクル所キッシ」

というように、湯を汲出す際はごくゆっくりと手を動かし、いざ碗に湯をあける際は、突然急動するといったやや派手な作法を演じ、客を魅了したという寸法である。現実に、森蘊氏は遠州設計の南禅寺金地院の茶室に各部の明るさを照度計で測定するという試みをしておられるが、その実験結果によれば、点前座が最も明るく、貴人畳と客畳が最も暗くなっているといい、点前座へのスポットライト効果が極めて明快に確認されているのである。(四一)

以上観察してきたように、利休の質素な民家のような草庵茶室に対し、織部に至ってはそこへ整形的な演出効果を多数加え、遠州はさらにそれを先へすすめていることがわかる。いいかえれば、他の作法と同様、茶室の窓においても従来の日本の造形理念である自然風景式から、同時代のヨーロッパ的な整形式への劇的変化があったといえよう。これらの理念の変化についても、断定こそ避けなければならないが、突如発想、実践されたと考えるよりも、むしろ西欧文化の何らかの影響があったと考えたい。

(四一)「小堀遠州の作事」森蘊『奈良国立文化財研究所学報』第十八冊、一九六六年。

9. 角度

茶の湯の作法の一つに「置き合せ」と呼ばれるものがある。これは、茶道具をどのような向きに置くか、あるいは複数の道具をどのように組み合わせて並べるかといった決め事である。織部以前は、利休に限らずたいていは茶道具を垂直に置くか、またはその場合に応じて使い易い方向や位置を選んで置くことを常としていたとみられる。

しかし、利休の弟子の織部になると、『宗甫公古織江慶長御尋書』(四二)その他でも繰返し「何れも角懸て」とか「角ちがひ」あるいは「筋違」と述べて、道具は必ず角度をつけて置くことを強調した。前掲の織部好の藪内家茶室・燕庵の露地を見ても、要所要所で露地が角度をつけて折れ曲がっており、道具の置き合せに限らず「角懸て」は織部の意匠全般の傾向であったとみることができる。すなわち、利休の時代には水平垂直あるいは使い勝手といったごく自然な要因によって決定されていた角度の概念が、織部に移ると必ず角度をつけるという人工的、整形的な態度に突如変化したことになる。

それでは、織部の弟子の遠州の道具の置き合せはどうであろうか。一六〇六年とその翌年の『慶長御尋書』(四二)には、遠州が師・織部に茶道具の置き合せについて意見を求める記事があり、角度をつけた置き合せの図が多数載っていることからも、遠州が織

(四二)『宗甫公古織江慶長御尋書』宮内庁書陵部蔵

部の置き合せを継承したことは明らかである。現に、『小堀遠州江守宗甫茶湯日記』には次のようにある。(四三)

「相坂水さしと角ちがえて置合」

「道幸の内上ノ段筋違テ置下ニ茶碗仕込テ右ノ方前へ角違テ」

「棚の上二ずんど切瓢実香合アイ違並テ」

「下の棚に柄杓筋違テ内はり茶碗持出置合」

「茶過テ上ノ棚ニ柄杓筋違テ置」

「耳付茶入水さし左の方角掛テ置合」

「飛鳥川水指ノ方スミチガヘテ置合」

また、『松屋会記』にも

(四三)『小堀遠州江守宗甫茶湯日記』孤篷庵所蔵

「炭ハ前ヨリスジカイニ置出シ候」

とあって、遠州も角度をつけて置くことを常としていたことがわかる。ところが、さらに遠州の置き合せを注意深く観察してみると、ただ単に織部を継承しただけではなく、さらに四十五度、三十度といった角度にまでこだわり、発展させていることがわかるのである。例えば『孤篷庵蔵茶点無尽蔵』[二九]には次のようにある。

「炉ノ右ノ角ト水指棚ノ角トスジカヘニスジ引ク心ニテソノスヂノ前通ト思フ処ニ置合心ナリ」

「水指棚ナキ時ハ炉フチ三ツワリ左ノスジノ処ニ茶ワン置ク」

すなわち、従来織部が漠然と角度をつけて置いていたのを、遠州はより厳密に直角の二等分の四十五度を要求したり、またある長さの三分の一を要求していることになる。しかも、このような置合せに遠州は極めて神経質であったらしく、同資料には

「三度被レ立候而柄杓を直し被レ申候事」

と記されているほどである。一方、このような角度に関する遠州のこだわりは、単に

置合せに限ったことではなく、前章で掲げた彼の設計した庭園に数多く指摘することができる（四四）。例えば、四十五度は寛永度仙洞御所と女院御所の庭の境界線や二条城二の丸から突き出た廊下の先端の角度、あるいは寛永度の内裏や仙洞、明正院御所の能舞台の橋掛等、枚挙に暇がない（四四）。また、三十度についても、寛永度内裏の渡廊や明正院御所の花壇、さらに南禅寺金地院の敷石道などに確認できる（四四）。この他、直角の五分の二すなわち三十六度も遠州は好んだとみられ、再建大坂城の建物と三十六度に傾けた塀の中に茶室の露地を設計している。三十六度という角度は、三辺が三対四対五の比をもつ直角三角形の角度の一つであり、なんと遠州はピタゴラスの定理を知っていたことになるのである。

以上、三茶匠の角度についての理念を観察してきたが、それらをまとめれば、利休が使い勝手や水平垂直といった自然な要因によって置き合せを決めていたものと、まず織部が角度をつけて置き合せることを説き、さらに遠州はそれらを厳密な数値に定めたことになる。いいかえれば、角度についても他の作法と同様に、自然重視の態度から、幾何学を用いて積極的に整形しようとする態度へと大きく変化しているのである。特に遠州の角度の知覚は、同時代ヨーロッパの先端知識として、ルネサンス・バロック庭園に広く用いられていたものであり、西欧文化を学んだ宮廷付工人・遠州ならではの手法であるといえよう。

（四四）『近世日本建築にひそむ西欧手法の謎「キリシタン建築」論序説』宮元健次一九九四年、彰国社

10. 炭手前

茶の湯で、湯をわかす風炉に炭をつぐ作法のことを炭手前という。この炭手前は、堀口捨己氏によると利休によって行なわれはじめたもので、それ以前は作法としてあまり重視されていなかったという。[四五] 利休の炭手前について、『松野山宗庵伝茶書』[四六] には、

「風炉の灰は、四角に見ゆるやうに置物なり。横へ長く、四角に見ゆる様に置なり。先のひとつの足の外へ灰の出候か能候。左右にても一方出候ても能候。是か風炉の灰の習なり。」

と記されており、また『源流茶話』[四七] にも

「古べ眉のある金風炉の灰は、風炉の大小によりて押し、又はかき上て候へ共、土風炉の灰は利休作意にて、前一文字、左は見《イレ》、右は雉子股向フ。大風炉は一文字、中風炉　遠山、小風炉かけ上《ケ》に候。」

とあって、「四角に見ゆるやう」左右どちらかが出るように、すなわち一角は釣り合

（四五）『利休の茶』堀口捨己　一九八七年、鹿島出版会。
（四六）『松野山宗庵伝茶書』
（四七）『源流茶話』

いを破って斜めにすることが述べられている。これは、利休の茶室等にもよく見られる左右対称をやぶる方法であり、古来日本の自然風景式庭園において行なわれてきた常套手段であった。『炭筋書』(四八)の利休の口切の時の炭の図や、利休の右勝手の炭の図などを見ると、確かに各要素がずれ合って偶然そうなったかのような自然なかたちとなっていることが確認できる。

それでは、利休の弟子、織部の炭手前はどうかといえば、『炭筋書』(四八)の織部の「織田有楽方にての炭の図」を見ると、角度の項で触れた織部の置き合せの特徴である「角懸け」がここでも実践されており、四角い炭や他の炭がすべて斜めに平行に整えられて置かれていることがわかる。いいかえれば、炭手前においても利休の自然風景式に対し、織部は同時代ヨーロッパの造形概念である整形式を取り入れていたことになる。

さらに、その弟子の遠州になると、『小堀遠州江守筆巻物写』(四九)には次のように記されている。

「風炉のはい心持も山などのきじなどの心持、亦すミ置巳後に、前のはい取、前を替申事、是もきしなどのくずれたるやう第一。」

すなわち、山や岸など庭園における地形をイメージすることを第一といい、いかにも庭園建築家らしい考え方である。また、

(四八)『炭筋書』

(四九)『小堀遠州江守筆巻物写』

「風呂のはい仕やうの事、とうつけ・前つけと申事有レ之候、とうつけとハかはらけを、五とくのあつミの中通ニ置、はいをごとくの外かわにていたし候事を、とうつけと申候、前つけとはごとくの内のかどにてはいを致し、かわらけを其より内へ入申候。」

ともあって、(四九)遠州によって遠付、前付という語がはじめて使われているのだが、これはつまりパースペクティヴの事を指しているのであって、同時代ヨーロッパの庭園で大流行した手法を茶の湯の炭手前に応用しているのに驚かざるをえない。宣教師から西欧手法を学んだ宮廷付工人・遠州の面目躍如といったところだろう。つまり、利休の自然な炭手前に対し、織部では整形化、人工化したものとなり、遠州はその兆候をさらに先へすすめたことになる。

『喫茶指掌編』(五〇)によれば、

「庸軒常に云、遠州の風炉の灰は、至て手際よく、実に刺刀にて切たる如く立派にて、前に灰を立、炭を置く時、土器の灰を不レ掃。灰の様は、一通りに極たる也。亦宗旦の灰は　古風にて、行かゝり、さつと致たる灰なり。」

となり、遠州の灰は刀で切ったように鋭い印象であるのに対し、利休の孫であり継承者である宗旦の灰は古風で自然にさっと造った灰であるといい、整形式と自然式の異

（五〇）『喫茶指掌編』

差を見事にとらえている。

一方、手前だけではなく、炭そのものはどんな好みであったのだろうか。まず、利休が用いた炭については、『茶譜』(四)に

「白灰ハ和泉国光滝ト云所ヨリ焼出デ、又河内クニ、サヤマト云所ヨリ焼出スヲ光ノ滝炭と云節モ有。尤サヤマヨリ出ル炭モ一段吉。光ノ滝炭ハ、鼠色ニ粉ノ有白炭也。利休モ光滝ニ増白炭ハ無レ之ト云シ也。」

とあり、光の滝炭というネズミ色の炭を特に好んだことがわかる。いわゆる「利休鼠」と呼ばれる色であろう。利休の茶の継承者・三斎の『細川三斎御受書』(一三)にも、

「白炭ハカウノタキニテハヤカス。横山トイフ所ニテ焼テ、カウノタキニ出ス事ナリ。古歌ニ何として　いかに　やけはか　いつみなる

横山すみの　白くみゆらん

右ノ二首千載集ニ有リト御意ナリ

とあり、利休の好みとして正式につたわっていたことが確認できる。

それでは、弟子の織部の炭はどんなものだったのであろうか。『茶譜』(四)によれば

「古田織部時代ノ白炭ハ、小枝有レ之。細イ躑躅ナドヲ炭ニ焼テ、胡粉ヲ水溶テ之

ヲ上へ塗故、其色　白粉ノゴトシ。」

とあり、なんと胡粉を水に溶いて白く塗っていたことがわかる。また、『松野山宗庵伝茶書』(四六)によれば

「色炭拵様の事　黄土に、石灰か、ごふんを入、なるほどこくぬりほしつけ、はばうきにてはき、箱につめ置。むらさき炭、しおふこくとき、ほしつけ、右の通りに右色をふのりか、とりゆてとき候。あいらうか、ごふん、しおふ、同しくはあいらうよし。ねすみ色は、白すみをはきおとす。白炭、其まヽ、竹のすみ、灰のかは白くして、松かさもよし、都合五色也。」

といい、織部は五色の色炭を用いたのである。すなわち、利休が本来の炭の自然な色であるネズミ色をもっぱら好んだのに対し、弟子の織部になると、人工的に黄、紫、藍、鼠、白といった五色の灰を造り出したのである。露地の色彩の節で触れたように、利休が無彩色の露地にこだわったのに対し、露地に色を持ちこんだ織部らしい炭といえよう。

それでは遠州はといえば、さらにもう一歩先へ進める工夫をしたとみえ、『茶譜』(四)には

「小堀遠州時代ノ白炭ハ、織部時代ノ胡粉塗ノシラ炭ニ、種々品ヲ替テ取合テ用レ之、或ハ竹ノ小枝或ハ松葉ヲ手一束ニ結、或ハ松笠、如レ此色々ノ物ヲ集テ炭ニヤキ、胡粉ヲ塗、或ハ胡粉ニ墨ヲ入テ鼠色ニ塗、或ハ埋木ノ灰ヲ塗テ、赤土色シテ用レ之、偏ニ彩色人形ヲ見ルゴトシ。」

とあり、他の作法と同様、織部の整形化、人工化をさらにすすめ、その様相は「彩色人形ヲ見ルゴトシ」と書かれるほどであったことがわかる。

この他、興味深いのは、利休が炭をつぐにあたり禁忌として説いた『利休茶湯百首歌』[五一]の中の一句に

「炭をかは　五とくはさむな十文字　ゑんをきらすな　つり合を見て

とあり、この十文字とは『艸人木』[五二]によると

「同炭を十文字におくとハ、黒炭とくろすみ或ハ白炭としろすみ、などの事也。黒炭と白炭との十文字ハきらはずと也。」

と記され、炭を十字型に組むことを禁じていたことがわかる。このことは、利休の弟子のひとり織田有楽の『茶道織有伝』[五三]にも

（五一）『利休茶湯百首歌』

（五二）『艸人木』

（五三）『茶道織有伝』

「十もんじ、はしかけ、きれのなきやうに」

とあり、織部の『織部聞書』(九)にも同様の記述があるので、後世に継承されたのだろう。それでは、なぜ利休は十字に炭を組むのを禁じたのだろうか。通常、火に薪や炭をくべる場合、当然それらを十字やすじかいに交わらせるものを、数多くの炭の組み方の中から、あえて十字を禁忌にしたのには何か特別な事情が見え隠れしているようである。ここに、ある奇妙な話を掲げてみたい。『夜話之抄』(加賀藩史料第二編所収)(五四)によれば、ある日、前田利長が高山右近を客として茶会を開いた時、炭が十字になってしまったため、香を焚いて避けたところ、キリシタンである右近はそれを見て、「さてさて珍しい御作意」と賞め、利家は含み笑いをしたという。キリシタンが十字架を信仰したことはいうまでもないが、前述のごとく、利休の弟子には数多くのキリシタン関係者がいた。そして、それらの中には、「小代十字紋象嵌俵型鉢」(南蛮文化館所蔵)のような明らかな十字架を描いた茶碗や「十字釜」(南蛮文化館所蔵)のような釜を用いた者が数多くいたわけであり、例えば、織部ひとりとってみても、カリス型やゴブレット型、あるいは十字型やコンスタンチヌス十字付の茶碗を製作しているのである。すでにキリシタン弾圧の始まっているこの時期、利休は自らの弟子のこれらの傾向をいったいどのような気持ちでながめていたのだろうか。利休が、茶道の作法について数多くの禁忌を出したことは周知であるが、このエピソードをヒントとすれ

(五四)『夜話之抄』加賀藩史料第二編所収。

ば、右近も好んだという十字の炭を禁じることによって、弟子達がキリシタンとして疑いをかけられるのを回避しようとしたのではなかったろうか。確証もなく、断定は慎まねばならないが、当時の茶道とキリシタンの関係について考える上で、大変興味深い問題であると思う。

11. 茶杓

茶杓とは、抹茶を茶入れから茶碗にすくい移す竹製の匙であり、用いる茶匠の個性や好みによって、竹の種類、斑、節あるいは反りの角度、太さ、長さ、けずり方などが微妙に異なるものである。職人に好みを伝えて削らせることもあるが、基本的には茶人自ら造るもので、その心構えとして例えば石州流の『茶杓伝授之事』(五五)では

「利休茶杓ノ習様々也。物毎ノ恰好ヲ茶杓一本ン内ニ籠メタルト、古ヨリ伝ヘル也。目ニ見ヘ言葉ニ不レ及所也。能ク伝受シテ可シ二受用ス一。大秘事也。」

とあり、目に見えず言葉にもできない精神性を一の茶杓に込める事を説いている。利休の茶杓の中で、後世に伝えられた名物といえば、「泪」と「新門サマ」であり、特徴のよく似たものであるが、ここでは例として利休筆の名のある「新門サマ」を

(五五)『茶杓伝授之事』編所収。

取り上げてみたい。まず筒に「易《（フタの合印）》　新門サマ《（本願寺教如）》　利《（利休）》　」とあり、利休が本願寺教如に贈ったものであることがわかる。次に茶杓であるが、「泪」とよく似たもので、後の織部や遠州に比べて荒けずりの、じつに素朴なものである。利休の『茶杓之削様』[五六]には茶杓について「美しく成り不申様に削る物」とあり、また筒についても「ズカ〳〵ト何心モナク　切ル物也」と人工的な整形を避けてズカズカ何心もなく削ることを説いているが、その通りの意匠となっている。特に注目したいのは、漆で修理されたその貝先で、端先が左右非対称となっていることである。これは前掲の「泪」も同様に造られている上、『細川三斎茶書』[三]その他にも利休好として掲げられていることから、利休独特の特徴といってよいだろう。前にも触れた通り、左右非対称は古来日本の自然風景式庭園にも用いられてきた日本独特の美意識であり、利休の作法に共通した手法であった。

　それではその弟子の織部の茶杓はどうか。織部の茶杓で最も有名な「小遠州旨　古織部」と筒書きされた共同柄杓を見てみよう。これは織部が弟子の遠州に贈ったもので、現在、長尾美術館にあるものである。まず全体の印象は利休の茶杓とは異なり鋭さを感じ、切留めは裏に二つ刀を入れており、唯一「茶ほとき」といわれる荒い一刀が利休を継承しているに過ぎない。次に貝先であるが、利休の茶杓が日本の伝統的な自然風景式の左右非対称であったのに対し、織部になると完全な左右対称にし、先を尖らせている。元来、日本の道具というものは、大工道具でも、料理道具でもすべて右手きき専用に造られていて、左右対称ではない。左右対称にした上、先を尖らせた

（五六）『茶杓之削様』

匙といえば、あのスプーンを連想するのは私だけであろうか。前に触れたように、織部は自らの茶碗に西欧のカリスやゴブレットといった食器の意匠を取り入れた。また、同時代に生きた大友宗麟や秀吉は、すでに西洋食器で食事をしていたことを思い出してほしい。織部が新しい茶杓を考案する際、はたしてあのスプーンを連想することはなかっただろうか。少なくとも左右対称（シンメトリー）の手法は、同時代ヨーロッパの整形式庭園やルネサンス・バロック建築のファサードで頻繁に用いられたものであることはいうまでもない。すなわちいいかえれば、茶杓についても、利休の日本自然風景式から織部の西欧整形式への造形理念の大幅な変化が指摘できることになる。

それでは、織部の継承者・遠州の茶杓はどうか。「安祥寺」（団氏所蔵）と呼ばれる遠州の初期の茶杓を見ると、織部のものと同様、貝先が左右対称であり、先が尖んがっていることがわかり、織部の整形式を忠実に継承していることが確認できる。しかも、織部の茶杓では利休から継承されて「茶ほとき」と呼ばれる荒い一刀削りが残っていたが、遠州では、もはやそれすら無くなっているのである。同じく遠州作の松平右衛門太夫と筒書きした茶杓（大河内正敏氏所蔵）を見ると、貝先の尖り方が織部のものをさらに鋭く笹の葉先のようになっており、整形化がよりすすんでいることがわかる。さらに遠州の「くせ舞」（益田家所蔵）と呼ばれる茶杓などは、このような傾向の最たるものであり、竹を曲げてスプーン状にしたもので、他に類似したものがない極めて整形的なものである。利休の孫としてその作法を忠実に受け継いだ宗旦は、遠州と同時代に生きた茶匠であるが、『茶譜』(四)などによれば同じ利休の流れであるにもかかわらず、最も隔った両端に位すると考えられていた。例えば利休の茶杓では『利休聞書秘伝』(二九)によると

「茶杓に五つの名所有。うちがい、そとがい、きちもつ、もちかた　つゆさき」

といって五つの名所を掲げられていた。ところが、遠州になると『孤篷庵茶点無尽蔵』によれば、図を掲げ、貝先、貝裏、雉子股、節下、持方、切留の七つに増え、この点からみても利休や織部の時代より整形化がすすんでいることが確認できよう。

以上をまとめれば、利休の茶杓が非対称で荒々しい日本独特の自然風であったのに対し、織部は左右対称で鋭い整形的な茶杓を造り、遠州はさらにその傾向を先へすすめたことになる。これまでに触れた他の作法同様、これらの茶杓における自然風から整形風への理念の変化についても西欧文化の影響が背景にあったとしても不自然ではないと思われる。

12. 茶　碗

利休が晩年に長次郎に焼かせた楽焼の黒茶碗は有名である。素朴な手ざわりの楽焼、それも色彩を廃した真黒な茶碗で、成金趣味へ走った秀吉を、茶道指南としてさとそ

うとしたとも言われている。この黒楽茶碗について、『宗湛日記』(一九)には一五九〇年の聚楽第における利休の茶会のエピソードが次のように記されている。

「セト茶ワン持出テ、台子ノ上ノ黒茶碗ニ取替ラル、。黒キニ茶タテ候事上様御キ、ラヒ候ホドニ此分に仕候也。」

すなわち、利休は秀吉が嫌う黒茶碗を瀬戸茶碗に取り換えたというのである。ところが、このエピソードの十日後の利休の茶会について、同日記はまたしても黒茶碗を使っていた事を記している。つまり、一度取り換えた茶碗を再び元の茶碗に戻すことはありえないことから、取り換えた後に使用していた茶碗も黒かったと推測できることになる。『利休百会記』(一九)によると、『宗湛日記』の記述の一年後の秀吉を客とした茶会について次のように記されている。

「正月十三日（天正十九年）朝　二畳敷　上様御成。羽柴筑前守、施薬院　一桐の釜　一まけ（曲）物水指　一茶入尻ふくら、　一黒茶碗　一雀の絵　一備前壺」

すなわち、秀吉が嫌う黒茶碗を瀬戸焼にかえた一年後の茶会においても再び秀吉を客として黒茶碗を用いている。これはいったい何を意味しているのだろうか。当時、黒い茶碗といえば、黒楽焼か黒瀬戸しか存在しないことから考えれば、ようす

第九章

るに、利休は秀吉の嫌った黒楽焼茶碗を黒瀬戸茶碗に取り換えたのであろう。つまり、秀吉は黒い茶碗を嫌ったわけではなく、楽焼のあの素朴さを嫌ったことが明らかとなる。そして、利休はといえば、楽焼にしろ、瀬戸焼にしろ、もっぱら派出さを抑えた無地の黒茶碗ばかりを好んで使っていたことになる。

それでは、利休の弟子・織部の茶碗はどんな好みだったのだろうか。織部は、織部焼という新しい焼物を考案したことで有名である。この織部焼の作品をみると、背中に十字架が掘り込まれ、ポルトガル人を型どった南蛮人燭台や、当時はじめてポルトガルから日本にもたらされたタバコをすうためのキセルなど、明らかに西欧文化の関与が見えるものが数多い。また、食器類についても、「織部高脚向付」（サントリー美術館所蔵）を見る、洗礼に用いるカチスと見間違わんばかりの西欧風のものや、「織部コップ型向付」（サントリー美術館所蔵）と呼ばれる口が十字型の西欧のゴブレットを模したものが残されている。さらに、「志野織部花いけ」等は極めてモダンな整形式幾何学模様の四角柱型に西欧食器特有の高脚をつけたものであり、このような日

写真10．アルファベット紋様の袋

本の焼物と一線を画した幾何学的な織部の焼物は数多い。それでは茶碗はどうかといえば、織部好の「ヘウゲモノ」と呼ばれる沓形茶碗が有名だろう。特に黒織部といわれるものは、利休の黒茶碗を継承した上、さらに沓形に変形させたものであるが、利休と異なるのは、無地ではなく、さまざまな紋様を描いている点にある。例えば「釘文黒織部茶碗」（南蛮文化館所蔵）と呼ばれるものは、イエズス会が用いた十字架と釘らしき模様が描かれているし、また他の黒織部の中にも十字が描かれた例が多い。そのために、織部キリシタン説も生まれてくるのであるが、織部がキリシタンであるかどうかはともかくとして、彼の茶碗が西欧文化の影響をうけたものであることは、ほぼ間違いなかろう。「ヘウゲモノ」あるいは「ヒズミ」といった織部の開いた新境地の造形もそれまでの保守的な日本の焼物には見られない新鮮で大胆な意匠であり、あるいは西欧文化の刺激のたまものであったかもしれない。

　さて、それでは織部の弟子の遠州の茶碗はどんなものであろうか。遠州の隠居所孤蓬庵はキリシタン大名黒田如水の菩提のために建てられた大徳寺龍光院の中に造られ、また遠州の好んだ高取焼も黒田家との関係で創られたものであり、両者には深いつながりがあったとみられる。[四一]また、彼が青年時代、伏見六地蔵の地で出会ったという古井戸茶碗（朝鮮半島で日常雑器として用いられていたものを茶の湯に使用）「六地蔵」（大徳寺孤篷庵所蔵）の袋は遠州の見たてといわれるが、輸入品のアルファベット文様の衣でできている（写真9）。さらに、遠州自ら直接オランダに発注して焼かせたという茶椀で、箱書きに「おらんだ」と彼の直筆のあるもの等、一見して西欧との交渉が見える茶碗が数多く現存しているのである。(四四)その他、遠州の好んだ「伯庵」と呼ばれる黄瀬戸茶碗の直径と高さのバランスが黄金分割になっていたり、遠州直筆のその箱書の文字の位置や大きさにまで黄金分割が用いられている等、枚挙に暇がない。(四四)このように見てくると、遠州ははじめて茶碗に西欧意匠を取入れた織部の継承者であったことがわかる。また、それだけにとどまらず、遠州は織部が唯一利休から継いだ黒茶碗をいさぎよく捨て、さらに明るい整形的、幾何学的な西欧意匠を取り入れていたことが明らかとなる。

以上、茶道の作法への西欧文化の影響について、千利休とその茶の湯の後継者である古田織部、そしてさらにその後継者として小堀遠州といった三者の茶の湯の作法を比較してきた。その結果をまとめれば、利休の作法が織部、遠州へ受け継がれるにつれ、自然主義的な立場から人工的な整形式へと大きく変化していることが明らかになった。そして少なくともその要因の一つとして、織部、遠州の西欧文化への関与をあげることができよう。すなわち、西欧文化の影響によって、利休から織部、遠州に至るにつれ、作品が変容を遂げた可能性が指摘できる。決定的根拠の発掘は、今後の課題としておきたい。

第一〇章　豊臣秀吉の都市計画におけるヴィスタの手法

はじめに

前に著者は、桃山時代の天下人・豊臣秀吉の西欧文化への関与について考察した。(一)また、秀吉が造営に関与した醍醐寺三宝院・表書院及び聚楽第大広間などの書院造りの建築に、同時代ルネサンス・バロック期の教会等で大流行した柱間減少によるパースペクティヴの効果が見られることを指摘し(二)、西欧手法である可能性を示唆した。

秀吉は、それらの書院建築の造営の他、長浜、大坂、京都、伏見などの都市計画にも関与して(三)いるが、果たして彼はこれらの都市造営に際し、西欧手法を実践しようとは考えなかっただろうか。本章では、秀吉の都市造営の事例から、大坂城及び聚楽第それぞれの城下町の造営を簡単に顧みた上で、さらに同時代ヨーロッパの都市計画に

(一)「茶道とキリスト教の関与について―近世日本建築の意匠における西欧手法の研究その八―」宮元健次『国際文化研究』第五号　二〇〇一年、龍谷大学国際文化学会編所収、七一頁～七三頁。
(二)「書院造りにみられる遠近法的効果について―近世日本建築の意匠における西欧手法の研究その六―」宮元健次『国際文化研究』第三号一九九九年、龍谷大学国際文化学会編所収、一六六頁～一六九頁。
(三)『建築家秀吉―遺構から推理する戦術と建築、都市プラン』宮元健次、二〇〇〇年、人文書院。

多数用いられたヴィスタ（Vista）の手法が、それらの都市計画に応用された可能性について明らかにするものである。

以下、まず大坂城の造営過程を振り返った上で、ヴィスタの手法について観察を試みよう。

1. 大坂城及び城下町の造営とヴィスタ

天正一一（一五八三）年八月七日、秀吉は大坂城の築城の準備に取りかかり、秀吉とかかわりの深い穴太の石工や近江大工などの近江職人らに夫役負担を免除するかわりに大坂城の造営に動員する命を出している。次に彼は、河内千塚（現大阪府八尾市）の石に目をつけ、それを運ぶための道を造るようにも命じている。そして、八月二八日、諸大名がいっせいに石を掘り、運び出したのであった。河内千塚以外にも生駒山や御影（現神戸市）、八幡などから石を曳いたという。(四)

そして、九月一日、ついに秀吉は大坂城造営に着手、家臣にも屋敷を造るよう命じた。吉田神社の神官・吉田兼見の日記によれば造営小路がはじまり、河内路に出てみると村や山に石取りの人足や奉行が数千人も目撃されたという。(五)

キリスト教宣教師の報告によれば、築城工事にかかわった人数は、最初月二、三万人、年末には五万人近かったという。(六) そして、工事開始から一年半たった天正一三（一五八五）年四月二七日、本願寺の使者が大坂城を訪れた際、はやくも秀吉は天守閣

(四)『豊臣秀吉の居城』大坂城篇、桜井成広、一九七〇年、日本城郭資料館出版会。

(五)「兼見卿記」『資料纂集』第一・二、続群書類従完成会。

(六) 村山直次郎訳『イエズス会士日本通信』一九六八年、雄松堂。

を案内しており、この時、既に大坂城は完成していたという（六）。

城下町の造営

一方、城と同時に城下町の建設も進められ、兼見は、すでに八月三〇日に秀吉に対面した後、家臣の屋敷の建設地を見物し、その巨大さに瞠目している。また築城の開始した九月一日には、平野の住民が天王寺に強制的に移され、旧本願寺の堀が埋められるのを目撃している（五）。

一方、キリスト教宣教師の一五八三（天正一一）年の報告によると秀吉が

「他の諸国の領主たちには、その城の周囲に大きな邸宅を建築することを命じたため、一人のパードレが同地により通信するところによれば、諸国皆彼を喜ばせんと欲して少しも彼の命に背かず約四十日の間に七千の家が建った」

という（六）。また、城の南側にあたる玉造にも築地堀を巡らす大名等の武士住宅地が着々と建てられていったものとみられる（四）。

その後、秀吉は一五八六（天正一四）年から八年にも及ぶ年月をかけて、この本丸の周囲にさらに二の丸を増築している。二の丸の水堀は、幅約七十二メートル、高さ約二十七メートルにも及んだという。また、一五九四年になると城下町全体を堀で囲み、城門で守る「惣構え」が築かれている。その規模は、なんと二キロ四方に

も及んでいたとみられ、東はJR環状線、西は阪神高速一号環状線、南は谷町七丁目のあたりまで存在していたという。(四)「大坂城縄張図」などを見ると、その壮大な規模を確認することができる。(七)

大坂の都市建設の当初から造られた平野町の一八八六(天正一四)年の実測図を見ると、谷町筋と上本町の間に二つの道があり、これらを挟むように、幅約二百十六メートル、奥行き約三十六メートルの細長い屋敷が並んでいたことがわかるのだ。また、間口約百八メートルが一町の単位となっており、道に対して南北に十二町分並んでいたことがわかる。この地割りこそ、大坂の町割り全体のルーツと考えられ、またさらに近世の町割り全体のいわば発祥とでもいうべきものなのである。

次に城下町全体に視野を拡げてみると、上町を中心として、大川を挟み一丁目から八丁目までの町を造り、八丁目は寺町として南から攻められた際に信仰心を利用して力を弱める働きがあったと思われる。

また、寺町に挟まれた南北二つの町を南の四天王寺まで押し、その東西も寺町で囲い、四天王寺の門前町と城下町を連結したのである。さらに四天王寺からは、住吉、堺への街道脇に民家を並べて連結させ、堺の港から物資が町に流れ込むように計画している。(四)

一方、秀吉は死の直前、一五九八(慶長三)年にさらに三の丸の増築を行なっている。宣教師パシオその他の記録によれば、最後の大坂城増築の概要はおおよそ次のようであったとみられる。(六)

(七)「大坂城縄張図」(西ヶ谷文庫蔵)、西ヶ谷恭弘編『秀吉の城』一九九六年、世界文化社、所収。

1. 三の丸と堀の増築による防御力の強化
2. 大名の人質をおく大名屋敷の建設による秀頼への忠節の保証
3. 城下町の増築と住民の強制移住による町の活性化

三の丸は、城壁も堀も大坂冬の陣の和睦条件をのんだために、ことごとく壊され、現存していないが、「大坂冬の陣配陣図」等からその様相をある程度知ることができる。(四)

前掲の宣教師の記録(五)によれば、三の丸の長さは約三里(十一・七キロ)もあって、そこの住民は「船場」と呼ばれる新たに造られた城下町へ強制移転させられたという。(六)

大坂城城下町のヴィスタ

はじめに触れた通り、著者は秀吉の西欧文化への関与について、既に考察した。(二)それらの中でも彼の居城・大坂城の内部は、ベッド、イス、テーブル、ジュータンといった西欧風のインテリアになっていた点に、ここでは注目したい。秀吉は「普請狂」といわれるほどに建築に力を入れたのだから、衣食住の中でもとりわけインテリアに西欧文化を導入したとしても不自然ではなかっただろう。

それでは大坂城の城下町へは、はたして西欧文化を取り入れようとはしなかった

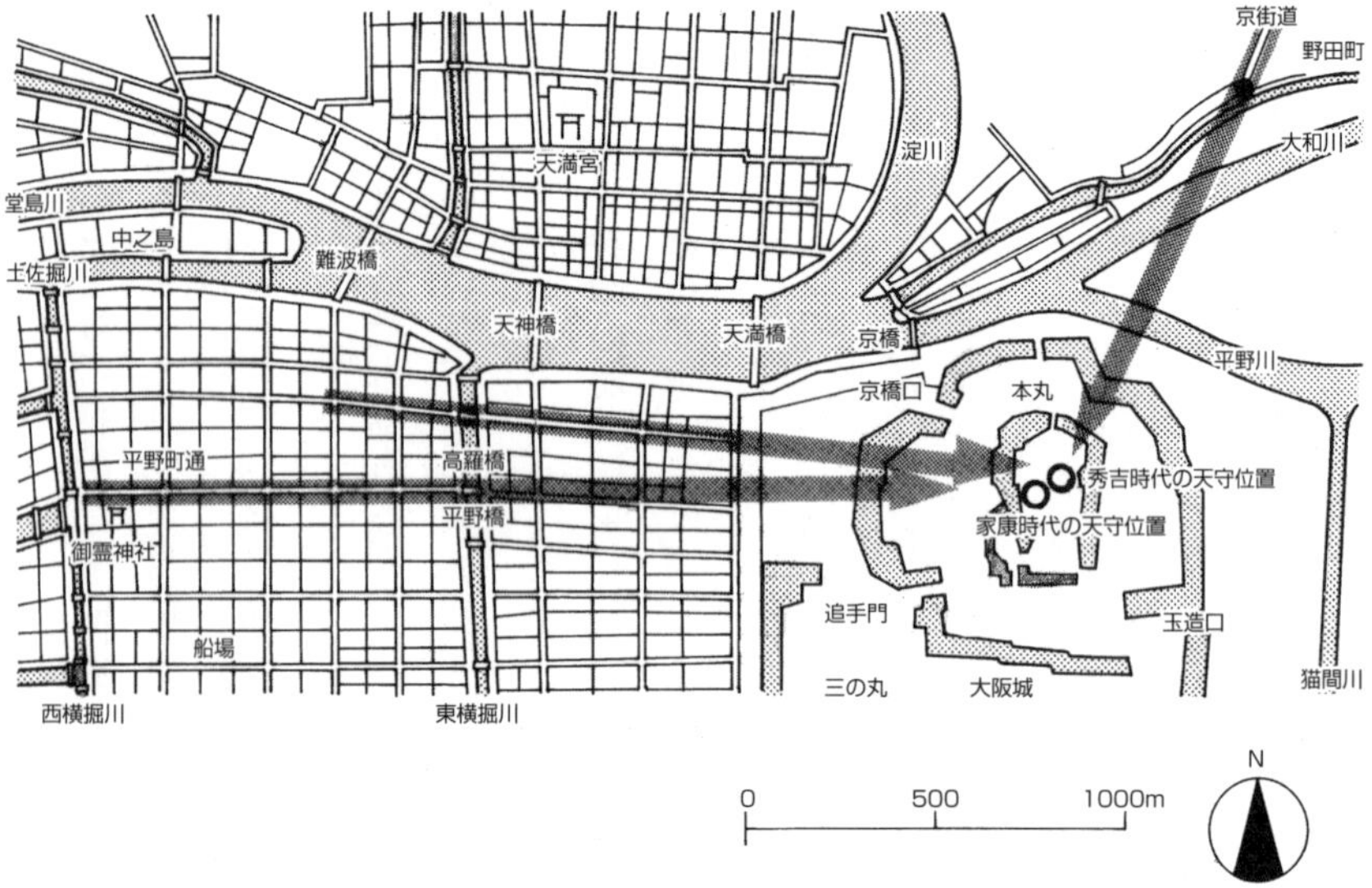

図1．大坂城城下町復元図に見るヴィスタ（宮本雅明氏による）

のだろうか。西欧のインテリアが伝えられていたとすれば、当然同時代のヨーロッパの街並についても伝えられていたはずであり、それが実践されたとしても不思議ではないといえよう。建築史家の宮本雅明氏によれば、大坂の城下町はヴィスタ（見通し線）の手法を用いて計画されているという。[八] すなわち、「大坂三郷町絵図」及び「大坂冬の陣配陣図」をもとにした大坂城下町の復元図を見ると、城下から約二十二メートルの高さにある本丸東北隅にそびえる秀吉時代の大坂城の天守を正面に見通す街路

（八）「近世初期城下町のヴィスタに基づく都市計画—その実態と意味—」宮本雅明『建築史研究』建築史学会。

を二本見い出すことができるという。[八]（図1参照）。

まず一本は上町から下町まで一直線に伸びる高麗橋通りで、一五九四（文禄三）年の設定であるといい、高麗橋は京都へ向かう京街道の船場口にあたり、高札場が設けられた最重要街路である上、それ以南の諸街路と基軸をやや振らせてまでして設けられている[八]（写真1参照）。

次に二本目は、京橋を越えて東北の京都へ伸びる京街道で、その一部野江町から天守を見通すことができる[八]（写真2参照）。京橋の位置に「城見」という地名が現在も残されているのもその名残りかもしれない。

写真1. 高麗橋筋から大坂城跡をみたヴィスタの効果

写真2. 京阪電車野江駅からみたヴィスタの効果

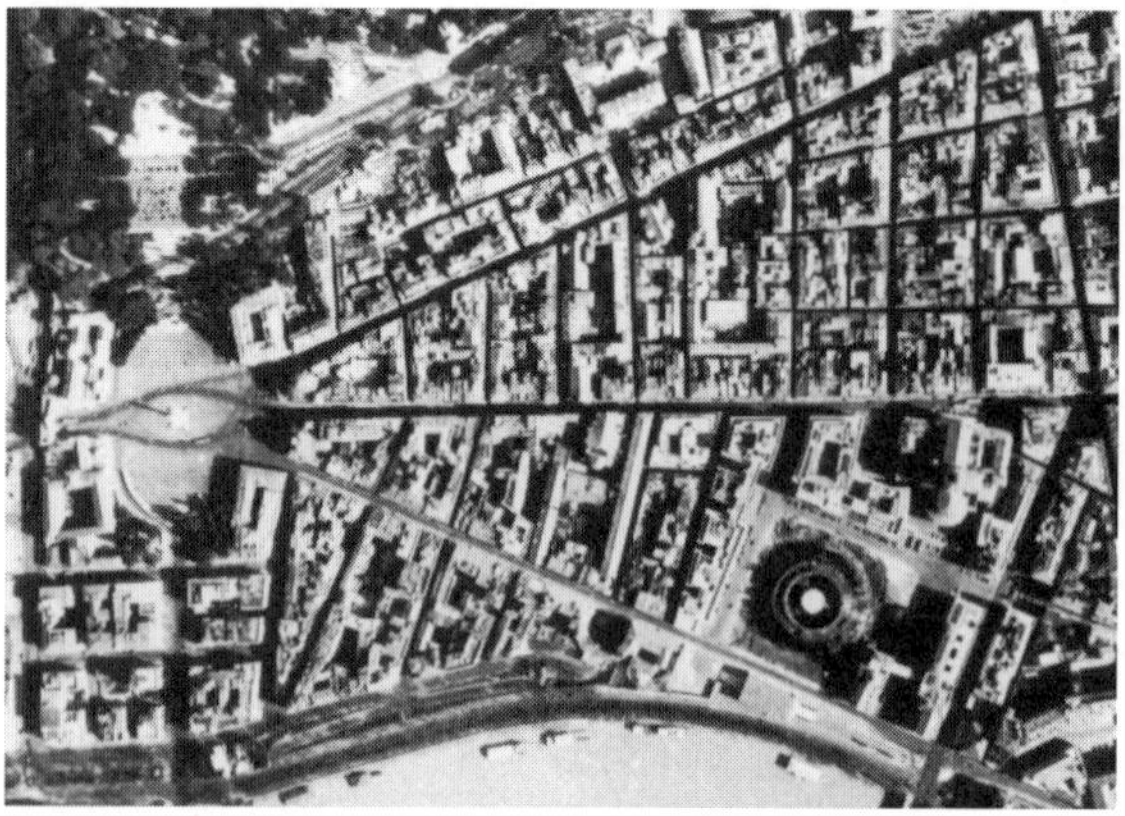

写真3. イタリア・ローマ・ポポロ広場のヴィスタの例

　また、その後再建された徳川時代の城下から約二十九メートルの高さの本丸上に約五十九メートルの高さでそびえ建っていた天守については、御霊神社が鎮座する平野町からのヴィスタを得る位置にあったという[八]。この旧・京街道は、現在京阪電車の線路となっている上、軸線上に大阪城ホールが建ち、その効果を確認するのは困難だが、途中京阪野江駅ホームからの眺望が大坂城方向へ開かれていることから、ある程度その効果を予測することが可能である。また、このヴィスタの街路付近には「蒲生」の地名があるが、これは、秀吉の家臣でキリシタン大名であった蒲生氏郷が工事を担当した名残りであり、氏郷によって西欧手法が取り入れられたのではないかとも考えたくなる。

　このヴィスタとは、いうまでもなく目の前が奥まですっきりと見通せる仕組みであり、この大坂城が造られた時期と重なる西欧のルネサンス・バロックの時代に誕生、発達した手法である。

　その歴史を簡単にまとめれば、まず芸術家でもあり建築家でもあったミケランジェロに端を発するといわれ、フォルネーゼ邸において屋外へ建物に対応する風景を計画している。また、建築家のパラディオは一五六〇年ころ、トリッシーノ邸において左右対称の中心に細長いコロネードを造り、初めて家の主軸を自然へ延長することに成功している。さらに一五九〇年頃には、建築家ルンギはボルケーゼ邸において、左右対称の庭園と川を望む見事なヴィスタを完成させたといわれる(九)。

これらのヴィスタの手法は、ルネサンス・バロックの整形式庭園を代表する意匠として広く用いられ、特にフランスの造園家ル・ノートルが多用したことで知られている。また、イタリアやフランスの都市空間において、広場の中心に置かれた噴水や彫刻あるいはオベリスクをアイポイントとして、放射状に街路を配すヴィスタの手法が多数試みられている(九)（写真3参照）。

このようなヴィスタの手法が、秀吉の大坂の都市計画において、西欧文化の影響とは全く無関係に突然、発想、実現されたと考えるよりも、むしろ西欧文化の摂取に余念のなかった秀吉によって、同時代ヨーロッパのヴィスタの手法が採用されたと考えてさしつかえないだろう。

2. 聚楽第造営及び京都の改造とヴィスタ聚楽第の造営

秀吉は一五八五（天正一三）年、関白に任命されると翌年には、その政庁として聚楽第を京都に造営した。その際、秀吉は関白の居城にふさわしい土地を探した結果、

（九）「透視画法―その誕生と死と復活」建築史学会編『建築史研究』桐敷真次郎、一九五二年一〇月号、彰国社。

（一〇）桜井成広「豊臣秀吉の居城」聚楽第・伏見城編、一九七一年、日本城郭資料館出版会。

天皇の御所の西方の「内野」を選んでいる。『宇野主水日記』によれば

「京都内野辺に、関白殿の御殿たてらるべきに付て、二月下旬より諸大名在京して大普請はじまる也。」

と記されている。(一一)

聚楽第については、既に年内には建築工事は完了していたとみえ、翌年正月には山里曲輪の作庭工事に入っている。また、二月七日には、聚楽第の大広間で武家や公家の年始のあいさつを受けているので、この時すでに聚楽第は完成し、政庁として機能していることが確認できる。さらに翌年の天正一六（一五八八）年には、この聚楽第に後陽成天皇が行幸し、四月一四日から一八日までじつに四泊して大満足で還幸したことが『聚楽行幸記』に詳しく記録されている。(一二)

聚楽第の様相については、その建設後わずか八年で破壊され、徳川時代に入ってからは市街地として開放されたため、現在その痕跡はほとんど残されていないに等しい。

京都の地誌類の中には、聚楽の地名を記したものもいくつか見られるが、いずれも後世になって記されたものであり、確実とはいえない。『山城名勝志』によれば、東は大宮通、西は朱雀（千本通）、南は春日（丸太町通）、北は一条通としており、(一三)また『雍州府志』(一四)や『山州名跡志』(一五)では、東は堀川、西は内野、南は二条、北は一条としているなどさまざまである。

(一一)「宇野主水日記」解題、上松寅三編『石山本願寺日記』下、一九三〇年。

(一二)『聚楽行幸記』大村由己

(一三)「山城名勝志」『増補続史料大成』臨川書店。

(一四)「雍州府志」『新修京叢書』一九九四年、臨川書店。

一八四三年には、京都洛西に住む学者・名倉希言が、聚楽第の規模や城下の大名屋敷について町名や文献から考証し、独力で復元配置図を作っている。それを一八八四（明治一七）年に城戸竹次郎が描き写したものが、「豊公築所聚楽城跡形勝」として残されている（一六）（写真4参照）。

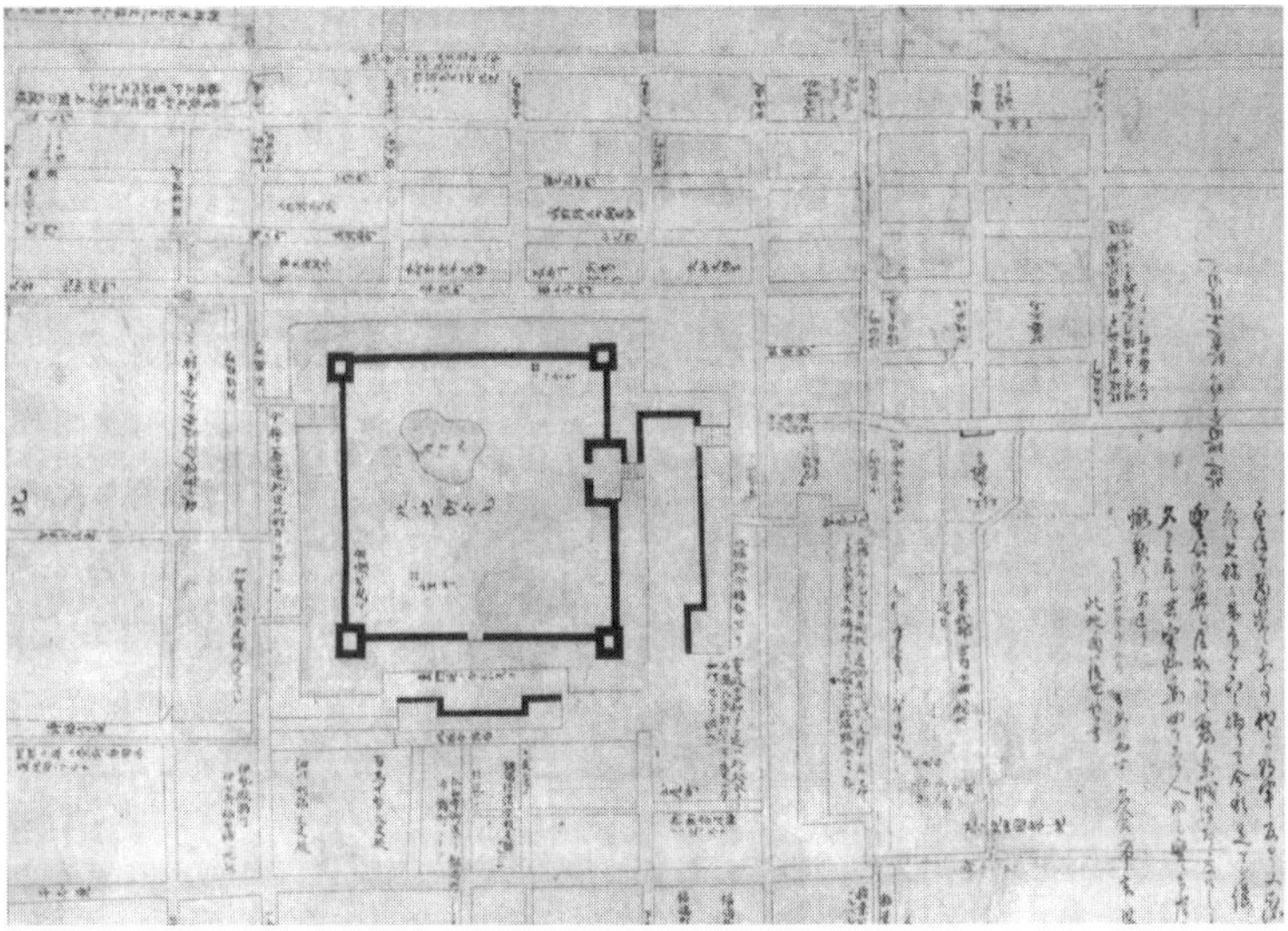

写真4．豊公築所聚楽城址形勝（聚楽教育会所蔵）

また、海北友松とか長谷川等伯の絵図を参考にしたという『豊公築所聚楽城之図』（一七）や、軍学者の伝える古城図の一つである『聚楽古城図』（一八）など多数の復元図が作られている。しかし、これらはすべて、根拠が希薄でただちに採用することはできないが、その後西田直二郎氏（一九）、桜井成広氏（二〇）、黒川直則氏（二〇）、内藤昌氏（二一）などによる研究によってその様相がしだいに明らかにされてきた。

それらの考察で最大の根拠とさ

（一五）「山州名跡志」『新修京叢書』一九九五年、臨川書店。

（一六）『豊公築所聚楽城址形勝』聚楽教育会、豊国神社、東京国立博物館各蔵。

（一七）『豊公築所聚楽城之図』聚楽教育会、京都大学、東京国立博物館各蔵。

（一八）『聚楽古城図』文部省史料館、国立国会図書館、南葵文庫、桜井成広氏、西村三郎氏各蔵。

（一九）「聚楽第遺址」、『京都史蹟の研究』西田直二郎（一九六一年、吉川弘文館）所収。

（二〇）『京都の歴史4』黒川直則一九六九年、学芸書林。

第一〇章

れてきたのが「聚楽第図」(一二二)（三井文庫蔵）であろう（写真5参照）。聚楽第は、造営当時一世を風靡した城であっただけに絵画に数多く表わされたとみられ、絵師の長谷川等伯や海北友松の描いたものや佐野家蔵本などがあったというが、現在は行先不明になったものが多く、この三井家蔵本が最も頼りにされている。城の南西部こそ欠けているが、その描写は精細を極め、例えば城内に「梅雨の井」という井戸が描かれている

写真5．聚楽第図（三井文庫蔵）

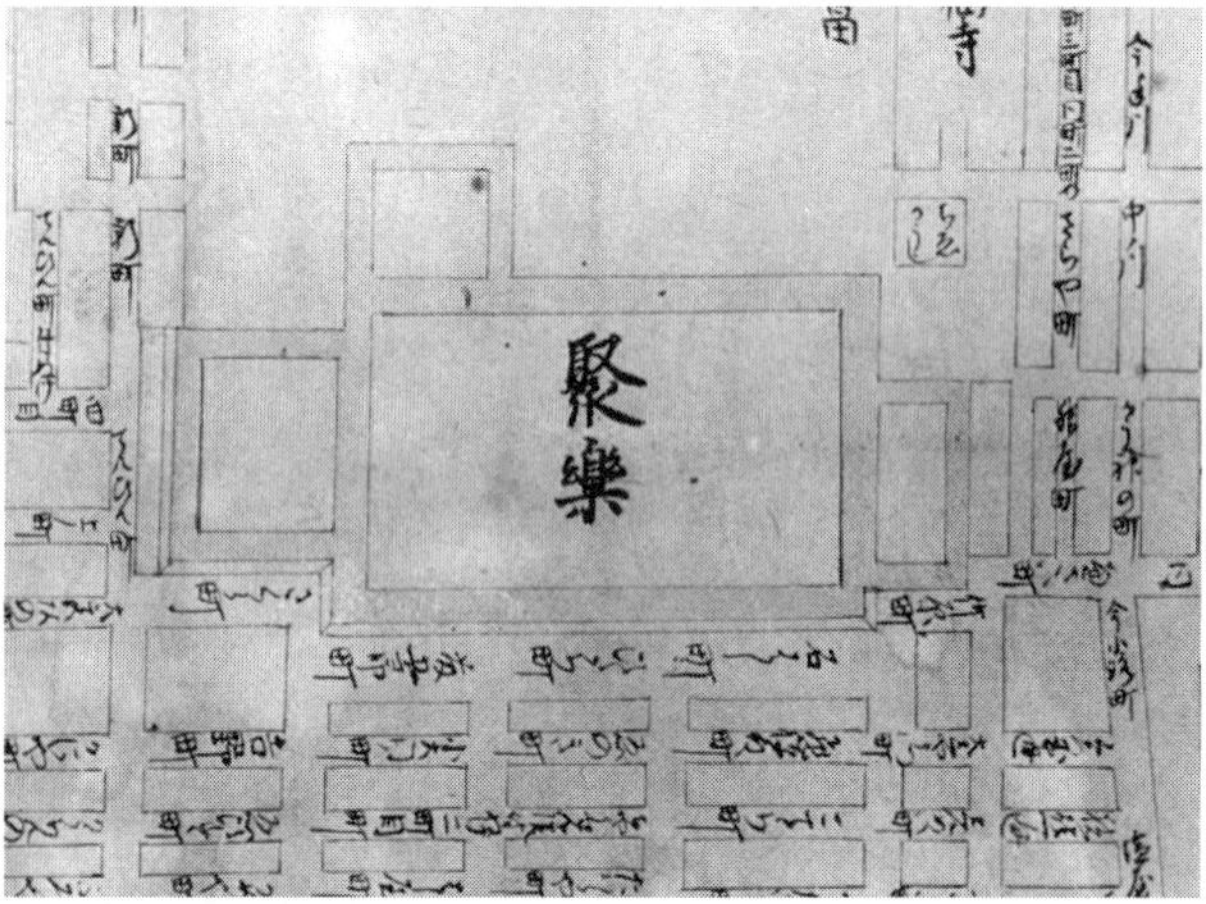

写真6．京都図屏風（部分）（個人蔵）

（一二一）内藤昌他「聚楽第―武家地の建築「近世都市図屏風の建築的研究―洛中洛外図・その二―」日本建築学会論文報告集百八十号、一九七一年　所収。
（一二二）『聚楽第図屏風』三井文庫蔵。

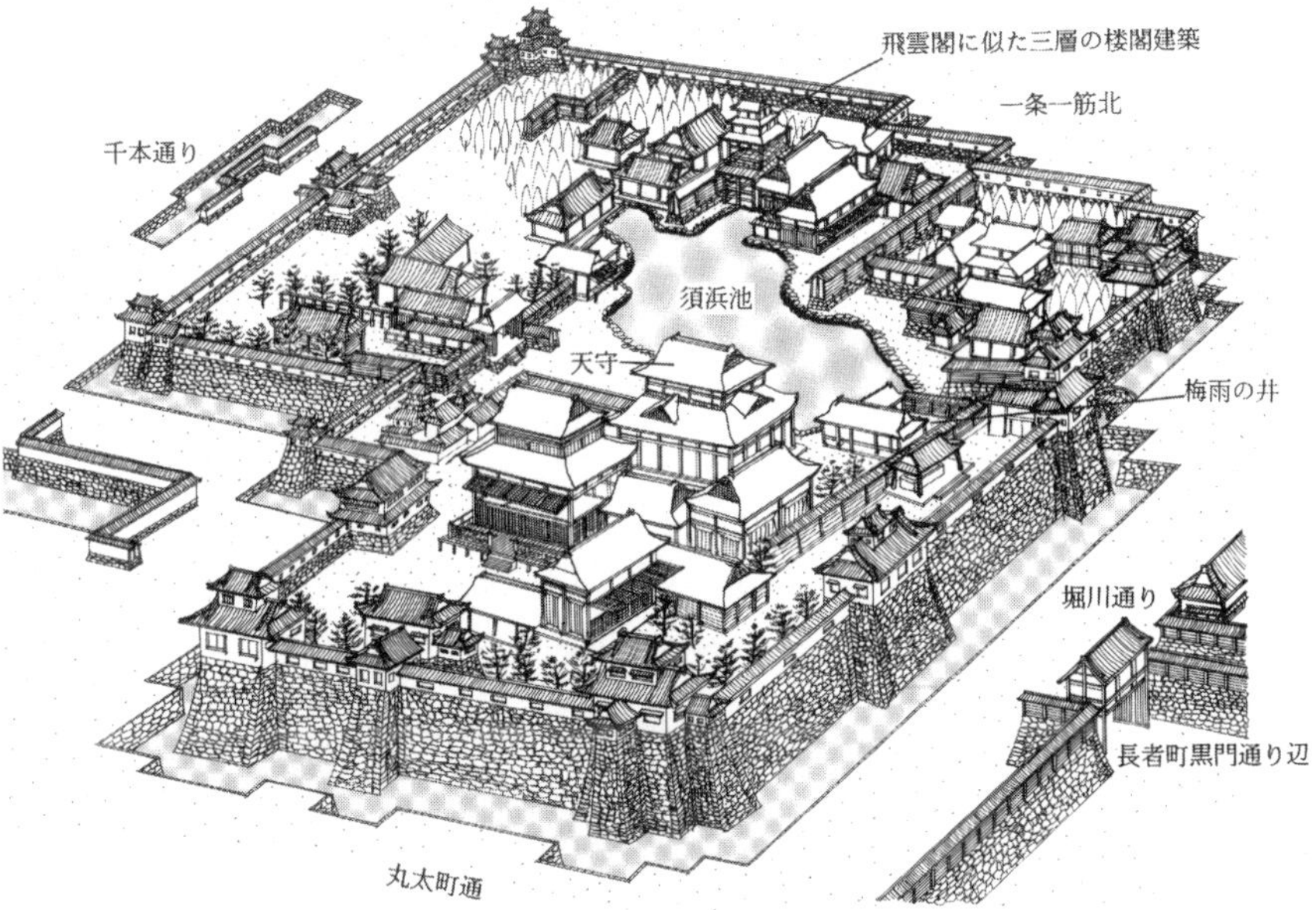

図2.「聚楽城図」（写し）

が、この井戸は現存しており、その周辺から聚楽第の金箔瓦が多数出土することから、資料的信頼性が非常に高いことが知れよう。(二二)

また、「京都図屏風」（個人蔵）という江戸時代の地図も参考になるかもしれない(二三)（写真6参照）。

この他、聚楽第の規模を伝える記録として『甫庵太閤記』(二四)、『聚楽行幸記』(二一)、『兼見卿記』(五)、『駒井日記』(二五)等があって、それらを統合的に判断することによってしだいにその配置が明らかにされたのである。

それらの先学の研究によれば、東は堀川、西は千本、

（二三）「京都図屏風」、『京都古地図散歩』一九九四年、平凡社、所収。
（二四）『太閤記』桑田忠親校訂、小瀬甫庵、岩波文庫。
（二五）「駒井日記」『改定史籍集覧』二十五、臨川書店。

第一〇章

写真7．梅雨の井

南は丸太町、北は一条一筋北の各通りを外郭とし、内郭は四方全長千間の堀と石垣を巡らし、本丸を中心として南に二の丸、北の丸、西の丸があったという。(二五) そして、外郭とその内側には諸大名の屋敷が取り巻き、フロイスによれば、大坂城より「はるかに大きく優れた城と宮殿」であったという。(二六) ここで注目したいのは、長谷川等伯作と伝わる聚楽城図屏風の写し（原本は所在不明）「聚楽城図」(二七) の描写である（図2参照）。

作製年代は明らかではないが、三井文庫蔵本と共に、聚楽第を克明に描いたとみられる貴重な絵画資料といえよう。前述の先学らの研究による配置と照らし合わせてみても、ほぼ一致しており、「梅雨の井」の描写の位置（写真7参照）や本丸の結構、正門の描写に注記された「長者町黒門通の辺」等、三井文庫蔵本とも一致点が多く、資料的信頼性は比較的高いとみられる。

(二六) ルイス・フロイス『日本史』松田毅一、川崎桃太訳、一九七七年、中央公論社。

(二七) 「聚楽城図」西ヶ谷恭弘編『秀吉の城』（一九九六年、世界文化社）所収。

京都の改造

元来、京都は六十間（約百メートル）四方の格子状の町割りをもち、四方に町屋は面していたが、その格子の中心部分は空地として使われていなかった。そこで、一部の発達地を除いて、格子の中央に小路を通して空地を再利用できるようにしたのである[一〇]（図3参照）。

秀吉がさらに行なったのは、寺町の形成である。それまでの京都の寺院は洛中・洛外を問わず随所に点在していたものを、御所の東側の寺町通りの東側と北側に並べて強制移転させたのである[一〇]。そして、聚楽第とその周辺の諸大名屋敷で構成された武家街区が中央に位置し、さらに御所と公家町はその東に鎮座されたのである。

以上のように、それまでやや散乱ぎみであった京都の街を、秀吉は聚楽第を中心とし、

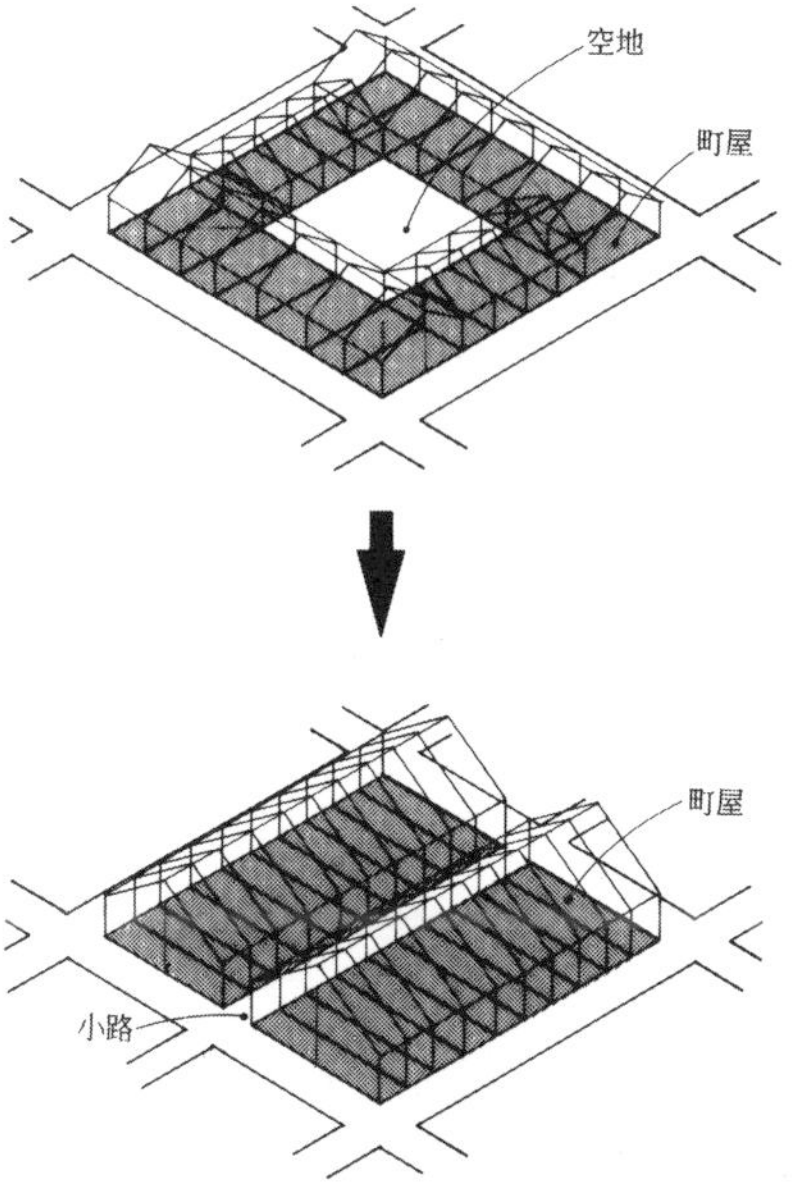

図3．秀吉による京都の町割り配置図

城壁に囲まれた城下町として再生させたのであった。

聚楽第城下町のヴィスタ

前述の大坂城下のヴィスタの手法を、秀吉はさらに発展させたかたちで、聚楽第の造営の際、その城下町にも応用している。以下観察してみよう。

秀吉は、聚楽第の造営とその城下町・京都の改造に際し、「二階建町屋建築令」を発布している(八)。

宣教師・ルイス・フロイスによれば、「彼は市に平屋の家が一軒として存在することを許さず、すべての家屋が二階建とされるよう命じた」という(二六)。

確かに聚楽第造営以前の京都を描いた「町田本洛中洛外図屏風」(二八)や「上杉本洛中洛外図屏風」(二九)を見ると、二階建町屋は全く存在しないのにもかかわらず、聚楽第造営以後の「舟木本洛中洛外図屏風」(三〇)には一部二階建町屋が見られ、すべての町屋が二階建てであったかどうかはともかく、一部が二階建てにされたことはほぼ間違いない。「聚楽第図屏風」(二二)などの町屋を見ても、その大手筋の周辺にのみ二階建町屋が発見できるのみである。

前にも掲げた宮本雅明氏によれば、聚楽第の大手筋の両側の町屋を二階建てにしていることの他、伏見、京都間の道の両側の町屋を二階建てにしていることから、主軸となる道筋のみ二階建てにしたのではないかと考察されている(八)。つまり、聚楽第をアイポイントとするヴィスタの効果をより高めるために、その大手筋の両側の町屋を二

(二八)『町田本洛中洛外図屏風』国立歴史民俗博物館蔵。
(二九)『上杉本洛中洛外図屏風』米沢市蔵。
(三〇)『舟木本洛中洛外図屏風』

階建てにしたというのである。そしてヴィスタの強調だけではなく、主要道路である伏見、京都間にまで、その手法を応用したとみられるのである。

秀吉のヴィスタの手法の普及

その後、秀吉によって取り入れられた西欧のヴィスタの手法は、近世城下町建設の定石となっていったと考えられる（図4、5、6参照）

宮本雅明氏によれば、同様のヴィスタの手法は、仙台城、萩城、広島城、鳥取城、久保田城、三原城、近江八幡城、徳島城、高山城、岡山城、会津城、水戸城、熊本城、米子城、高知城、江戸城、駿府城、彦根城、津山城、佐賀城、米沢城、弘前城、津城、福山

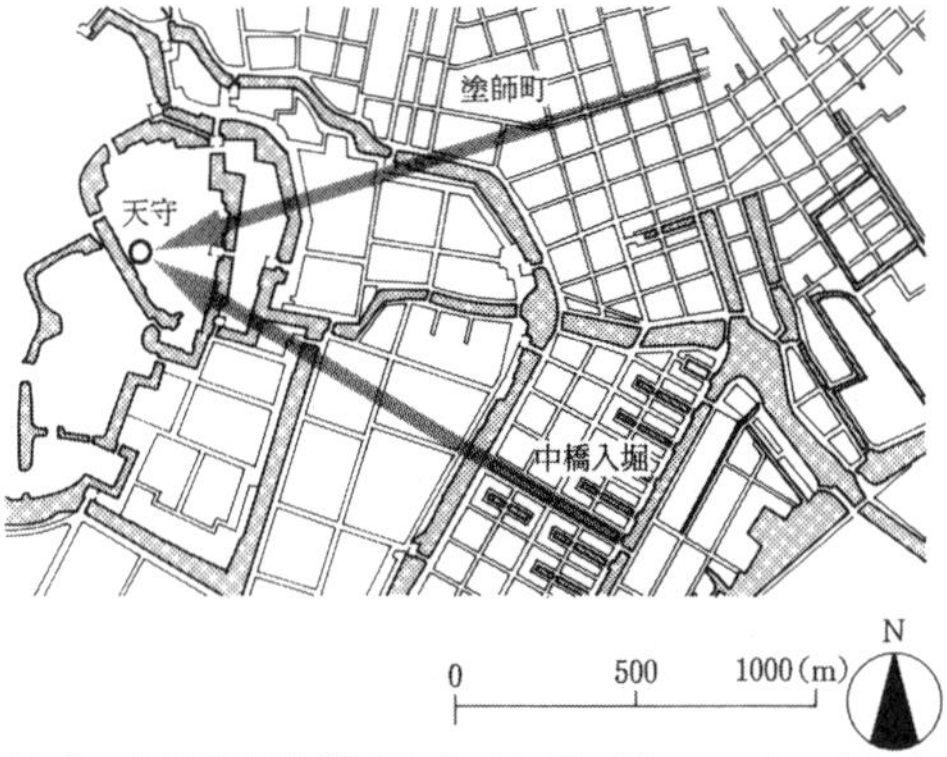

図4．江戸城城下町にみるヴィスタ（宮本雅明氏による）

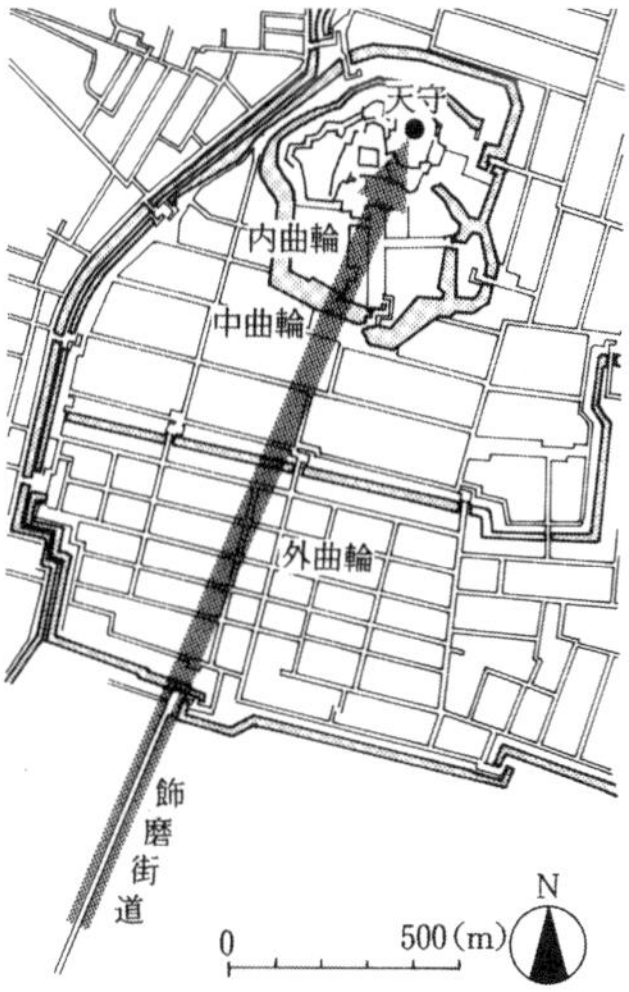

図5．姫路城城下町にみるヴィスタ（宮本雅明氏による）

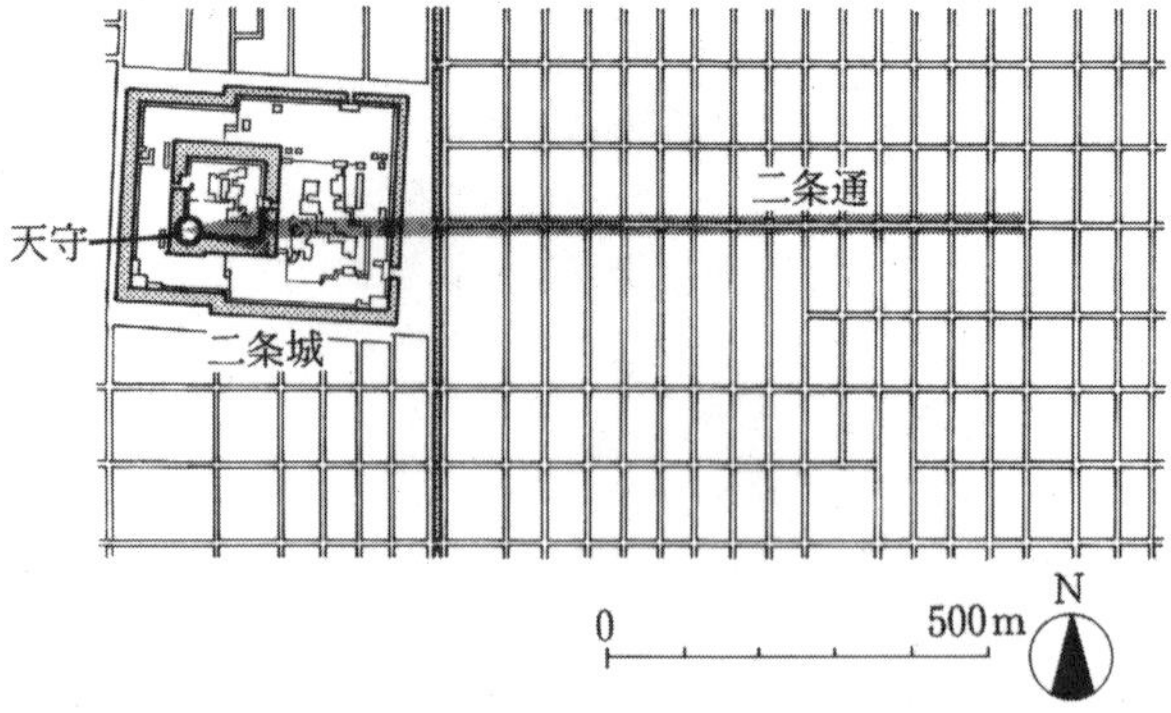

図6．二条城にみるヴィスタ（宮本雅明氏による）

城、二条城、洲本城、姫路城その他数多くの城下町に応用されたといわれる。[八]

また、建築史家の桐敷真次郎氏によれば、江戸市街地の主要街路が、富士山や筑波山、湯島台の突端、芝増上寺境内の丘陵、愛宕山、上野忍ヶ丘、神田山などの山々、そして一部は江戸城天守などを望むヴィスタの手法によって計画されたという。[三一] さらに、徳川家康の駿府城の城下町においても、富士山と天守を正面に望むヴィスタの手法によって計画されたものとしている。[三二]

そして、これらの近世のおびただしい数の都市計画にみられるヴィスタの手法の発端こそが、秀吉による大坂城における西欧都市の手法の導入によるヴィスタの手法ではないかと考えられるのである。

以上、豊臣秀吉が手がけた大坂城城下町及び、聚楽第城下町の造営にみられるヴィスタの手法について観察してきたが、それらの結果をまとめれば、おおよそ左記のようになろう。

秀吉が造営した大坂城及び聚楽第の城下町に、それぞれの城郭をアイポイントにし

（三二）桐敷真次郎「天正・慶長・寛永期江戸市街地建設における景観設計」『都市研究報告二十四』、一九七二年。

たヴィスタの手法が指摘できる。これらのヴィスタの手法は、同時代ヨーロッパのルネサンス・バロックの都市における最大の特徴であり、ここへきて突如発想、実現されたというよりも、むしろ西欧文化を自らの大坂城のインテリアや、書院造りに応用した秀吉が、西欧手法を導入した可能性が指摘できる。

決定的資料がないので断定こそ避けなければならないが、南蛮貿易やキリスト教布教などを通じてもたらされた同時代ヨーロッパ都市のヴィスタの手法が、秀吉の大坂城や聚楽第の城下町に影響した可能性を示唆しているように思われる。決定的根拠の発見を今後の課題としておきたい。

第一一章　慈照寺及び厳島神社への西欧意匠の影響

はじめに

前章まで観察してきた事例(一)はすべて、安土・桃山期から江戸初期にかけて、日本へ南蛮貿易やキリスト教宣教師の布教活動を通じて西欧文化がもたらされた時期と重なる事例について言及したものである。

しかし、本章で事例として扱う二建築のうち、慈照寺は室町時代の創建、また厳島神社は平安時代の創建であり、共に近世日本にもたらされた西欧文化と結びつけて論じられたことは、従来ほとんどなかったといってよい。このような年代的矛盾については後述するように、二建築ともが近世に入ってから現在の様相をもつに至ったのであり、共に近世建築として扱うべき側面をもっているといえる。そして、近世建築で

(一)「寛永期日本宮廷庭園の影響について—近世日本建築の意匠における西欧手法の研究その一—」宮元健次　国際文化研究編集委員会編『国際文化研究』創刊号、一九九七（平成九）年、龍谷大学国際文化学会六九〜八〇頁。
「桂離宮にみられる同時代西欧文化の影響について—近世に本建築の意匠における西欧手法の研究その二—」宮元健次　国際文化研究編集委員会編『国際文化研究』創刊号、一九九七（平成九）年、龍谷大学国際文化学会八一〜九四頁。

「龍安寺石庭の謎を説く」宮元健次一九九七（平成九）年、『京都新聞』一〇月七・八日付（朝刊）

「遠州作品にみられる同時代西欧庭園の影響について—近世日本建築の意匠における西欧手法の研究その三—」宮元健次　国際文化研究編集委員会編『国際文化研究』第二号、一九九八（平成一〇）年、龍谷大学国際文化学会六三頁。

「桂離宮の遠州作否定説への疑問—近世に本建築の意匠における西欧手法の研究その四—」宮元健次　国際文化研究編集委員会編『国際文化研究』第二号、一九九八（平成一〇）年、龍谷大学国際文化学会七十五頁。

「龍安寺石庭の由緒について—近世に本建築の意匠における西欧手法の研究その五—」宮元健次　国際文化研究編集委員会編『国際文化研究』第三号、一九九九（平成一一）年、龍谷大学国際文化学会一四八頁。

「書院造りにみられる遠近法効果に

あるといった視点からこれら二建築を観察してみると、西欧文化が影響した可能性を指摘できるのではないかと思われる。

　そこで、以下慈照寺及び厳島神社それぞれについて、造営年代の矛盾を解くと共に、西欧手法を指摘した上で、近世西欧文化が影響した可能性を示唆してみたい。

1. 慈照寺

現状の造営年代について

　従来慈照寺は、足利義政によって一四八二（文明一四）年に創建されたと考えられてきた。(二) 一四八二年といえば、日本に初めてキリスト教を伝えたといわれるフランシスコ・ザビエルの来日した一五四八（天文一七）年よりも六十六年もさかのぼることになる。すなわち、現状の慈照寺が創建当初の様相をとどめているとするならば、西欧文化が影響する可能性はなかったといわざるをえない。

　確かに応仁の乱（一四六七～七七年）で、京都が戦火にあった後も、慈照寺の建物は健在であったことが文献からわかる。(三) しかし、一五五八（永禄元）年、将軍義輝、細川晴元の軍と、京都を支配する三好長慶の軍とが東山如意岳東麓で合戦、一帯がことごとく焼けたといい、(四) じつは慈照寺もこの時の火災で、東求堂、観音殿を除いてすべての建物を失ったのである。(五)

　しかも、残された建物についてすら、解体修理の結果、東求堂は少なくとも現在

ついて―近世に本建築の意匠における西欧手法の研究その六―」宮元健次　国際文化研究編集委員会編『国際文化研究』第三号、一九九九（平成一一）年、龍谷大学国際文化学会、一六六頁。

「南蛮寺の復元について―近世に本建築の意匠における西欧手法の研究その七―」宮元健次　国際文化研究編集委員会編『国際文化研究』第四号、二〇〇〇（平成一二）年、龍谷大学国際文化学会、五三頁。

「近世日本の教会建築について」宮元健次　龍谷大学国際社会文化研究所編『龍谷大学国際社会文化研究所紀要』第二号、二〇〇〇（平成一二）年、龍谷大学国際社会文化研究所一九一頁。

「茶道とキリスト教の関与について―近世に本建築の意匠における西欧手法の研究その八―」宮元健次　国際文化研究編集委員会編『国際文化研究』第五号、二〇〇一（平成一三）年、龍谷大学国際文化学会。

「茶道の作法への西欧文化の影響について―近世に本建築の意匠における西欧手法の研究その九―」宮元健次　国際文化研究編集委員会編『国際文化研究』第五号、二〇〇一（平成一三）年、龍谷大学国際文化学会。

（二）「蔭凉軒日録」『続史料大成』二十一～二十五、一九七八年、臨川書店。その他。

（三）『小川殿杵東山殿御餝記』（慈照寺蔵）

の位置になかったことがわかり、また観音殿にしても、大幅な改造が施されていたことが判明したのである。[五]つまり、現在見る慈照寺は、義政の造営した室町時代の慈照寺とは、かなり異なった様相を呈していることがわかる。

それでは、現在の銀閣寺は、いつごろ再興されたものなのだろうか。近世に入って、前の太政大臣近衛前久が一五八五（天正一三）年より一六一二（慶長一七）年の、じつに二十七年間もの長期にわたって、慈照寺を自らの屋敷として使用している[五]ので、この時にかなり大幅に復旧されたことは想像に難くない。

そして、前久の使用した後の一六一五（元和元）年、宮城丹波守豊盛によって、大がかりな再建工事が行なわれているのである。その年、慈照寺に招かれた鹿苑寺の僧　叔顕晫の見聞記事によると、池をうがち、庭を掃除し、また諸堂を一新し、「新奇」な景観であったという。[六]

しかも、注目したいのは、その後さらに一六三九（寛永一六）年、豊盛の孫豊嗣は、父頼久の三十三回忌にちなんで、方丈、客殿、玄関、庫裏、門を造立したといい、[五]後に西欧手法を指摘する総門から中門までの参道は、このときに造営されたことが明らかとなる。すなわち、少なくとも現在の慈照寺は、一五八五（天正一三）年から一六三九（寛永一六）年の間に、ほぼ完全に造り直されていたことがわかる。

また、参道も一六三九年の造営であり、ザビエルの来日はもちろん、日本におけるキリスト教布教の最盛期以後造られたことから、前述の矛盾はこれで完全に氷解したことになる。一六三九年といえば、前に触れた数々の西欧風整形式庭園[一]の造ら

（四）『御湯殿上の日記』永禄元年六月八日の条。

（五）『日本建築史基礎史料集成十六』中央公論美術出版　昭和四六年。

（六）『鹿苑日録』元和元年閏六月一七日の条。

れた年代とほぼ重なり、西欧文化が影響する下地は十分に整っていたとみられる。[七]

西欧手法の指摘

慈照寺を印象づける意匠のひとつとして、総門から中門までの参道があげられよう。街路から直接、中門にアプローチすることが可能であるにもかかわらず、最短距離を歩いて入るのではなく、あえて長い路地を歩かせるもので、銀閣寺を特徴づける空間の一つとなっている（写真1参照）。

まず、総門を入ると、すぐに参道は右に折れ曲がるのだが、ここで注目したいのは、その角度がほぼ直角、九十度となっており、またさらに進むと、今度は左にほぼ直角で折れ曲がることである（図1参照）。この九十度という角度は、それまでの日本の自然風景式庭園において、ほ

写真1．慈照寺参道

写真2．銀砂灘

（七）『近世日本建築にひそむ西欧手法の謎—「キリシタン建築」論序説』宮元健次　一九九六年　彰国社。及び『日本の伝統美とヨーロッパ南蛮美術の謎を解く』宮元健次　二〇〇一年、世界思想社刊。

とんど用いられたことはなかったといってよい（七）。

しかも、この参道の左右両側面は、「銀閣寺垣」と呼ばれる独特の生垣で覆われているのだが、さらにここで注目したいのは、これが極めて人工的な直方体状に四角く刈り込まれていることである。そして、その結果として、寛永期の宮廷庭園にみられるものと同様のヴィスタ（見通し線）の効果が、ここに巧みに造り出されていることがわかる（七）。

次に、庭園について観察すると、砂に四十五度の角度で波目をつけた「銀砂灘」（写真二参照）や、砂を円錐状に盛り上げた「向月台」（写真3参照）と呼ばれる奇抜な

写真3. 向月台

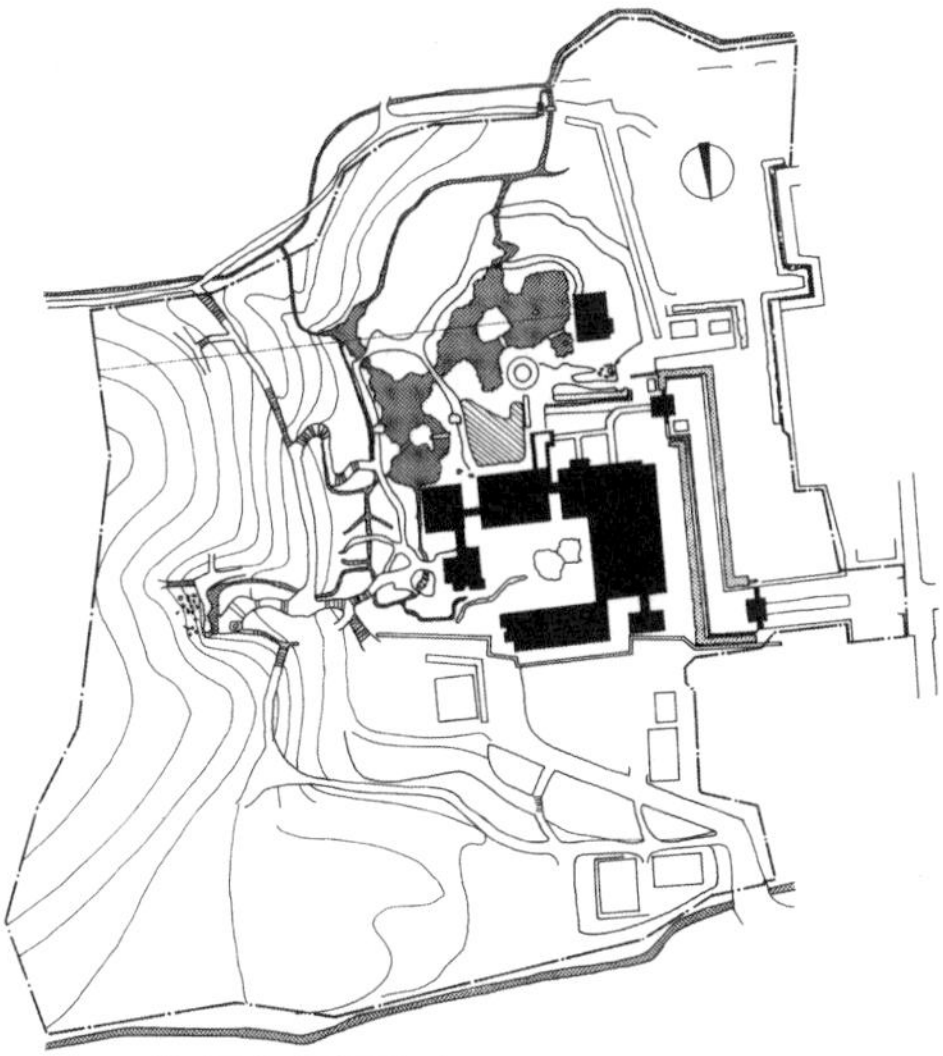
図1. 慈照寺平面図

図2.「都林泉名勝図会」にみる慈照寺

写真4. 仙草壇

造形が目をひく。また、興味深いのは「仙草壇」（写真4参照）と呼ばれる花壇が存在していることであり、これらの幾何学形態や花壇は、同時代西欧ルネサンス・バロック期の整形式庭園独特の手法であることはいうまでもない。[七]

江戸中期に描かれた「都林泉名勝図会」[八]（図2参照）を見ると、慈照寺の庭にこれらの「銀砂灘」「向月台」「仙草壇」がすべて描かれており、江戸初期から中期にかけての造営記録がないことから、前述の江戸初期の再建時に造られたものであると見てまずよいだろう。

造営関係者とキリシタン

それでは、これらの造形が西欧

（八）『都林泉名勝図会』一九九九年、講談社。

文化の影響であるとしたら、果たしてどのような経緯で慈照寺の意匠に応用されたのだろうか。ここで注目したいのが、慈照寺再建にかかわった人物とキリシタンの交渉である。

イエズス会の一六〇〇年年報によれば、銀閣寺を長年屋敷として使用した近衛前久は、

「一人の日本人イルマンを呼ばせ、キリシタンの教を説かせ、種々の疑惑を解かせた。その貴人は、イルマンの説いたところに深い満足を示し、キリシタン宗門にたいし、深い見解を抱くに至ったので、彼はイルマンを再び召し、キリシタンの教のその他の部分を聴きたく望んだのである。パーデレたちは、彼が教会への道を見出し、多数の他の者が心を動かすであろうとの希望に満悦した」

という(九)。

一六〇〇年といえば、前久が慈照寺を屋敷としていたときであり、文中のイルマンを招き、問いかけたという場所も慈照寺以外にはまず考えられない。前久が入信したかどうかはともかく、このような彼の質問が、その頃の西欧風の建築・庭園に及んだとしても何の不思議もなかったといえよう(七)。

また、一六一五(元和元)年に慈照寺の再建工事を行なった宮城豊盛はキリシタン

(九)『皇室ときりしたん布教』ヨハネス・ラウレス著、松田毅一訳中央出版社、一九四七年。

であったといわれ、一六〇四（慶長九）年の年報には、同年丹波の信仰厚い一武士がその邸内に立派な新天主堂を造り、礼拝堂のアーチの上に自身の手できれいな板に「天通寺」と書いて掲げたということが報ぜられている（一〇）。

ここで注目したいのは、教会堂が日本の仏寺や書院風に造られただけではなく、「アーチ」という洋風の要素があったということである。大阪天守閣美術館蔵の南蛮屏風絵図の右隻の教会堂の描写をみると、聖堂の前面にアーチ型の洋風ポーチが描かれている（一一）（写真5参照）。この南蛮屏風については、以前詳細に論じたことがあるが（七）、このようなアーチの描写は現存する南蛮屏風の中で唯一であり、おそらく宮城豊盛の領した丹波の教会堂を描いたものではないだろうか。土居次義氏によれば、この屏風は狩野友信の筆といわれ（一二）、様式柱を詳細かつ正確に描いていることから、実物を忠実に描いたものとみられる。

写真5．南蛮屏風（部分）大阪天守閣美術館蔵

以上、慈照寺再建の関係者とキリシタンの関係からみて、キリシタンを通じて西欧文化がもたらされ、それを応用する可能性は十分にあったことがわかる。よって慈

（一〇）『イエズス会士日本年報』村山直次郎訳一九六八年、雄松堂。
（一一）「南蛮屏風絵図」大阪天守閣美術館蔵。
（一二）「狩野山楽と南蛮屏風」『古美術』土居次義一九五〇年九月号所収。

照寺に散見される同時代西欧整形式庭園の手法も、ここへきて突然発想、実現されたとするよりも、むしろ西欧文化の影響を受けたものとみるべきであろう。(七)

2. 厳島神社

現状の造形年代について

瀬戸内海の宮島に位置する厳島神社本社社殿（写真6参照）は、一一六八（仁安三）年頃、神主佐伯景弘が造営したといわれる。(一三)そのため、これまで厳島神社について、研究者の間では近世（安土、桃山、江戸期）と結びつけて論じられたことは、ほとんどなかったといってよい。

しかし、次に示すように、本殿はこれまでに数回にわたって炎上、大破あるいは老朽化のため、造り替えられている（ここに示すのは内宮本殿に限る）。

一一六八（仁安三）年　造営(一四)
一二〇七（建永二）年　炎上(一四)
一二〇八（承元二）年　上棟(一四)
一二一五（建保三）年　遷宮(一四)
一二二三（貞応二）年　炎上(一四)
一二三六（嘉禎二）年　上棟(一四)
一二四一（仁治二）年　遷宮(一五)

(一三)『日本建築史研究』福山敏男　墨水書房、昭和四七年。

(一四)『新出厳島文書』百三号、（厳島神社蔵）。

(一五)『新出厳島文書』百七号、（厳島神社蔵）。

第一一章

写真6．厳島神社

一四五〇（宝徳二）年　社頭大破（一六）
一五七一（元亀二）年　造替（一七）

このため、前述の銀閣寺同様、現在の社殿は、近世に入ってから造営されたことが明らかである。現在の状況にほぼ整ったと思われる一五七一（元亀二）年の、領主毛利元就、隆元らによる造替の際、社殿にどのような変更が加えられたかは不明であるが、現社殿を詳しく調べてみると、数多くの西欧手法を指摘することができる。以下、項目別に観察してみよう。

柱の間隔

厳島神社本社の社殿について、これまでしばしば、その柱の間隔が非常に不規則であることが、先学によって指摘されてきた。（一三）しかし、その原因については、いまだに不明のままである。そこで、修理報告書（一八）の柱間寸法の実測値をもとに、社殿の柱の間隔について考えてみたい。（図3参照）。

まず、本社社殿と大鳥居を結ぶ軸線方向の柱間を調べると、拝殿から祓殿に向って順に

（一六）『巻子本厳島文書』十五号、（厳島神社蔵）。
（一七）棟札、厳島神社蔵。
（一八）『厳島神社昭和修理総合報告書』昭和三二年。文化庁。

ア＝四・八一八メートル
イ＝三・九三九メートル
ウ＝三・〇三〇メートル
エ＝三・二七三メートル
オ＝二・四二四メートル
カ＝三・九三九メートル（回廊の柱間）
キ＝二・四二四メートル
ク＝二・四二四メートル
ケ＝二・四二四メートル
コ＝二・四八五メートル

という数値が得られる。これを見ると、まず気がつくのは、拝殿から祓殿にかけて、柱間がだんだんに狭くなっていくことである（カ＝三・九三九メートルについては、祓殿を貫通する回廊の柱間であることから例外として考えた）。すなわち、アからイにかけては〇・八七九メートル、イからウにかけては〇・九〇九メートル、ウ、エはほぼ等しいが、エからオにかけては〇・八四九メートル間柱が狭くなっていることがわかる。

ここで注目したいのは、ウ≒エ、オ＝キ＝ク＝ケ≒コであることから、ウ、エを一つの項とし、それぞれの値を共存させ、オ、キ、ク、ケ、コについては、オ、キ、

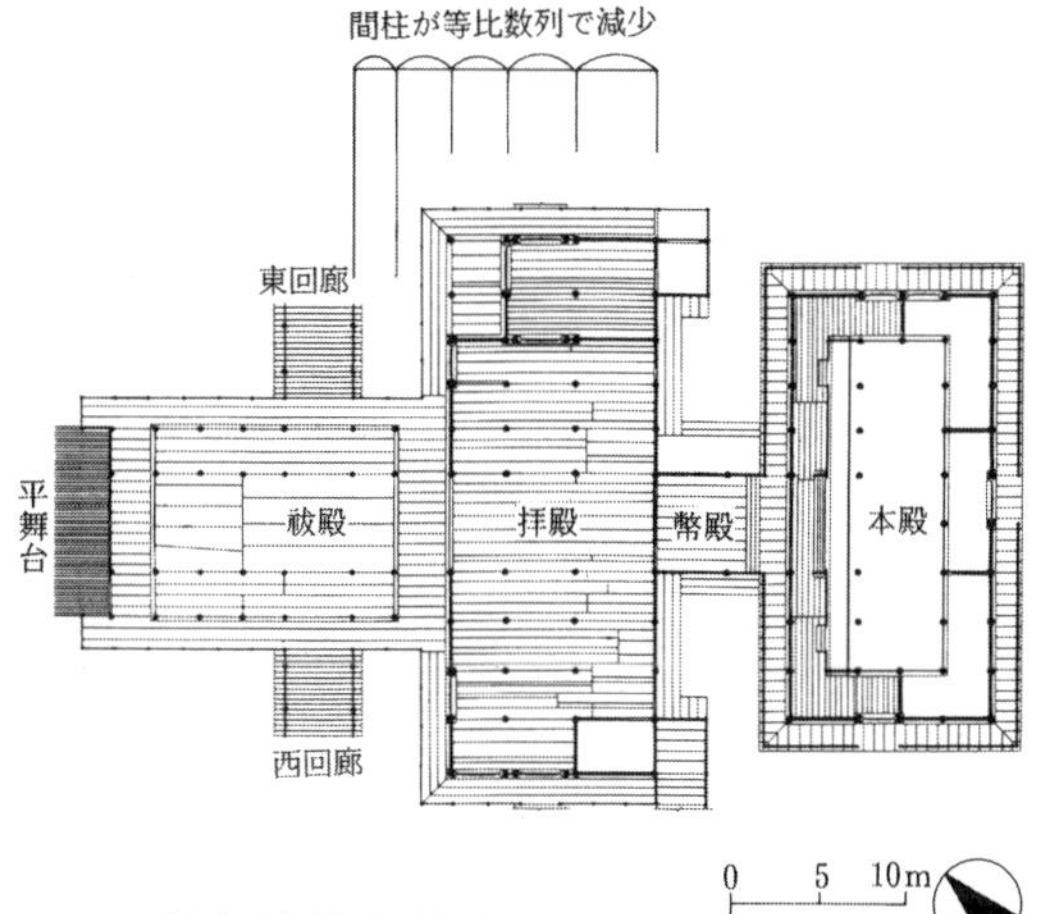

図3．厳島神社本社本殿平面図

（一九）七の著書及び宮元健次「世界文化遺産・厳島神社と西欧文化」（国際文化ジャーナル第二号、一九九八年、龍谷大学国際文化学会）にて考察したことがある。本論ではさらに厳密に言及した。

ク、ケの値を代表として考えると、驚くべきことに、次に示すような数列を指摘することができる。

a_1=四・八一八メートル

a_2=三・九三九メートル

a_3=三・〇三〇メートル　三・二七三メートル

a_4=二・四二四メートル

ここで、先に指摘した通り、

a_4-a_3=−〇・八四九メートル（八四・九センチメートル=三尺−二寸）

a_3-a_2=−〇・九〇九メートル（九〇・九センチメートル=三尺）

a_2-a_1=−〇・八七九メートル（八七・九センチメートル=三尺−一寸）

という値が出る。

従って、

$a_2-a_3 \fallingdotseq a_3-a_2 \fallingdotseq a_2-a_1$

$\therefore a_{n+1}-a_n \fallingdotseq d$（ほぼ一定）

という等差数列を社殿の軸と平行した拝殿から祓殿にかけての柱間に指摘することが出来る。すなわち、柱の間隔が拝殿から大鳥居に近づくにつれて、一定の法則でだんだん短くなっているのである。

そして、その結果、拝殿から青い海に向って、朱色の大鳥居をアイポイントとして眺めると、距離感が実際より短く感じる。つまり、ここにみごとなパースペクティヴ

（遠近法）の効果が巧妙に造り出されていることがわかる。

高さの変化

次に本社社殿の断面図を見てみたい（図4参照）。ここで注目したいのは、天井高の変化である。すなわち、拝殿から祓殿にかけて天井高がなだらかに低くなっており、結果的に先細りの空間が造り出されていることがわかる。

この天井高の変化は、前述の柱間減少によるパースペクティヴの効果をさらに強調するものとなっている。

床板巾の減少

今度は、祓殿の床に注目してみたい。母屋においては、回廊部分の柱間三・九三九メートルを除いて、二・四二四メートルで軸線方向の柱間が一定しており、柱の間隔が減少する傾向は、ここではみられない。

しかし、床板を調べてみると、中央の柱間の板が拝殿側から、大鳥居側にかけて四枚、五枚、十枚となっている。すなわち、一枚一枚の板の幅は小さくなっていくのがわかり、その結果、ここでもパースペクティヴの効果を見い出すことができる。

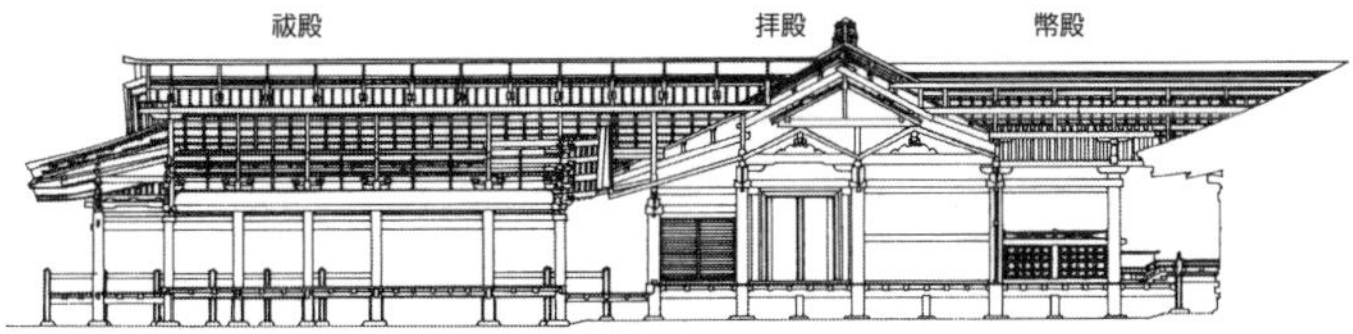

図4．厳島神社本社本殿断面図

本社の全体平面計画

さらに、同様の視点から、本殿全体の平面計画に着目してみたい。本社社殿から舌先にかけての軸線部分の拝殿、祓殿、高舞台の空間の幅に注目すると、やはり先細りが指摘できるし、また平舞台から舌先にかけても、同様に先細りとなっていることがわかる。

すなわち、前に述べた社殿の高さだけではなく、幅についても先細りとなっているため、結果としてパースペクティヴの効果をさらに強めるしくみとなっているのである。

空気遠近法

以上のような、主に形態的なパースペクティヴ（遠近法）の手法の数々の他、本社社殿には、実に巧妙な光の演出がつくり出されていることを見のがすわけにはいかない。すなわち、社殿から大鳥居に至る軸線上にみられる光のグラデーションである（図5参照）。

本社の各空間について、本殿から大鳥居方向へ、順に調べていくと、まず本殿は、二重の壁や引戸に囲まれているので、外部光がほとんど届かない暗室となっている。しかし、次に拝殿をみると、壁や引戸は一重となり、本壁よりは明るいが、全体的に薄暗い空間がつくり出されていることがわかる。

また、それが祓殿となると、建具類はいっさい用いられず、吹き放しとなっており、庇によって外部光が遮られるだけの明るい屋外スペースとなっている。さらに、高舞台に至っては、屋根さえ設けられず、外部の光が直接あたる完全な外部空間と

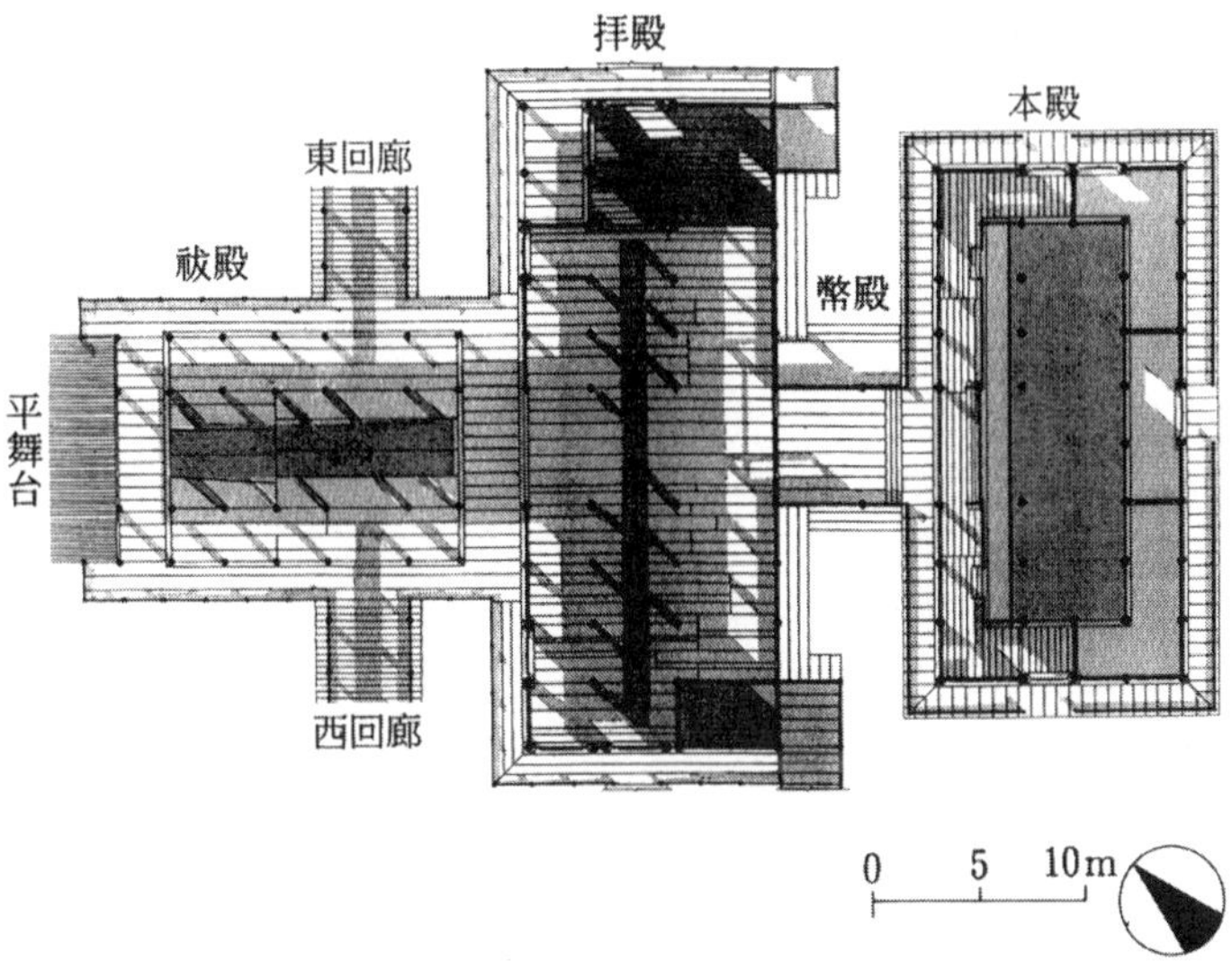

図5．厳島神社本社本殿の光の分布

なっているのである。つまり、本殿から大鳥居に近づくに従って、軸線上の各空間が、徐々に明るくなっていることが指摘できる。

　そして、その結果、「暗」から「明」への光のグラデーションとでもいうべき演出効果がつくり出されていることがわかるのである。それによって、本殿側から大鳥居をアイポイントとして望むと、やはり距離感が実際より

短く感じるトリック、いわゆる「空気遠近法」の手法が巧みに造形されていることが明らかとなる。

菱格子戸

その他、これまで述べてきたようなパースペクティヴの効果を助けるしくみとして、本殿の正面にみられる菱格子戸である。普通、本殿正面の扉は、板戸であり、扉を開けずに中を見ることができないのだが、厳島神社の前面扉は格子状の珍しいものとなっている。もちろん、御神体は宮殿（厨子）の中にあるのだが、本殿前面に扉がない神社は、他にまったく例を見い出すことができない(二〇)。厳島の造営者は、重要な本殿の正面に、なぜこのような異常な意匠を用いたのだろうか。その答えは一つしか考えられない。すなわち、正面扉を格子状にすることによって、本殿内部がずっと奥まって見渡すことができ、前述の社殿に施された数々の遠近法の手法をさらに生かすために他ならない。本殿の扉が板戸であったら、本殿にあえて巧妙に施したパースペクティヴの効果が薄れてしまうことになる。

前に示した東照宮においても、本殿の遠近法の効果を助けるために、戸袋に引き込まれてしまう独特の扉が内陣正面に用いられていたが、この厳島神社本殿の扉も、奇しくもそれと同様の目的を持っているとまず見てよい。

以上、述べてきたような本殿にみられる数々のパースペクティヴが、同時代のルネサンス・バロックの建築において大流行した手法であることはいうまでもない。この

(二〇)『国宝十』毎日新聞社、一九六八年、「解説」。

ような手法は、後に述べるように、やはり、キリシタンを通じて日本にもたらされた西欧文化の影響と見なすことができるのではないだろうか。

全体配置計画

このような西欧手法といった観点から、最後に本殿だけではなく、厳島神社全体の配置計画についても考えてみたい（図6参照）。

まず、前に述べた数多くの遠近法の手法が仕掛けられていた本殿の中心軸を延長すると、一五六一（永禄四）年に毛利元就、元隆父子によって再建された大鳥居を通過するが、この軸線をAとする。次に、一五八七（天正一五）年に関白豊臣秀吉が建立したといわれる千畳閣の北辺を延長すると、やはり大鳥居を通過するが、この軸線をCとする。さらに建立年代ははっきり

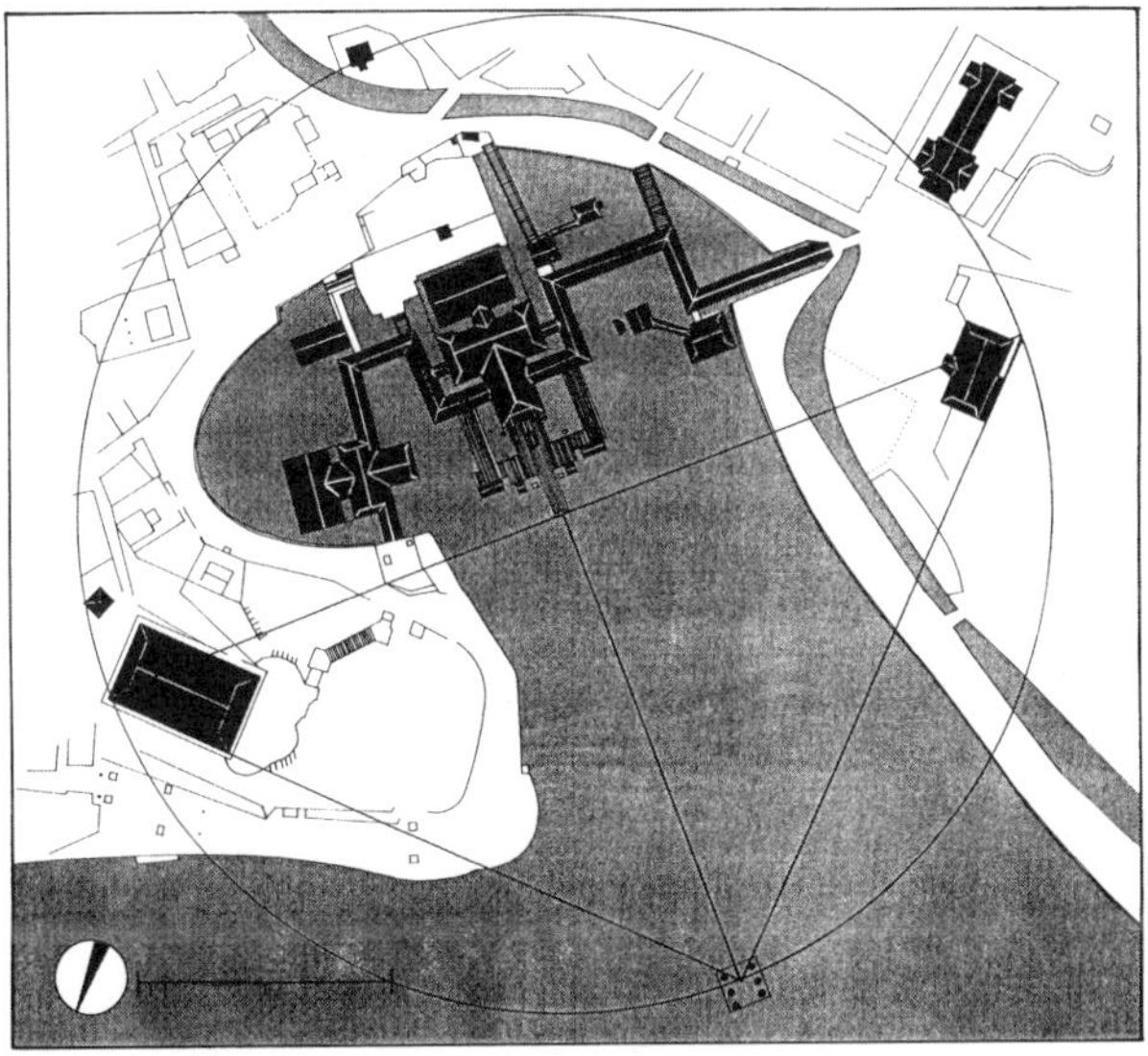

図6．厳島神社全体の縄張りと幾何学

しないが、厳島神社の願主、大願寺の社殿の西辺を延長すると、同様に鳥居を通過するが、この軸線をBとする。

そして、本殿舌先を軸線Aと垂直に延長した軸線Dを引くと、奇しくも千畳閣と大願寺の建物端を通過することがわかる。すなわち、これらの軸線A、B、C、Dによって構成される三角形が、厳島神社の諸施設の配置を決定するための縄張りであるといえよう。

そして、ここで注目したいのは、AとB、AとC、DとB、DとCのかたちづくる角度が、すべて四十五度になるという事実である。それまでの日本における建築の縄張りというのは、人工的な幾何学形態にあてはめるというよりは、地形に順応し、対応させることを第一としてきた。そのため、この四十五度という角度は、日本建築の縄張りにおいて、ほとんど用いられた例がない。

しいて、縄張りに用いられた例を挙げるならば、前に詳しく観察した寛永度仙洞御所と女院御所の敷地環境線、それから桂離宮の梅の馬場と紅葉の馬場でかたちづくられる四十五度とその二等分線による縄張り、さらに同年代ヨーロッパにおける数多くのルネサンス・バロック庭園に求められるのみなのである。つまり、厳島神社にみられる縄張りは、先に挙げた西欧の影響をうけたとみられる庭園や西欧の整形式庭園の縄張りに近い、珍しい形状を持つといってよい。

厳島神社とキリシタンの関与

以上、ここまでに挙げてきた厳島神社にみられる西欧手法は、果たしてどこからきたのであろうか。次に、これらの諸施設の造営にかかわった人物とキリシタンとの関係について考えてみたい。

まず、厳島神社檀主毛利氏とキリシタンとの関わりであるが、一五八七（天正一五）年、秀吉による九州征伐を前にして、秀吉が毛利元就の子元春、隆景、孫の輝元に、キリシタン大名として知られる黒田孝高を派遣し、毛利氏の領内に駐在所を設けることを認めさせた。そのため、もともと輝元や隆景は、キリシタンに対して反対の態度をとっていたが、すでに秀吉に服属し、その秀吉がこの頃はキリシタンに対して格別の好意を寄せていることから、領内での布教を許している。（一一）

元就の八男、毛利秀包の妻は、キリシタン大名大友義鎮の第七女で洗礼名をマセンシアといい、夫秀包も妻の影響により、キリシタンに入信。また、元就の長男隆元の妻は大内義隆の養女であるが、義隆は一五五一（天文二〇）年、ザビエルに山口の布教を許可しているキリシタン保護者であった。（一二）

このように、毛利氏はキリスト教に対して全面的に好意をよせていたわけではないが、キリシタンのごく近くにあったことは明らかであり、入信していたかいなかは別として、西欧文化に触れる機会は少なくなかったといってよい。

メンデス・ピントは、一五五四年一二月五日付の書簡の中で、日本から帰航するザビエルと同船したが、その際、ザビエルから厳島布教のときの様子を聞いたといい、そのことは、宣教師ルイス・フロイスも『日本史』の中で簡単に触れている。（一三）

（一一）『日本の歴史11、戦国大名』杉山博　一九八八年、中央公論社。

写真7．厳島・天橋立屏風（神戸市立美術館蔵）

つまり、ザビエルが厳島にて布教活動を行なったことがわかるのである。また、『日本史』によれば、一五五九（永禄二）年には、宣教師ガスパル・ヴィレラら一行が厳島を訪れ、布教活動を行なっている。（二二）

それらの様子を描いたものとして、「厳島・天橋立屏風」（二三）がある（写真7参照）。これは、厳島神社の後方を南蛮人が通過している図で、現存する厳島の「反橋」をわたっているものと思われる。（二四）

これらの布教を通じて、様々な西欧の情報がもたらされていたことは想像に難くない。

それとともに、厳島にもともとみられる国際色をわすれてはならない。戦国時代、大内氏の本拠地山口が、大内氏の繁栄と文化の奨励にともない、西の文化都市の名声を高めたので、文化人の厳島寄島が多くなり、その滞在中に厳島の文化の急激な高まりが生じたといわれる。（二五）

また、厳島は堺と中国海路の要港で、船舶の出入り繁く、厳島大明神に対する航海者の信仰とともに、すこぶる繁栄していたという。（二五） 厳島神社所蔵の一五

（二二）ルイス・フロイス『日本史』松田毅一、川崎桃太訳、『天橋立屏風』神戸市立美術館蔵。

（二四）『キリシタン史実と美術』松田毅一　淡交社、昭和四四年。

（二五）『安芸厳島社』松岡久人　法蔵館、昭和六一年。

写真8．奉納絵馬（厳島神社蔵）

五二（天文二一）年三月付、堺住人綾井九郎左衛門の奉納絵馬(二六)（写真8参照）などは、堺商人が多く厳島と往来したことを示しており、また、海賊に警固料として支払う駄別安堵料の徴集場所ともなっていた(二五)。

このように、厳島は国際性豊かな都市であっただけに、やはり、西欧文化にごく近い位置にあったといえる。

以上のような事情からみて、厳島神社にみられる数多くの西欧手法も、ここへきて突然あらわれたとするよりも、むしろ同時代ヨーロッパの文化の影響であると考える方が自然であると思われる(七)。

以上、慈照寺及び厳島神社への西欧意匠の影響について考察してきたが、それらの結果をまとめれば、おおよそ次のようになろう。

1．慈照寺は従来一四八二（文明一四）年の造営であると考えられてきたが、現状

（二六）「奉納絵馬」厳島神社蔵。

の慈照寺は、一六一五（元和元）年より一六三九（寛永一六）年に再建されたものであり、西欧文化が日本に輸入された時期に造営された。

2. 江戸期再建の現状再建慈照寺には、ヴィスタや花壇、幾何学形態といった同時代ルネサンス・バロック期の整形式庭園の手法が指摘できる。

3. 江戸期の再建に関与した宮城豊盛はキリシタンであることから、前記2の西欧手法がここへきて突如発想・実現されたとみるよりもむしろ、キリスト教宣教師を通じてもたらされた西欧意匠の影響である可能性が高いと思われる。

4. 厳島神社は、従来平安時代の造営であると考えられてきたが、現状の厳島神社は、近世に入ってから再建されたものであり、西欧文化が日本に輸入された時期に造営された。

5. 現状厳島神社には、パースペクティヴや幾何学的配置といった同時代ルネサンス・バロック期の建築の手法が多数指摘できる。

6. 厳島神社の近世再建にかかわった人々とキリシタンの交渉、また厳島周辺の国際性から考えて、前記5の西欧手法がここへきて突然あらわれるというよりむしろ、南蛮貿易やキリスト教宣教師を通じてもたらされた西欧意匠の影響である可能性が指摘できる。

これらの所見から、決定的証拠がないので断定こそ避けるが、慈照寺及び厳島神社の意匠に近世西欧文化が影響した可能性がきわめて高いことである。

第一二章　高山右近の教会建築

はじめに

高山右近は、戦国時代末期の高槻城主であり、また茶人千利休の七哲のひとりに数えられる高弟であった。さらにキリシタン大名としてもよく知られる。しかし、従来右近が、加賀（現金沢）を中心に造営した数多くの教会建築について考察されたことは、余り多くはなかったといえよう。

そこで、本章では高山右近の造営した教会建築について、主にその造営年代や位置、様相などを明らかにしようとするものである。以下、まず右近の足跡について、先学の考察をもとにまとめてみよう。

1. 高山右近の足跡

① 出自

高山右近は、一五五二年（一説に一五五三年）、摂津高山（現豊能郡豊能町）で高槻城主、高山図書の長男として生まれたという。幼名を「彦五郎」といい、後に友祥、長房と称した(一)。

右近の父、高山図書は、キリスト教伝来初期の一五六三年、すでに宣教師ヴィレラのすすめで入信、洗礼名をダリヨという(二)。図書は母や妻だけでなく、すべての子供を入信させたため、右近もキリシタンになったのであり、自らすすんで洗礼をうけたわけではなかったのである。しかし、図書が領地の高槻や沢《さわ》城に教会をつくり、積極的に活動を行なったため、しだいに右近もめざめたものと思われる(二)。

父の入信の翌年、十二歳で入信した右近は洗礼名をジュストといい、また妻も同時に入信したとみられ、マリアという(三)。

一五七三年、二十一歳になった右近は、父を継いで高槻城主となり、一五八七年のバテレン追放令が出されるまで、城主をつとめた。

右近は、高槻城主になると、数多くの家臣や領民をキリスト教に入信させている。一五八一年には領民二万五千人のうちの一万八千人が信者であったといい、実に全体の八十パーセントがキリシタンだったことになる(四)。

(一)『高山右近』海老沢有道　昭和三三年　吉川弘文館。

(二)『図説茶道史』林屋辰三郎　昭和五五年　淡交社。

(三)『イエズス会日本年報』村山直次郎訳　一九六八年　雄松堂　一五六四年の条。

(四)(三)と同著　一五八一年の条。

なぜこれほどまでに入信させることができたのかについて、おそらく右近の言動にその理由があると思われる。フロイスの『日本史』(五)によれば、ある貧しい領民が死んだ際、棺を用意し、かつて賤民の仕事とされていた棺をかつぐ役をひきうけ、埋葬したという。それ以後、領民の葬儀には必ず武士が援助するのが習慣になったともいう。

すなわち右近が領民を身分や貧富にとらわれずに、平等に扱ったことが、布教成功の要因であったのである。

一方、このような右近の態度は、領民や家臣に限ったことではなく、戦国武将たちの間でも彼の潔白さは評判であったことを多数の史料が物語っている。例えば、諸侯らが雑談に花咲かせて、話がたまたま下品になった時、一人が皆に目くばせして右近が同席していることを知らせると、たちまち下品な話をやめたという。また、中には、あれほど立派な人にはどうせなることができないから、キリシタンにはならぬと理屈をこねる有力者もあったという(二)。

さらに秀吉が、ある茶会で右近のような人間は他にはいないとその才能と正しい行ないを賞め、悪い評判すら聞いたことがないと述べた時、右近を目の敵にしている荒木村重が右近の行動は見せかけにすぎない、心中は全く異なっていると中傷したところ、秀吉は非常に怒り、下品な言葉で出て行け、彼が言動の一致した人物であることは良く知っていると言い、村重はそれ以来、信用を全く失ってしまったという(三)。

(五) ルイス・フロイス『日本史』松田毅一　川崎桃太訳　中央公論社。

この他、秀吉の側近施楽院全宗が宣教師に多数の諸侯がキリシタンになるのは右近のせいだと秀吉に伝えるといい、宣教師がそのことを右近に話したところ、彼は断じて布教援助から手を引かない、秀吉が詰問するなら堂々と弁証しよう。それでも封禄、生命を奪い取るなら自ら喜んでその命に従おうと述べたという(二)。

このような右近への中傷があっても、秀吉は右近に絶対的信頼をもって接していたといい、また毎日のように人々に右近の讃辞を述べ、その模範的生活について嘆賞してやまず、彼に倣って側近の人々が信仰に入るのをむしろ喜んでいたという(二)。『喫茶余録』(六)には、茶人織田有楽による茶匠としての右近の評価がある。それによると、右近の茶は作りも思い入れもよいが、どこか「清の病い」があるという。この清の病いというのはようするに潔白過ぎるというのであろう。

一五八三年、秀吉がバテレン追放令を出した際、右近を惜しむ秀吉は、キリスト教を捨てるよう、右近の茶の師である千利休に説得させている。しかし、右近はたとえ主君の命令でも志を変えないことこそ武士の本意であると答え、利休はこの志に感動し、説得をあきらめたという(二)。

戦国の世において、右近のこのような潔白さは最も失われていたに違いない。下剋上の時代において、右近のこうした態度が最も尊いものであることは、猜疑心の強い秀吉が一番理解していたといっても過言ではない。

秀吉の命に逆らった右近は、本来この時点で死罪となるところ、所領の没収という比較的軽い処分で済んだことになる。

(六)『喫茶余録』内閣文庫蔵、石川県図書館協会　所収。

② 前田家の保護

こうして追放となった高山右近は、一五八八年前田利家が召抱えることになった。『寛永南島変』(七)によれば、利家は右近を「金沢に来り給へ。三万石ばかり合力すべし」と誘ったという。『混見摘写』によると、少ない知行ででも召抱えたいと秀吉に願い出たところ許されて、二万七千石で召抱えることになったという。さらにフロイス(五)によると、秀吉の弟秀長が右近のために進言して、畿内追放として他の地方では自由を与えたという。

これは右近にとっては願ってもないことであるが、『寛永南島変』(二)によると右近は利家に「禄は軽くてもよいが、キリスト教会を一つ建てて下されば参るべし」という条件を出したという。利家は了解し、右近は家族と共に金沢に移り住んだのである。

一五九〇年、利家は秀吉の小田原城攻めに参加し、松井田城、鉢形城、八王子城、小田原城を転戦したが、その中に十字架の旗が混っていたといい、これは右近の軍であり、大きな武功をあげたらしい。おそらく自らが信長に追放された時に武功を信長に認めさせて復帰したように、右近の武功を秀吉に認めさせようと利家が取り計ったのであろう。

そしてついに一五九二年『匡祖遺言』(八)によると朝鮮出兵のための名護屋の陣中で、右近は秀吉にお目通りが叶い、茶会に招かれたという。利家に秀吉が「右近はまた

(七)『加賀藩史料』一、二、昭和四年『寛永南島変』前田家編。

(八)(七)と同著　所収『匡祖遺言』。

教えを説いているのか」と問うたところ、「いや、彼は教えは説かない。予は多くの任務を与え、彼はそのために多忙である」と答えたという(一)。

フロイスの記述の中に利家の右近についての次の所見がある(五)。

「ここにいる高山右近は誠に思慮深く、かつ傑出した人物である。その人となりは勇敢無双、教養ありまた率直である。今、秀吉に取り立てられたなら、彼は全国一、二の大名になるだろう。どんなことがあっても私は秀吉へ彼のことを進言しよう。右近は秀吉の同意のもとでキリシタンなのであり、よってこれまで通りイエズス会の宣教師たちを愛するのだ。」

利家がいかに右近を高く評し、かつ大切にしていたかがしのばれよう。

一五九九年、利家は臨終の際、後継利長へ右近を大切にするようにと一言残したという(一)。

③ 金沢城造営

一五八三年、秀吉より加賀を領地として入手した利家は、早速尾山城へ入城している(一)。しかし、城は中枢の本丸ですら寺院の本殿を転用したものであり、百万石前田家の居城としては極めてみすぼらしいものであったという。

そこで、利家は高山右近に尾山城の再設計を依頼し、以後右近の造った城は金沢城と呼ばれるようになったという（写真1参照）。

右近は、当時戦国武将の中でも屈指の城造りの名人であったといわれる。かつての居城であった高槻城も彼の設計という。また、後に述べる通り、右近は、日本各地にキリスト教会建築を数多く建立している。また一六〇九年にも利家の隠居所であった富山城が焼失した際、右近に命じて高岡城を築城させた。この時わずか二百日で全くの新造の城を完成させたといわれる。

写真１．金沢城石川門

右近の建築技術といえば思い起こされるのが、一五八三年の秀吉の亀山城攻めの際、難攻不落のこの城に右近が仕掛けていっきに爆破したことだろう。(九) この記録はおそらく

（九）（三）と同著　一五八四年の条。

城攻めに爆薬を用いた初見であるとみられる。右近は後に述べる通り、教会建設と共にセミナリヨ（神学校）も建設しているが、そこでは西欧の最新科学技術が教授されていた。よって亀山城の爆破も西欧技術の実践とも推測することができる。

右近が設計した亀山城は、同年一二月から翌年正月までのわずか二十七日間で完成させたという。それはおよそ六八〇メートル四方とやや小ぶりなもので、北方小坂口に大手門を設けている。また一の丸、二の丸を築いて城下町を形成しており、江戸城を縮小したような極めて近代的な城となっていることがわかる。

一五九二年になると、さらに改造が施されており、土塁を石垣にすべて造り直して強化された。石垣は秀吉の築城で知られる近江の穴太の石工を用いている。

④　右近の海外追放

徳川家康は一六一三年、キリシタン禁令を発布した。その際宣教師だけではなく、キリシタン大名らも含めて海外追放を急がせている。というのも、この時豊臣氏を滅ぼすべく大坂攻めの準備を進め、まさに一触即発状態であったからに他ならない。キリシタン大名らの乗船、出帆の六日前の慶長十九（一六一四）年一〇月一日には、すでに大坂征討の命を発した。つまり高山右近らが大坂側につくのを恐れて追放を急いだと見ることができる。現に豊臣家の使者が長崎港に駆けつけたところ、船はすでに出帆したあとで間一髪で間に合わなかったという（一〇）。

このキリシタン大名の海外追放の命が前田家に届くと、重臣たちは口をそろえて右

（一〇）（三）と同著　一六一四年の条。

近に棄教するようにすすめたという。（一）右近は前田家を去る前日にあたる慶長十九（一六一四）年正月一七日、三代目藩主となっていた利常に黄金六十枚を届けさせたという。それはその年の彼の知行であったが、それをもらうだけの奉公ができないので、そのままお返しすると使者に告げさせたといわれる。また『今枝直方悦草』（一一）によれば、護送責任者が右近の罪人用籠を貴人用籠にして帯刀したまま運ぼうとしたところ、右近は殿にすまぬといって拒否したという。

右近ら一行は、無事マニラに到着、マニラ全市をあげて大歓迎されたが、右近は到着後四十日にしてひどい熱に冒され、没している。（一）

2　加賀百万石とキリシタン

①　前田家とキリシタン

高山右近が前田家の客将となっていた約二十年間、多数の領民をキリスト教に入信させた。一五九二年には二百人以上の入信者があったといい、一六〇一年には前田家の家臣三十名を含む一七〇名が入信、一六〇三年には高位の人々を主として数百名の入信が記録されている。（一二）

一六〇三年には、浪々の身であった友人のキリシタン内藤如安を利長に頼んでわずか四千石ではあるが、前田家に客将として迎えさせている。内藤如安は関ヶ原の戦いの結果、領地を失っていた。

（一一）（七）と同著　所収『今枝直方悦草』。

（一二）（三）と同著　一五九二年、一六〇一年、一六〇三年の条。

写真2．高槻城跡（教会趾）

一六〇七年には、利長の妹でキリシタンであった豪姫が北政所から金沢に引き取られた。それにともない、側近のキリシタン宇喜多久閑も前田家に千五百石で召しかかえられている。

利長も前述の通り、極めて忍耐をしいられる生活のためか、一五九一年にはすでに洗礼を受けたいと申し出ていたが、右近はもう少し布教の前途の見通しがつくまで延期するように勧め、家臣らにキリシタンの説教を聞くよう奨励するにとどめたという。(一四)

また、利長は母や妹にも説教を聞くように勧めたほどで、側近の一人はミサに参加したり、断食苦業を行うほどであり、利長の正室にもキリシタンになるよう勧め、過ちのあった家臣は教会で懺悔するよう命じたという。(一四)

このように、右近が客将となったことにより、前田家はキリシタンと極めて密接な関係をもつに至ったのである。

(一三) (三) と同著　一六〇三年の条。

(一四) (三) と同著　一五九一年の条。

②　右近の教会建設

高山右近のもと領地高槻には、一五七四年頃、父図書と共に建てた教会と宣教師の宿泊所があったといわれる（写真2参照）。屋根上に十字架を掲げ、バラや百合の植えられた庭園が付属していたという（一五）。

また復活祭にはバラのアーチが作られ、特記すべきは中央の泉から人工的に水が湧き出たというのである。これはもしかすると日本における噴水の初見にあたるかもしれない（一五）。

さらに本能寺で織田信長が非業の死を遂げると、信長の居城安土城やその城下にあった教会とセミナリヨ（神学校）（写真3参照）も同時に破壊されたため、右近は早速セミナリヨを高槻に開設している（一六）。安土のセミナリヨの最初の学生のうちの八名は、右近の重臣らの子弟であったといわれ、今度は自前で校舎と教会を建築したのである。学生数

写真3．安土セミナリヨ趾

（一五）（三）と同著　一五七四年の条。
（一六）（三）と同著　一五八二年の条。

は三十二名で、そのうち十二、三名は十七、八歳の若者だったという。キリシタン文学者としても名高い宣教師ヴィゼンテなどが教授を担当し、西欧文化を中心に講じたという(一六)。

一方、右近は一五八二年、秀吉の大坂城の近くにも教会を建設している。しかし資金不足で新築するゆとりはなく、摂津岡山(現大阪府北河北郡)の教会を移建することにしたという(五)。そのため、宣教師オルガンティーノが秀吉に願い出ると、ある場所を測量させて教会のために与えたといわれる(五)。

その場所は、現在のどの地点であるかについては、宣教師フロイスの次の記述がある(五)。

「大坂では最良の場所の一つであり、(秀吉が)述べたとおり、多くの諸侯が求めたが、彼が誰にも与えなかったところであった。その(地所)一方は川に沿い、非常な高台となっていて、背後の三方は切り立ち、堅固で、あたかも城塞のような地形をなしていた。どの場所からも大坂の美しい優雅な眺望がきき、もとより多くの良き鳥の(囀りが聞こえる)場所である。」

フロイスは、この記述に続いてその広さが約六十ブラサ×五十ブラサであるとしており、一ブラサは約二、二メートルであることから、約百二十メートル×百メートルの土地を与えられたことになる。

写真4　大阪の教会跡（現京阪電車天満橋駅）　（著者撮影）

また、フロイスの記述には、そこに建てた教会から大坂城築城の石を運搬する船が見えたといい、それらの条件と一致する場所を地図上で探してみると、現在の京阪天満橋駅の位置であったことが明らかになる（一七）（写真4参照）。

さらに、右近は、京都の下京教会の建設にもたずさわっている（図1参照）。フロイスによれば、一五七五年頃着工された京都の教会堂について（写真5参照）

「ダリヨ高山殿は高槻から直ちに都に来てパードレらと大工らとともに設計製図をし、柱やその他、立派な木材を要する多くの部分の最も重要な木材の調達を引受けた。そして彼は部下に調達せしめることを欲せず、特に自ら僅か四、五騎とともに木を伐るため、大工木樵を引具して高槻から七哩離れているある

（一七）『近世日本建築にひそむ西欧手法の謎「キリシタン建築」論序説』宮元健次　一九九六年　彰国社。

写真5．下京教会跡

山に行き、自費で陸を七哩も、舟で八乃至十哩も遡り車で都に運んだ。また建築工事の続いている間、彼の援助が絶えたことはなく、また特に労働者を遣わした。彼は最も主要な人物の一人であった[五]」

と述べている。

この他、フロイスによれば、秀吉が右近に与えた明石の地にも教会を建設したようだが、[五]詳細は不明である。

③ 金沢の教会

そして、右近は金沢でも教会建設を行なっている。最初は自費で建てたようで、

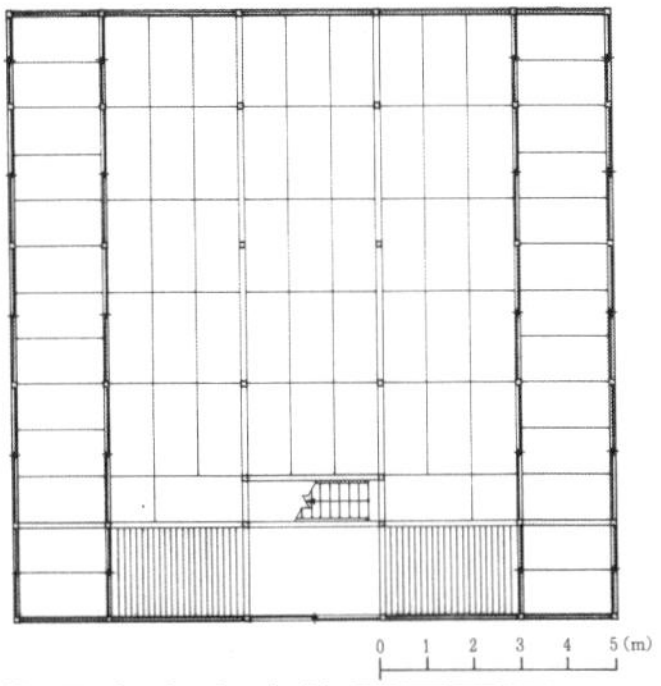

①下京南蛮寺復元平面図－1階

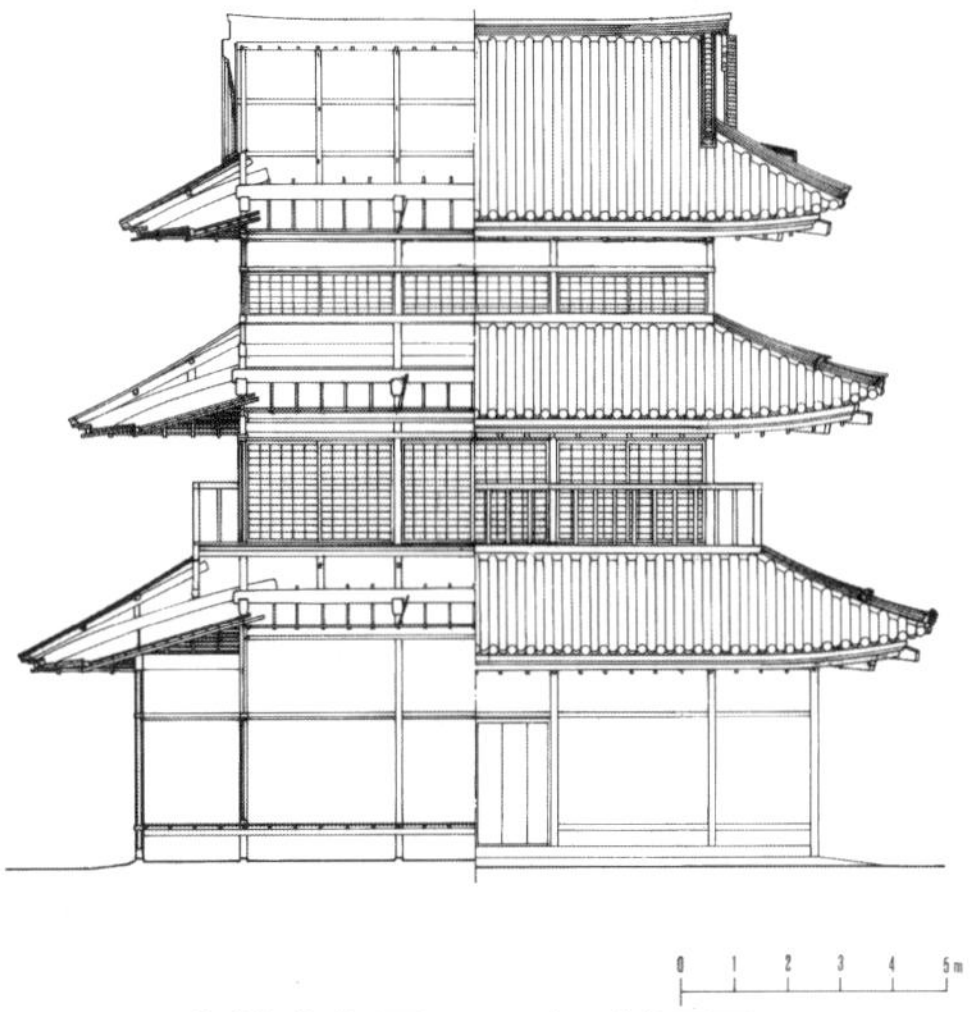

下京教会復元図

図１．下京教会復元図　立・断面図

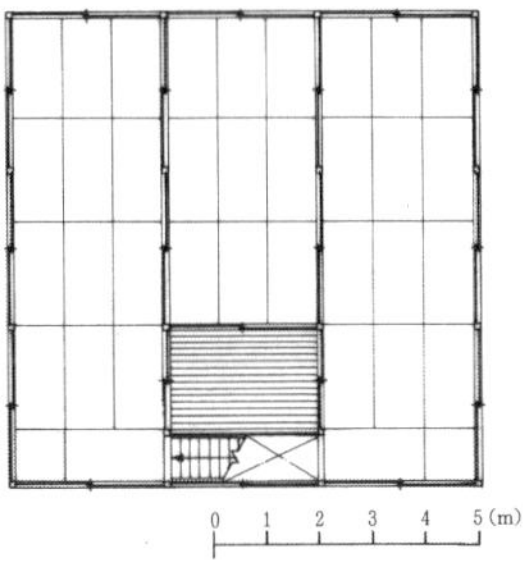

③下京南蛮寺復元平面図－3階

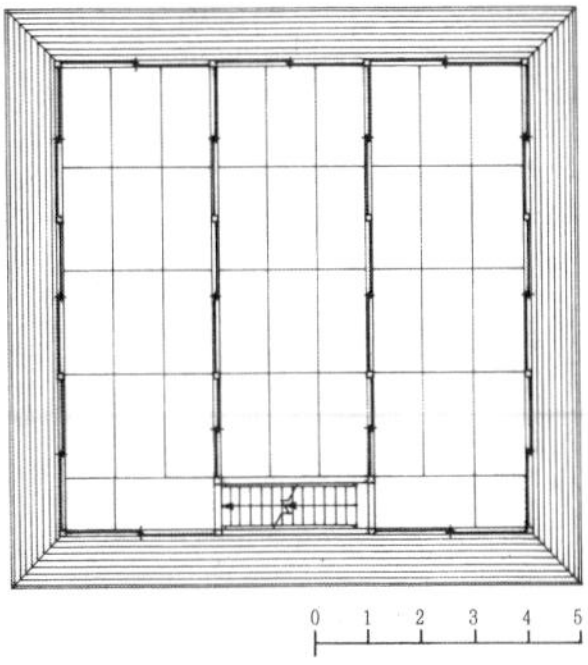

②下京南蛮寺復元平面図－2階

写真6．能登教会跡（現金沢学院大学）

一六〇一年には宣教師を招いて多数の入信者を得たという[一八]。

また一六〇三年には、利長の援助により、右近の知行地である能登にも小さいながら二つの教会が新設されている[一八]。一つは右近の弟太郎右衛門が、もう一つは家臣の一人が世話をしていたといわれる（写真6参照）。

さらに一六〇七年にキリシタンであった豪姫が金沢へ引取られた際にも、豪姫とその側近でキリシタンの宇喜多久閑のために[一九]、利長は紺屋坂に教会を新たに設けたという[一九]（写真7参照）。そして金沢は日本で最も教会の栄えた一つとなっていたという。

以上、高山右近の教会建築について、その造営年代や位置、様相などについて観察してきたが、それらの結果をまとめれば、おおよそ左記のようになろう。

（一八）（三）と同著　一六〇一年の条。

（一九）（三）と同著　一六〇七年の条。

（二〇）（三）と同著　一六一四年の条。

写真7．金沢教会跡（現紺屋坂）

1. 一五七四年、高槻城内に教会が建てられ、屋根に十字架を掲げ、バラのアーチや噴水をもった庭園があった。またセミナリヨを後に増築した。

2. 一五八二年、秀吉の大坂城近くの現在の京阪天満橋駅の位置に摂津岡山より移建した教会があった。

3. 一五七五年に京都に建てられた教会も高山右近の関与があった。

4. 一六〇三年、豪姫とその側近のために紺屋坂に教会を建てた。

以上の他にも、本文で触れた通り、明石の教会、また一六〇一年に自費で建てた金沢の教会が存在したが、これらについては、今後の課題としておきたい。

第一三章　加賀文化への小堀遠州の関与

はじめに

著者は江戸幕府作事奉行であり、また将軍茶道指南であった小堀遠州の庭園及び茶道の作法に、同時代の西欧手法の影響があることをすでに示唆した(一)。遠州は加賀（現金沢）藩三代藩主前田利常及び四代藩主光高の茶道顧問としても知られている。例えば、前田育徳会所蔵の利常が購入した茶器の箱書きの多くが遠州の筆になるもので、遠州の見立てであることがわかる。また、利常や光高と遠州の茶の湯に関する受け答えを記した『茶湯問答書』(二)を見ても、遠州が茶道顧問として深く関与していたことがうかがえる。

一方、後述する通り、加賀藩が力を入れた文化政策、いわゆる加賀文化への遠州の

(一)「寛永期日本宮廷庭園にみられる同時代西欧庭園の影響について—近世日本建築の意匠における西欧手法の研究その一—」宮元健次　一九九七年、『国際文化研究』創刊号　龍谷大学国際文化学会　所収。
「遠州作品にみられる同時代西欧庭園の影響について—近世日本建築の意匠における西欧手法の研究その三—」宮元健次　一九九八年、『国際文化研究』第二号　龍谷大学国際文化学会　所収。

「桂離宮の遠州作否定説への疑問—近世日本建築の意匠における西欧手法の研究その四—」宮元健次　一九九八年、『国際文化研究』第二号　龍谷大学国際文化学会　所収。

「茶道とキリスト教の関与について—近世日本建築の意匠における西欧手法の研究その八—」宮元健次　国際文化研究編集委員会編『国際文化研究』第五号　二〇〇一（平成一三）年　龍谷大学国際文化学会。

「茶道の作法への西欧文化の影響について—近世日本建築の意匠における西欧手法の研究その九—」宮元健次　国際文化研究編集委員会編『国際文化研究』第五号　二〇〇一（平成一三）年　龍谷大学国際文化学会。

「龍安寺石庭の由緒について—近世日本建築の意匠における西欧手法の研究その五—」宮元健次　国際文化研究編集委員会編『国際文化研究』第三号　一九九九（平成一一）年　龍谷大学国際文化学会　一四八頁。
(二)『加賀藩史料』前田家編　一、二、昭和四年　石川県図書館協会編　所収。

関与は、単に茶道に限ったことではなく、建築、庭園、陶芸、工芸など多岐にわたっていたことが指摘できる。しかし、従来先学らによってそれらの遠州の関与について総合的に考察されたことは、ほとんどなかったといってよいだろう。また、それらの遠州芸術の関与における加賀文化への西欧手法の影響についても、ほとんど触れられたことがない。

そこで本章は、加賀文化への遠州の関与について、主に西欧手法といった視点から考察しようとするものである。以下、各分野ごとに観察を試みたい。

1. 茶室と庭園

① 加賀藩江戸屋敷

森蘊氏によれば、加賀藩の江戸屋敷の設計に遠州がかかわったという[四]。つまり、『松梅語園』[五]に次の一文があることを指摘している。

「御下屋敷に新御書院とて遠州御相談ニ而出来、御客御招請之事有」

また、後に観察するが、森氏はまた、一六三〇年の金沢城本丸増築の際、その茶室と露地について『三壺記』[六]に「遠州御指図也」とあることから遠州作であることを指摘されている。

(三)『小堀遠州』森蘊、創元社（一九六七年）が唯一であるとみられる。本書はさらに西欧手法という異なる視点から言及した。

(四)「小堀遠州の作事」森蘊『奈良国立文化財研究所学報』第十八冊 一九六六年。

(五)『松梅語園』（二）と同著　所収。

(六)『三壺記』（二）と同著　所収。

さらに、後述する通り、兼六園と兼六園から金沢城内堀まで続く辰巳用水の設計にも関与した可能性が指摘できる。

その他、建物の装飾のための釘隠しや引手のデザインも手がけたとみられ、五代藩主綱紀が作らせたという工芸見本「百工比照[七]」に「小松霞嶋遠州御座敷襖障子引手」（図1参照）というものがある。これは利常が一六五二年、隠居所小松城内霞島に造った茶室の引手である。また、前述の加賀藩江戸屋敷の花籠の釘隠しも「百工比照」に収められており、遠州が室内装飾にも才能があったことがわかる。

ちなみに、利常の小松城の茶室は、遠州没後の建立であり、利常が京都山崎にあった遠州の茶室を詳細に調査させて造ったものであるという。利常自身、毎日工事

図1　「小松霞嶋遠州御座敷襖障子引手」「百工比照」所収（『百工比照』石川県立美術館1993年より転載）

（七）『百工比照―前田育徳会の名宝―』石川県立美術館開館十周年記念特別展図録　一九九三年。

を指導したといい、「遠州座敷」と命名していることから、いかに利常が遠州に傾倒していたかが見て取れよう。

② 金沢城本丸茶室

三代藩主前田利常は一六三〇年、金沢城の本丸に茶室と露地を造った。『三壺記』（六）によれば、遠州の指図であったという（四）。しかし、金地院崇伝の記した『本光国師日記』によれば、遠州はこの頃、崇伝の住する南禅寺金地院の造営に着手しており、金沢へ赴くことはできなかった。同日記には「賢庭加州へ下候間（八）」とあるところから、遠州の配下で庭造りをしていた賢庭が加

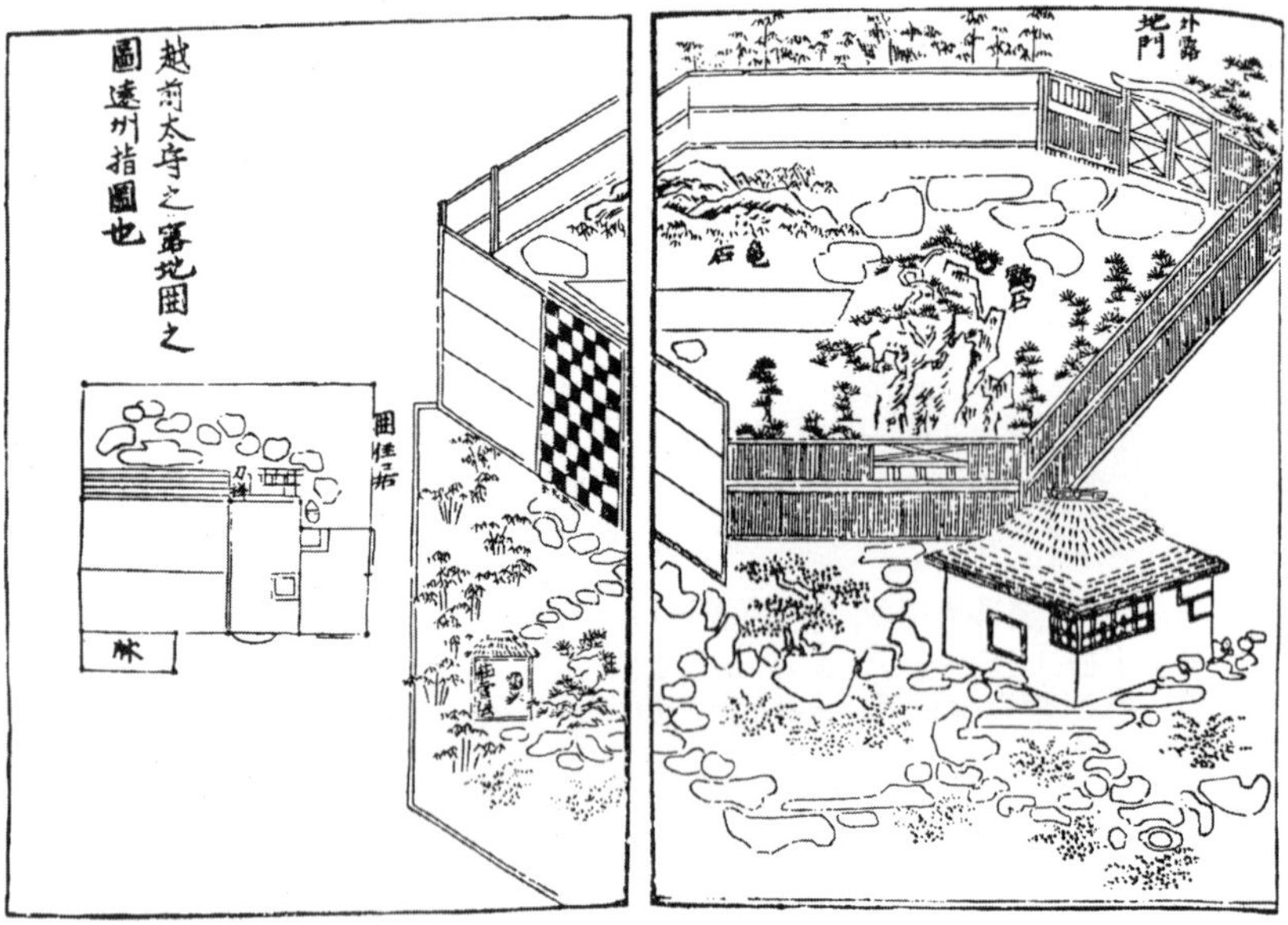

図2．『諸国茶庭名蹟図会』（『加賀藩史料』所収）

（八）『本光国師日記』続群書類従完成会　一九六六年。

州（金沢）へ派遣されたことを森氏は指摘している（四）。

それでは本丸の茶室と露地は遠州の設計とはいえないのだろうか。それを確かめることができる史料に、それらを描いた『諸国茶庭名蹟図会』（九）（図2参照）がある。

図中に「十三越前大守露地庭之事　此路地は大火事以前、越前之大守の路地にして遠州指図也」とあり、大火事とは一六三一年の火災を指しているとみられ、時期的に見ても、一六三〇年造営の茶室と露地とみて間違いないだろう。また、ここでも「遠州指図也」と記されている。

図の描写を観察してみよう。まず目につくのは市松模様の露地門である。この意匠は、桂離宮松琴亭の青白市松模様の襖と類似しているが、松琴亭の襖は前田家から贈られた加賀奉書紙で造られており、遠州好といわれる。また、庭に鶴石と亀石と松を配すのも遠州独特の意匠であり、金地院や東海寺で遠州によって試みられた手法である。

さらに茶室の平面を見ると、同様に遠州好の三畳台目の独特の間取りであり、これらはすべて遠州の特徴を示している。「指図」というのは、設計のことであり、別に現地に直接赴かなくても図面を描くだけでも十分行なうことは可能である。現に遠州は遠隔操作で露地を造ったことがたびたびあり、彼の隠居所である大徳寺孤篷庵さえ一度も現地に行くことなく完成させたものである（四）。

よって、この金沢城の茶室と露地も、遠州が図面を作成し指示を与えた遠隔操作で造られたと見てよいだろう。

（九）『諸国茶庭名蹟図会』（二）と同著　所収。

③ 兼六園

大名庭園として、水戸の偕楽園、岡山の後楽園と共に三名園に数えられるのが、金沢の兼六園である（図3参照）。

兼六園の名称は、十二代藩主斉広が松平定信に一八二二年に命名してもらったといい、宏大、幽邃、蒼古、人力、水泉、眺望の六つを兼ね備えるという意味であるといわれる。また、一六七六年には五代藩主綱紀が瓢池を造り、これが現在の蓮池庭であ

図3．兼六園

る。一八三七年には、十三代藩主斉泰が霞ヶ池を拡張して蝶螺山を設け、現在の千歳台を造ったという（図4参照）。

ようするに、これらの年代から見れば、兼六園は、一六〇〇年代前半に活躍した遠州とは一見無関係であると思われがちである。

しかし、重森三玲、重森完途氏ら（一〇）によれば、前述の一六三〇年の金沢本丸の茶室の造営の際、遠州の指図で賢庭がこの兼六園の造営に関わったといった。兼六園の

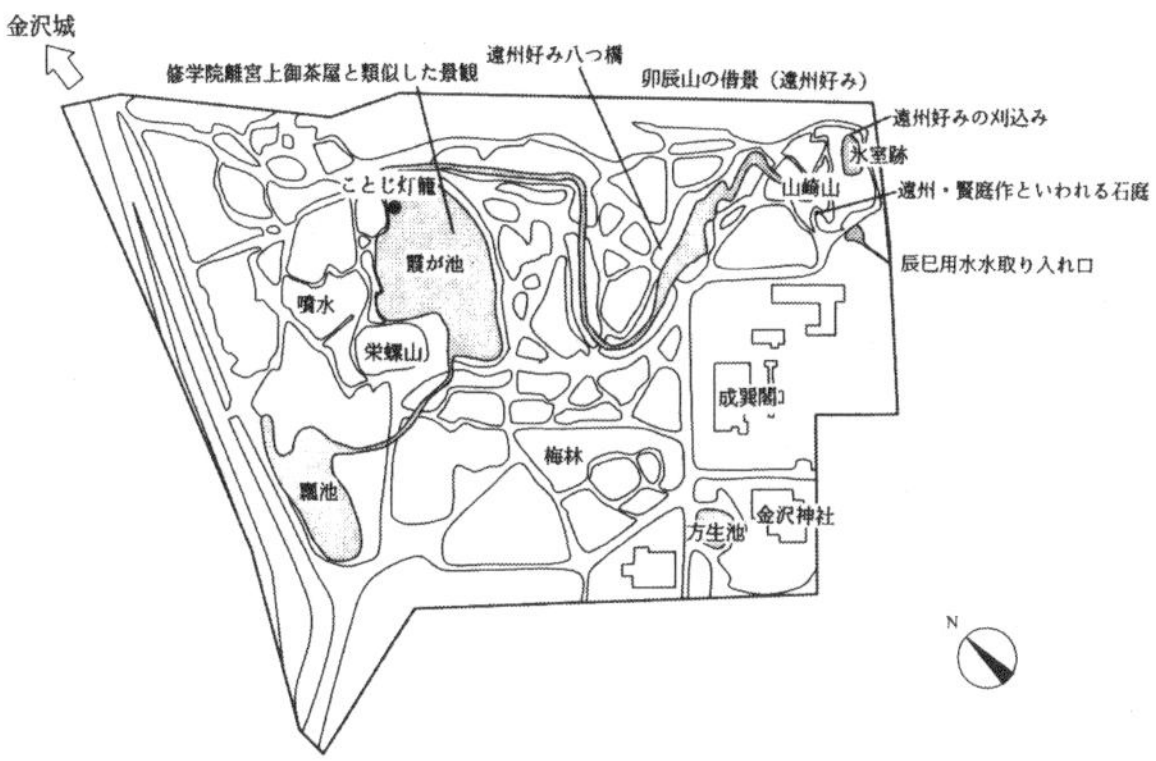

図4．兼六園配置図

図5．山崎山庭園

（一〇）『日本庭園史大系』重森三玲・重森完途　社会思想社　全三十五巻　一九七一～七六年。

図6．氷室跡

南東隅の山崎山の築山と石組がそれにあたるといわれ、確かに遠州、賢庭特有の石組が認められる（図5参照）。おそらくこの庭を発祥として歴代藩主が増築を加えていったのだろう。

高室信一氏（一一）は、この兼六園は、金沢城の東南の防衛のために造られたのではないかと述べている。確かに城の東南は百間堀によって補強されており、弱点の方位であったようである。また、千歳台の石垣についても、観月台というのは名ばかりで、実は城の防衛のためであるという。すなわち、兼六園という庭園に擬装しつつ、城を守り固めたという。

もしそうだとすれば、前述の遠州指図になる山崎山庭園も何かを隠すための擬装だったのではないだろうか。高室氏によれば、この山のふもとには、最近まで氷室があって（図6参照）、この氷室の雪を遠く江戸に運び将軍に献上したといい、それも同様に擬装であるという（一一）。すなわち、山のふもとにケヤキの巨木を等間隔で植えることによって、城の弱点のこの方位を防衛したものだというのである。

（一一）『金沢・町物語―町名の由来と人と事件の四百年』高屋信一　一九八二年　能登印刷出版部。

しかし、筆者は、この遠州の山崎山よりもっと重大なものを擬装したものと考える。以下辰巳用水に注目してみたい。

④　辰巳用水

一六三一年、つまり遠州指図の茶室と露地が賢庭によって造られた翌年、城下町で火災が起こり、火は金沢城本丸までおよんだ。そのため、三代藩主利常は、防火用水として犀川の水を兼六園経由で金沢城内まで運ぶ辰巳用水を造ったといわれる。

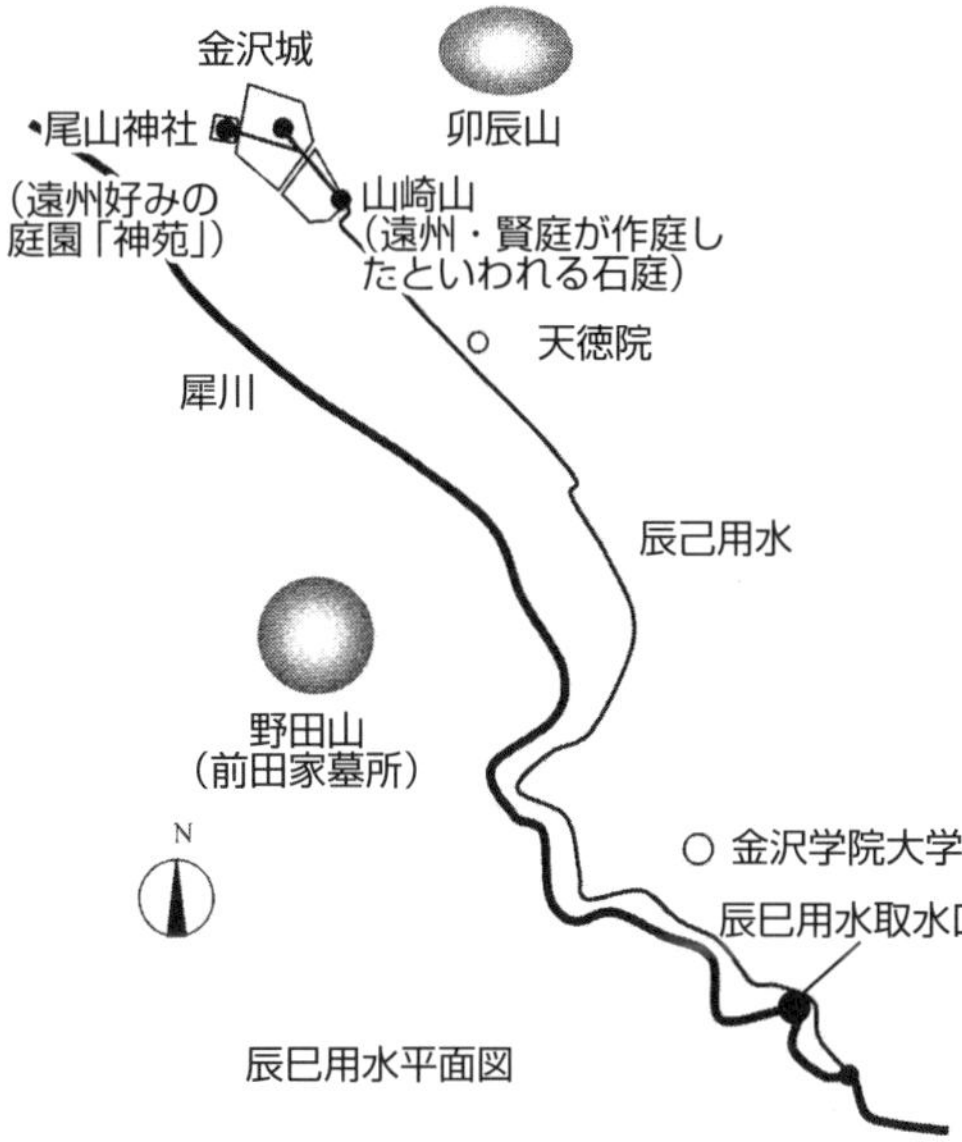

図7．辰巳用水配置図

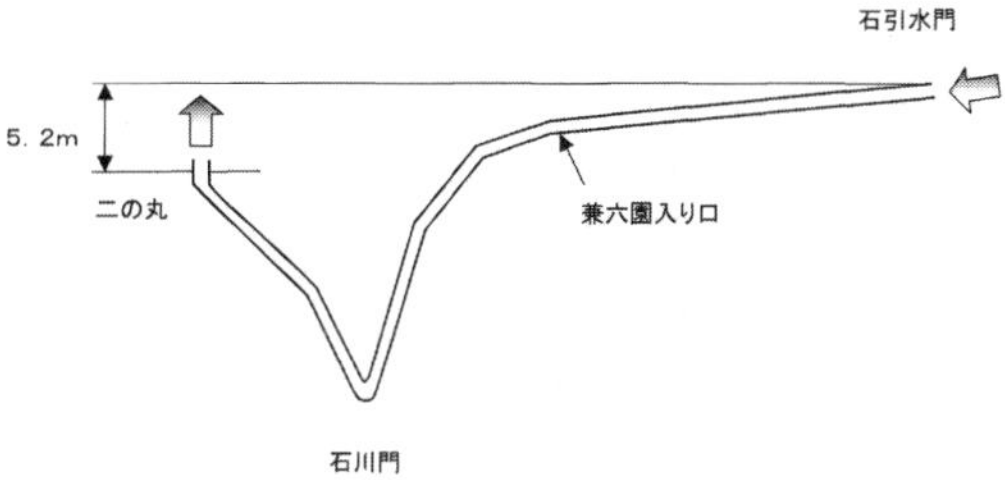

図8．辰巳用水サイフォン概念図

辰巳用水は総全長十二キロ、そのうち取水口から末町までの三キロが高さ二・六メートル、横幅一・七メートルのトンネルになっているといわれる。その中でも特に興味深いのが、兼六園から金沢城二の丸までの約六百五十メートルにわたる逆サイフォンの技術だろう（図7参照）。

つまり、兼六園の取水口は標高約五十三メートルにあり、途中最も標高の低い白鳥堀では約四十二メートルになり、その高低差一一メートルである。そして吐水口が約五十メートルだから、白鳥堀から八メートルの落差があることがわかる。ようするに、一一メートルの落差を利用して八メートル上の場所へ水を引き揚げることに成功しているのだ。その差わずか三メートル。現代の技術をもってしてもむずかしいといわれる高低差である（図8参照）。

図9．山崎山の取水口

このようなサイフォンの技術は、当時の日本において用いられたことはほとんどなかったといってよいだろう。サイフォンの原理は、当時のヨーロッパにおいても、最先端の技術であり、分度器やコンパスを用い、三角関数を駆使しなければ造り出すことはできない。後述する通り、日本においてサイフォンの技術が初めて用いられたのは、一六二三年の寛永度仙洞御所の庭園の噴水である(一二)。そしてこの噴水を設計した人物こそが小堀遠州であり、工事を行なったのが配下の賢庭だったのである(一二)。

遠州は、このサイフォンの技術をその後、自らの隠居所大徳寺孤篷庵山雲床の手水鉢へ応用しており(一二)、さらに日光東照宮の水洗便所にも用いたとみられる(一二)。つまり、日本においてサイフォンの技術をほとんど唯一実践した人物なのである。

すなわち、この辰巳用水のサイフォンの技術は、遠州の設計であった可能性が示唆できるのだ。ここでさらに注目したいのは、この辰巳用水のサイフォンの取水口が、なんと前に触れた遠州が指図し、賢庭が造ったあの山崎山に設けられている点である(図9参照)。

前出『三壺記』(六)によれば、この辰巳用水は一六三二年に板屋兵四郎あるいは下村兵四郎が造ったという。ところが、この人物の出自はほとんど不明なのである。下村丘四郎の菩提寺といわれる寺井町即得寺の過去帳に下村兵四郎という人物が記されているという。

つまり、その姓名すら板屋、下村とさだかでない謎の人物といってよいだろう。当然最先端のサイフォンの技術を用いた人物なのだから、全くの無名の人物であるはずはない。姓名もわからない人物であるとは、はなはだ考えにくいのである。

（一二）『近世日本建築にひそむ西欧手法の謎「キリシタン建築」論序説』宮元健次　彰国社　一九九四年。

ここで一つ推論を試みたい。前述の通り、日本においてサイフォンの技術を駆使したのは、遠州とその配下の賢庭に限られる。またそのサイフォンの取水口の作庭を行なったのも遠州と賢庭である。つまり、常識的に考えれば、辰巳用水のサイフォンは、遠州が指図し、賢庭が派遣されて造ったとすべきだろう。

すなわち『三壺記』[六]にあらわれる兵四郎は、賢庭でなければならないのである。賢庭の名の由来について、『義演准后日記』[一三]によれば「院御所勅定ニテ賢庭ト云天下一ノ上手也、度々召寄石立様非凡慮奇特々々」とあり、後陽成天皇の仙洞御所などの庭造りの功により「賢庭」の名を賜ったことがわかる。

それでは賢庭と命名されるまではどう名乗っていたかといえば、同日記慶長五（一六〇〇）年の条に「昨日引渡梅ノ本岩與四郎、松島ノ未角ノ小橋懸之」とあり、同日記慶長七（一六〇二）年の条[一三]では同じ庭師が「泉水石橋懸之賢庭参」と賢庭と呼ばれ、それ以降すべて賢庭と呼ばれるようになっていることがわかる。

これによって、後陽成天皇に命名される以前は與四郎と呼ばれていたことが明らかになる。

『三壺記』[六]に記録された辰巳用水のサイフォンの設計者「兵四郎」は「與四郎」の誤記ではないだろうか。例えば賢庭を記録した『資勝卿記』[一四]元和七（一六二一）年の記録では、「ケン庵」と誤記されており、度と庵の類似から当時、賢庭ほどの庭師であっても名称が誤られたことがうかがえる。與と兵も類似しているように思う。『三壺記』[六]にも誤記は多数指摘できるところからも、兵四郎が與四郎の誤記である可能

（一三）『義演准后日記』「史料纂集」続群書類従完成会　一九七六年。

（一四）『資勝卿記』「大日本史料」第十二編。

性も無視できないのではないだろうか。決定的根拠があるわけではないので試案としなければならないが、一考を要する問題であると思われる。

2. 陶　芸

①　デルフトへの発注について

斎藤菊太郎氏[一五]によれば、加賀藩は日本で初めてオランダ・アムステルダムのデルフト陶器を輸入したという。注文主は四代藩主光高だが、その顧問を勤めていた三代藩主利常の指図がかなりあったものとみられる。一六四〇年、長崎御買物師を通じて、オランダ東印度会社経由で発注したものである。

同年一二月三一日付の注文書には、茶の湯のための茶碗十八個とあり、興味深いのは、見本として木型二個、粘土型一個が添えられていることだろう。この他にも小皿三種類それぞれ百枚という大量の注文が記されており、すべて粘土型の見本が添えられているのだ。そればかりか上絵付の文様と色まで事細かく指摘されているのである[一六]。

前田家は、翌年の一六四一年にも再びデルフト焼へ発注しており、菱形台鉢六個、台鉢三十個、大台鉢五個、方形台鉢三十個、円形台鉢三十個が注文書にあり、それぞれ「その一」から「その五」と番号をつけた文様見本帖が添えられている。見本帖は青、赤、白の三色に美しく塗り分けられ、色絵草花が描かれたものである[一六]。

（一五）『古九谷新論』斎藤菊太郎　一九七二年　三彩社。

（一六）『平戸オランダ商館日記』永積洋子　講談社　二〇〇〇年。

これらといっしょに、さらに茶碗が五個発注されており、一六四〇年の注文と同様の厚さの異なる木型三個が添えられている(一六)。

一方、一六五八年一二月一四日付の東インド会社からデルフトへの注文書が残されており、加賀藩がオランダの草花文をもつ黄色、緑色の彩色を施した鉢を二十個発注したことがわかる(一六)。

小堀遠州の所蔵した焼物に「和蘭陀幾何学文水指(一七)」と呼ばれるものや、「和蘭陀水筒茶破碗(一七)」と呼ばれるものがあるが、これらは明らかにデルフト焼である。おそらく、加賀藩の発注の際、いっしょに発注したものだろう。

すなわち、これらの詳細な造形及び文様、彩色の指定も、おそらく遠州の指導によるものとみてよいのではないだろうか。但し、遠州は一六四七年に没しているので、それ以降は遠州の定めた様式を継承したのだろう。

②　古九谷への影響

このようなデルフトへの発注を繰返しながら、加賀藩はその支藩大聖寺藩での古九谷焼成を模索していたという(一五)。前述のデルフト焼への発注書は一六四〇年から一六五八年のものであったのに対し、古九谷焼を後藤才次郎がはじめて焼いたのが一六五五年であることから(一八)ほぼ同時期とみることができる。

果して加賀藩の陶工やそれを指導した小堀遠州らはデルフト陶器の様式を古九谷焼に応用しようとは思わなかったのであろうか。御買物師をあえて長崎に駐在させた背

(一七)　小堀茶道宗家所蔵。

景には、ただ単に海外の名物の収集だけではなく、藩をあげての大事業である古九谷焼成のための研究といったものがあったはずである。古九谷窯跡発掘の結果[一八]をそういったデルフト焼の影響といった視点から再度観察してみると、一号窯の発掘品の中に透し彫りのある台鉢が三個存在していることがわかる。この透し彫りや台鉢という手法は、デルフト焼の特徴でもあり、同時代の中国や日本の伊万里焼その他

図10　「色絵泊舟図深鉢」（『九谷名品図録』個人蔵）

図11　「青手樹木図平鉢」（個人蔵）

図12　「色絵瓜台鉢図平鉢」（出光美術館蔵）

図13　「色絵花鳥図輪花台鉢」（石川県立美術館蔵）

（一八）石川県教育委員会『九谷古窯発掘調査概報』一九七五年　石川県。

図14　「色絵水浴図輪花台鉢」（個人蔵）

図16　「色絵図案座十字文平鉢」（個人蔵）

図15　「色絵畦道文角皿」（石川県立美術館蔵）

にも全く例がなく、古九谷焼独特のものである。おそらくデルフト陶器の影響だろう。また輪形の「色絵唐草文輪型水注」などの造形も同時代の日本に例がなく、デルフト陶器の影響と見てよいのではないだろうか。

特に、「青手古九谷」と呼ばれる紫、黄、緑、紺のうち二、三色を用い、赤を用いないで全体を塗り込んだ様式の古九谷に、デルフト焼から学んだような西欧風の文様が多いといわれる。以下、いくつかの例を観察してみよう。

まず、「色絵泊舟図深鉢」（個人蔵）（図10参照）を見ると、中央のオランダ船やそれを取り囲む文様など、一見してヨーロッパの影響であることがわかる。また、「青手樹木図平鉢」（個人蔵）（図11参照）という青手古九谷の樹木の表現は、日本の草花とは一線を画すものであり、やはりデルフト焼の影響と見ることができよう。

次に「色絵瓜台鉢図平鉢」（出光美術館蔵）（図12参照）は四方にトランプに見られるスペードを配しており、中央には台鉢にくだものが山もりになった図案である。中央の台鉢はデルフト焼の形状の影響であろう。同様に「色絵花鳥図輪花台鉢」（石川県立美術館蔵）（図13参照）の台鉢形状も同様である。「色絵水浴図輪花台鉢」（個人蔵）（図14参照）に至っては台鉢であるだけではなく、中央に裸女が水浴している姿が描かれており、西洋画の影響であると思われる。

この他、「色絵畦道文角皿」（個人蔵）（図15参照）は抽象絵画を思わせるような図案となっており、こういった具象にとらわれないデザイン性も西欧の文様からの影響ではないだろうか。さらに「色絵図案座十字文平鉢」（個人蔵）（図16参照）は中央に十字を描き、幾何学的に構成された図案をもつが、これらの幾何学形態は当時の日本や中国には例がなく、西欧文様の影響であろう。

3. 工　芸

①　五十嵐道甫の斡旋

三代藩主前田利常は、茶道や古九谷焼に力を注ぐのと同時に、輪島塗によってすでに産業として発達を見せていた漆芸にも力をそそぎ、五十嵐道甫を御用蒔絵師として重用した。(一九) 五十嵐家の初代は、幸阿弥家と同じく足利義政に仕えた信斎を始祖

（一九）灰野昭郎『近世の蒔絵』中央公論社　一九九四年。

とし、蒔絵師の家系としては、幸阿弥家と双璧ともいうべき系譜である（一九）。その後、二代宗清、三代甫斎、四代道甫と続くのだが、甫斎は宗清の実子ではなく、刀剣鑑定の名家本阿弥祝以の子を養子にしたものという。

灰野昭郎氏（一九）は、その縁で、前田家に同じく重用された本阿弥光悦が五十嵐家と前田家を結びつけた可能性に触れておられる。一方、灰野氏によれば、小堀遠州の斡旋で四代道甫が利常に関与した可能性が高いという。ここに遠州の工芸への影響を示唆できるのである。

②「百工比照」

利常は、五十嵐道甫の重用とともに、加賀藩直営の細工所を設立、道甫らにその運営をまかせている。

こうした加賀藩細工所の研究の集大成とでもいうべきものが、今日前田育徳会に現存している。これこそが「百工比照」（七）である。

これは、工芸技術のサンプルの集大成というべきものであり、前田家が各地から招聘した芸術家たちの作品や、それらの指導下で加賀藩独自に研究考察されたもの、あるいは長崎御買物師らによって収集されたものなどさまざまである。

このような「百工比照」という工芸のサンプル帳を造るという発想は、果してどこから生まれたものなのだろうか。「百工比照」の制作が五十嵐道甫率いる加賀藩細工所によって行なわれたことについては既に述べた。この道甫の招聘を斡旋したのが、既に掲げた小堀遠州ではないかという説(一九)にここでは留意してみたい。

遠州が茶道や建築、庭園の知識や技術の他、工芸にも相当な見識をもっていたことは、『遠州公所持名貨帖』(二〇)や『遠州蔵帳』(二一)に記載された彼の目利きした道具類が大名たちに大いに珍重され、後に「中興名物」と呼ばれたことからも明らかである。

また、遠州の裂《きれ》のコレクションはつとに有名で、名物道具の箱を包んだ「青貝文庫入名物道具更紗外包装裂」(二二)には、じつに十六種もの裂が納められている。この中には名物裂ばかりかペルシャやインドからの輸入品まで含まれており、その入手にはやはり長崎御買物師の存在が見え隠れしているように思われる。というのも前述の通り、遠州所持茶碗の中に御買物師経由でデルフトへ発注したとおぼしきものが散見できるからである。

ここで注目したいのが、小堀家に現在も伝えられている名物裂帖《きれちょう》「文龍《もんりゅう》」(二三)である。ここには遠州見立ての総数四五二枚にも及ぶ名物裂がちょうど「百工比照」と同じようにサンプル帳として網羅されている。紹鴎緞子、有栖川錦、角倉金襴、遠州緞子、その他、ありとあらゆる裂の集大成というべきものである。

この名物裂帖こそが「百工比照」のルーツではないだろうか。「百工比照」の中には、遠州デザインの引手や釘隠しが収められており、彼の指導になる部分も散見できる。つまり、この「百工比照」の企画の初期段階に関わった芸術家のひとりに遠州を挙げることは決して不自然ではない。遠州は一六四七年には没したが、その後遠州が斡旋した道甫により、遠州の企画がすすめられた可能性が示唆できるのであ

(二〇)『遠州公所持名貨帖』小堀茶道宗家所蔵。
(二一)『遠州蔵帳』小堀茶道宗家所蔵。
(二二)「青貝文庫入名物道具更紗外包装裂」小堀茶道宗家蔵。
(二三)「文龍」小堀茶道宗家蔵。

図17.「釘隠」(前田育徳会蔵)

図18.成巽閣の釘隠

る。

こういった「百工比照」を詳細に観察すると、前項で指摘したデルフト焼の古九谷焼への影響、つまりトランプのスペードの文様などと同様の傾向がここにも指摘できる。

まず第五号箱の「釘隠」（図17参照）を観察すると、全体がクルス型である上、トランプのハート型が四箇所に施されていることがわかる。ハート型は、古九谷焼にみられるスペード型と同様、デルフト焼の影響とみてよいだろう。また、クルス型の釘隠しは、金沢、成巽閣にも見られるもので（図18参照）、茶道芸術へのクルス文様の影響と同様、キリスト教の文様が、当時の先端のファッションとして取り入れられたものであろう。

ハート型は、第三号箱第四架の「引手等金具」（図19参照）にも指摘できるもので、四つのハートを配した意匠である。また、同箱第六架の「釘隠引手等金具」（図20参照）にも六つのハート型を配する釘隠があり、さらに同箱第八架の「釘隠等金具」（図21参照）、第九架の「棚金具等」（図22参照）、第五号箱の「擬宝珠」（図23参照）などにもハート型が指摘できる。

一方、クルス型についても、第三号箱第三架「金具類」（図24参照）に、近世日本のキリスト教文様としてよく知られる花十字の金具がある。また、第二号箱の「馬具類絵図」（図25参照）にも花十字とおぼしき馬具の図が指摘できる。さらに第三号箱第七架「釘隠引手等金具」（図26参照）にも花十字ではないが、十字架型の釘隠を指摘することができる。

それでは、これらの西洋文様は果してどのような経緯で「百工比照」に影響したのだろうか。当然、最も考え

図19.「引手等金具」（前田育徳会蔵）

図20.「釘隠等金具」（前田育徳会蔵）

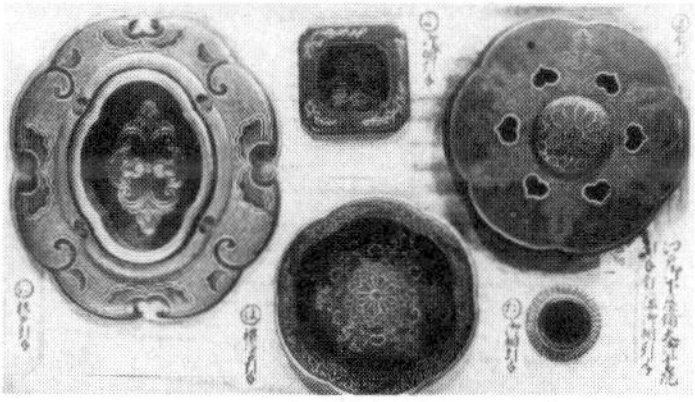

図20.「釘隠引手等金具」（前田育徳会蔵）

図22.「棚金具等」（前田育徳会蔵）

図24　「金具類」（前田育徳会蔵）

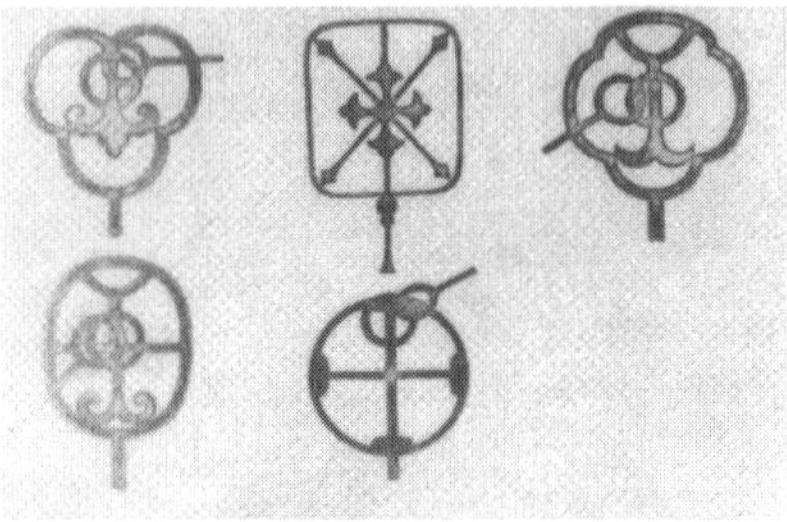

図25　「馬具類絵図」（前田育徳会蔵）

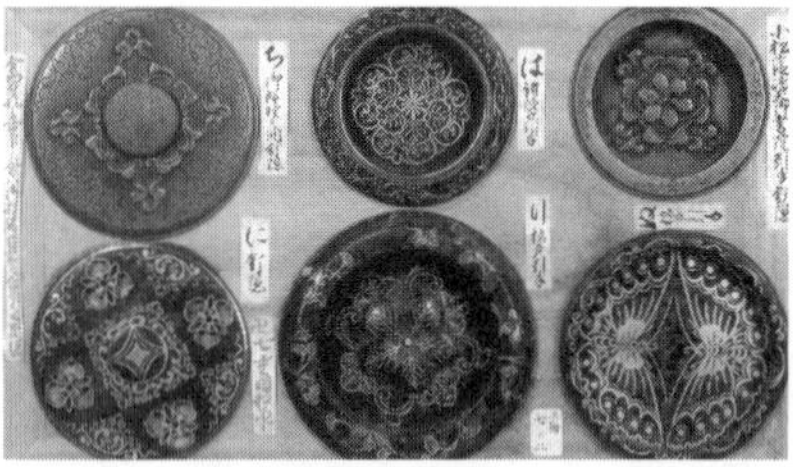

図26　「釘隠引手等金具」（前田育徳会蔵）

図23　「擬宝珠」（前田育徳会蔵）

うる可能性がデルフト焼の文様の影響であり、前田家がデルフト焼へ発注した際の指導者である小堀遠州の指示であろう。

　小堀遠州の家紋は花十字である。花十字は遠州が最も好んだ意匠の一つであり、ここに「百工比照」の文様への遠州関与の可能性が示唆できるのである。注目したいのは、これらのハート型やクルス型の文様はすべて「百工比照」の中でもごく前半の第二号、第三号、第五号といった初期に造られた箱に集中している点にある。

　第三号箱第二架「金具類」には、遠州の意匠であるウサギの引手が納められ（図1参照）、また第二号箱第一架の「羽織類絵図」（図27参照）にも同様のウサギの意匠が見られることから、これも遠州の意匠とみてよいだろう。すなわち、遠州作品もハート型、クルス型の文様同様、百工比照のごく前半に集中していることがわかる。

　これらは、前述の遠州が百工比照の初期段階に関与したという推測を奇しくも裏付ける結果となり、初期の箱に集中する西洋文様も遠州関与によるものである可能性が指摘できる。

　以上、加賀文化への小堀遠州の関与について、主に西欧手法といった視点から観察してきた。本

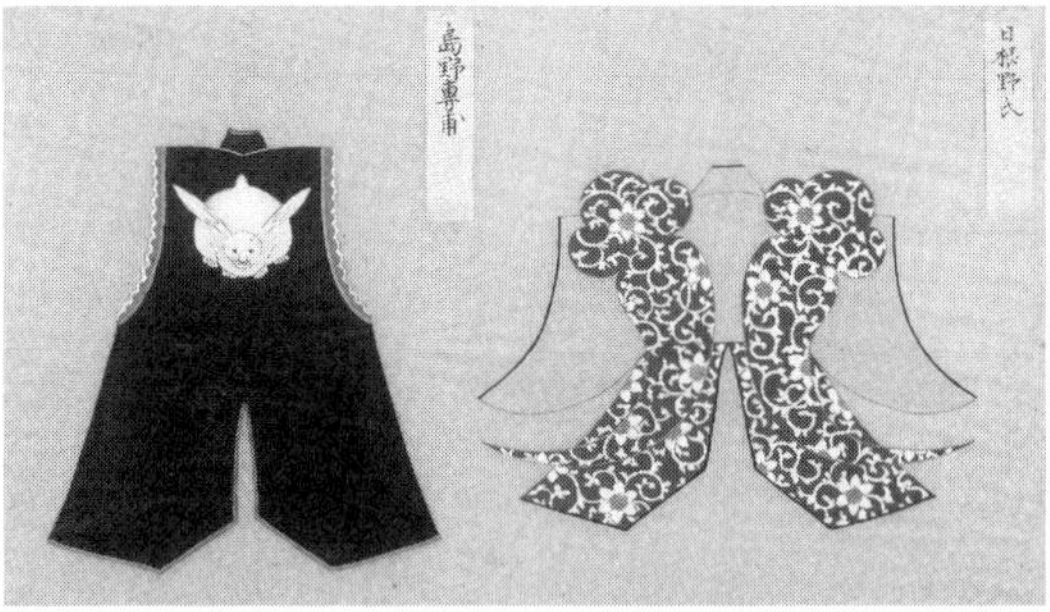

図27.「羽織類絵図」（前田育徳会蔵）

章によって明らかになった新知見についてまとめれば、おおよそ以下のようになる。

1. 金沢城本丸茶室と露地は、加賀藩江戸屋敷同様、遠州によって遠隔操作で造られた。

2. 兼六園の山崎山庭園及び辰巳用水についても、そのサイフォンや噴水といった西欧手法から遠州の遠隔操作による関与の可能性が示唆できる。

3. 遠州の関与によるデルフトへの陶磁器発注によって、古九谷焼にデルフト焼の意匠が影響した可能性が高い。

4. 「百工比照」は、遠州の名物裂帖を原形とする可能性がうかがえる。

5. 「百工比照」にみられる西欧意匠は、遠州関与によってデルフト焼の意匠が影響した可能性が示唆できる。

以上、決定的証拠に欠ける嫌いがあり、断定こそ避けなければならないが、加賀文化への遠州関与の幅と深さは明らかにされたのではないだろうか。ここでは加賀藩の芸術における国際交流といった新たな視点を提案するに留め、決定的史料の発見を今後の課題としておこう。

第一四章　「きれい」という美意識について

はじめに

ものの色、かたちを誉める言葉に「きれい」あるいは「美しい」、「かわいい」という表現がある。これらを私たちはどのように使い分けているのだろうか。

試しに辞書（一）でそれらの意味を調べてみると、おおよそ、次のようになる。まず「美しい」とは、語源が「いつくしむ」であり、「いとおしい」という意として愛情がともなう内面的な美であるといわれる。元来は妻、子、孫、母などの肉親に用いた表現であり、八世紀の『日本書紀』ですでに用いられているという。

また「かわいい」とは、語源が「かわいそう」であり、同情を誘い保護したくなる美であるといわれる。初見は中世の『史記抄』であるという（二）。

（一）『広辞苑』新村出編　岩波書店　一九五五年。

そして「きれい」とは、語源は不明であるが、「綺麗」あるいは「奇麗」という漢字をあて、すっきり、さっぱりとしたさまをあらわすという。「きれいにする」「きれいごと」など、整形された美に用いられ、その発生は浮世草子や滑稽本、浄瑠璃本などで、江戸初期から使われるようになったといわれる。(一)

すなわち、「美しい」あるいは「かわいい」と「きれい」の違いは、感情がともなうのか否かにあることがわかる。また、「美しい」や「かわいい」という表現は日本古来から用いられてきたのに対し、「きれい」という表現はそれらより新しく、江戸時代初期に生まれたものであるということになる。

それでは、「きれい」という美意識はいったいどこから発生したのだろうか。これまで本書では「近世日本建築の意匠における西欧手法の研究」という問題を掲げて、十三章の論考を著してきた。(二)それらはすべて安土・桃山期から江戸初期にかけての南蛮貿易やキリスト教宣教師の布教活動、あるいはオランダ東インド会社によるいわゆる紅毛貿易によって日本へもたらされたとみられる西欧手法に関する考察であった。

後述する通り、これらの西欧意匠が日本文化の中に著しくあらわれる時期と重なるようにして、「きれい」という表現が古文書などに頻繁に用いられるようになる。また時期だけでなく、「きれい」という表現をその草創期に用いた人々が日本文化に西欧意匠を導入しようとした人物と一致する。

そこで本論は、「きれい」という美意識発祥への西欧意匠の影響の有無について明

（二）「寛永期日本宮廷庭園にみられる同時代西欧庭園の影響について―近世日本建築の意匠における西欧手法の研究その一―」宮元健次　国際文化研究編集委員会編『国際文化研究』創刊号、一九九七（平成九）年、龍谷大学国際文化学会六九～八〇頁
宮元健次「桂離宮にみられる同時代西欧文化の影響について―近世日本建築の意匠における西欧手法の研究その二―」国際文化研究編集委員会編『国際文化研究』創刊号、一九九七（平成九）年、龍谷大学国際文化学会　八一～九四頁。

宮元健次「龍安寺石庭の謎を解く」一九九七（平成九）年。京都新聞一〇月七・八日付（朝刊）。

「遠州作品にみられる同時代西欧庭園の影響について―近世日本建築の意匠における西欧手法の研究その三―」宮元健次　国際文化研究編集委員会編『国際文化研究』第二号、一九九八（平成一〇）年、龍谷大学国際文化学会　六三頁。

「桂離宮の遠州作否定説への疑問―近世日本建築の意匠における西欧手法の研究その四―」宮元健次　国際文化研究編集委員会編『国際文化研究』第二号、一九九八（平成一〇）年、龍谷大学国際文化学会　七五頁。

「龍安寺石庭の由緒について―近世日本建築の意匠における西欧手法の研究その五―」宮元健次　国際文化研究編集委員会編『国際文化研究』第三号、一九九九（平成一一）年、龍谷大学国際文化学会　一四八頁。

「書院造りにみられる遠近法効果について―近世日本建築の意匠におけ

らかにしようとするものである。以下、これまでの論考を[二]「きれい」という美意識とのかかわりから再検討しつつ考察してみたい。

1．八条宮家とキリシタン

智仁・智忠親王

一六一三年、後陽成天皇の命令により、宮廷建築担当である幕府作事奉行・小堀遠州にキリスト教宣教師より西欧技術が伝えられたことは、すでに明らかにした。[三]この後陽成天皇の弟が八条宮智仁親王であり、桂離宮の造営者として知られているが、桂離宮にみられる西欧手法についてはすでに考察した通りである。[四]また、後陽成天皇と宣教師を結びつけた人物こそが、智仁親王であったことも明白である。[三]つまり、江戸初期において日本に西欧意匠をもたらす発端をつくったのが、智仁親王であるといっても過言ではないだろう。

智仁親王の妃は丹後大名京極高知の娘常子であるが、京極高知は有名なキリシタン大名である上、その兄高次やその母もキリシタンであったという。[四]ここで想像力をたくましくすれば、キリシタンの子供はキリシタンになることを義務づけられていたことから考えると、智仁親王の妃もキリスト教に入信していたか、あるいはキリシタンと深く関わっていたことも否定できないのである。[四]ちなみに、この智仁親王の桂離宮造営を引き継いだのが実子智忠親王だが、前田利常の娘富姫と結婚した

る西欧手法の研究その六―」宮元健次　国際文化研究編集委員会編『国際文化研究』第三号、一九九九（平成一一）年、龍谷大学国際文化学会　一六六頁。

「南蛮寺の復元について―近世日本建築の意匠における西欧手法の研究その七―」宮元健次　国際文化研究編集委員会編『国際文化研究』第4号、二〇〇〇（平成一二）年、龍谷大学国際文化学会　五三頁。

「近世日本の教会建築について」宮元健次　龍谷大学国際社会文化研究所編『龍谷大学国際社会文化研究所紀要』第二号、二〇〇〇（平成一二）年、龍谷大学国際社会文化研究所　一九一頁。

「茶道とキリスト教の関与について―近世日本建築の意匠における西欧手法の研究その八―」宮元健次　国際文化研究編集委員会編『国際文化研究』第五号、二〇〇一（平成一三）年、龍谷大学国際文化学会。

「茶道の作法への西欧文化の影響について―近世日本建築の意匠における西欧手法の研究その九―」宮元健次　国際文化研究編集委員会編『国際文化研究』第五号、二〇〇一（平成一三）年、龍谷大学国際文化学会。

「豊臣秀吉の都市計画におけるヴィスタの手法について―近世日本建築の意匠における西欧手法の研究その十―」宮元健次　国際文化研究編集委員会編『国際文化研究』第六号、二〇〇二（平成一四）年、龍谷大学国際文化学会　四九頁。

「慈照寺及び厳島神社への西欧意匠の影響について―近世日本建築の意

ことは既に触れた。[四] 前田利常は小堀遠州を茶道顧問としたことは前に論じた通りである。

八条宮の関係者

智仁親王の交際関係についても考えてみると、まず和歌の師である細川幽斎は、智仁親王に「古今伝授」を与えるほど深い関係であった。[四]

八条宮家の桂離宮以外の別荘の一つである開田《かいでん》の茶屋には、親王が古今伝授を受けた学問所が移建されているが、この山荘の隣の長岡神社は、幽斎を祀ったものである。[四] また、桂離宮の中にある仏堂、園林堂の中にも、先祖の位牌と共に幽斎の画像が祀られているといわれ、[四] 二人の交友の深さがしのばれよう。

ところが、この細川幽斎の子は茶人細川三斎であり、三斎の妻や子がキリシタンであったことは前に詳しく触れた通りである。[四] しかも、細川家出入りの医師・曲直瀬玄朔はキリシタンであり、ガラシャの入信にかかわっている上、八条宮、そして前田家の典医でもあった。[四]

その他の智仁親王の交際関係を知る資料として、宮内庁書陵部蔵の『桂光院殿宮武家往来書状写』という親王宛の手紙の差し出し人リストがあり、筆者はかつてこの中の二十二人中、少なくとも十一人はキリシタンかキリシタン保護者であったことを考察した。[四] この他、八条宮の茶道を通した交際関係のわかる『御数奇たて』についても、十三人中じつに六人がキリシタン関係者であることを考察したことがある（『桂離宮

匠における西欧手法の研究その十一―」宮元健次　国際文化研究編集委員会編『国際文化研究』第六号、二〇〇二（平成一四）年、龍谷大学国際文化学会　五八頁。「高山右近の教会建築について―近世日本建築の意匠における西欧手法の研究その十二―」宮元健次　国際文化研究編集委員会編『国際文化研究』第七号、二〇〇三（平成一五）年、龍谷大学国際文化学会　七五頁。「加賀文化への小堀遠州の関与について―近世日本建築の意匠における西欧手法に関する研究その十三―」宮元健次　国際文化研究編集委員会編『国際文化研究』第七号、二〇〇三（平成一五）年、龍谷大学国際文化学会　八二頁。

(三)「寛永期日本宮廷庭園にみられる同時代西欧庭園の影響について―近世日本建築の意匠における西欧手法の研究その一―」宮元健次　国際文化研究編集委員会編『国際文化研究』創刊号、一九九七（平成九）年、龍谷大学国際文化学会　六九～八〇頁。

(四)「桂離宮にみられる同時代西欧文化の影響について―近世日本建築の意匠における西欧手法の研究その二―」宮元健次　国際文化研究編集委員会編『国際文化研究』創刊号、一九九七（平成九）年、龍谷大学国際文化学会　八一～九四頁。

隠された三つの謎』）[六]。

そして、決定的なのは『涼源院殿御記』によると、一六三四年智忠親王の側近本郷織部がキリシタンとして処刑されたことだろう。ところが、名門八条宮家に傷をつけたはずのこの本郷織部の名跡を九十一年後再興させており、ここに深い事情が隠されているものとみられる[四]。

曼殊院

一方、智仁親王の実子であり、二代目智忠親王の弟にあたる曼殊院良尚法親王は、キリスト教に大いに興味を持ち、入信する際に使用する洗礼道具を仏教の儀式の際に応用したといわれ、現に十七世紀スペイン製のワイングラスとワインボトルが残されている[七]（第六章図11参照）。

この良尚法親王が一六五六年に造営したのが曼殊院で、その書院は桂離宮と類似した意匠を数多くもつため「小さな桂離宮」とも呼ばれる。その造営にあたっては、智忠親王ならびに前田家の協力が少なからずあったといわれる[七]。この書院に付属する茶室は、あの小堀遠州の好みであり、桂離宮同様この曼珠院についても遠州が関与したという伝承がある[七]。

写真1　曼殊院の織部灯籠

（五）「加賀文化への小堀遠州の関与について—近世日本建築の意匠における西欧手法に関する研究その十三—」宮元健次　国際文化研究編集委員会編『国際文化研究』第七号、二〇〇三（平成一五）年、龍谷大学国際文化学会　八二頁。

（六）『桂離宮隠された三つの謎』宮元健次　彰国社、一九九二年。

（七）「書院造りにみられる遠近法効果について—近世日本建築の意匠における西欧手法の研究その六—」宮元健次　国際文化研究編集委員会編『国際文化研究』第三号、一九九九（平成一一）年、龍谷大学国際文化学会　一六六頁。

注目したいのは、曼殊院書院の富士の間、黄昏《たそがれ》の間、上段の間の各奥行き方向の柱間が二間、一・五間、一間と等差数列によって減じている点である（第六章図12参照）。これは、同時代ヨーロッパの教会建築で流行した遠近感を強調するためのパースペクティヴの手法である。また、上段の間が一段高い上に幅も半分に減少しているため、ここに座った法親王がアイポイントとなってさらに遠近感が強調されるしくみをもつ[七]（第六章図13参照）。さらに、この書院の奥行方向に添って縁側の手すりが徐々に低くなっているのもパースペクティヴの効果をさらに助ける役目をもつとみられる（第六章図14参照）。

この他、前に桂離宮の桂棚について黄金分割を指摘したが[四]、それによく似た意匠の曼殊院棚についても同様に黄金分割を指摘することができる[七]。さらに庭園に桂離宮同様、十字架型の竿をもつキリシタン（織部）灯籠（写真1参照）がある点も興味深い[七]。

2. 修学院離宮

造営者・後水尾院

後水尾院は、智仁親王の甥にあたり、智仁親王と共にキリシタンに好意的な人物であったことは、すでに明らかにした[三]。また、後水尾院の隠居所・仙洞御所やその妃のための女院御所・皇女明正院の内裏や御所は、西欧好みの後水尾院のためにヨーロッ

写真4　修学院離宮松並木道のヴィスタ

写真5　修学院離宮中御茶屋霞棚

写真6　修学院離宮上御茶屋大刈込

写真2　修学院離宮隣雲亭一二三石

写真3　修学院離宮隣雲亭登り口のヴィスタ

写真7　修学院離宮袖型灯籠

写真8　修学院離宮織部灯籠

パルネサンス・バロック庭園の手法が用いられていた事も既に述べた（三）。桂離宮の新御殿や、御幸道、御幸門などは、後水尾院の桂離宮行幸のために増築されたものだが、桂離宮の西欧手法もあるいは後水尾院の嗜好に合わせたものかもしれない（四）。

　この後水尾院が一六五九年に自ら着手した庭園が、桂離宮と双璧といわれる修学院離宮である（八）。この庭は下、上、中の三層からなり、それぞれ一六五九年、一六六一年、一六六七年頃造られたといわれる（八）。なお中段の庭は当初皇女朱宮の御所として造られ、明治に離宮に編入されたというが、実際は後水尾院が離宮の一部として計画したと思われる（『修学院離宮物語』（八））。

　数回の大災や老朽化で当初の建物はほとんど残されていないが、断片的に西欧手法の痕跡が認められる。後水尾院は一六六二年に桂離宮御幸を果すのだが、この時期は修学院離宮造営の初期にあたり、桂離宮の西欧手法の見学ともとれる（八）。実際には御幸は一回だけではなく数回に及んだことを考え合わせると、その可能性も否定

（八）『修学院離宮物語』宮元健次　彰国社、一九九四年。

できない。

西欧手法

修学院離宮にみられる西欧文化の影響を以下いくつか観察しよう。まず、隣雲亭の土間に一二三石と呼ばれる赤、青、黒色の石が規則的に埋め込まれた意匠（写真2参照）があるが、これはヨーロッパのモザイクタイルを思わせるものである。(九) 江戸初期は、このような色彩があまり用いられなかった時代であり、極めて異例な意匠といえよう。同様の意匠が桂離宮御輿寄に見られることから、桂離宮御幸のおりに参考にしたのかもしれない。

次に桂離宮同様、ヴィスタの手法も用いられており、隣雲亭の登り口（写真3参照）や上中下の三つの御茶屋を結ぶ連絡路の松並木道などにヴィスタを指摘できる(九)（写真4参照）。また、黄金分割の手法も中御茶屋の霞棚に認められる(九)（写真7参照）。これらも桂離宮御幸と関係があるかもしれない。

一方、上御茶屋の浴龍池は約二百メートルのダムで川水を堰止めて造った人工池であるが、このダムを大刈込と呼ばれる人工的な刈り込みでおおっている。(九) このような植栽の整形もまだこの頃の日本には普及していなかったものである（写真6参照）。

この他、袖型灯籠と呼ばれる幾何学的なデザインの灯籠も当時としては斬新なもので、桂離宮の方柱切石の手水鉢との共通性をうかがわせる(九)（写真9参照）。桂離宮や

（九）『日本の伝統美とヨーロッパ―南蛮美術の謎を解く―』宮元健次　世界思想社、二〇〇〇年。一五四〜一五七頁。

曼珠院同様、キリシタン（織部）灯籠とも呼ばれる織部灯籠まで存在している[九]（写真8参照）。

3．寛永文化サロンと西欧意匠

「綺麗座敷」について

このように、後水尾院とその周辺の文化人たちの関与した庭園や建築をみると、その多くが同時代ヨーロッパの西欧文化の影響下にあったといわざるをえない。いいかえれば、後水尾院を中心としたいわゆる寛永文化サロン全体への西欧文化の影響が示唆できるのである[一〇]。

ここまで掲げてきた通り、後水尾院の修学院離宮やその叔父智仁親王の桂離宮[四]、智仁親王の息子良尚法親王の曼殊院[七]、そして小堀遠州による後水尾院の正室、娘のための寛永度内裏や寛永度仙洞御所、女院御所、明正院御所など[三]に西欧手法が認められた。

このような兆候は、遠州のその他の作品にも数多く認められ、遠州自身の隠居所大徳寺孤蓬庵や南禅寺や大徳寺や石庭などについては既に指摘した通りである[一一]。

これらの建築の多くは、建築史家斎藤英俊氏[一二]によれば「綺麗座敷」と呼ばれるものであるという。すなわち近世に入って空間の装飾化が進み、寛永文化サロンを中心とした文化人の間に独自の美意識が生み出され、それに基づいて造られた建築群であるというのだ。またさらに修学院離宮中御茶屋客殿がその典型であるといい、修学院や

（一〇）『日本の伝統美とヨーロッパ—南蛮美術の謎を解く—』宮元健次　世界思想社、二〇〇〇年。一七〇～一七三頁。

（一一）「遠州作品にみられる同時代西欧庭園の影響について—近世日本建築の意匠における西欧手法の研究その三—」宮元健次　国際文化研究編集委員会編『国際文化研究』第二号、一九九八（平成一〇）年、龍谷大学国際文化学会　六三頁。

桂離宮の新御殿、曼殊院小書院や西本願寺黒書院などもその実例にあたるという。(一二)その他、一条恵観山荘の遺構「止観亭《しかんてい》」や後水尾院の御茶屋を移建した伏見稲荷大社御茶屋などの引手や釘隠しなどの飾り金具、また欄間や違い棚の意匠に、「綺麗座敷」独特の装飾性が認められるという。(一二)これらの飾り金具などには小堀遠州が指導した加賀で造られたもの(五)も多く存在する。

そしてさらにこの傾向や遠州の二条城二の丸御殿大広間に応用され、江戸幕府の建築全般に拡大、普及したと斎藤氏は指摘するのである。(一二)

「きれい」と西欧意匠

そして、これらのような美意識を指して、当時の人々は突如口々に「きれい」という言葉で表現しはじめる。(一三)智仁親王は従兄弟近衛信尋の遠州設計になる大和田御殿を見物した際、「御殿御茶屋のきれいさ」(一四)と記している。また、智仁親王の妃常照院も夫の造営した桂離宮について「めずらしくきれいにうつくしく出来まいらせ候」と『常照院消息』(一五)で述べている。

一方、西欧意匠を自らの陶芸作品に多数取り入れ、遠州の師にあたる茶匠古田織部は、その作風を「綺麗成るやう」に心掛けたという。(一三)また、江戸時代の狂歌に「織理屈、綺麗きつは遠江、於姫宗和にむさし宗旦」と詠まれたように、西欧文化を宣教師から学んだ人物・小堀遠州(三)の茶道を指して「綺麗さび」と呼んだという。(一三)

このように観察してみると、「きれい」という美意識は西欧文化を日本文化へ導入

(一二)『桂離宮の建築様式の系譜』『名宝日本の美術第22巻桂離宮』斎藤英俊　一九八二年　小学館　所収。

(一三)『加賀百万石と江戸芸術―前田家の国際交流―』宮元健次　人文書院刊、二〇〇二年。

(一四)陽明文庫蔵書簡、『桂離宮と日光東照宮―同根の異空間―』宮元健次　学芸出版社、一九九七年　所収。

(一五)『常照院消息』宮内庁書陵部蔵。

した寛永文化サロンとその周辺の芸術家たちの共通概念であったことがわかる。

桂離宮についての同様の傾向について、建築家磯崎新氏[一六]は、同時代西欧ルネサンス・バロックのマニエリスムに「いちじるしく接近している」と指摘している。また、建築史家内藤昌氏[一七]も「西欧マニエリスムに照応して見事である」と指摘することにも注目したい。

つまり、この「きれい」という美意識がここにきて突然発想、実践されたとするよりもむしろ、前田家や宣教師からの西欧文化の吸収に余念のなかった寛永文化サロンの芸術家たちが西欧ルネサンス・バロックに影響を受けて造り出した美意識と考えた方が自然ではないだろうか。

虚構としての「西欧」

関係文化サロンが「きれい」という美を生み出した原因は、前田家や宣教師を通じた西欧文化の吸収にあったことは既に述べた。一方、もう一つ徳川幕府の圧迫といった時代背景も考えてみる必要があろう。一言でいえば、宮廷の「虚構化」といった側面である。[一八]

これは前にも触れた一六一三年の公家衆法度や一六一五年の禁中並公家諸法度に代表される、皇族や公家と政治を分離し、学芸に専念させるための一連の条令や、一六一五年の武家諸法度などの特に外様大名を規制する条令に端を発するとみられる。

(一六)「桂―その両義的な空間」磯崎新『桂離宮―空間と形』磯崎他編　岩波書店、一九八三年。
(一七)「桂離宮」内藤昌　内藤他編『桂離宮』講談社、一九七七年。
(一八)『新桂離宮論』内藤昌　鹿島出版会、一九六七年。

公家衆法度の発布された一六一三年、象徴的な事件が起きる。すなわち、徳川幕府による天皇の内裏造営において、それまで清涼殿の付属施設にしか過ぎなかった学問所が、ここで巨大な独立建築となったのである。つまりこの行為は、皇族たちを学芸に専念させるという政策の具体的表現である。以後、宮廷全体が学芸専門施設として虚構化していく(一九)。

翌一六一四年には何世紀にもわたって朝廷による政治を行なってきた紫宸殿の庭に、幕府は芸能の場である能舞台を造った。政治をやめ、学芸に専念することをしいられたわけである(一九)。

そして、これらの施設の設計者、いわば「虚構」の設計者こそが、あの幕府作事奉行・小堀遠州であったといえないだろうか。遠州は後に西欧手法を用いて寛永度内裏や寛永度仙洞・女院御所、明正院御所などを手掛けた。西欧手法はまさに遠州にとって、「異国」という虚構を作り出すのにふさわしい意匠だったとみることも不可能ではない(一九)。

すなわち、寛永文化サロンに共通した美意識「きれい」を一言でまとめるならば「虚構としての西欧意匠」の影響ということができるのではないだろうか。

以上、「きれい」という美意識への西欧意匠の影響について考察してきたが、それらの結果をまとめれば、おおよそ以下のようになろう。

1. 「きれい」という美意識を共有した古田織部、八条宮智仁・智忠親王父子、小堀遠州、後水尾上皇、良尚法親王などのいわゆる寛永文化サロンの人々の多く

(一九)『桂離宮と日光東照宮―同根の異空間―』宮元健次　学芸出版社、一九九七年。

が日本文化への南蛮・紅毛貿易やキリスト教布教によってもたらされた西欧意匠を導入しようとした。

2. 日本文化へ導入された西欧意匠の影響について、「きれい」と表現した可能性を示唆できる。

3. 西欧意匠の導入は、徳川幕府政策の一環として、公家を学芸に専念させること、すなわち「宮廷の虚構化」の一手段としての効果があったと推測できる。

以上、2、3については決定的証拠にやや欠ける嫌いもあり、断定こそ避けなければならないが、少なくとも「きれい」という美意識の一部に西欧意匠の影響があったことは否定できないとみられる。ここでは「きれい」という美意識への異文化の刺激といった新たな視点を提案するに留め、決定的史料の発見を今後の課題としておこう。

第一五章　長崎サント・ドミンゴ教会の復元

はじめに

二〇〇〇年一〇月より二〇〇一年九月にかけて、長崎市教育委員会によって勝山町遺跡の発掘調査が行われた(一)(写真1参照)。勝山町遺跡は、長崎市勝山町の旧勝山小学校跡地に位置する。当該地は村山等安の所有地となり、一六〇九年には代官等安の援助によりサント・ドミンゴ教会が建てられた(二)。しかし、五年後の一六一四年には幕府のキリスト教禁令に伴い、教会は破壊され、その後は代官屋敷として末次家や高木家の屋敷となった(三)。

遺跡の状況は、現在の地表面から五十cm前後にかけては近現代の攪乱層であるが、その下層一～二メートル前後にかけてサント・ドミンゴ教会および代官屋敷に該当す

(一)『勝山町遺跡の発掘調査概要について』長崎市教育委員会編　二〇〇二年、長崎市役所。

(二)ホセ・デルガード・ガルーシアO．P．編注、佐久間正訳「福者フランシスコ・モラーレスO．P．書簡・報告」『キリシタン文化研究』七、キリシタン文化研究会。

ると思われる井戸、地下室、石畳、柱穴や礎石、排水施設などの遺構や、十七～十九世紀にかけての陶磁器や瓦（花十字瓦も含む）、メダイなどの遺物が出土した（写真2参照）。また一六六三年の大火による焼土層も確認された(二)。

写真1　遺構現場写真（長崎市教育委員会撮影）

著者は二〇〇一年二月、長崎市教育委員会より、サント・ドミンゴ教会の発掘調査のアドバイザーを依頼され、同年九月に長崎市議会文教経済委員会でこの遺構の価値について発表するまでの約七ケ月間、発掘の指導にあたった。

近代の教会建築は数多く存在するが、近世の教会建築は約二百箇所ほど実在したといわれるにもかかわらず、そのほとんどが現在失われ、サント・ドミンゴ教会が唯一現存する遺構であるといってよい。日本が西欧と

(二) 松田毅一監訳『十六・七世紀イエズス会日本報告書』同朋舎。

写真2　出土した花十字瓦（著者撮影）

遭遇した初めての国際交流の証として極めて重要であり、建築史、キリスト教史、近世史など幅広い範囲の分野から見て学術的に貴重であるとみられる。

特に長崎には約十二ケ所の教会跡があったが、長崎県庁や、長崎市役所などが教会跡に建てられたため、すべて現在は石碑を残すのみである。(四) キリシタンの遺構を数多く有する長崎にあっても、サント・ドミンゴ教会の遺構は数少ない実例の一つといえる。

本章は、このサント・ドミンゴ教会について、主に長崎市教育委員会の発掘調査の結果及び宣教師の記録等(一五、一六)に基づき、その当時の配置を復元しようとするものである。

1．サント・ドミンゴ教会の発掘調査結果の要約

長崎市教育委員会による発掘は、第一期（二〇〇〇年一〇月～二〇〇一年三月）、

(四)『石碑一覧表』長崎市役所。

第二期（二〇〇一年四月～五月）、第三期（二〇〇一年五月～七月）の計三期にわたって実施された（一）。その調査結果は多岐にわたり、特に第一期の発掘調査ではサント・ドミンゴ教会遺構層と混在して、それ以降の代官屋敷遺構がみられ、煩雑した状況を呈している。第二期、第三期では、教会の遺構に的を絞って発掘を行ったため、教会に関する重要な遺構、遺物の出土が数多く見られた。

本節では、サント・ドミンゴ教会の遺構とみられる出土物に関してのみ、以下敷地東側から西側に該当する順に列記する（二）（図1参照）。なお、数

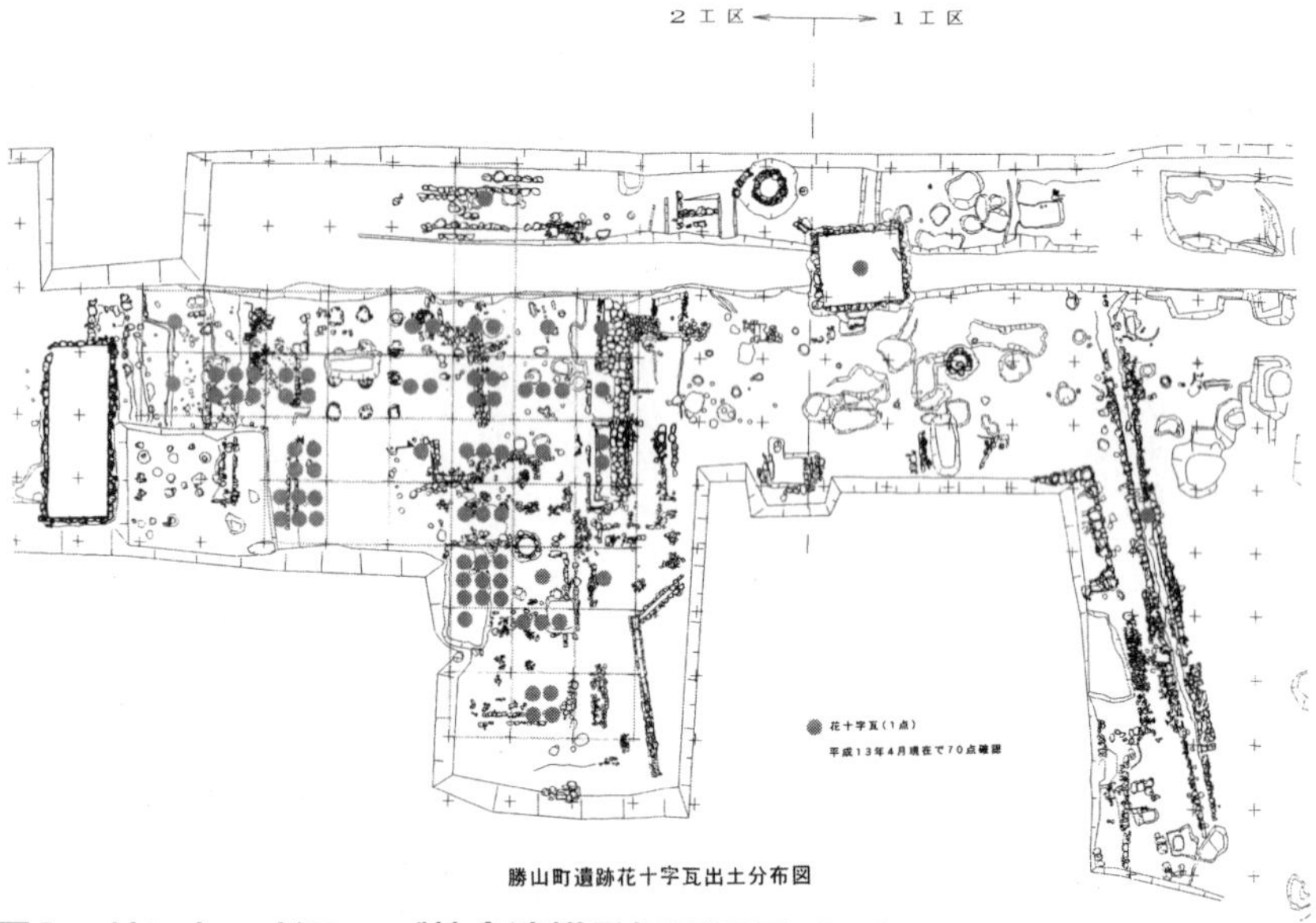

図1　サント・ドミンゴ教会遺構発掘平面図（黒丸は花十字瓦の出土地点を示す）（長崎市教育委員会作図）

写真5　石畳

写真3　東側南北溝状石組

写真6　北側東西溝状石組

写真7　樹林跡

写真4　石組地下室

字は出土数を示す。

①　南北溝状石組　花十字瓦の出土一（写真3参照）

②　石組地下室および出入口とみられる階段（写真4参照）。花十字瓦の出土一。

③　石畳および石組の囲い込み（写真5参照）。花十字瓦の出土四。井戸跡二。大量の一六一〇年以前の陶磁器皿。

④　東西溝状石組（写真6参照）。

⑤　複数の樹木跡（写真7参照）、およびカギ状の石畳。太い柱状穴一。花十字瓦の出土二十二。

⑥　完全に一周する長方形溝状列石（写真8参照）と石組の囲い込み。溝状列石内に一・九〜二・〇メートル間隔でほぼ直列する礎石八。花十字瓦の出土十九。

写真8　長方形溝状列石

写真9　東西長方形土坑

写真10　西側南北溝状石組

⑦　東西に長い土坑。中に大量の詰石（写真9参照）。その西に南北溝状石組。花十字瓦の出土二十二。

⑧　南北溝状石組（写真10参照）。花十字瓦二十二。

2．サント・ドミンゴ教会についての史料内容の要約

サント・ドミンゴ教会についての史料は、主に左記の通りである。

ホセ・デルガード・ガルシアO．P．編注、佐久間正訳『福者フランシスコ・モラーレスO．P．書簡、報告』キリシタン文化研究7　キリシタン文化研究会(二)

ディエゴ・パチェコ著『九州キリシタン史研究』キリシタン文化研究16　キリシタン文化研究会(五)

ホセ・デルガード・ガルシア註『日本キリシタン教会史一六〇二～一六二〇年』雄松堂書店(六)

これらの史料によってサント・ドミンゴ教会の様相についてまとめれば、おおよ

(五)　ディエゴ・パチェコ著『九州キリシタン史研究』キリシタン文化研究16　キリシタン文化研究会。

(六)　ホセ・デルガード・ガルシア註『日本キリシタン教会史一六〇二～一六二〇年』雄松堂書店。

第一五章

そ左記の通りである。

① 京泊より一六一九年、木造の教会と住院を解体して三隻の舟に積み移建した。(二)
　また聖具、聖像、殉教者レオンの遺体、数名の癩病人も移した。(二)

② 住院には事務所、寝室、回廊があった。(二)

③ 中庭を囲んで回廊があり、中庭には(五)樹木に囲まれて大きな十字架が立っていた。

④ 回廊では聖行列を行なった。(二)

⑤ のちに村山等安の援助により、聖体(二)を安置することができた。

⑥ 教会の傍に小さな墓地があり、十字架(六)が立っていた。

3. ドミニコ会の教会建築

サント・ドミンゴ教会を建てたドミニコ会は、一五八七年に創立した修道会であり、イエズス会、フランシスコ会と共に日本において布教活動を行なった。(七)日本では、一六〇五年に薩摩・甑島に初めて教会を建立。同建築は一六〇六年に京泊に移建、さらに一六〇九年に、現在のサント・ドミンゴ教会遺構地へ移建したものとみられる。(七)一方、一六〇六年(八)肥前鹿島市浜町の若草神社の地に「ロザリオの聖母教会」および「サント・ドミンゴ修道院」を建立。一六〇七年には佐賀市柳町の長徳寺付近に「サン・パブロ教会」と修道院、肥前鹿島市・鹿島城大手門前に「サン・ビゼンテ教会」を建てたという。(七)

(七) ヨハネ岡本哲男『聖ドミニコ修道会　ロザリオの聖母管区四百年史（一五八七～一九八七）』聖ドミニコ修道会ロザリオの聖母管区日本地区、一九八二年。

写真11　ローマ　サント・ドミンゴ教会

　また一六一〇年、現京都市河原町松原通りの鴨川沿いに「ロザリオの聖母教会」を建て、さらに同年、大阪市内に「聖ドミニコ教会」を建立したという。[七]

　このようにドミニコ会は、少なくともサント・ドミンゴ教会の他に七箇所以上の教会を計画したにもかかわらず、その配置平面は、すべて不明である。

　日本以外のドミニコ会の教会の実例を掲げれば、フィリピンに七箇所、中国に三箇所、インドシナ半島に六箇所、台湾、スペイン、ローマ、香港、アメリカ、フランスに各一箇所存在し、その多くが現存している。[七]それらの配置計画を見ると、例外なく一つの典型を示している。それは、教会の基本形式であるバジリカ形式に忠実な配置であり、聖堂正面に回廊が巡った中庭、聖堂が西、修道院が南、墓地が東という配置である。

筆者は、ローマのドミニコ会の教会の調査を行なったが、やはり同様の配置をもっていた[九]（写真11参照）。

このようにドミニコ会の典型的配置は、世界中のほとんどの教会でも守られていたことから、おそらく日本においても厳守されたと推定できる。

4．教会（聖堂）の復元

写真12　井戸跡

1―⑥の長方形溝状列石は（以下数字は1項①～⑥に対応）、完全に一周していることから、何らかの建物がそこにあったことを示しており、溝はわずかな勾配がつけられていることから、建物の排水溝とみられる。

聖堂の位置としては、瓦の分布からみて1―③、⑥、⑧が考えられるが、後述の通り、1―⑤が中庭であったと考えられ、3のドミニコ会の典型的配置から考えて聖堂は中庭に接していたと考えれば、1―⑧は除外されなければならない。2―①の史料の内容から、この敷地には住院と聖堂の二つが存在したとみられる。修道院には井戸（写真12参照）が必要であることから考えれば、1—③が住院、1—⑥が聖堂の遺構ということになる。

次に聖堂の正面はどこかを推定すると、3のドミニコ会の典型的位置からみて、中庭側の北西が正面であるとみられる。なお東南側に石畳が検出されているが、聖堂は一般的に神父用の通用口を設けることから考えて、中庭から通用口への石畳と考えられる。

なお、1—⑥には、一・九〜二・〇メートル間隔でほぼ並列する礎石各四箇所が検出されたが、これを聖堂の床の礎石あるいは列柱の礎石と考えれば、側廊と身廊をもつ奥に長い一般的教会建築平面の特徴と合致する。

5. 住院の復元

4項における考察より、1—③の遺構が住院にあたると推定できる。1—③の北側に断続して石畳が認められ、この石畳に面して2—②の史料の内容にある事務所、寝室が並んでいたものとみられる。

なお、その北にある1—②の地下室へ石畳は通じており、1—②には地下室へ降りるための階段が認められる（写真13参照）。また石畳の途中に開口部とみられる沓づり状の石（写真14参照）があり、地下室へむかう途中の開口部跡と思われる。1—②の用途については、この遺構のみ、1—③、1—⑥等の他の遺構と軸線がずれてい

写真13
石組地下室の階段

写真14　沓づり状の石

ることから、1―③、1―⑥とは別の時期に造営されたことを示している。同時に造営されたのであれば、軸線をずらす必要がないからである。

2―⑤の史料の内容から聖体を安置する何らかの増築があったとみられ、この場所が敷地の北側であり、かつ地下室となっていることからミイラづくりに適しており、聖体安置室の可能性が高いとみられる。教会建築では、聖体安置室が地下室に設けられる常識から考えても矛盾はないように思われる。

6. 中庭の復元

2—③の史料内容から、この教会に中庭があったことがわかり、礎石がなく、樹林跡が数多く検出された1—⑤が相当すると推定できる。1—⑤周辺に石畳の断片が検出されたことから、回廊が口の字型に巡っていたものとみられここで2—④の聖行列を行ったと思われる。なお石畳脇にいくつか礎石が検出されることから、屋根があり、それをささえる柱があった可能性が指摘できる。

写真15　石組の囲い込み跡

また1—⑤のカギ状の石畳の先に太い柱状の穴があるが、これは2—③の史料内容の大きな十字架を立てた穴と、十字架に礼拝するための石畳ではないだろうか。1—④には、この場所以外に十字架を立てたとおぼしき遺構がみられないからである。

さらに、1—③と1—⑥に石組の囲い込みが検出されているが（写真15参照）、これは足洗場ではないだろうか。2項の史料から、当時行われた行列時、裸足であったことがわかり、また、ドミニコ会ではなくイエズス会ではあるが、その日本における布教方針に、教会に必ず足洗場を設けることを規定している。すなわち、1—③の住院と1—⑥の聖堂に接して足洗場を設け、室内へ入る前に足を洗ったのではないかと推測することも可能であろう。

7. 敷地境界線の復元

写真16　わずかに残る当時の石畳跡

1—①の南北溝状石組から、ここが敷地東側境界線であるとみられ、花十字瓦が検出されていることから、瓦屋根付の塀が巡らされていたと推定できる。また1—⑦の南北溝状石組が敷地東側境界線であるとみられ、この周辺より極めて多くの花十字瓦が検

写真17　サンタ・マリア教会跡

出されたのは、瓦屋根付の塀が巡らされると共に、この周辺へむかって敷地全体がゆるやかな斜面であるため、一六一四年の教会の破壊時、1―⑦方向へ建物を倒した可能性が指摘できる。同年、長崎市内の多数の教会が破壊されたが、綱で引いて倒したことが2項の史料[五]に記されていることから、サント・ドミンゴ教会も同様に倒されたものと考えれば合致する。

さらに北側の敷地境界線は1―④の東西溝状石組とみられる。というのも、このさらに北側には当時より石畳の道（写真16参照）があったことが古地図その他からわかり、その道は敷地東北の「山のサンタ・マリア教会跡」（現長崎県立美術館敷地内）（写真17参照）へ通ずる中央通りであった。よって門の位置も1―④に推定でき、3節のドミニコ会の典型的配置と一致して、教会、中庭、門が南北に一列に並んでいたとみてよいだろう。

なお、南側境界は、今回の発掘調査で未検出に終わり、不明である。

8. 墓地の復元

2—⑥の史料内容から、十字架の立つ墓地があったことがわかる。その場所を7項で復元した敷地内から推定すると、1—①と1—②の間の周辺ではないかと思われる。これは4項のドミニコ会の典型的教会配置とも一致し、墓地を東に求めることはキリスト教一般で地上の楽園であるエデンの東は東方にあると信じられていたこと、日の出の方向として復活を意味する方位観とも一致すると思われる。

9. 1—⑦の土坑について

1—⑦の土坑は、発掘調査時からその意味が問題となったが、おそらく聖体が最初に埋葬された墓であったと考えたい。丁寧に大きさのそろった石が詰められている点からみて、大切なものを埋めたと考えられ、東西方向に長い形状、寸法から、頭部を東に向けて配す聖体を入れた柩の埋葬場所の可能性が指摘できる。

静寂を必要とする埋葬場所は、塀寄りに求められるべきである。また礼拝のために石畳脇に設けられるはずであり、最適の場であると思われる。のちに地下室を得て、改葬されたものと推測できる。

以上の考察をまとめれば、おおよそ図のような配置計画が推定可能である（図2参照)。なお、今回の発掘調査において未発掘の区域も多く、今後の現地調査や、史料の発見によっては、修正の可能性もあろう。ここでは現時点における復元案として提案するに留めたい。

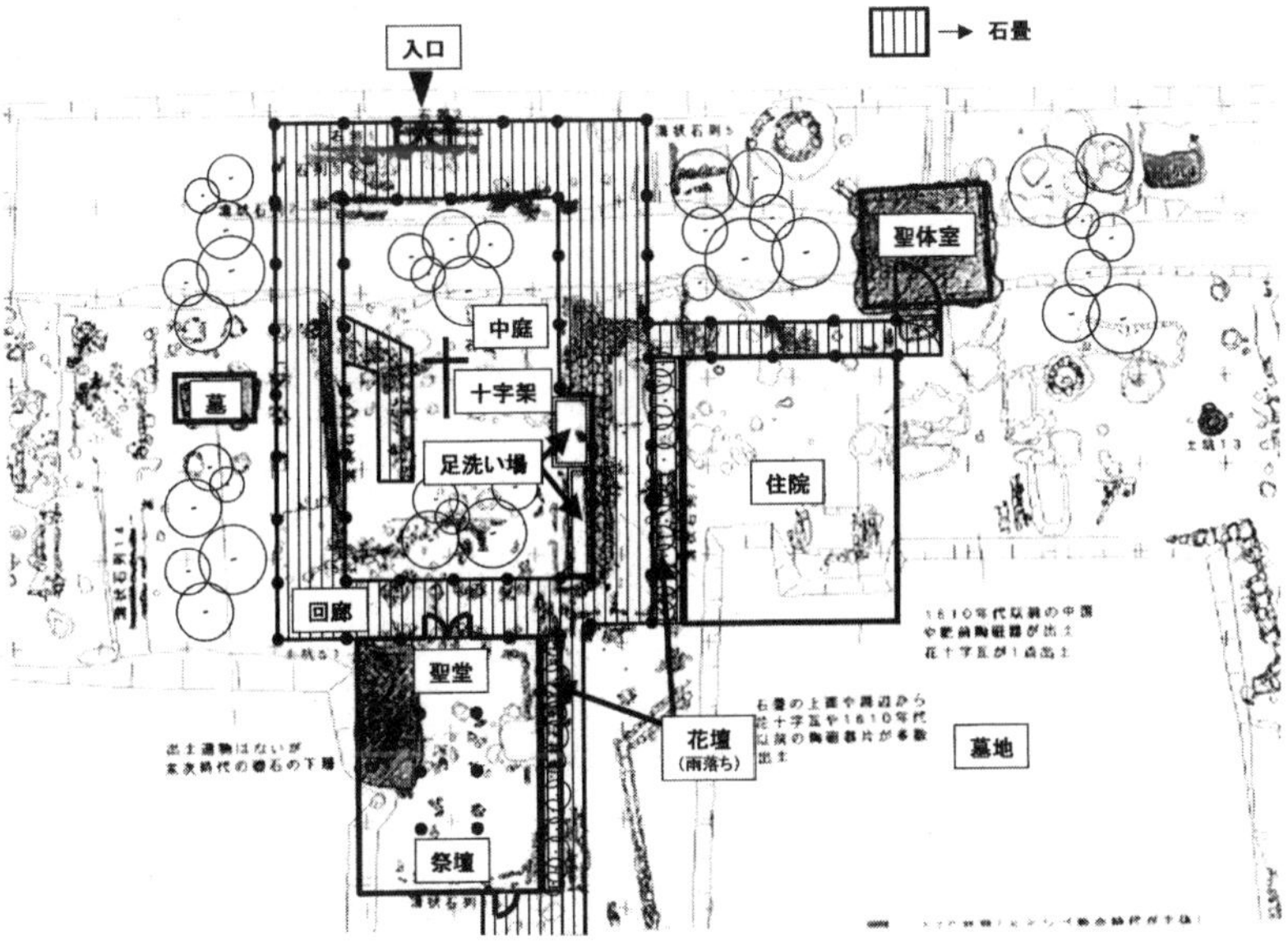

図2　サント・ドミンゴ教会遺構復元配置図

おわりに

本書は、一九九七年より二〇〇四年まで、龍谷大学国際文化学会刊『国際文化研究』（査読付論文集）に副題として「近世日本建築の意匠における西欧手法の研究」その1～その15と題して掲載された十五本の論文をもとに加筆・修正を行ない、一冊にまとめたものである。

これらの研究のもととなったのは、「『日本イエズス会士礼法指針』第七章について―十六世紀日本におけるカトリック宣教師の教会建築方針―」（日本建築学会　計画系論文報告書四二三号所収）及び『近世日本建築にひそむ西欧手法の謎―「キリシタン建築」論序説―』（彰国社刊一九九五年）であり、それらの論考を発展させた結果、本書に至った。

十五本の論文を執筆する途中、同内容のエッセーを『京都新聞』月曜朝刊文化面に、一九九八年六月から一九九九年九月にかけて「隠された西欧　江戸建築を読み解く」と題して五十二回にわたり連載した。

仏教寺院を数多く有する京都にて、日本建築へのキリスト教文化の影響などという物騒な連載を行なったものだから、いささか物議をかもすことにもなり、時には、さる有名寺院からお叱りを受けたこともあった。

しかし、反響は思いの外大きく、それらの内容は加筆・修正して『日本の伝統美とヨーロッパ―南蛮美術の謎を解く―』（世界思想社刊、二〇〇一年）として出版された。

十五本の論文から派生した論考としては『桂離宮と日光東照宮―同根の異空間』（学芸出版社刊、一九九七年）、『龍安寺石庭を推理する』（集英社刊、二〇〇一年）、『加賀百万石と江戸芸術―前田家の国際交流―』（人文書院刊、二〇〇二年）などがある。

また、遠州茶道宗家の機関誌『遠州』に二〇〇三年一月から二〇〇四年十二月まで連載を行なった「遠州のデザイン―その国際性」（全二十四回）、「日本の『伝統美』とはなにか」（『環』二〇〇一年六月号）、「築城、再建に導入された西欧技術―高山右近、小堀遠州のかかわり―」（『北國文化』第十六号、北國新聞社刊、二〇〇二年）、「桂離宮に見る西欧デザイン」（『カーサブルータス』二〇〇〇年十一月号、マガジンハウス刊）などの小論も、十五本の論文から派生したものである。

本書の編集においては、株式会社雄山閣編集部の久保敏明氏のお手を煩わせた。最後になったが一言御礼を申し上げたい。

《著者紹介》
宮元 健次（みやもと けんじ）
専攻：日本建築史
略歴：1962年生まれ
東京藝術大学大学院美術研究科修了
宮元庭園建築研究所代表取締役
愛知産業大学建築デザイン学科講師
主著：『桂離宮隠された三つの謎』（彰国社刊）
『修学院離宮物語』（彰国社刊）
『近世日本建築にひそむ西欧手法の謎「キリシタン建築」論序説』（彰国社刊）
『桂離宮　ブルーノ・タウトは証言する』（鹿島出版会刊）
『桂離宮と日光東照宮－同根の異空間－』（学芸出版社刊）
『建築家秀吉－遺構から推理する戦術と建築・都市プラン－』（人文書院刊）
『江戸の陰陽師－天海のランドスケープデザイン－』（人文書院刊）
『加賀百万石と江戸芸術－前田家の国際交流－』（人文書院刊）
『日本の伝統美とヨーロッパ－南蛮美術の謎を解く－』（世界思想社刊）
『龍安寺石庭を推理する』（集英社刊）
『月と日本建築－桂離宮から月を観る－』（光文社刊）
『京都　名庭を歩く』（光文社刊）
『京都　格別な寺』（光文社刊）
『日光東照宮隠された真実－三人の天才が演出した絢爛たる謎』（祥伝社刊）

平成17年11月5日　初版発行　《検印省略》

近世日本建築の意匠
—庭園・建築・都市計画、茶道にみる西欧文化—
（きんせいにほんけんちくのいしょう）

著　者　宮元健次
発行者　宮田哲男
発行所　株式会社 雄山閣
〒102-0071　東京都千代田区富士見2-6-9
電話 03-3262-3231（代）　FAX 03-3262-6938
振替：00130-5-1685
http://www.yuzankaku.co.jp
組　版　秀巧堂
印　刷　手塚印刷
製　本　協栄製本

Printed in Japan 2005
ISBN 4-639-01901-7 C3021